LOUCURAS DA ALMA

ANA CRISTINA VARGAS

Romance ditado pelo espírito José Antônio

Para os que amam p[...]
e viver o dom de se[...]

© 2016 por Ana Cristina Vargas
© iStock.com/Kladyk

Coordenadora editorial: Tânia Lins
Coordenador de comunicação: Marcio Lipari
Capa e projeto gráfico: Jaqueline Kir
Diagramação: Rafael Rojas
Preparação: Janaina Calaça
Revisão: Equipe Vida & Consciência

1ª edição — 1ª impressão
8.000 exemplares — maio 2016
Tiragem total: 8.000 exemplares

**CIP-BRASIL — CATALOGAÇÃO NA PUBLICAÇÃO
(SINDICATO NACIONAL DOS EDITORES DE LIVROS, RJ)**

A64L

    Antonio, José
    Loucuras da alma / ditado pelo espírito José Antonio
[psicografado por] Ana Cristina Vargas. - 1. ed. - São Paulo :
Vida e Consciência, 2016.

    ISBN 978-85-7722-493-7

    1. Obras psicografadas I. Romance espírita. I. Vargas,
Ana Cristina. II. Título.

16-30409   CDD: 133.93
                             CDU: 133.7

Este livro adota as regras do novo acordo ortográfico (2009).

Vida & Consciência Editora, Gráfica e Distribuidora Ltda.
Rua Agostinho Gomes, 2.312 — São Paulo — SP — Brasil
CEP 04206-001
editora@vidaeconsciencia.com.br
grafica@vidaeconsciencia.com.br
www.vidaeconsciencia.com.br

SUMÁRIO

INTRODUÇÃO

"Soaram as trombetas", pensou Johannes diante do portão da Universidade de Erfurt. As imponentes paredes da instituição lhe transmitiram uma sensação de segurança, de perenidade. Respirou fundo e cruzou os portões. Cumprimentou os guardas e observou o pátio vazio. Folhas de plátano amarelas rolavam sobre as pedras, lembrando-o de que o inverno se aproximava. A fileira de árvores mostrava vários galhos nus. "Pareço-me com elas", constatou Johannes observando-as em sua caminhada.

O local estava silencioso. "Preciso dessa calma", decidiu. Satisfeito e confiante, chegou à porta principal, que estava entreaberta. Viu que não havia outra pessoa, tornou a olhar os portões e um dos guardas, com gestos diretos, o fez entender que devia empurrá-la e entrar.

Abriu-se à sua frente um extenso corredor, com pé direito altíssimo. Mesmo sendo um padrão, a altura o surpreendeu. Sorriu imaginando um local habitado por gigantes, talvez um Golias. "Não, nada disso. São alturas para o pensamento. É isso o que quero. Será bom viver para o pensar e o saber. É o caminho da paz e eu a encontrarei".

I

A BUSCA

Finalmente, a felicidade consiste, sobretudo, em se querer ser o que se é. Ora, só o divino amor-próprio pode conceder tamanho bem.

(Erasmo de Rotterdam)

Alemanha, século 16.

— Ora, ora, então você é o jovem Johannes de Wintar, filho do meu grande amigo Ethel de Wintar? É um prazer recebê-lo, jovem! — saudou efusivamente o reitor Guilherme.

Johannes voltou-se surpreso. Acreditava estar sozinho e entregara-se à contemplação do prédio. Perdera-se em suas reflexões. Não havia percebido a chegada do reitor, mas voltou--se imediatamente ao ouvi-lo e identificou-o pelo traje.

— Reitor Guilherme — apressou-se Johannes em responder-lhe a saudação, retirando o chapéu e movendo levemente a cabeça. — O prazer é meu em conhecê-lo pessoalmente. Declaro--me admirador de seus métodos de trabalho e de suas obras, obviamente. É uma alegria estar aqui. Encantei-me com este prédio. Foi amor à primeira vista.

— Agradeço-lhe — respondeu Guilherme sucinto. — Fazemos o possível para transformar em realidade as mudanças sonhadas e necessárias à nossa sociedade. Vamos até a minha sala de trabalho. Lá, conversaremos confortavelmente. Nesta época do ano, o vento incomoda-me e, se uma nuvem tapar o sol, o frio ganha intensidade. É a época de nos recolhermos ao pé da lareira e entregarmo-nos aos estudos, debates e às reflexões. E a um bom conhaque.

Johannes sorriu. A espontaneidade de Guilherme cativou-o. Havia esperado encontrar um homem taciturno, compenetrado e de poucas palavras, e eis que o reitor se mostrava simpático, expansivo e bem-humorado. Uma mudança de ares se considerasse o comportamento rígido e a sisudez de seu pai.

— Sem dúvida, senhor. O inverno se aproxima e, graças a Deus, temos os livros e as ideias para ocupar-nos.

— Venha. Depois pedirei que lhe mostrem seus aposentos. Onde deixou a bagagem?

— Na hospedaria. Preferi visitar o local primeiro. Confesso que estava ansioso para conhecer a universidade e foi mais rápido vir até aqui sem os baús. Mais tarde, buscarei a bagagem.

Guilherme riu. A liberalidade do comportamento do reitor novamente o espantou e seduziu. Até aquele momento, estava gostando muito do que via.

O gabinete do reitor era austero e sóbrio. No cômodo, havia poucos móveis escuros e prateleiras altas repletas de livros em todas as paredes, além de uma mesa com três cadeiras, uma poltrona e uma grande e convidativa lareira, onde crepitavam chamas alegres. Johannes sorriu e aproximou-se, percebendo que estava com as mãos e os pés gelados.

O reitor serviu dois cálices de conhaque e estendeu um ao rapaz, que hesitou alguns instantes antes de pegá-lo. Acomodaram-se e, após mais um pouco de trivialidades, o reitor iniciou um verdadeiro interrogatório.

— Como está seu pai?

— Bem, senhor. Enviou-lhe uma carta, que está em minha bagagem. Mais tarde, a entregarei ao senhor.

— Soube que sua mãe faleceu recentemente. Meus pêsames. Era uma dama adorável.

Johannes comoveu-se com a lembrança da mãe. Fitando as chamas da lareira, virou-se e enxugou os olhos discretamente.

Respirou devagar, esperando que se desfizesse o nó em sua garganta. Não queria demonstrar fragilidade ou emotividade excessiva diante do reitor. Após alguns minutos, rolando o cálice de conhaque entre os dedos e fitando o líquido dourado escuro, respondeu sucintamente:

— Obrigado.

— Lamento também a forma como se deu a morte de Martha. Essas revoltas camponesas estão se alastrando como pólvora. São absurdas! E a violência que temos visto realmente me preocupa. A igreja parece-me... como direi... ineficiente, talvez seja o termo. Concorda?

Johannes sabia que enfrentaria aquela entrevista, por isso preparara-se para responder a questões objetivas e formais. Conhecia as ideias tolerantes e, até certo ponto, reformistas da universidade e concordava com elas. Estava preparado para enfrentar uma discussão e um sermão sobre assumir ou não os votos sacerdotais, pois afinal era o herdeiro primogênito de Ethel de Wintar. No entanto, o reitor Guilherme seguia uma linha de interrogatório que, a cada pergunta, revirava uma faca na ferida aberta.

Julgando mais seguro responder às perguntas de forma objetiva, porém conduzindo o diálogo para longe das questões pessoais, Johannes replicou, escondendo as dores sob a ironia:

— Caro reitor, é sabido por todo o império que o Sumo Pontífice e seus cardeais ocupam-se com arquitetura e arte em Roma e não lhes interessa o que faz o povo ou como vivem os alemães. Interessa-lhes apenas que trabalhem e paguem. Penso que essa é uma das principais causas de ineficiência, como disse.

Pensativo, o reitor passou a mão direita ao longo do braço esquerdo, massageando-o.

— É o que vi, meu filho. Foi a Roma recentemente?

— Infelizmente, não conheço a cidade.

— Então, em que se baseia sua opinião? Lutero, Rotterdam...

— Conheço algumas obras desses pensadores, mas minha opinião não se formou exclusivamente por meio da leitura. Eu penso e vivo, Excelência. É impossível não questionar determinadas atitudes. Eu viajei pelo império em sua porção germânica, senhor, e isso basta.

— Seja mais específico.

— Senhor, quantas cabeças possui um homem? Quanto tempo resiste à podridão o leite das mulheres?

— Entendo. Refere-se à venda das relíquias. É uma das formas de arrecadar dinheiro que Roma tem usado.

— Sim, arrecadar para suas obras babilônicas, segundo ouço falar. É um deboche à inteligência humana. Senhor, em doze catedrais alemãs a cabeça do profeta João Batista é adorada como relíquia sagrada. Eu encontrei amostras do leite da Virgem Maria e descobri que Cristo entrou em Jerusalém montado em uma anomalia do reino animal, pois deparei-me também com a tíbia do dito animal em cinco igrejas sendo adorada como relíquia. Que jumento era esse? Só a ânsia pelo dinheiro justifica esses absurdos, abusos da fé, e a exploração dos fiéis.

Johannes respirou fundo. Expusera seus argumentos com calma, sem exaltação, mas, ainda assim, a lembrança do quanto o irritara ver pessoas ajoelhadas, adorando "aquelas coisas" como se sagradas fossem, despertara sua indignação.

— A Igreja precisa de mudanças, em sua opinião — comentou o reitor imperturbável. — Elas têm um custo, Johannes de Wintar. A gordura de alguns idealistas já alimentou fogueiras, você sabe.

— Reitor Guilherme, o homem de hoje não é mais o mesmo de alguns séculos atrás, por isso tudo está mudando. A Igreja não é nem pode ser apartada da humanidade, sob pena de não cumprir seu papel. Mas, infelizmente, eu lamento por muitos membros do clero e deploro esse ensino que menospreza a maior criação divina: a inteligência humana. Um mestre que não respeita nem desenvolve a razão de seu educando envergonha a classe, senhor. É o que penso.

— Apreciei sua coragem e honestidade. Exige-me um enorme esforço tolerar as visitas do frade Teltz. Envergonho-me de suas procissões e dão-me náuseas suas orações, mas... ele é emissário direto do Papa.

— Não o conheço.

— Lembro-me de que a propriedade onde seu pai reside é vastíssima, isolada, de difícil acesso. Continua assim?

Johannes confirmou com um leve aceno de cabeça.

— Deve ser por isso que o conhecido frade não os visitou. Enquanto encher suas bolsas nas aldeias e cidades mais próximas, esquecerá as mais distantes. Dessas, contenta-se com o dízimo.

— Claro.

— Mesmo consciente dessas questões escandalosas, você deseja ingressar em nossa ordem, cursar filosofia e teologia, por quê? Anseio de reforma?

— Não são essas as razões que me movem. Eu procuro o saber por seu próprio valor, reitor. Necessito dele para pacificar minha alma. Desejo consagrar-me ao estudo e à meditação na companhia de bons mestres. Escolhi Erfurt, porque essa é sua tradição. Não quero envolver-me em questões de política do clero. Discordo, como falei, de várias práticas em voga, não as apoiarei nunca, pois considero-as uma afronta a Deus, porém sei o quanto somos falhos. Prefiro manter-me distante delas. Não anseio por poder ou posição, sem gabar-me. Mas, apenas para demonstrar o que digo, eu não necessito da Igreja para ter nenhum deles. Ganhei quando nasci. E, sinceramente, sei de seu valor material, mas questiono o valor moral desse presente de nascimento.

— Você teme o exercício do poder?

— Talvez. Não tenho certeza da natureza dos meus sentimentos em relação a poder e à posição. É possível que seja medo. O que sei é de minha necessidade de estudar e meditar por algum tempo e de viver empregando as funções mais nobres do homem. Espero nessa nobreza moral encontrar paz para mim mesmo.

— Uma alma peregrina! Que surpresa boa, Johannes. É disso que precisamos. Seja bem-vindo, meu filho — saudou o reitor com um agradável sorriso pousando as mãos nos ombros do rapaz. — Eu deveria questioná-lo sobre sua intenção de assumir votos sacerdotais, mas deixarei essa conversa para o futuro.

— Obrigado, reitor.

A conversa ganhou tons mais amenos, e, em menos de uma hora, Johannes encontrava-se na companhia de um servidor a caminho de seus domínios, seu lar pelos próximos anos. Trocava a vastidão da casa paterna por um cômodo confortável, onde tinha o necessário e poucos itens de luxo. Sozinho no aposento, sentou-se ao pé da cama observando seu novo reino.

"Alexandre disse que se não fosse Alexandre seria Diógenes. É realmente difícil responder a questão se é mais rico quem tem muito ou quem tem poucas necessidades. Bem, bem, descobrirei quem sou: Alexandre ou Diógenes", pensou.

II
CONSTRUÇÕES IMORTAIS

Qualquer um pode roubar a riqueza do homem sábio,
mas não lhe tirar os seus bens verdadeiros, porque ele vive
alegre, no presente, e despreocupado com o futuro.

(Sêneca)

Os dias seguintes foram os sonhados por Johannes: calmos, cheios de novidades, novas pessoas, assuntos que o agradavam, estudos e momentos de introspecção. Precisava da solidão, do silêncio. Julgava encontrar-se em um ambiente protegido por Deus, longe dos pecados e das paixões da humanidade comum. Sentia--se resguardado. Esse era seu desejo máximo: pôr-se ao abrigo das paixões. Apenas o amor a Deus. Queria ser digno para estar envolvido pelas asas do Criador. Era um desejo pueril e medroso, uma fantasia de proteção, mas esse era Johannes de Wintar naqueles tempos.

A vida, no entanto, se encarregaria de mostrar-lhe suas verdades. Azedas e difíceis de entender para alguns, mas inegavelmente sábias quer saibamos ou não compreendê-las. É questão de maturidade, de desenvolver olhos de ver, de tornar-se humanamente forte para enxergar e viver a realidade.

Há fases na existência, e ele estava em uma fase de casulo, de hibernação. Algumas fantasias precisam ser vividas para que atinjamos a libertação. Alinho as de segurança nessa condição.

Elas escondem um grande medo da liberdade. Em última instância, não está apenas o medo da morte, mas também o medo de ser livre, de crescer e tornar-se responsável. É parte da evolução espiritual. Assim como temos idades biológicas, temos as espirituais. Elas não correspondem a um determinado número de anos, mas sim às conquistas do ser. Nós nos tornamos humanos, somos perfectíveis e inacabados. Cada perfeição/virtude adquirida corresponde a um avanço, um degrau a mais na escada evolutiva, uma nova fase, outra visão de si e da vida.

Johannes tivera uma infância protegida. Primogênito, herdeiro de grande extensão de terras e fortuna, recebera o melhor de sua época. Ethel, seu pai, não regateara em sua educação. Homem progressista, ele alinhava-se ao pensamento renascentista embrionário, por isso valorizava o potencial humano acima de qualquer outro bem. Em seu entender, de nada valia nascer no fausto e na abundância se não soubesse conduzir e manter a herança recebida. O trabalho era seu hino e sua virtude excelsa. Ethel não poupou a nenhum de seus filhos as experiências do trabalho e ensinou-lhes a valorizá-lo, mostrando-lhes que este não era executado somente com as mãos. Era fundamental também uma mente capaz de gerir a fortuna, dar-lhe utilidade e propiciar a muitos o sustento. Ele dizia: "Com os membros, as bestas trabalham mais do que os homens, por isso devemos trabalhar com a inteligência, pensar, comandar e agir".

Johannes concordava incondicionalmente com a filosofia paterna. Amava pensar, mas comandar e agir exigiam-lhe habilidades que o jovem julgava não possuir. Era torturante. E, nesse pormenor, Ethel de Wintar pecava: ele não conhecia os filhos. Podia dizer a cor dos olhos e cabelos de cada um de seus onze filhos, o nome, a idade e a altura de cada um, e reconhecia-os pelo som de suas vozes e até por seus cheiros, mas não sabia o que se passava no coração de nenhum deles, quais eram seus anseios, medos e suas vontades. Não sabia de seus vícios e de suas virtudes, talvez, não mais do que dos seus próprios. Ele pensava, comandava e agia. Assim, aos doze anos, as irmãs de Johannes estavam noivas e, tão logo seus corpos "amadurecessem", ou seja, tão logo menstruassem, o casamento de cada uma das jovens era marcado. Com os filhos homens, a regra não fugia, porém era mais tardia. Precisavam conhecer o trabalho e o comando, as artes militares, e, após os vinte anos, era o momento de casá-los com uma noiva jovem de nobre família e com bom dote. Afinal, era o que dera às suas filhas e não aceitaria menos das noras.

Por ser o mais velho, Johannes herdaria os bens e a responsabilidade pela família. Arrepiava-o cogitar a hipótese de sentar-se na cadeira de seu pai, à cabeceira da mesa. Quase preferia a morte.

Por esses e outros motivos, o rapaz sentia-se livre entre os muros da faculdade de Erfurt. Nem mesmo as severas regras dos monges agostinianos assustavam-no, embora ainda não houvesse definido a questão dos votos. Cuidar, resolver problemas e decidir seus rumos era uma liberdade sem preço. Johannes sentia-se leve naqueles dias. Imaginava que os pássaros deviam ter aquela sensação de prazer tranquilo no gozo da liberdade de ser, pura e simplesmente, apenas o que é.

Tão imbuído estava desses sentimentos e pensamentos que viu o paraíso onde não existia. Uma miragem enxergada por um espírito sedento de paz e liberdade. E, graças a esses mecanismos da mente, Johannes iludiu-se e viveu sem saber onde pisava.

A rotina de estudos e orações condicionou-o a um padrão de pensamentos no qual mergulhava encantado: ao vasto mundo da filosofia e da teologia, que abria horizontes ao seu pensamento. O rapaz lia e debatia sobre teorias, pensava por horas e horas a fio e assim se afastava do real e de si mesmo. Por fim, fortalecia-se. Inegavelmente, o conhecimento tem valor e contribui para o progresso, mas não se basta.

Inteligente e comunicativo, Johannes tornou-se um aluno brilhante, dedicado ao extremo. Suas habilidades apontavam aqueles caminhos e sua ânsia de transcender o mundo material no qual vivia só lhe deixava aberta a porta da religião. Assim, ele acreditava em seu cego encantamento.

Ao final do primeiro semestre, no entanto, dois fatos perturbaram seu idílio: uma carta de seu pai e a visita do doutor Sigeberto Stein, anunciada por mestre Ingo.

— Senhores, receberemos a visita do doutor Sigeberto na próxima semana. Recebemos uma carta comunicando a data de sua chegada. É uma honra voltar a tê-lo em nossa universidade, ainda que apenas por alguns meses. Como sabem, ele é uma das mentes mais privilegiadas do império e entre nós construiu sua carreira até alguns anos quando foi chamado a servir em Roma. Preparem-se para aproveitar a estadia dele — anunciou e orientou mestre Ingo ao encerrar a aula.

Após fechar e recolher seus livros, Ingo ajeitou os óculos sobre o nariz e preparava-se para descer da cátedra quando Johannes parou à sua frente:

— Posso ajudá-lo, mestre? Os livros são pesados. Se aceitar, posso levá-los para o senhor.

— Muito gentil, meu jovem. Eu aceito e agradeço. Minha juventude já se foi há muitos invernos. Bons tempos! Hoje preciso tomar cuidado onde coloco os pés, pois minha visão piora a cada dia e os médicos nada podem fazer. Esses óculos são uma grande ajuda e um enorme estorvo ao mesmo tempo. Ainda estou me acostumando a viver com eles. Outro dia, ao descer da cátedra, fui ao chão. Acredita? Não consegui calcular a altura e a distância do degrau. Fiquei vários dias dolorido. Mas sem os óculos não posso ler, e isso seria meu maior castigo.

— Também não saberia viver sem o acesso aos livros. Minha mãe gostava quando eu lia para ela. Sinto saudade daquela atividade, por isso, se desejar que eu leia algum texto para o senhor para poupar-lhe a visão, terei muito prazer.

Johannes apanhou os livros e observou Ingo, deduzindo que ele, provavelmente, estivesse na casa dos cinquenta anos. Era um homem robusto, e seu físico enganava aqueles que julgavam a personalidade pela aparência. Diriam que aquele homem era violento, aguerrido, forte em todos os sentidos, no entanto, convivendo com o mestre diariamente, descobria-se um homem gentil, suave e introspectivo. Um estudioso que somente a corcunda revelava. Construíra-a ano após ano debruçado sobre os livros e trabalhos de seus alunos e a ostentava como um troféu. Salvo as dores nos braços e no peito, ela não o incomodava.

Era absolutamente desligado das aparências. Aliás, a afinidade não mente nem engana. Ingo guardava os mesmos anseios e ilusões do jovem discípulo.

— Vou considerar a oferta, meu filho. Por enquanto, leio muito bem, com os óculos, é claro. Não sei se gostarei de alguém lendo para mim, pois isso me tirará o domínio do texto e do tempo que meu pensamento leva para absorver o conteúdo. É difícil mudar velhos hábitos. Eu leio, releio, rabisco comentários, e, se outra pessoa ler para mim, não terei controle sobre o tempo. Acredito que o entediaria rapidamente. Sua saudosa mãe, com certeza, agia de modo diverso.

Johannes permitiu-se recordar as tardes em frente à lareira, quando tomava chá com a mãe e lia para ela. Sacudindo a cabeça, espantou a saudade. A descrição de mestre Ingo indicava-lhe uma rotina diferente. Ele estudava, e suas leituras recebiam reflexão e análise criteriosa. Mas, mesmo assim, considerou um desafio e uma oportunidade de ver de perto a rotina de um professor. Estudar com o mestre seria um enriquecimento para sua alma, pois apreciava suas aulas mais do que as outras.

— Sim, com certeza. Conversávamos muito, mas livremente.

— Isso é bom. A cátedra nos tolhe essa liberdade, mas ensina-nos a disciplina e a arte da escolha.

— A arte da escolha? Pensei que seguisse um programa.

— Sim, é claro. Mas nele há temas com os quais não concordo, autores cuja leitura faço por obrigação e coisas do gênero. É sobre elas que exerço meu poder de escolha. Para ser claro, eu escolho a forma como apresento os temas a vocês.

Pensativo, Johannes calou-se. Em sua paixão pelo saber, não considerava a discordância com pensadores.

— É um grande aprendizado, meu jovem. Verdadeiramente, a vida é a aula prática de todas as teorias. Cada um de nós a experimenta conforme seus referenciais de valores, crenças, culturais e com a liberdade pessoal que conquistou.

Um leve sorriso iluminou o rosto de Johannes.

— Interessante! Creio que sou muito ingênuo e apaixonado demais pelo conhecimento. Sinto-me tão feliz aqui que não cogitei que, abraçando essa vida, haveria concessões e negociações com divergências de pensamentos. Mas, é lógico. Quem ainda não leu algo que o incomodou, com o que não concordou, que o encheu de dúvidas, que lhe tirou a paz? É disso que falava?

— Sim. Imagine então o quanto pode tirar-lhe a paz ser obrigado a ensinar algo com o que não concorda.

— Deve ser muito desgastante e tirar o prazer do trabalho.

— Desvirtua-nos, meu caro. Use a palavra correta, ainda que ela lhe pareça pesada e deselegante, pois a verdade é o que é. Se quer perder a paz, estude teologia.

— Não diga isso, mestre. É exatamente meu maior desejo e julgo que a encontrei, ao menos até agora.

Ingo parou e, encarando sério o aluno, resmungou:

— Você leu, não estudou. A teologia tira a paz das crenças da infância, mas nos obriga a desenvolver a liberdade interior. Caso contrário, você não sobreviverá a Erfurt. Veja! Já chegamos à sala dos mestres. Agradeço-lhe a gentileza. Espero-o amanhã no mesmo horário.

— Até amanhã, mestre.

Johannes afastou-se. Ao final do largo e extenso corredor, uma porta dava acesso ao jardim. O calor do sol convidava-o ao descanso nos bancos. Roubar alguns minutos às leituras não faria mal. Decidiu, então, dirigir-se a um recanto ensolarado onde o canto dos pássaros o encantava. Sentou-se e entregou-se ao calor e aos sons, deliciando-se com o prazeroso relaxamento enquanto recordava e refletia sobre a conversa recente com Ingo.

A partir daquela manhã, mestre e discípulo aproximaram-se. Ingo percebeu a extrema ingenuidade do aluno e, intimamente, lamentou-se disso. Não era difícil prever amargas, porém necessárias, desilusões no futuro do jovem. Ciente de que os frutos amadurecem no seu tempo, calou-se. De nada adiantava antecipar desilusões necessárias, nem seria benéfico arrancar a casca verde da ferida. Aos olhos de Ingo, que perdiam gradativamente a visão física, mas ampliavam sobremaneira a visão da alma humana, a ferida de Johannes era nítida. Não sabia o que a havia causado nem como ou quando acontecera, mas enxergava-a e cuidava para não tocá-la. Entendeu que o rapaz acreditava haver paz e libertação em Eirfurt e na teologia, pois era essa sua maior necessidade. Sob a casca ainda não se regenerara a carne e a pele e, por certo, tratava-se de um ferimento profundo que doía. Não seria Ingo a revolver a faca na ferida, mesmo porque os anos o fizeram confiar na natureza. Ele ainda não tinha nada novo a oferecer a Johannes, então não podia quebrar impunemente suas crenças. Isso acabaria com a frágil estabilidade do jovem.

E os dias seguintes na universidade foram tomados pela ansiedade com a visita do doutor Sigeberto Stein. Não houve uma aula ou sequer uma conversa no refeitório na qual seu nome não fora citado. Os mestres esmeravam-se em preparar os alunos, especialmente os novatos, para ouvi-lo. Johannes nunca ouvira falar de Sigeberto Stein, e o alvoroço entre os acadêmicos estava deixando-o curioso. Não esperava aquela euforia e expectativa, pois julgava, inclusive, que aqueles sentimentos não deveriam existir ali. Às vésperas da aguardada visita, o corpo acadêmico vivia o auge da ansiedade, e o rapaz notava esmero até na preparação do ambiente: a limpeza estava sendo mais rigorosa, os jardins recebiam atenção e mostravam-se impecáveis, e até a higiene pessoal dos mestres, tanto dos monges quanto dos seculares, era atendida. Barbas bem-feitas, cabelos aparados, tonsuras, unhas, batinas e roupas, tudo estava impecável.

Sentado no recanto do jardim que se tornara seu preferido, Johannes observava relutante aquela movimentação em torno do doutor Stein. Comentou então com Ingo, que estava ao seu lado, entregue a um rápido cochilo:

— Mestre Ingo, estou surpreso com o alvoroço causado por essa visita. Eu não consigo entender essa agitação.

Ingo ouviu-o e sequer piscou. Respirou e, com os olhos fechados e sonolento, indagou:

— Por quê?

— Eu não esperava.

— Isso eu compreendi, Johannes. Esforce-se para ser mais direto e objetivo. O óbvio eu percebo; sempre nos surpreendemos com o inesperado. A questão é: por que não esperava que houvesse expectativa ou ansiedade entre monges e mestres agostinianos? Por que considera isso ruim?

Johannes olhou-o assustado. Ingo não tinha pudor com as palavras. Ouvi-lo expor com clareza seus sentimentos fez o rapaz perceber-se mesquinho e incomodado, sem saber a razão.

— Não sei. Acho que...

— Johannes, eduque-se. Se você não sabe, não pode ter opinião a respeito. Logo, sem achismos, sem teorias a priori. Elas o induzirão ao erro e expressá-las levarão outras pessoas ao erro. "Seja seu falar: sim, sim; não, não", como dizia Jesus. Sem achismos. Franqueza e lealdade a si mesmo são princípios que precisamos exercitar na comunicação — advertiu Ingo, sem mover-se de seu estado físico anterior, o que revelava que, em verdade, não estava cochilando, mas meditando. Corpo relaxado e mente alerta, focada no presente. E continuou: — Pense e refaça seu posicionamento.

Johannes obedeceu ao seu mestre, mas intimamente estava chocado com Ingo. No entanto, confiava nele, admirava-o, e por isso cedeu. Após alguns minutos, confessou:

— Considero esse comportamento mundano em demasia. Ele me decepciona, parece-me um comportamento idólatra.

— Hum, sei. E qual é o problema?

— Já lhe disse: eu não imaginava isso. Esperava encontrar homens amadurecidos e não esse comportamento típico das mulheres.

— Então ansiedade e expectativa não são compatíveis com maturidade em seu modo de ver — constatou Ingo, ciente de que lançara uma provocação, e prosseguiu: — Assim, comportam-se como mulheres; elas são mundanas, infantis e idólatras. Eu não penso desse modo, tampouco tenho seus sentimentos, por isso não posso lhe impor nem uma nova forma de pensar e, menos ainda, ter a pretensão de mudar seus sentimentos. Eu vejo tudo isso como saudavelmente humano. A vida seria entediante sem uma dose de expectativa e ansiedade. Note, eu falei: uma dose. E, quanto às mulheres, Deus foi muito justo em dar-lhes essa alegria natural de bem viver fatos da existência humana com expectativa e ansiedade saudáveis, senão como lidariam com os dissabores que o corpo feminino lhes proporciona? A vida para elas seria sofrimento e tortura eternos. Deus é sábio e justo. Ele compensou-as com a alegria e a percepção mais intensa do prazer. E isso, meu caro, está muito longe de ser imaturidade. Ou Ele não teria confiado às mulheres o cuidado com sua mais preciosa criação: a humanidade.

Recordando o alvoroço e a agitação de suas irmãs, Johannes sacudiu a cabeça. Havia dias em que aquilo o alegrava, mas em outros lhe esgotava a paciência. Além do que, o jovem considerava o humor das mulheres instável demais. Aliás, demais era a qualificação do feminino para ele. Tudo nelas se mostrava em demasia.

— Discordar é um exercício da liberdade, Johannes. Estou acostumado a divergirem de minhas opiniões pessoais.

— Como sabe que discordo do senhor?

— Não é apenas a boca que comunica, Johannes. Quando se trata de sentimentos e verdades pessoais, prefiro "ouvir" os olhos, o rosto, os músculos, enfim, prefiro ver e ouvir o que diz seu corpo. Já notou como as pessoas têm reações involuntárias e imediatas diante de algumas ideias e colocações? Penso que são respostas emocionais, mais sinceras, muitas vezes, do que as verbalizadas. Você baixou a cabeça, sacudiu-a. Não precisa se esconder para discordar de mim. Pode fazê-lo olhando para meu rosto. Somos homens educados e racionais, capazes de dialogar sobre ideias divergentes.

Johannes sorriu.

— Quisera que fosse tão fácil! Talvez o senhor esteja há muitos anos na vida monástica e esqueceu-se de que divergências geram discussões e algumas delas acabam em crimes violentos.

— É. Essa é uma verdade incômoda, que nos lembra de que nem todo homem se tornou humano. Meu amigo Erasmo de Rotterdam repete essa frase constantemente. Ele diz que não nascemos homens, mas tornamo-nos homens pelo uso da razão.

Uma opinião respeitável! Gosto de pensar em um reino humano a ser desenvolvido. O reino das virtudes. E, meu jovem, lembre-se do conselho de um monge experiente: olhe bem onde pisa, veja com quem, como e o que fala e principalmente para quem. Na vida monástica, às vezes, ocorrem mortes misteriosas.

— Mestre Ingo, conversar com o senhor é muito diferente de ouvir suas aulas. É como se fossem dois homens distintos. Tenho dificuldade de reconhecer o pensamento teológico em algumas de suas opiniões.

Satisfeito, Ingo riu com gosto e encarou o discípulo, indagando:

— É mesmo? Que bom! Continuo existindo como homem! Talvez ainda não seja totalmente humano, mas não me tornei um papagaio.

— O senhor acha correta essa agitação devido à visita do doutor Stein?

— Correto e incorreto, certo e errado, são julgamentos morais, Johannes. Prefiro não fazê-los. Considero-os humanos. Expectativas, ansiedade e alegria são sentimentos naturais, todos nós temos. Inclusive você. E sabe por que se sente tão incomodado com a forma como nossos irmãos aguardam e se preparam para essa visita? Porque suas expectativas e ansiedades estão sendo frustradas.

— O quê?

— É, isso é natural, Johannes. É comum não percebermos nossas emoções e nossos sentimentos, daí sua surpresa em relação à minha opinião. Você tinha a expectativa de que a vida em um monastério ou aqui em Erfurt seria isenta de sentimentos e paixões, que os monges viveriam em contemplação e indiferença entre si, e está constatando que não é desse jeito. Somos homens monges. E é exatamente essa a ordem das coisas. Erasmo de Rotterdam talvez dissesse que desejamos nos tornar ambas as coisas.

Ingo olhou o céu com um ar de tristeza no rosto e comentou:

— Adoraria viver em um país ensolarado e quente. Daqui a pouco, escurecerá. Preciso ir, meu jovem. Meus olhos exigem cuidados, e a luz do sol favorece-me para leitura.

O homem levantou-se e partiu calmamente como havia chegado, deixando Johannes pensativo, confrontando-se consigo mesmo e julgando que o mestre falava por enigmas. No entanto, confrontar-se era uma atividade mental da qual ele fugia como o diabo foge da cruz. Pouco depois, lembrou-se de uma ocupação sem importância, mas que ganhava urgência justificando a mudança de pensamento e o abandono da paz do jardim.

III

A LUTA

Nada deleita mais o espírito do que uma amizade fiel e meiga. Nada mais gratificante que encontrar coração a quem possas confiar qualquer segredo.

(Sêneca)

As advertências de Ingo foram esquecidas. Johannes estava convencido de que encontraria a paz na teologia e pensava seriamente na vida monástica. Ansiava não pela confiança em Deus e na vida, ou pela religiosidade; ele queria a beatitude. Desejava a imaginada vida celeste cravada no pulmão verde da Alemanha, em plena Renascença. Meu amigo queria pouco! Apenas o impossível.

Os dias seguintes trouxeram-lhe amargas decepções. A agitação em torno da visita de Stein prosseguiu e isso o exasperou. Nas aulas, em conversas informais, em todas as oportunidades, o rapaz não conseguia calar-se e repetia o discurso de sua frustração. Uma dessas ocasiões se deu durante o jantar, no refeitório. Sentados à mesa, Ingo, o reitor, Johannes, alguns monges e estudantes. A conversa estava animada e versava sobre o doutor Stein e algumas de suas ideias. Johannes já não conseguia ouvi-los com lucidez; apenas escutava o alarido das vozes e, vez por outra, distinguia nitidamente a referência ao nome do aguardado visitante, o que o tirava do sério. Não pensava e muito menos refletia sobre as ideias atribuídas ao doutor Stein. Bastava ouvir uma palavra e opunha-se de imediato, reafirmando suas verdades. Isso se sucedeu quando Ingo e alguns estudantes debatiam as visões do doutor a respeito do pecado. Johannes atalhou em tom inflamado asseverando:

— O pecado é uma força terrível. Sutil, ele penetra em nossas mentes por meio de atividades aparentemente inofensivas e, se cedemos a ele, o pecado leva-nos a cometer absurdos. Trocamos a paz de Deus, a vida da alma, o bem-estar do recolhimento por coisas mundanas, que nos tiram o sossego e nos arremetem a um mundo de emoções turbulentas. A paz da alma deve ser preservada. O caminho da austeridade é o da salvação. É o que nos lembra, todo dia e a todo instante, a lã da túnica que envergamos: é áspero o caminho para domar as imperfeições da alma, para matar o homem velho.

Johannes falava com o rosto vermelho e os olhos cravados em seus interlocutores. Em alguns semeava a dúvida, em outros, a culpa, mas na maioria uma aparente tolerância escondia o riso. Todos silenciaram.

Ingo lamentou.

O reitor ouviu o rapaz e recomendou:

— Sem dúvida, meu filho. Estude Santo Agostinho. Leia os evangelhos. As tentações não pouparam nem mesmo o Mestre Jesus. Sem dúvida, o caminho é áspero e muitos estão distantes dele.

Dito isso, levantou-se, deu-lhe as costas, despediu-se do grupo e afastou-se. Ingo o olhou e, triste, balançou a cabeça, afinal via cenas como aquelas há tantos anos. Sabia o futuro delas.

"Provavelmente, quando minha visão se for, mesmo cego, enxergarei cenas como essa com riqueza de detalhes", pensava. "Fazer o quê? Aguardar. Há o tempo de semear e de colher, velha sabedoria. Johannes ainda não está no tempo nem de semear, quanto mais de colher. É ainda terra selvagem às verdades da vida. Necessito identificar as ervas daninhas cultivadas em seu espírito. Preciso estudá-lo".

Os anseios quiméricos eram demasiadamente grandes e isso o preocupava. Naquele anseio, o que ele desejava sepultar? "O que quer que seja, é tão grande quanto ou maior do que esse anseio exagerado de santidade", Ingo analisava Johannes intimamente. Gostava daquele jovem bonito e sonhador. Ele precisava ver e enfrentar o que desejava sepultar sob as asas da angelitude ou do manto da santidade. Somente assim resgataria a lucidez e a inteligência do rapaz das garras do fanatismo. Considerava as possibilidades quando Johannes se virou e criticamente o questionou:

— Não diz nada, mestre Ingo? Debatia tão entusiasticamente antes.

— Não, Johannes, não direi nada.

— Mas por quê? — indagou o rapaz com fingida ingenuidade. Em sua expressão, via-se o pensamento: "Esses argumentos não resistem à verdade, à exigência de que precisamos ser austeros".

— Por que discutíamos ideias e pensadores, não verdades pessoais. Você expôs sua visão, sua crença, suas necessidades neste momento. Eu as respeito, são suas. Não cabe a mim julgá-las. E não cabe a você impô-las aos outros; são suas. Em meu modo de ver, verdades pessoais são objeto de vivência, não de ensino. Viva conforme pregou e constate, por si mesmo, aonde suas crenças o levarão. Não pregue austeridade extrema aos outros, viva-a você. As ideias que debatíamos eram de pensadores que viveram as próprias verdades antes de transformá-las em ensinos. É um caminho longo e áspero. Analisando a vida de muitos deles, é fácil ver almas torturadas, aflitas, e notar que alguns carregavam até pesadas culpas. De alguma sorte, cada um a seu modo julgou encontrar um caminho de libertação, transformação e pacificação interior, e o extrato dessas experiências constitui as lições que nos legaram. Discutíamos esse extrato. Cada um se afina com as buscas e conquistas desses pensadores conforme suas próprias. Mas algo me diz que você sequer ouviu o que falávamos. Está irritado demais nos últimos dias e creio que uma palavra que ouviu tenha ateado fogo à sua mente.

Acalme-se. Tranquilize sua mente e seu coração. Deus não precisa de mais um paiol para pólvora religiosa. Já há muitos. Procure alinhar sua mente para servir como armazém, não como paiol. O mundo precisa de bons alimentos mentais, ou seja, de boas ideias, de pensamentos que construam, deem confiança, sirvam de alicerces interiores, não de casca, de escudo bélico.

Os estudantes aplaudiram as colocações de Ingo. Os monges mantiveram-se calados, olhos baixos, fixos nos pratos vazios.

Envergonhado, Johannes enrubesceu. A irritação latente do jovem dobrou de intensidade ao reconhecer que não tinha argumentos para revidar as colocações de Ingo. Aliás, não cabia refutação. Chamara-o para um duelo verbal, queria-o como opositor, mas ele não aceitara o convite. Também não aceitara a culpa nem a recriminação lançadas. Deixara-as sobre a mesa tal qual ele próprio havia posto para que apreciasse e exortara-o a viver o que defendia. Não cabia refutação. O rapaz entendeu que somente lhe cabia viver exatamente conforme dissera. Ingo não deixara a provocação barata. Elevara o preço de cada palavra, que deveria ser pago com as atitudes correspondentes.

A euforia dos outros estudantes arrefeceu. Um pesado e incômodo silêncio recaiu sobre o grupo. Johannes disfarçou as emoções sombrias mexendo a comida no prato. Minutos depois, alegando necessidade de preparar-se para as orações noturnas, retirou-se.

Irritado, com o pensamento tumultuado e as emoções em desalinho, o rapaz jogou-se sobre a cama e fitou o teto. Cenas do passado teimavam em emergir, misturando-se ao presente e aumentando o desconforto do jovem com a visita, que, ao fim e ao cabo, era a principal responsável pela perda de sua paz recém-conquistada. Naquele estado de ânimo, Johannes varou a noite insone e amanheceu pior. Decidiu calar sua inconformidade diante dos colegas e mestres. Jejuaria, faria penitência, e assim recuperaria seu equilíbrio. "Jejum e penitência estão para os tratamentos da alma como as sangrias e os vesicatórios estão para os tratamentos das enfermidades do corpo; curavam qualquer mal", assim pensava o rapaz, com seus vinte e poucos anos.

Ingo observou-o. Compreendeu o silêncio e a ausência de Johannes no refeitório ao vê-lo ajoelhado em uma das capelas. Mais uma vez, lamentou-o e seguiu seu caminho. "Não era tempo. O sol forte e o frio inclemente, conforme a estação, contribuem para o sabor das frutas", disse a si mesmo contemplando o aluno. A experiência cura.

Todos os dias, centenas de oportunidades são desperdiçadas porque temos nossa percepção falseada por nossos sentimentos. Essa leitura da vida, que usa apenas o emocional, pode conduzir algumas pessoas a experiências maravilhosas, mas a grande maioria enfrenta o desastre do desperdício. É preciso conhecer qual é o sentimento predominante em nossa personalidade, pois isso nos permite organizar o íntimo e utilizar as oportunidades que a vida, a mãos cheias, nos dá para sermos felizes. Não podemos ser cegos quanto à cor de nossa pele emocional; é preciso conhecê-la. Johannes era o medo em forma de gente, mas ele não o admitia. Julgava-se forte, decidido, e acreditava ser alguém que sabia o que queria. Mas simplesmente reagia ao que não queria, e isso é muito diferente. Quem quer busca, age, movimenta forças; quem não quer apenas recusa, foge, e frequentemente inventa desculpas esfarrapadas para evitar dizer claro e em alto e bom som a palavra *não*. Esconde-se e não deixa visíveis os limites de sua individualidade.

Por três dias, Ingo acompanhou à distância seu aluno. Viu as olheiras acentuaram-se em seu rosto jovem e o desespero sentar suas garras naquela alma imatura. O olhar de Johannes era patético: triste, angustiado, torturado. Na manhã do quarto dia de jejum e penitência, encontrou-o ajoelhado na capela com a cabeça sobre os braços apoiados no banco. Deduziu que ele cochilava, pois estava imóvel. "Deus traçou limites em nossa natureza, amigo", pensou Ingo, recordando-se dos primeiros anos na ordem dos Agostinianos. Havia sido difícil, mas aprendera a lição e mudara o caminho.

Ao longo daqueles anos, Ingo vira muitos trilharem caminhos que conhecera bem até demais. Desenvolvera a paciência e a sabedoria necessárias para ajudá-los e principalmente a sabedoria para ajudar a quem se ajuda. "É tempo de conversarmos, afinal, para sabermos se é tempo de colher as uvas, provamos a fruta dia a dia".

Decidido, Ingo voltou ao refeitório, pegou algumas fatias de pão fresco e queijo e regressou à capela. Silenciosamente, aproximou-se de Johannes, acomodou-se bem próximo ao aluno, colocou os alimentos sobre o banco, fez o sinal da cruz e ajoelhou-se iniciando sua oração em voz alta.

— Graças te rendo, meu Deus, pelo alimento que me dás e que manterá as forças do corpo com o qual caminho para Ti. Obrigado, porque o Teu amor me cerca e protege, me dá tudo quanto necessito para viver e glorificar-Te. Peço-Te piedade para aqueles que passam fome, impossibilitados de comer pelas doenças do corpo ou pela miséria, dá à fome deles o refrigério de uma alma bondosa que os alimente. Tua criação é abundância, fartura e generosidade. Não Te comprazes na escassez, nem na miséria ou no sofrimento dos teus filhos. Essas chagas da sociedade são criações humanas. Perdoa-nos e ajuda-nos a mudar.

Ingo pegou uma fatia do pão morno, que tivera efeito de incenso na capela, esparramando o aroma delicioso, e mordeu-o com vontade.

— Hummmm, delicioso! Também Te rendo graças, meu Deus, por nosso cozinheiro. A vida seria menos prazerosa sem o dom que deste a ele. Desejo que ele multiplique centenas de vezes esse abençoado dom e seja um servo fiel, avultando o talento com que o enviaste a essa vida.

Depois, Ingo comeu algumas fatias do queijo e, como se somente então percebesse o jovem próximo, falou surpreso:

— Johannes, é você quem está aí?

— Sim, mestre Ingo. Sou eu.

— Desculpe-me, não o saudei quando cheguei. Não o vi, perdoe-me. O dia está nublado e isso dificulta tudo para mim. Notei que está em penitência voluntária, mas poderia fazer a gentileza de cuidar de minha comida? Eu não demorarei. Esqueci um livro, preciso buscá-lo.

— É claro. Pode deixar.

Johannes estranhou que o mestre trouxera alimentos à capela, não era habitual, mas Ingo era surpreendente.

O livro havia sido propositalmente esquecido sobre um banco no corredor. Ingo caminhou devagar até lá, exagerando as dificuldades visuais. Pegou o livro examinando-o, folheou-o e abriu na marca feita com a fita negra de cetim. Fingiu ler com atenção, mas espiava sobre as páginas as reações de Johannes.

O rapaz olhava fixamente o pão e o queijo. Ingo sorriu recordando-se de Abelardo, o cão que fora seu inseparável companheiro na infância e juventude. O animal encarava a comida exatamente como Johannes fazia naquele instante. O mundo se resumia a fatias de pão e queijo. O sorriso de Ingo ampliou-se quando o viu aproximar-se dos alimentos e aspirar-lhes o aroma. "Deve estar babando", pensou o monge rindo intimamente.

Johannes olhou na direção de Ingo, que prontamente enfiou o nariz no livro, aproximando a obra de si, encobrindo o rosto com uma expressão matreira e fingindo que lia com dificuldade. Após alguns instantes, furtivamente espiou pelo lado do livro flagrando o jovem pegando uma das fatias de pão. "Ah, meu querido amigo, não brigue com a vida, isso não é sábio. Ela é feita para vencer", murmurou Ingo consigo mesmo.

— O que disse, mestre? — indagou Otto, o cozinheiro.

Ingo assustou-se com a chegada do amigo, mas logo se recompôs encarando-o amistosamente ao responder:

— Estava lendo, Otto.

O cozinheiro deu um passo à frente para ler o título da obra e riu ao indagar:

— Hum, e como faz isso com o livro de cabeça para baixo?

Ingo ruborizou, mas não perdeu o bom humor:

— Eu estava lendo a vida, meu amigo. Você é quem deduziu que eu lia o livro.

Otto gargalhou com a pronta resposta do professor:

— Certo! Certo! Um cozinheiro não é páreo para um filósofo. A resposta foi excelente — disse e, baixando a voz, completou: — Mas não me convenceu. Eu o peguei espionando alguma coisa. Vai me dizer o que é ou é mais um segredo?

— Otto, o que eu lhe disse era a pura expressão da verdade: eu estava lendo a vida, embora não queira acreditar. O texto está lá na capela, leia por si.

Discretamente, Otto olhou na direção da capela e surpreendeu Johannes comendo o queijo.

— Temos um rato na capela — o cozinheiro comentou.

— Entendi. É sobre aquela velha discussão entre necessidades reais e satisfações ilusórias que você lia. É incrível! Muitos autores escrevem sobre esse assunto, mas têm uma falta de imaginação, não acha?

— Claro, concordo. Por isso, eu comentava comigo mesmo esse texto, quando você chegou. A satisfação ilusória nunca será párea para a necessidade real. Ela perdeu e perderá sempre. Penso que essa seja a causa dessa falta de imaginação literária de tantos autores.

Divertido, Otto riu e balançou a cabeça. Depois, olhou rapidamente o jovem em penitência. Johannes afastara-se dos alimentos e estava outra vez ajoelhado com a cabeça metida entre as mãos.

— Ele luta, mestre Ingo. Seu peixe briga com o anzol.

— Não tenho pressa. É ele quem desperdiça energia numa luta inglória. Vamos deixá-lo, mais tarde voltarei. O cansaço torna o homem dócil.

Otto esforçava-se para não rir. A situação era séria e lamentável, ele entendia. Assim como compreendia a ação de Ingo. Se tivesse contado quantas vezes presenciou cenas semelhantes àquela entre o mestre e um aluno, já teria perdido a conta.

Os passos e as vozes de Ingo e Otto caminhando pelo corredor chamaram a atenção de Johannes, que, brigando com a própria mente para concentrar-se nas orações, viu os homens afastarem-se. Bastou a breve distração para que o aroma do pão fresco invadisse seus sentidos; sua boca encheu-se d'água e seu estômago roncou. A luta interior de Johannes recrudesceu. O jovem sentia-se em tentação. "O corpo é um tirano da alma", pensava ele culpando-se e julgando-se fraco, enquanto salivava pela comida que seus olhos e olfato devoravam. Essa discussão é realmente muito conhecida. É desnecessário, então, falar dos tolos argumentos que ele invocava contra si mesmo. Mas o rapaz era tenaz e demorou a comer outra fatia. Porém, depois da segunda, o corpo devorou a mente, e o jovem rendeu-se à necessidade.

Quando Ingo voltou à capela, encontrou-a vazia. Sequer migalhas de pão restaram. Ele sorriu e olhou à volta. "Onde estaria Johannes?", questionou-se coçando o queixo. "Torturando-se na solidão? Caminhando nervosamente sem rumo? Sofrendo, era óbvio. Onde e como era secundário". Lamentando aquela escolha, mas ciente de que precisava respeitá-la, Ingo deixou a capela pensando no porquê de as criaturas humanas não considerarem o trabalho como um caminho para a paz. Por que não aceitavam a simplicidade de algumas leis da vida e harmonizavam-se com elas, em vez de desperdiçarem energia em lutas inglórias? Considerando que lhes faltava inteligência para tanto, decidiu não ocupar-se mais de Johannes e daquele assunto tão batido até o dia seguinte. Afinal, o jovem era apenas mais um naquele caminho; houve milhares antes e haverá centenas de milhares após ele. Assim é a vida: aprendizado individual e pessoal. Somente à custa das próprias experiências, ele aprenderia a não sofrer. Stein e sua visita próxima eram temas mais prazerosos para entreter seu pensamento, decidiu.

VI

A CARTA

Basta que um mercador, um soldado, um juiz retire uma moedinha do monte de dinheiro que suas rapinas lhe proporcionaram e a empregue nessas piedosas ninharias; não é preciso mais, ele acredita que tem a alma purificada de todos os pecados de sua vida. Perjúrios, impudicícias, querelas, devassidões, homicídios, traições, perfídias, imposturas, a moedinha redimiu tudo, e redimiu tão bem que ele acredita poder recomeçar tudo outra vez.

(Erasmo de Rotterdam, *Elogio da loucura*)

O chamado à sala do reitor pegou Johannes de surpresa. No dia anterior, vencido pelo estômago e pelas necessidades do corpo, o rapaz devorara na capela os alimentos esquecidos por mestre Ingo. Fora uma luta insana e inglória, tanto na resistência quanto na entrega. A satisfação da fome dera-lhe paz e prazer ao corpo, porém trouxera-lhe logo a vergonha e a sensação de fracasso na luta contra os vícios. O corpo não o afligia mais, no entanto soprara as brasas que carregava sobre a mente e os sentimentos. E queimava intimamente. Abandonara a capela quase correndo e fora esconder-se no quarto fechando a porta e a janela. Queria a escuridão e o silêncio.

Mas o cansaço, provocado pela penitência e aliado ao processo de digestão, trouxe-lhe a bênção divina aliviando seu sofrimento e fazendo-o adormecer, escapando, assim, pelas portas do sono à tortura a qual se submetia por vontade própria pelas crenças equivocadas. Johannes, em geral, dormia poucas horas e acordava com o coração acelerado, ofegante, como se tivesse participado de uma corrida. Não se lembrava dos sonhos e acreditava não tê-los. Depois, tinha dificuldade em conciliar novamente o sono. Isso é típico de um estado emocional dominado pela ansiedade. Naquela noite, a exaustão da matéria cobrava seu preço e obrigava mente e sentimentos a calarem-se. Johannes dormira pesado e profundamente, apesar de tudo.

As batidas insistentes na porta de seu quarto trouxeram-no de volta. O jovem gemeu incomodado. Não queria despertar. Entretanto, o *toc-toc* insistente não lhe dava descanso e fê-lo abrir os olhos. Aguçando os sentidos, ouviu a voz de Pedro, um dos seminaristas da ordem chamando-o:

— Johannes, abra a porta.

Esfregando os olhos, sem noção do tempo, o rapaz levantou-se e piscou ao abrir a porta e enfrentar a luminosidade do dia.

— Graças a Deus, você está bem — declarou Pedro aliviado. — Estávamos preocupados. Já é tarde. Você não apareceu para as orações, nem para as aulas. Não o vimos na capela...

— Tarde? Como assim?

— Já passou do meio-dia, Johannes.

— Não pode ser! — protestou Johannes. — Eu nunca dormi tanto! Que vergonha!

— Não se aflija. Mestre Ingo explicou que o achou indisposto ontem e que lhe seria benéfico uma manhã de sono. O reitor concordou que o deixassem descansar, mas agora quer vê-lo e mandou que eu viesse buscá-lo.

— O reitor?

— Sim, seria bom apressar-se. Ele não é muito paciente.

— Eu sei. Espere um momento.

Rapidamente, Johannes lavou o rosto e passou as mãos úmidas pelo cabelo ajeitando-o. Alisou a túnica de estudante e acompanhou Pedro à sala do reitor.

A entrevista foi breve e sucinta. Em segundos, Johannes já estava de volta aos corredores da universidade com uma carta lacrada entre as mãos. Não precisava abri-la para saber sua procedência; o brasão de seu pai estava estampado no selo. Sem pensar, caminhou até o pequeno jardim onde Ingo gostava de ler. Precisava de um local silencioso e cheio de paz para enfrentar aquela leitura. Não esperava boas notícias vindas de casa.

O rapaz sentou-se em um dos bancos e respirou fundo várias vezes, em uma nítida manobra protelatória, enquanto batia a carta nervosamente contra os joelhos. Foi nesse estado que Ingo o encontrou quase meia hora depois. Desde o dia anterior, ele monitorava a movimentação de Johannes, pois sabia que seu estado mental e emocional não era bom. Tinha consciência disso e agira premeditadamente ao provocá-lo deixando comida ao seu alcance. Fosse qual fosse o resultado da isca, a decisão do aluno implicaria no agravamento do estado. Desejava logo o ápice da crise para poder ajudá-lo. Ao ingressar no jardim, observou-o: estava alheio, perdido em seus pensamentos, emocionalmente agitado. A sua reação à carta era óbvia: medo.

Calmamente, Ingo sentou-se ao lado de Johannes. Recebeu dele apenas um olhar angustiado.

— Problemas, Johannes?

— Acho que sim.

— Posso ajudá-lo?

— Acho que não.

— Bem, falar alivia a alma. Vejo que essa carta o deixou nervoso, mas ainda não a abriu. Como sabe que o conteúdo é um problema?

— Sempre é, mestre. Sempre é. Não espero coisas boas vindas da casa de meu pai.

— Podem ser menos ruins do que imagina.

Johannes fez um sorriso de mofa, olhou ao longe e bateu com mais força a carta contra os joelhos.

"Que bom que é de papel", pensou Ingo.

— Ou mais — retrucou Johannes.

— É, pode ser, mas só tem uma maneira de saber... Joelhos não têm visão, meu caro. Entendo que talvez você sinta vontade de bater em alguém, de destruir essa carta, mas isso não resolverá nada. Você já sabe que ela existe, então o caminho é enfrentá-la. Quer que eu leia o conteúdo para você? Pode ser mais fácil receber as notícias dessa forma.

Johannes pensou e, por fim, entregou a carta ao professor. Suspirou aliviado por não tê-la mais em suas mãos. Ingo avaliou a extensão das dificuldades no relacionamento entre pai e filho. Percebia que eram graves e grandes. Abriu o documento enviado por Ethel de Wintar. Havia uma ordem curta e seca:

"Volte para casa, minha paciência acabou."

Arrependeu-se de ter se oferecido para ler a carta. A ordem curta, a forma como estava posta, tudo denunciava a energia do autor: ira. Ingo sentiu nas mãos a força do sentimento de Ethel. Respirou fundo e, desconhecendo outra forma de transmitir uma informação ruim, foi direto:

— Sua excelência pede que volte para casa. É só isso.

Johannes riu amargamente e retrucou:

— Sua excelência jamais pede, mestre Ingo. Desculpe-me, mas o senhor não leu a carta do meu pai. Ele mandaria.

— Bem, você tem razão. Só há uma frase, que diz: "Volte para casa, minha paciência acabou".

— Ah, esse é o meu pai. Agradeço-lhe por ler as péssimas notícias.

— Voltar para casa é tão ruim assim?

— Muito mais do que possa imaginar, mestre — revelou Johannes fitando o céu. — Muito mais.

— Repetirei a oferta: se quiser falar a respeito, estou à disposição.

— Falar? De que adianta, mestre? Falar não é viver.

— Sim, eu sei. Mas falar ajuda a pensar, meu jovem. Ajuda a ordenar nossos sentimentos, acalma as emoções, alivia. Creia, a palavra tem um imenso poder.

A afirmação despertou lembranças em Johannes. Sim, ele conhecia o poder da palavra e por isso retrucou amargo e irônico:

— A palavra exalta ou rebaixa, enobrece ou envilece, absolve ou condena. Com uma palavra, é selado o destino de vida ou de morte de um homem. Basta dizer: "Inocente ou culpado". É só uma palavra, mestre. E o poder delas não está em si mesmas, mas no fato de que são códigos que revelam pensamentos e ações.

Surpreso, Ingo encarou Johannes. "E essa? Que notícia inesperada saber que há vida pulsante tão rasa abaixo desse véu de tortura sob o qual vive esse jovem! As dores têm o mérito de parirem a individualidade".

— É por isso que busco o silêncio.

— Mas no silêncio continuamos a pensar e a sentir — rebateu Ingo. — O silêncio está muito longe de ser sinônimo de paz. Eu temo o silêncio. E não me diga que os homens mentem usando palavras; eu sei. Mas a mentira do silêncio é maior. Eu posso descobrir uma mentira se o homem fala, mas, quando se cala, eu temo. Fui alijado, não tenho mecanismos de análise seguro. Tudo que posso pensar ou dizer serão meras suposições. E, em geral, eu minto para mim mesmo. Acredito no que quero, aceito as justificativas que eu mesmo teço. Daí todas as ações serão surpresas. O outro não sou eu; a mente dele é diferente da minha. Uma pessoa em silêncio está isolada, e eu temo ambos: isolamento e silêncio. É alguém fugindo à sua natureza, e isso pode ser muito perigoso, tanto para ele quanto para mim. Aceitar esses pactos de silêncio em relacionamentos não dá bons resultados. Um sempre se ilude em razão do silêncio do outro e paga o preço da surpresa e da verdade.

— Interessante.

"Mestre Ingo, sem saber, acaba de revelar a personalidade de Sua Excelência Ethel de Wintar. Talvez meus sentimentos em relação a ele tenham o medo e a raiva tão presentes por eu não saber o que pensa. E minhas suposições também não têm se mostrado muito astutas... Errei bem mais do que acertei na previsão de suas atitudes. Sua Excelência, meu pai e senhor, é um homem de poucas palavras", pensou Johannes descendo os olhos do firmamento ao chão.

— Obrigado por sua ajuda, mestre, mas preciso ir. Tenho uma longa distância a percorrer.

— Partirá tão rápido? Alguns dias a mais não farão diferença. Aguarde para conhecer Sigeberto Stein. Gostará dele. É um ser humano genial e generoso.

— Não posso, mestre. O senhor leu a... carta. A paciência dele acabou. Entende o que significa? Está furioso e cansado de mim... e eu dele. No entanto, uma brincadeira insana do destino nos fez ser pai e filho. Ele diz que não reconhece em mim a sua continuidade e eu não reconheço nele a minha origem. Irônico, não? Uma brincadeira de Deus que eu esperava entender e aceitar aqui.

— Hum, compreendo. Pretende voltar?

— Pretender? Sim, eu pretendo. Mas minha vida é feita de pretensões, mestre. Sua Excelência, ao contrário, vive de decisões, incluindo as a respeito da vida alheia. Com sua licença, preciso partir.

— Deus o acompanhe, meu jovem. Espero ainda vê-lo quando voltar.

Johannes balançou a cabeça, levantou-se e foi aos seus aposentos arrumar a bagagem para partir o mais breve possível. Recusava-se a pensar no que haveria por detrás da ordem paterna. Mestre Ingo tinha razão: esse era o legítimo terreno da suposição. Trilhá-lo era aumentar as chances de erro e as torturas da ansiedade. Permaneceria sereno, evitando suposições, que são julgamentos calcados, na maioria das vezes, em imaginação.

Pensando em si, Johannes não entendeu a alusão de Ingo a respeito de ainda vê-lo, nem se apercebeu de que o mestre previa a possibilidade de estar cego no futuro próximo. O seu problema era o maior do mundo. Para o jovem, alguém perder a visão, em especial um amante da leitura e do saber, não era nada. Não era com ele.

Quando o mundo de alguém se resume à volta do umbigo, esse indivíduo enche-se de doenças, em especial das emocionais e psíquicas. Ingo provavelmente se tornaria cego do corpo, mas Johannes ainda não tinha visão da vida.

Ingo observou-o ir. Mais uma vez, lamentou-o. Johannes sequer questionava a ordem paterna. Não se atrevia a dizer "não" e fazer valer sua vontade.

"Bem, bem, Ingo, você já está velho o bastante para saber que ele não fez isso porque não sabe ainda o que realmente quer. Se soubesse e isso o fizesse feliz e realizado, gritaria e sapatearia com o pai, o mandaria para longe, ao inferno até. Jamais reagiria daquela forma angustiada e pacata. Esse pai, seja lá como for, é o problema ou o bode expiatório sem o qual Johannes não vive. Que mente lamentável! Precisava de um problema para sentir-se importante, e esse sentimento o torna incapaz de resolvê-lo. Ah, quanta vida jogada fora! Mas, se Deus permite, quem sou eu para discutir? Há de ter algum proveito, embora eu ainda não saiba qual possa ser. Enquanto isso, cuidarei do trabalho. Felizmente, há boas mentes jovens na universidade, interessadas, estudiosas, curiosas, desejosas de construir um mundo diferente. Johannes, neste momento, é um andarilho em si mesmo. Ele obedece prontamente, porque este ambiente começou a tornar-se desconfortável, a questioná-lo, confrontá-lo consigo mesmo, então é mais fácil partir e atribuir a culpa ao pai autoritário e invasivo. Muito mais fácil! E com o benefício de manter o problema que o torna importante e ainda posar de vítima. Sua infelicidade deve-se totalmente às ações paternas, não à própria inatividade. É simples, mas muito ruim. Prefiro as dificuldades de ser eu mesmo o senhor do meu destino. No fim, Johannes age igual aos compradores de indulgência. Por muito pouco se sente apto a poder fazer tudo de novo. Não rompe elos e alimenta vícios de pensar, sentir e viver. Alimenta também o egoísmo, que gera infelicidade e doença no caminho, mas cada um escolhe o que abrigar na cabeça, no peito ou nos braços", pensava Ingo entregue à brisa que soprava no jardim.

V

ALGUÉM FELIZ

*Deus fez da felicidade o prêmio do trabalho e não do favor,
a fim de que cada um dela tivesse o mérito; ninguém está
livre de trabalhar ou de nada fazer para o seu adiantamento;
aquele que trabalha muito, e depressa, disso é mais
cedo recompensado; aquele que se extravia do caminho
ou perde o seu tempo, retarda a sua chegada,
e isso não pode atribuir senão a si mesmo.*

(Allan Kardec, *O Céu e o Inferno*)

— Mestre Ingo, aquela mulher o espera nos portões —
avisou Frederico, um dos seculares a serviço da universidade,
surgindo apressado no jardim.

Ingo enrugou as sobrancelhas e levantou-se calmo.

— Obrigado, Frederico. Irei atendê-la.

— O reitor está entretido com a preparação do salão para
amanhã, mestre.

— Ah, é bom saber, obrigado.

Frederico baixou a cabeça e saiu a passos rápidos na
direção contrária a que Ingo seguia, porém ambos avançaram
céleres. O mestre sorriu ao ver Germana esperando-o encostada ao tronco de uma árvore.

— Germana — saudou-a contente. — Como está?

Ela sorriu descontraída e serena e, com passos leves e
ágeis, aproximou-se de Ingo estendendo-lhe as mãos.

— Ingo! Como é bom vê-lo! Eu estou bem. Desculpe-me vir até aqui. Sei que o reitor não aprova minha presença, mas precisava vê-lo. Tenho urgência em lhe falar. Podemos caminhar um pouco?

— É claro, Germana. E não dê importância ao reitor, ele é implicante...

— Interesseiro e carreirista — cortou Germana. — Vamos. Preciso mostrar-lhe algo.

Curioso, Ingo acompanhou-a. Germana era uma mulher simples, de traços tipicamente germânicos, loura, e tinha cabelos platinados e finos, mas fartos. Prendia-os em tranças ao redor da cabeça e escondia-os em uma touca. Estava sempre com um avental sobre a saia cinza e suas blusas de camponesa eram largas e sem enfeites. A pele rosada, o brilho dos olhos azuis e o sorriso constante e contagiante a tornavam bela e querida na pequena cidade. Todos conheciam Germana e sua história de coragem e enfrentamento dos poderosos locais.

— Ouvi dizer que Stein estará na cidade amanhã. É verdade, Ingo?

— Sim, Germana. Aguardamos a chegada de Stein pela manhã. Ficará aqui alguns dias. Quer vê-lo?

— Não sei. Deixarei que a vida resolva.

— Como? — indagou Ingo incrédulo. — Não acredito que ouvi você dizer isso.

Germana riu com gosto.

— Lave os ouvidos, devem estar entupidos. Água morna ajuda muito. Não siga as instruções estúpidas de Ulrich; ele está senil e nunca soube muito. Já curei alguns casos de surdez que ele diagnosticou, apenas com uma boa limpeza de orelhas e ouvidos. Ah, tem coisas que dão nojo. Não entendo esse medo de limpeza! Os cães adoram entrar nos rios, os gatos vivem se lambendo, até os pássaros se banham. Por que os humanos cultivam esses hábitos de imundícia? Eu não entendo. A natureza se limpa; nós a contrariamos e pagamos o preço.

— Germana, você devia ter nascido homem. Seria um pregador invejável.

Ela riu ainda mais.

— Deus me livre! Se eu fosse um pregador, seria padre. Nunca, meu querido, eu e a igreja viveríamos juntos. Não, não. Deus sabe o que faz. Foi sábio ao me fazer mulher. Estou bem e feliz como sou. Tudo é perfeito, e não seria eu a imperfeição na obra divina. Está tudo certo do jeito que está. Você consegue me imaginar rezando a missa? Mãe de Deus, seria um desastre! Iriam me enforcar antes que chegasse à metade de minha homilia. Eu e o poder não combinamos, Ingo.

— É, vocês não combinam. Você é livre demais.

— Não diga bobagens em um dia tão bonito.

— Está nublado, Germana. Eu ainda vejo.

— E você acha feio? Eu acho bonito. A luminosidade muda, tudo fica diferente. Eu acho revigorante um dia nublado; é tranquilo. É a espera da chuva. Água é vida. E não existe liberdade demais. Há, sim, quem permita que lhe tomem a liberdade, e aí tem liberdade de menos. Eu sou tão livre quanto à responsabilidade pelo que faço me permite ser. Sou livre pelo que busco conhecer e liberto-me de muitas crendices tolas. Eu me recuso a deixar de questionar o porquê das coisas. Se isso incomoda o reitor Guilherme e sua corja, *ops*, quis dizer sua corte... — falou Germana ironicamente e continuou: — O problema é deles!

— Germana, Germana, não brinque com fogo.

— Você deveria dizer: "Não brinque com a fogueira". O reitor e os outros adorariam reacender as fogueiras e queimar a última bruxa de Erfurt.

— É. Você entendeu. As fogueiras estão se apagando, mas não são cinzas ainda, querida. Ter cuidado ajuda a manter a cabeça sobre o pescoço. Os ventos de liberdade que sopram ainda não varreram tudo...

— Todos. Nem varrerão. Eu não me iludo. O autoritarismo é cria da ignorância e da ganância, Ingo. Por muito, muito tempo, ainda haverá ditadores. Censores da consciência alheia de plantão. Figuras patéticas! Mas... é a vida. A história me ensina que o homem melhora. Eu leio, penso e acredito nisso.

— Para onde estamos indo?

— Sempre curioso, Ingo. Não se deve sofrer por pouco, então vou lhe dizer: estamos indo à minha casa.

— E por que o mistério? Aconteceu alguma coisa?

— Sim, já faz vários dias, alguns meses na verdade. E não se preocupe, eu o conheço. Você não é muito diferente da maioria, embora goste de pensar que é. Basta dizer: "Aconteceu uma coisa" e pronto! Já pensam em algo ruim. Ah, que gente! Por que é tão difícil pensar em coisas boas ou simplesmente esperar para saber, sem formar ideias antes? Aconteceu algo maravilhoso, lindo. Poupe-se de sofrimentos desnecessários por causas inexistentes.

Ingo ficou pensativo. Amava Germana com devoção, como a maioria do povo. Admirava-a por sua lucidez, inteligência e alegria. Invejava-a por sua liberdade, coragem e por seu desprendimento. E temia por sua vida.

Ela tinha razão sobre o que dissera. E era um fato sério, relevante, que merecia reflexão e mudança.

Germana vivia em uma casa simples. Morava sozinha. Recusara-se a casar. Filha única, devotara-se aos pais e ao conhecimento, sempre estimulada pelo pai que era médico e trabalhava para os nobres. Dera à filha educação que os filhos de príncipes recebiam. Com a mãe, Germana aprendera desde cedo a arte de auxiliar a vida, a natureza. Parteira e curandeira de mulheres e crianças, em Erfurt o nome de Helga era uma lenda. Germana era sua sucessora, porém ampliara o legado da mãe buscando conhecimentos específicos. Ingo alcançava-lhe, agora, as melhores publicações a que tinha acesso.

Entretidos em uma conversa alegre e útil, continuaram a caminhada. Chegaram à residência de Germana, onde uma roseira se enrolava na cerca e dava colorido e perfume especiais ao local.

— Não estão lindas? — indagou Germana apontando para as rosas brancas. — Adoro quando a roseira vermelha floresce e as duas se misturam. Fica tão lindo! Venha, vamos até o celeiro.

Ingo imaginava o que seria a surpresa e franziu a testa ao ser convidado a ir ao celeiro.

— Eu estava sonhando com um doce em calda, cidras ou maçãs que você ofertaria para mim, mas não estaria no celeiro...

— Óbvio que não! Ande. Garanto-lhe que a surpresa é e será mil vezes melhor do que um doce. Depois eu lhe sirvo algo. Sabe que sempre tenho alguma coisa no armário. Nunca sei quando aparecerá uma criança nervosa ou triste aqui. Preciso estar prevenida.

— Melhor do que seus doces? Céus! Agora, estou realmente curioso.

Por fim, Germana abriu a porta do celeiro, que estava sombrio. Raios de luz, no entanto, penetravam pelas janelas altas e frestas no telhado. Ela fechou a porta e encostou-se, advertindo Ingo:

— Fique aqui.

Germana então uniu o polegar e o indicador da mão direita levando-os aos lábios e assobiou forte. Abaixou-se e começou a chamar:

— Venham, queridos! Venham, estou aqui!

Ingo levou a mão à cabeça e riu. Compreendeu que ela chamava animais, deduzindo que se tratassem de gatos ou cachorros. Germana falava com os bichos e, observando as reações dos animais, era justo deduzir que a entendiam, pois a obedeciam e reagiam às expectativas da amiga. O divertido era ouvi-la dizer o que eles queriam. Algumas cabecinhas caninas espiaram por debaixo de um monte de feno e saíram sacudindo as palhas e os rabinhos faceiros em direção à Germana.

— Venham, venham! Está faltando alguém! — disse ela. — Onde está o danadinho?

Os filhotes tinham aproximadamente dois meses e meio. Eram bolinhas peludas negras e brilhantes, com vivazes olhos redondos. Curiosos, começaram a farejar os pés de Ingo.

— Blick[1], venha cá. Apareça, danadinho — ordenou Germana. E, olhando sorridente para Ingo, que se abaixara para acariciar os filhotes, comentou: — Blick é terrível! É o mais inteligente e independente da ninhada. Imagine só! Com esse

---

1. Blick, em alemão, significa olhos.

tamanho, já quer se aventurar a explorar o mundo sozinho. Outro dia, encontrei-o querendo escapar do celeiro pelas janelas, que são altas, mas sei que a curiosidade nos leva longe. Ele queria espiar o mundo lá fora, mas ainda é muito pequeno. Daqui a algum tempo, poderá e deverá fazê-lo.

Germana chamou Blick mais uma vez e de repente uma bolinha preta e peluda, maior que as outras, rolou do monte de feno e caiu no centro do celeiro. Logo o cachorrinho, que tinha o peito e as patas num tom amarelado, se pôs de pé sacudindo as palhas. Latindo esganiçado e fininho e balançando as orelhas, correu, por fim, ao encontro dos dois amigos.

Erguendo-se, Germana pegou o filhote e, agasalhando-o contra o peito, murmurou junto à cabecinha do animal:

— Você não deve fazer isso, Blick. Irá se machucar andando em lugares altos. Você não é um gatinho.

Como se percebesse o carinho nas advertências da protetora, Blick lambeu-lhe as mãos e a encarou alegre.

— Viu, Ingo? É o que lhe havia dito: ele é muito curioso. E também o mais carinhoso...

— São lindos! Por que não me disse que tinha uma ninhada de cachorrinhos? Aliás, onde está a mãe deles? Você não tinha uma cadela. Como foi isso?

— Ela apareceu aqui uma noite e estava faminta. Ficava no celeiro e era muito dócil. Ajudava-me, entendia tudo, era ótima. Não demorou muito e notei que estava prenhe. Ela teve os filhotes e amamentou-os; era muito zelosa. A ninhada era maior. Foram sete cachorrinhos, mas dois nasceram mortos e um ela matou. Já faz alguns dias que não a encontro. Acho que foi embora e deixou-me os filhotes. Confiou que eu iria cuidar deles. São lindos, não acha? Estou apaixonada por eles...

— Especialmente por Blick. Ele é lindo — comentou Ingo observando o modo como o bichinho correspondia às atenções que recebia de Germana.

— Que bom que gostou dele! Tome, pegue-o — e estendeu Blick na direção de Ingo.

Ele riu e pegou o animal, erguendo-o próximo dos olhos para examiná-lo melhor.

— Lindo! Será um cão valoroso — brincou Ingo.

— Tenho grandes esperanças para o futuro dele — comentou Germana observando-os juntos. — Ele gostou de você; está lambendo seu nariz.

— Hum! Não penso que seja um privilégio. Fazem isso com qualquer um.

— Não! Os cães são muito sensíveis. Reconhecem instintivamente as reações humanas e respondem a elas honestamente; não mentem como os humanos. Ele o lambeu porque gostou de você. Do contrário, teria ficado quieto.

Como os outros cães andassem e farejassem em torno de suas pernas, Germana abaixou-se e pegou os três, segurando-os contra o peito.

— Danadinhos, como são ciumentos! Se pegar um, tenho que pegar os outros. Ajude-me, Ingo! Leve Blick. Vamos para a cozinha, pois é hora de alimentar esses pequenos.

Na universidade, Johannes torturava-se com pensamentos deprimentes e de desvalor, mesclados com o sentimento de raiva que dirigia ao pai. No entanto, obedecia-o e já se pusera a arrumar seus pertences.

"Tenho que voltar ao inferno, justo agora em que encontrava a paz. Maldição! Será que isso não tem fim? Por que simplesmente não posso viver minha vida como desejo? Onde estão a justiça e a liberdade? É minha sina, meu destino. É horrível! Eu odeio tudo aquilo. Odeio, odeio, mil vezes, odeio! Aquilo me sufoca. Eu não tenho habilidade para dirigir e detesto política. Não quero nem pensar que existam pessoas que dependem de mim. Isso me dá medo. Eu não sei o que fazer de mim mesmo, de minha vida, como posso, então, decidir a vida dos outros? Que fardo! Isso me revolta. Deus não é justo nem tem piedade, pois, se tivesse, me livraria disso. Eu só quero paz. Por que não consigo? E agora sequer posso tentar. Ethel de Wintar e sua maldita autoridade e fortuna vão tirar a única coisa que desejo.

Ele é meu pai, tenho o dever de amá-lo, mas será que é possível amar por dever? Às vezes, penso que não. Então, se não o amo como pai, por dever, ele também não me ama como filho. E a vida não passa de uma brincadeira de mau gosto da Fortuna[2]. Acho que muitos italianos chegaram às mesmas conclusões, por isso voltaram a adorá-la. Talvez eu deva lhe fazer algumas oferendas, tentar aplacar essa ira com que ela governa meu destino", Johannes pensava.

Na manhã seguinte, cansado e mal humorado, Johannes foi ao refeitório para o último desjejum na universidade. Decidira que partiria cedo.

Surpreendeu-se ao encontrar Ingo compartilhando a refeição com um homem cujo rosto não conseguiu ver. Estavam alegres, descontraídos e conversavam concentrados em algum assunto. Percebeu que eram amigos de longa data, pois havia intimidade e camaradagem nítidas entre eles. Salvo a presença dos dois homens, o local estava vazio, exatamente como Johannes esperava encontrar o refeitório. Não queria despedidas nem dar explicações. Envergonhava-se de ter como justificativa apenas a obediência ao pai contra sua vontade. Era exibir a prova de sua fraqueza.

O jovem aproximou-se da abertura na parede através da qual os cozinheiros entregavam a refeição. Pegou a bandeja e foi acomodar-se, discretamente, em uma mesa próxima. Queria ficar só.

Ingo observava-o com o canto dos olhos e decidia se o convidaria ou não a se sentar em sua companhia e na do convidado. Não demorou a perceber que, propositadamente, Johannes mantinha a cabeça baixa, praticamente enfiando-a no prato. "Depois. Há tempo para tudo", decidiu intimamente. E prosseguiu a conversa.

Quando Johannes terminou a refeição e caminhava para sair da sala, passou próximo da mesa do professor, que estendeu o braço dizendo:

---

2. Fortuna: deusa romana da sorte boa ou má, regente dos destinos.

— Quem está aí? Hoje meus olhos amanheceram inflamados e vejo pouco. Espero melhorar durante o dia.

Penalizado e sentindo-se culpado por ter pretendido enganar alguém quase cego para fugir-lhe a presença, Johannes cumprimentou-o:

— Sou eu, mestre Ingo, Johannes. Como passou a noite?

— Bem, meu caro. A noite foi boa. O problema foi o amanhecer. A noite é escura e iguala-nos. É a luz que nos diferencia. E então enxergar torna-se um problema.

— Santo Deus! Que palavras dúbias, Ingo! — exclamou o risonho visitante. — Verdadeiras em qualquer sentido em que se deseje refletir. Muito interessante!

— Verdades que a vida nos ensina, nada mais — respondeu Ingo.

Dirigindo-se a Johannes a quem ainda retinha com o braço, Ingo convidou, ou melhor, intimou:

— Sente-se conosco, Johannes. Tome uma xícara de chá.

— Obrigado, mestre, mas...

— Sem "mas"! Não gosto dessa expressão. Usamo-la quando não queremos dar uma resposta definitiva. Muitas explicações enredam nossa mente. Jesus dizia: "Seja o seu falar sim, sim, não, não". Ou seja, seja direto, objetivo e franco. Eu temo o que vem depois do "mas". Quase sempre é uma desculpa, que, se não esfarrapada, é rota com toda certeza.

— Eu digo mais: se for desculpa, depois do "mas" vem a mentira — comentou o visitante.

Compelido moralmente, Johannes sentou-se e explicou:

— Bem, eu pretendia apenas explicar que preciso carregar a bagagem. Partirei hoje, mestre Ingo.

— Eu sei. É mais um motivo para descansar e aproveitar ao máximo este momento, pois terá longos dias de viagem pela frente. Nas tabernas e hospedarias não se faz uma refeição com calma. E alimentar-se com calma e entre amigos é um dos prazeres da vida; faz bem à alma e ao corpo. Comer apressado, sem alegria nem prazer, leva-nos à doença.

— Compartilhar os prazeres da mesa sociabiliza o homem. Dizem que até os deuses do Olimpo compartilhavam banquetes.

Sente-se conosco — reforçou o estranho estendendo-lhe a mão com um sorriso brilhando na face e apresentou-se: — Eu sou Sigeberto, mas me chamam de Sig.

Johannes engasgou. "Então aquele homem simples e bonachão era o importante e aguardado doutor Stein?", imaginou. Incrédulo, indagou enquanto retribuía o cumprimento.

— O senhor é o doutor Sigeberto Stein?

— Não, meu amigo, eu sou Sigeberto. Nasci Stein e tornei-me doutor.

Confuso com a resposta que não compreendera a princípio, Johannes continuou a apertar-lhe a mão enquanto confrontava suas emoções. Simpatizara com Sig. A chama de inteligência e alegria que brilhava em seus olhos o atraíra. O comportamento despojado e espontâneo o seduzira. Sentiu imensa vontade de sentar-se e conversar com ele, ou simplesmente, de ouvi-lo. Sua intuição dizia-lhe que tinha muito a ganhar se obedecesse àquele desejo. E, sem pensar, acomodou-se por fim no banco de madeira ao lado de Ingo, em frente ao convidado. Otto trouxe-lhe uma xícara, e Sig fê-lo sentar-se com eles. E, para espanto de Johannes, o cozinheiro nem pestanejou; sacou uma xícara do bolso do avental e sorriu matreiro.

— Esperto, Otto. O tempo é valioso demais para ser desperdiçado com melindres e bobas formalidades. Vamos aproveitar que a turba ainda dorme — brincou Sig pegando o bule e servindo as xícaras. — Ingo e eu conversávamos sobre nossas leituras de Epicuro e sua maravilhosa filosofia. Ele tinha ideias geniais e tão simples. Diógenes, um de seus seguidores, quatrocentos anos depois de Epicuro ter fundado a comunidade do Jardim em Atenas, mandou insculpir algumas de suas ideias em um muro no centro comercial da cidade onde vivia. Pergunto-me o que aconteceria se hoje resolvêssemos escrever em um muro próximo de qualquer um dos portos comerciais da Alemanha advertências sobre consumo e felicidade.

— Seríamos degolados antes que pudéssemos terminar a segunda frase — respondeu Otto. — O comércio e o consumo dominam nosso mundo. O que acha da proposta de Sig? Você vai ajudá-lo, Ingo?

— Pelo que sei, havia muitas lições de Epicuro nesse muro. Eu o admiro, também. Não é fácil pregar o prazer como salvação. As pessoas corrompem a ideia. Chega ao povo uma noção vulgar e simplória de um pensamento sadio e profundo. Epicuro não defendia qualquer prazer. Ele advogava a causa do prazer real e construtivo, que não se trata da simples satisfação dos sentidos nem da fugaz satisfação. No mínimo, é preciso conhecer-se e conhecer a vida e observar a atuação das leis naturais em nosso cotidiano, para poder viver a salvação segundo Epicuro. Simplicidade, amizade, reflexão, liberdade e saber o que é essencial e o que não é para nossa felicidade. Saber que é mais importante ter amigos e liberdade do que dinheiro para a felicidade. Eu creio que há algumas eras na história da civilização humana em que morrem épocas enquanto outras nascem. Mais ou menos, é como se um cadáver de mulher parisse durante seu funeral...

— Mas que ideia! Isso geraria um pânico maior do que se a defunta levantasse! — comentou Sig, rindo. — Desculpe-me. Continue, por favor. Seus argumentos são interessantes, mas essa comparação foi tragicômica. Não pude impedir que minha imaginação formasse essa cena bizarra. Seria hilário, imaginem!

Otto riu com gosto e pilheriou sobre pessoas correndo e carpideiras desmaiando. Nem os confrades de sacerdócio ele perdoou. Segundo o cozinheiro, batinas voariam fugindo do demônio que nascia.

Johannes chocou-se com a conversa. "Como podiam misturar um tema sério com coisas sem sentido e heréticas?", indagou-se intimamente.

— Bem, como eu dizia... — retomou Ingo após as risadas: — Um tempo entra em ocaso enquanto outro se inicia. As fronteiras na história entre uma época e outra são como as cores do arco-íris: se mesclam. Somente à distância, elas são percebidas como distintas. Então, historicamente, a distância é o tempo. Penso que daqui a um século ou dois, deem nomes à época em que hoje estamos vivendo e digam: "Havia resquícios dos grandes feudos e um comércio que crescia vertiginosamente e fazia com que os burgueses ascendessem. A religião, por sua vez, tornava-se uma pulga que incomodava o cão, e, como o cão, o povo se sacudia. Essa mistura talvez houvesse na Grécia, no tempo de Epicuro. Hoje, a escala é maior e, consequentemente, maiores são os problemas. Os homens compensam as infelicidades com a ilusão do ouro e do poder. Então, Otto, se a segunda frase abordasse isso, sim, seríamos mortos. A verdade é incômoda.

— E você, jovem, o que pensa sobre essas ideias loucas? — indagou Sig a Johannes.

— Não conheço o pensamento de Epicuro, senhor. Parece-me difícil usar o profano como caminho de salvação.

— Bem, bem, eis outra questão séria: o que é profano? Será que as construções humanas são mais sagradas que as de Deus? — e, voltando-se para Ingo, concluiu: — A razão lhe pertence, eis a prova. Corrompemos ideias profundas jogando-as na vulgaridade. Johannes, é esse seu nome, certo? Pois bem, Johannes, penso que tudo na natureza é sagrado, porque é criação de Deus. O prazer é criação divina, é sagrado, e mais: é eterno e imutável. Mas o que a mente humana cria é profano e é destruído pelo tempo. As religiões são profanas...

— Por Deus, doutor Stein! Pare! Veja onde está falando! Está na casa do Senhor! — protestou Johannes veemente. — E não deveria ser eu, um aluno secular, a adverti-lo disso.

Imperturbável, Sigeberto encarou o rapaz e respondeu-lhe, enquanto um pesado silêncio descia sobre o grupo:

— Somente um aluno secular poderia me dizer-me isso. Só você tem ilusões. Ainda sofrerá, infelizmente, até nos compreender. Mas esse é o caminho. O processo de renascimento é doloroso. Como as cobras, é preciso esfregar-se na pedra até arrancar a própria pele. Você descobrirá que Deus nos criou para o prazer e isso está em cada célula de nosso corpo. É assim desde os primórdios e continuará sendo. É natural, é sagrado, obra de Deus. Mas, olhe à sua volta. As paredes da maioria dos templos religiosos são construídas com pedras de outras religiões que morreram ou que foram mortas pela mão e mente humanas, em nome da defesa da verdade expressa pela nova ordem defendida. São fatos inegáveis da vida desde os primórdios. Isso é profano, obra do homem, e mortal como seu autor. A casa do Senhor sou eu, Johannes, não essas paredes. Falta-lhe o que Epicuro defendia como condições para uma vida feliz: reflexão e liberdade.

Otto resolveu servir-se de outra xícara de chá e, aproveitando o ensejo, encheu as xícaras dos demais, lembrando-os do que dera início à discussão:

— Na cozinha, eu penso muito sobre essa questão da felicidade e do prazer com o simples e necessário. Meu dever é saciar a fome de todos. Se os pratos que escolho são simples, gostosos e nutritivos, a felicidade é geral, pois todos aplacam e saciam a dor da fome. Mas, quando resolvo fazer algo mais elaborado, uma divisão se estabelece: alguns se banqueteiam como os antigos até estufarem o estômago e outros continuam famintos, pois aquilo não lhes agradou o paladar. Ou não comem ou, se comem, o fizeram a contragosto, o que lhes pode provocar má digestão.

— Grande exemplo! — cumprimentou Sig. — A refeição simples é tão prazerosa quanto a mais elaborada, portanto o luxo é desnecessário. A felicidade dependerá sempre, e eu penso como Epicuro, de termos o natural e o necessário. E não se assuste, Johannes: o caminho para Deus é lento, constante, e calçado com as pedras do dia a dia. É sobre essas escolhas que nos ensinaram serem profanas e sobre as quais não devemos pensar que caminhamos para Deus. Ajoelhado, não se vai a lugar algum, ainda mais se estiver entre quatro paredes. Eu acredito que os caminhos estão lá fora, meu jovem, na vida, com suas dores e alegrias.

Johannes não ouvia mais o diálogo; estava inquieto. A cadeira tornara-se para ele muito desconfortável. Lembrou-se de que tinha urgência em partir ao encontro do pai e sentiu-se feliz, pois isso lhe daria a oportunidade de fugir daquele incômodo encontro. Obrigou-se a aguentar alguns minutos e, decidido, ergueu-se por fim. Educado e frio, despediu-se do grupo e saiu apressado.

— Ele foge — vaticinou Ingo.

— Será que o incomodei em demasia?

— Ora, Sig, não diga bobagens. Incomodação é incomodação. Pouca ou muita, os resultados são parecidos. E seu grau não depende do que você faz, mas do que o outro carrega dentro de si como tolerância armazenada ou disposição para mudança. Ou, como no caso de nosso jovem, dos entulhos a serem retirados do íntimo e das crenças equivocadas e irrefletidas. Tudo isso gera sofrimento, e o orgulho acaba sendo o pai de todos. Pelo que conheço de Johannes, diria que foi muito incomodado por você. A verdade liberta, mas ele teme a verdade e a liberdade...

— Ah, ele precisa urgentemente conhecer epicuristas e refletir sobre seus medos e sua ansiedade junto deles — falou Sig.

O refeitório começou a encher-se de alunos, que, surpresos por encontrarem Sig ali tão cedo, se alegraram e foram saudá-lo. A conversa com Johannes seria esquecida por um longo tempo.

Afoito, Johannes apanhou sua bagagem e partiu. Levava no bolso do casaco a carta de despedida endereçada ao reitor prometendo-lhe um breve retorno. Depositou-a, por fim, na bandeja de prata sobre a mesa, onde havia outras à espera da atenção de Guilherme.

VI

RELAÇÃO TURBULENTA

*Ora, não será o absurdo dos absurdos querer
que o homem prefira algo à sua felicidade?*

(Cícero, *A virtude e a felicidade*)

Ao passar pelos portões da universidade, Johannes reconheceu dois homens que trabalhavam para seu pai do outro lado da rua. Não adiantava ignorá-los. Saudou-os e esperou que se aproximassem. Odiava aqueles homens. Eram assassinos frios, que cometiam os mais bárbaros crimes por moedas de ouro. Ridicularmente, trajavam-se de preto, com austera simplicidade, mas brilhava em seus peitos uma corrente dourada com um crucifixo pendente cravejado de pedras preciosas. Ostentação, pura e simples. Um símbolo de salvo conduto entre o poder dos nobres e da igreja, pois serviam a ambos e o que definia de que lado estavam era o peso da moeda. O brilho da joia disputava primazia com o brilho das facas e dos punhais que carregavam à cintura ou presas com tiras de couro contra as coxas. Sobre os ombros, capas de couro escuro. À distância, era possível confundi-los com religiosos ou com abutres gigantes. Face a face, o olhar gelado, a expressão dura e a mão firme revelavam que eram "os homens de confiança de um nobre". Naqueles dias, nenhuma família de prestígio prescindia dos serviços daquele tipo de

53

gente. E a quantidade de homens como aqueles a serviço de um senhor demonstrava seu poder financeiro, político e militar. Ethel de Wintar tinha um bando de assassinos a seu serviço. Manfrid e Volker eram velhos conhecidos e caminhavam até Johannes com firmeza e agilidade.

— Alteza!

— Manfrid! Volker! Podemos partir.

— Um minuto apenas, Alteza. Preciso que use suas armas — falou Manfrid encarando-o enquanto estendia-lhe um estojo de couro.

— Eu não gosto de armas, Manfrid.

— As estradas são perigosas, príncipe Johannes. Não podemos nos dar ao luxo de gostar ou não do que é uma necessidade.

Volker apertou levemente a boca, tentando esconder a expressão de desprezo pelo que considerava ser uma fraqueza de caráter do herdeiro de seu senhor. Johannes percebeu o gesto e irritou-se. Rapidamente, pegou as armas e colocou-as à cintura. Sentia arder como se estivesse em brasa as porções de pele em contato com o couro, que perpassava o tecido de sua roupa. No entanto, calou o profundo incômodo e sentiu-se vitorioso ao apagar do rosto de Volker a expressão de desprezo. Leituras invertidas da realidade, típicas promoções do medo na mente humana. O mercenário desprezava-o ainda mais por ter cedido e intimamente ria das ações do filho de seu senhor, imaginando qual destino aguardaria a fortuna dos Wintar quando Ethel fechasse os olhos.

— Deus nos guiará e conduzirá a salvo dos perigos. Não precisarei usar essas armas — afirmou Johannes.

— Alteza, Deus sabe o que faz. O padre da aldeia onde cresci dizia que Ele faz sempre o melhor, então se Ele precisar usar uma arma para nos proteger, com certeza, contará com minha mão — retrucou Volker, imperturbável, cuspindo no chão antes de pegar as rédeas do cavalo para montá-lo.

Manfrid sorriu e balançou a cabeça, murmurando desdenhoso:

— Ele escolhe bem.

— Manfrid, por favor, estamos em frente a uma instituição religiosa. Há uma igreja além daquele portão — advertiu
Johannes. — Respeite o local sagrado.

Manfrid encarou-o friamente e depois voltou o olhar ao prédio, benzendo-se e fazendo o sinal da cruz. Imitou Volker e, aproximando a montaria de Johannes, falou em tom autoritário:

— Estamos prontos para partir, Alteza.

O fingimento não poderia ser maior. Não havia nem fé nem
respeito no ritual religioso executado e havia ainda menos obediência e reconhecimento da autoridade atribuída a Johannes.
Aliás, o tom desmentia o teor das palavras. Era Manfrid quem
comandava; ele era o preposto de Ethel. O jovem Johannes não
passava de um nobre prisioneiro. No entanto, atendendo a longo
condicionamento — fora educado para não ver —, Johannes
assentiu com a cabeça e ordenou:

— Vamos!

Pobre Johannes! Bem poderia ter sido substituído por um
dos animais trazidos ou da Nova Espanha ou do continente
Africano: um macaco adestrado ou um pássaro falante.

E nesse clima sucederam-se os dias até cruzarem os limites
da cidade governada pelos Wintar.

O estômago de Johannes embrulhava e seu coração parecia ter subido à garganta, que, por sua vez, estava apertada.
E, completando a revolta dos órgãos, os intestinos do rapaz
revolviam-se em espasmos e cólicas dolorosas. Crente de que
adoecera na viagem, Johannes entregava-se apático ao profundo mal-estar e cavalgava lentamente, em silêncio. Ignorava os
homens de seu pai, que o seguiam à distância de alguns metros. "Afinal, talvez a morte seja o grande portal de saída para
meus padecimentos. No cemitério, haverá a paz que procuro.
É o que todos dizem: morreu, então descansa em paz", pensava,
alimentando a crença íntima de que estava gravemente enfermo. Por conta própria, colocara-se em jejum desde o dia anterior
quando surgiram as cólicas intestinais. A fraqueza e a desi-
dratação provocavam uma sensação febril e dores no corpo.
Sentia-se muito mal.

Irritado, Volker o observava. O desprezo estampava-se em seus olhos.

— Sorria, Volker! — pediu Manfrid em tom debochado. — Melhorará a aparência ou, ao menos, disfarçará um pouco seus sentimentos.

— Não tenho motivos para disfarçar. Sempre tive horror a covardes, e esse "menino" me dá nojo, pena e raiva ao mesmo tempo. Olhe para ele. Está se borrando de medo desde ontem.

— Não exagere. Ele é a própria covardia em forma de homem. Eu concordo, o rapaz também me causa nojo. Mas dizer que ele está doente por causa do medo é exagero. Johannes adoeceu, e espero que não seja nenhuma peste contagiosa. É vergonhoso e humilhante borrar-se desse jeito.

— Manfrid, eu não disse que ele não está doente. Eu disse que está desse jeito por ser covarde e descontrolado. Você e eu já participamos de mais batalhas, lutas e mortes do que podemos nos lembrar, certo?

— Certo.

— Então você reconhece, tão bem quanto eu, um fracote covarde. Muitos morreram borrados em nossas mãos! Molharam as calças como garotos e não estavam doentes quando os pegamos. E o que faz isso? O medo! A covardia, melhor dizendo.

— Ele está pálido e suando frio. Acho até que o vi vomitando. Está doente.

— Doente de medo — insistiu Volker. — Eu já vi isso o bastante para reconhecer. É cômodo adoecer quando precisa enfrentar algo difícil ou como no caso dele...

— Volker! Você viu alguma coisa?

— Não preciso, e Ethel de Wintar também não precisa. Ele sabe o filho que tem.

— Não sei, não sei. Fico feliz de estarmos em casa. Quando entregarmos o fedelho ao pai, nossa missão estará cumprida. Não fui treinado para ser valete nem aio. Se soubesse que passaríamos por isso, teria levado um quando partimos.

— Hum, é bom lembrar-se disso, Manfrid. É provável que tenhamos de buscar o "moço" outras vezes. Ah, e lembre-se de levar um médico. Já vi curas desses males em campo de batalha. Bastava o médico aparecer com os apetrechos de sangria ou os vesicatórios que um medo maior se impunha e o borrado se ajeitava. É isso ou sentar um pau na cabeça! Depois do desmaio, está curado.

Lembrando-se de ter presenciado alguns episódios do gênero, Manfrid riu com gosto. A situação ficava mais engraçada com a zanga e o desprezo com que o companheiro descrevia a situação e olhava o jovem combalido, que era conduzido pelo cavalo aos portões do palácio da família.

— Se está doente por causa de alguma peste ou por causa do medo, como diz, bom, isso eu não sei. Mas, seja como for, o fedelho está sofrendo. Eu não queria estar na pele dele — comentou Manfrid contendo o riso. — É humilhante, vexatório. Acho que devemos entregá-lo pela porta dos fundos. Ethel de Wintar odiará ver o filho apresentar-se nesse estado. O que me diz?

— Concordo. Um ato de caridade de vez em quando deve aliviar os pecados que carregamos. Se realmente existir uma vida além da morte, alguns atos de compaixão podem nos dar uma chance no purgatório — ironizou Volker. — É sempre bom ter uma margem para negociar com os superiores.

— Está com medo de morrer, Volker? Já ouvi muita bobagem de sua boca imunda, mas essa... Só me falta dizer que correrá atrás do Teltz...

— Não é para tanto, Manfrid. Estava apenas filosofando sobre sua crise de compaixão. É coisa rara.

— Teltz?! Ora, não me faça rir! Se ouve a léguas de distância o tilintar das moedas anunciando a passagem daquele crápula.

— Ah, é verdade. Tenho pena desse povo iludido. Ouvi dizer que ele agora vende gotas do leite da Virgem Maria — Volker dobrava-se sobre o cavalo rindo. — Imagine! Quanta besteira! Eu tenho a boca imunda, como você diz, e esses agoureiros de preto têm a cabeça imunda. Vá imaginar besteira assim nos quintos dos infernos!

— É milagroso! Quem sabe devêssemos oferecer uma dessas gotas ao nosso príncipe. Está arqueado de novo.

— Argh! Se pelo menos fosse por uma bebedeira, por uma boa noitada, eu não teria tanto nojo, até entenderia. Afinal, quem não experimentou isso? Mas por covardia... não consigo. Se o leite da Virgem der coragem a Johannes de Wintar, eu me converterei! Virarei padre e serei celibatário, uma raridade na Igreja.

Manfrid riu com gosto e completou:

— Isso que é convicção quanto à besteira das relíquias e indulgências! Celibatário, você! — e ria debochadamente. — E na igreja, ora, mas que lugar difícil você escolheu para ser casto. Dizem que o Papa Inocêncio tem oito filhos.

— Prova que descende de uma boa família. O avô e os tios deram grande exemplo.

— É verdade. Você já andou por Roma; deve saber o que diz.

— Não é nada diferente do que temos aqui, Manfrid. E, tratando de assunto sério, vamos contornar o palácio e entregar a encomenda à criadagem. Eles que providenciem um médico. Você faz isso, e eu aviso Ethel de Wintar?

Manfrid aquiesceu e esporeou o cavalo acelerando o passo para colocar-se ao lado de Johannes. Em silêncio, conduziu-o a uma porta secundária, próxima à ala residencial, e entregou-o aos cuidados de um criado, mandando levá-lo aos seus aposentos.

Volker ingressou no palácio caminhando decidido pela ala administrativa até a sala de Ethel.

— Preciso falar com o príncipe Ethel — comunicou a Albrecht de Wintar, o chefe do gabinete e primo de Ethel. — Assunto confidencial.

Albrecht olhou Volker de cima a baixo com ar de superioridade, sem disfarçar o desagrado, e torceu o nariz. Não apreciava a atitude do primo, que mantinha aqueles homens a seu serviço. Sabia que era usual e símbolo de status, mas não confiava neles. Apesar das atitudes comedidas, Albrecht acreditava piamente em resolver sozinho "os problemas", sem testemunhas nem intermediários. "Há dívidas impagáveis", poderia ser o resumo de seu pensamento quanto ao tema.

— Aguarde — Albrecht respondeu seco.

Volker aproximou-se da janela e escorou-se displicentemente à parede, fingindo ignorar a atitude de Albrecht e dar total atenção à vista do extenso jardim por onde algumas damas passeavam.

Depois de algum tempo, Albrecht saiu da sala desaparecendo pelo labirinto de portas e salas que conduziam à presença de Ethel. Passada quase uma hora, regressou e calculadamente aproximou-se de Volker, falando baixinho e evitando que as pessoas que haviam chegado ao local nesse intervalo de tempo ouvissem o breve diálogo:

— Venha. Será atendido agora. Seja breve e preciso.

— Sempre sou, Excelência. É minha fama.

— Refiro-me às palavras — esclareceu Albrecht.

— E eu também, senhor — retrucou Volker, em tom frio.

Albrecht decidiu olhar na linha do horizonte, embora soubesse que tal visão seria barrada pela parede decorada no final do corredor, e calou-se. "Melhor não falar com esse tipo", pensou.

Volker, por sua vez, o analisava com o canto do olho. Observador nato e bem treinado, nenhum detalhe lhe escapava, quer fosse do físico, quer fosse da conduta. Um sorriso irônico e debochado insinuou-se em seu rosto enquanto acompanhava Albrecht. "Somos iguais", pensou.

Ethel estava diante de um tabuleiro de xadrez. Segurava um peão entre os dedos apertando-lhe a cabeça e parecia não ver o jogo. Estava sozinho, portanto a jogada sob análise não era feita sobre o tabuleiro.

Volker estava habituado a cenas daquele tipo. Ethel não era seu primeiro empregador e talvez não encerrasse a carreira na Casa de Wintar. O jogo estava na mente do senhor e o tabuleiro era a vida, qualquer rua, beco ou palácio da cidade, mas com quem ele jogava e quem manipulava somente Ethel sabia.

Albrecht pigarreou, e Ethel, erguendo a mão, ordenou com voz calma e inexpressiva:

— Saia, Albrecht.

Somente quando ouviu o barulho da pesada porta se fechando, Ethel voltou a falar:

— Aproxime-se, Volker. Relate sua missão.

Volker colocou-se ao lado do senhor e em frases breves resumiu o cumprimento da missão.

— Como disse, senhor, ele foi dócil. Obedeceu sem questionar sua ordem e acompanhou-nos de boa vontade. Adoeceu na viagem.

— Adoeceu? O que houve?

— Uma lamentável indisposição, senhor. O jovem príncipe está muito debilitado.

Ethel virou-se para encarar Volker. Seu físico avantajado impunha respeito. Alto, forte, tinha feições graúdas e rudes, olhos grandes, frios, cinza-azulados, que lembravam um céu invernal. Perspicaz, notou a falsidade e o desprezo na expressão do servidor, deduzindo o que teria acontecido ao filho. Não era o primeiro episódio do gênero a envergonhá-lo. E falou entredentes, irritado:

— Imagino. Onde ele está?

— Julgamos que seria melhor que ele entrasse pela lateral do palácio, Alteza. Discretamente para não chamar atenção sobre seu estado. Apenas o criado pessoal do príncipe Johannes recebeu-o, senhor.

— Muito bom.

Ethel caminhou até a mesa de trabalho, puxou uma gaveta e tirou uma pequena bolsa com moedas de prata. Entregou-a dizendo:

— Por seu zelo e silêncio, Volker.

— Obrigado, senhor.

— Está dispensado.

Volker deu meia-volta e saiu da sala. Seguia aliviado. Era um fardo servir de pajem ao jovem príncipe. Não fosse por dinheiro, não aceitaria aquele trabalho. Parecia simples, mas conduzira um barril de pólvora sobre a própria cabeça.

Em seus aposentos, entregue às atenções do criado pessoal, Johannes sentia-se grato ao terrível mal-estar, pois assim não precisava enfrentar de imediato os confrontos com o pai. Considerava que a Providência Divina enviara-lhe a enfermidade, assim devia resignar-se ao sofrimento que lhe trazia benefícios. Deus sabia o que era o melhor, por isso gemia e reclamava da luz que invadia o quarto por causa da janela aberta. Em completa inversão de valores.

— Precisa de ar fresco, Alteza — respondeu o criado, impassível enquanto o banhava.

— Essa luz me incomoda, preciso descansar. Sinto-me fraco, dolorido. Alfredo, seja cuidadoso. Não me esfregue como se eu fosse um trapo. Minha pele dói.

— Desculpe-me, Alteza. Não percebia que usava de força. Minha intenção é cuidar para que se sinta bem e limpo.

— Estou doente! Tenha cuidado.

Intimamente irritado, Alfredo observou o corpo que lavava e deu a tarefa por concluída. "Que fique fedorento! Vai ficar jogado na cama, com o quarto escuro e fechado, infernizando a criadagem. Se aparecer alguma ferida, ele até vai gostar", pensou e, com voz indiferente, solicitou:

— Por favor, Alteza, fique de pé para que eu possa finalizar o banho com a água limpa.

— Enfim! Preciso deitar-me, estou muito mal.

Foi a gota d'água. Alfredo respirou fundo e pegou a jarra com o líquido morno e derramou-lhe sobre a cabeça e os ombros. Estendeu-lhe a toalha convidando-o a sair da banheira. Enxugou-o e auxiliou-o a vestir as roupas interiores.

— Graças a Deus! — murmurou Johannes afundando no colchão de plumas de ganso, entre lençóis de seda e cobertores de lã. — Feche as janelas, Alfredo. Preciso descansar. Quando o médico virá me ver?

— Deve estar a caminho, Alteza.

— É bom! Preciso descansar e não gosto de ser incomodado. Alguém avisou meu pai?

— Sim. Volker foi ao gabinete.

— Ah, é claro. Volker.

Alfredo apressou-se a sair do quarto, colocou os objetos usados no banho no corredor e fechou a porta. Com um longo suspiro, encostou-se na porta fitando o teto, clamando paciência ao Criador.

Bernadete, a criada que cuidava da limpeza dos aposentos, parou ao seu lado sorridente e indagou provocante:

— Tarefa feita? Prefiro esfregar o piso.

Alfredo encarou-a. Estava tão irritado que sequer cogitou repreendê-la. Quem não sabia que os criados conheciam tudo que se passava nos quartos e salões dos palácios? Eram tratados como seres invisíveis, mas isso não significava que não enxergassem. A história da chegada de Johannes correra de boca em boca mais rápido que o vento varrendo uma planície.

— Não se faça de importante. Você limpa coisas iguais ou piores do que acabei de limpar.

— Disseram na cozinha que ele é assim desde criança. É verdade? — Bernadete sondou.

— Alvina corre o risco de ter a própria língua cozida em um ensopado! — advertiu Alfredo. — Se o senhor de Wintar imaginar que ela disse tal coisa, era uma vez uma cozinheira velha e faladeira...

— Não foi só ela. Todos falam e riem. Escondidos, é claro. Dizem que o rapaz se borra de medo do pai e que voltou desse jeito porque saiu daqui se fazendo de homem santo, respondendo a um chamado de Deus e tentando desafiar a autoridade do duque.

— Ele fugiu do que aconteceu com a princesa Martha. Aquela, sim, era uma santa mulher. Que Deus a conserve em sua graça! Não sei como aguentou viver tantos anos aqui.

— E do casamento com...

Alfredo calou-se e colocou um dedo sobre os lábios pedindo silêncio. Ouvira um ruído de passos no corredor. Aproximando-se da criada, falou baixinho:

— Chega, Bernadete! Não quero que minha língua engrosse o ensopado da cozinheira. Vamos embora. Ajude-me com essas coisas.

Apanharam as toalhas, roupas sujas, jarros e bacias e carregaram os itens até o fim do extenso corredor, onde havia uma sala usada para guardá-los. Ao abrirem a porta, viram o médico acompanhado de Albrecht aproximar-se dos aposentos de Johannes.

— Ih! Se fosse eu, aceitaria logo o destino — murmurou Bernadete referindo-se ao nobre. — Desse aí nem cobra venenosa fica perto.

— Cale a boca, mulher! Entre logo.

O médico prescreveu uma dieta rigorosa para Johannes e gotas de láudano, que o mantiveram adormecido por várias horas. Ao final de uma semana, ao examiná-lo, declarou-o curado. Estava mais magro, pálido, trêmulo e tonto e isso lhe deu uma aparência doentia quando compareceu ao gabinete do pai. A fim de manter-se de pé, apoiou-se no encosto de uma pesada poltrona.

— Johannes, nossa conversa será breve — informou Ethel.

— Estimo as melhoras de sua saúde e desejo que se fortaleça. A aliança com a casa de Hessel foi confirmada. Partiremos na próxima segunda-feira, pois seu casamento com a princesa Sophia ocorrerá em maio.

— Maio?! Mas segunda-feira já será maio...

— Totalmente desnecessário cortejá-la. É uma nobre, sabe o que significa o casamento tanto quanto você. E esse compromisso existe entre nossas casas desde que ela tinha três anos. Agora é uma jovem bonita, veja — e entregou-lhe um pequeno retrato da jovem pintado a óleo.

Johannes examinou sem interesse o retrato da noiva. Uma paisagem talvez despertasse maior reação. Calado, devolveu o retrato.

— O casamento será no dia 25 de maio.

Chocado, Johannes contava os dias e constatou que tinha menos de um mês. Sentia a cabeça fervendo, as ideias confusas e tinha dificuldade para raciocinar. Seus sentimentos estavam em conflito. O medo e a raiva disputavam o comando, mas a covardia reforçava o medo, que acabou ganhando. O silêncio da obediência imperou.

— Era o que eu tinha a lhe informar, Johannes. Espero que esteja totalmente restabelecido até segunda-feira. Pode ir.

Johannes despediu-se e, aturdido, retornou aos seus aposentos acometido de nova crise gastrointestinal.

VII

O CASAMENTO

O sofrimento pesa mais onde observa
que é levado com mais dificuldade.
(William Shakespeare, *A tragédia do Rei Ricardo II*)

Pequena, loira e com cachos que lhe emolduravam o rosto, Sophia descia saltitante as escadarias do palácio. A pele branca ganhava um encantador tom rosado pelo exercício e isso ressaltava o verde cintilante de seus olhos. Parecia uma jovem avoada e fútil à primeira vista. Trajava-se com o esmero que sua posição exigia e aprendera a cumprir protocolos na mesma época em que começara a balbuciar e andar. Senhora de esmerada educação e refinado gosto, escondia, sob a aparência frágil e mundana, vivaz inteligência e sagacidade. Mover-se em festas, em atividades políticas públicas ou privadas, não lhe constituía um peso; era natural como respirar.

Se para algumas pessoas, nascer em uma condição social, que, por si só, traz consigo um destino a ser cumprido, é motivo de sofrimento, pesar e revolta, para Sophia era parte do negócio, algo a que não cabia discussão e sim mãos à obra. A inteligência não vive sem alegria, liberdade e espírito crítico e não ama o sofrimento. Esse era um bom resumo da personalidade de Sophia.

— Alteza! — ralhou a preceptora, escondendo o riso. — Não deveria descer as escadas assim.

— Assim como? — indagou Sophia, com fingida inocência.

— Saltitando como um coelho da floresta. Imagine o que diriam!

— Klara, poupe-me desse exercício. Não sei muitas vezes o que dizer, por que haveria, então, de me preocupar com o que os outros dirão? E se eles nunca pensarem o que eu pensei? E se não derem nenhuma importância? E se tiverem medo até de pensar algo a meu respeito? E já imaginou que eu posso gostar do que eles pensarem ou disserem? Poupe-me, Klara. Eu vivo o que vejo, e é isso o que existe. Os telescópios permitem-nos ver até as estrelas, mas não nos permitem ler a mente alheia. E, sinceramente, não gostaria disso. Não há muitas mentes brilhantes caminhando à toa pelo palácio.

Calma e alegremente, Sophia continuou sua saltitante jornada até o último degrau. Parou ao lado da preceptora, endereçou-lhe um largo e travesso sorriso e comentou:

— Pronto! O que faz aqui, Klara?

— Procurava-a. Esperam-na na sala particular de sua mãe.

— Quem...

— Sua mãe e seu tio, Sophia.

O sorriso desapareceu do rosto da jovem dando lugar a uma expressão indiferente e imperturbável. Colocava a máscara social, atrás da qual escondia seus sentimentos, pensamentos e suas crenças.

— Vamos, Klara.

Acostumada às repentinas mudanças da jovem e admiradora de sua forte personalidade, Klara não esperava atitude diferente. Erguendo levemente a saia, subiram as escadas majestosamente. A Sophia que descera leve e saltitante os degraus havia poucos instantes não parecia ser a mesma moça reservada, séria e elegante que subia as escadas.

Sophia bateu suavemente na porta da saleta e entrou. Há muito, a princesa Ana, mãe da jovem, tinha abolido formalidades com a filha. A condição em que viviam após a viuvez precoce, praticamente exiladas em uma propriedade distante e com parcos rendimentos liberados pelo sogro, limitavam-nas e fizeram

Ana dar rumos diferentes à educação da filha, o que não fora difícil devido à personalidade da moça.

— Mamãe — saudou Sophia sorrindo e, voltando-se ao tio educadamente, mas com extrema frieza, cumprimentou-o estendendo-lhe a mão, enquanto imperceptivelmente fazia um arremedo de mesura: — Meu tio, como tem passado?

Sophia olhou para a mãe e recebeu um leve aceno afirmativo de cabeça à pergunta que brilhava em seus olhos: "É o assunto referente ao compromisso com o príncipe herdeiro da Casa de Wintar?".

— Muito bem, Sophia. Você cresceu e tornou-se uma bela moça. Está muito parecida com sua mãe.

— Parecer-me com minha mãe é para mim um grande elogio, senhor. E o considero uma honra — respondeu Sophia com voz calma e firme, enquanto encarava o tio.

A resposta e a forma como a sobrinha encarava-o, sem baixar os olhos nem demonstrar reverência ou medo, irritaram o duque Jorge. A cunhada era uma pedra no sapato da família. Ana tinha uma têmpera de aço e lutara bravamente contra as adversidades. Enfrentara todos após a morte do marido, e, ao cabo de alguns anos, conquistara a vitória: a guarda dos filhos e as propriedades onde viviam. No entanto, ainda brigava pelos rendimentos e pelas limitações impostas pela família à herança de Sophia e seus irmãos.

— Sua mãe sempre foi bela, Sophia — desconversou o duque e continuou: — Mas sente-se. Temos assuntos urgentes a tratar.

A jovem acomodou-se ao lado da mãe e aguardou em silêncio.

— Sophia, o duque nos visitará para tratar do compromisso que seu pai selou com os príncipes de Wintar.

— Sim, eu sei — respondeu a jovem firme.

Sophia tinha três anos de idade quando seu compromisso matrimonial com o príncipe herdeiro Johannes de Wintar, então com sete anos de idade, foi celebrado entre seu pai e Ethel de Wintar. A mãe, muito realista, jamais escondeu da filha que seu futuro já estava traçado, no entanto, educara-a para enfrentá-lo como ela mesma enfrentara o seu — sem sofrimento adicional, hipocrisia ou ilusões, mas com muita força de vontade. A inteligência da jovem era um acréscimo da natureza ao seu trabalho como educadora.

— Recebi uma carta do duque Ethel de Wintar. Eles virão em maio e pretendem que o casamento seja realizado.

Mãe e filha olharam-se e continuaram em silêncio, forçando-o a indagar:

— As senhoras têm algo a dizer a respeito?

A princesa Ana olhou para a filha e apertou-lhe suavemente a mão, que descansava sobre o colo. Tratava-se de um pedido silencioso para que a jovem se pronunciasse.

— Precisamos da imediata liberação, ou melhor, da imediata abolição das restrições do Conselho ao uso e gozo de nossa herança, senhor duque — respondeu Sophia.

— Minha sobrinha, não vim aqui para discutir esse assunto. Trata-se de seu casamento...

— Eu sei e é sobre isso que estou falando. A Casa de Wintar coloca-nos em uma situação extrema: falta uma semana para maio, meu tio. Aqui, vivemos distante da corte e com recursos moderados. Não tenho um enxoval à altura de uma noiva da família — propositadamente Sophia não dizia "nossa família", deixando claro que desprezava o ramo paterno. — E acredito que o senhor, duque Jorge, saiba, tão bem quanto eu, dos interesses envolvidos nesse matrimônio. Onde pretendem realizar o casamento?

— Em Dresden...

— Por certo, meu avô não apreciará que eu me apresente como uma mendiga à corte de Dresden.

— Você é uma das princesas da Casa de Hessel — lembrou o duque. — Não uma mendiga.

— Sou uma princesa e tratam-me como tal quando lhes interessa, senhor duque. Caso contrário, nem sequer se lembram de minha existência ou da existência de minha mãe e meus irmãos. Se temos um teto e vivemos com o mínimo de dignidade que nossa posição exige, tenho plena consciência de que isso não se deve à benevolência da Casa de Hessel. No entanto, senhor, não tenho mais três anos de idade, meu pai está morto e o senhor conduz os negócios da família, entre os quais, hoje me incluo. Logo, temos algumas questões a tratar que envolvem minha presença em Dresden.

O duque fez menção de interrompê-la, mas Sophia levantou-se e, parando em frente a Jorge, encarou-o ao dizer:

— Assine a liberação dos bens que nos pertencem e estarei em Dresden, como convém a uma princesa da Casa de Hessel. Mantenha as restrições e enfrentará um escândalo inimaginável, duque. Agora, a escolha é sua.

A fúria fez tremer os lábios do duque, que apertava os braços da cadeira.

— Você é insolente, menina. Como ousa me ameaçar?

— Eu não o ameacei, duque — rebateu Sophia, friamente. — Eu o avisei, é diferente. Informei-o de uma condição imprescindível ao meu comparecimento ao casamento: libere nossos bens de todas as restrições impostas pelo Conselho, que o senhor preside. Os valores que os senhores nos enviam são insuficientes para nos vestirmos à altura da sociedade de Dresden, então eu surgiria lá como uma mendiga. Uma noiva tem muitas necessidades.

— O que você pensa que pode fazer contra o poder da família? — rosnou o duque. — Seu destino está traçado. Essa é sua obrigação.

— Eu posso tudo, duque. Vocês assumiram um compromisso em nome da família envolvendo meu destino. Assim são os fatos, não tente distorcê-los. Não sou a duquesa, senhor — retrucou Sophia. — O que fará se eu não for? Mandará me prender? Mas o que pensa que é viver aqui, cercada de neve e montanhas? Condenar-me à pobreza? Bem, isso os senhores já fizeram quando negaram à minha mãe seus direitos de viúva. Tirar-me a honra de um título de nobreza imperial? Ora, ora, duque, sejamos honestos. De que vale esse título sem os bens? Eu não sofreria nada em qualquer uma das hipóteses de castigos impostos à minha rebeldia, pois já fui condenada a todos. Claro, poderiam me matar. Acredite, eu não temo a morte. Ou, por acaso, pensa que cumprir esse compromisso seja uma grande felicidade? Saiba que eu não o desejo mais que a morte.

— Princesa Ana, o que tem a dizer sobre os modos de sua filha?

— Orgulho-me dela, duque — respondeu a princesa.

— Então, apoia a desobediência e o descumprimento da palavra de um nobre? Não quer ver sua filha casada?

— Como ela mesma lhe disse, Excelência, isso depende do senhor. Sophia tem razão. Ela não tem um único vestido adequado para apresentar-se como uma princesa de Hessel. Graças às suas manobras, vivemos com limitações aqui. Meus filhos e eu, com certeza, assemelhamo-nos aos fazendeiros da região e não aos nobres.

— Folgo em saber que ao menos admite a verdade. São grosseiras...

— Como nos tornaram as suas deliberações, duque — lembrou-lhe a princesa Ana. — Se não atribuímos mais nenhum valor à nobreza de seu sobrenome é porque os senhores não nos deram nenhum motivo para honrá-lo e o mesmo vale para a forma como o tratamos. Pense! As respostas quem deve dá-las é o senhor. Minha filha e eu já as damos: cumpriremos ou não o trato conforme sua decisão. Se os senhores não desejam ser humilhados, se tornarem chacota na cidade por causa do escândalo em torno desse casamento, acredite: nós muito menos. Não iremos a Dresden ou a qualquer outro local determinado pela família Hessel sem que esteja definitivamente resolvida a questão da herança. Portanto, quando teremos uma resposta?

Sophia sustentou o olhar irado do duque e sorriu ao ver que ele apertava com tanta força os braços da poltrona que os nós de seus dedos estavam brancos. Ela era uma jovem pequena, de aparência frágil, e lembrava as pequenas fadas da mitologia nórdica que habitam as florestas, mas tinha na alma uma força descomunal. Naquele momento, a moça amedrontava um homem grande e forte e dava-se ao luxo de lembrá-lo:

— Por favor, senhor, não estrague o que não irá repor. Os braços dessa cadeira não merecem a força de sua ira. Direcione-a ao seu fígado.

— Insolente! — resmungou o duque erguendo-se da cadeira como se houvesse uma mola propulsora no assento.

O homem pegou seu chapéu decorado com plumas verdes e sua bengala torneada e enfeitada com pedras preciosas, exageros da moda da época, olhou a anfitriã e respondeu:

— Princesa Ana, terá minha resposta em 48 horas.

— Aguardaremos — respondeu Ana, séria. — Está de saída, Excelência. Minhas saudações à Sua Alteza. Diga-lhe que seus netos estão muito bem, por gentileza — e estendeu-lhe a mão para as despedidas encerrando a visita.

Da sacada da saleta, Ana e Sophia acompanharam a saída do duque Jorge da propriedade que administravam.

— Mandarei as criadas prepararem nossos melhores trajes — anunciou Sophia.

— Não será precipitação, minha filha?

— Não, mamãe, não será. Hessel precisa de boas relações com Wintar. Esse compromisso já rendeu muito dinheiro. Além do mais, Ethel de Wintar deve estar preocupado com a sucessão. Talvez tema beber do vinho que serve, mamãe. Há a história da morte da princesa Martha, que me pareceu muito mal contada.

— O medo ronda o poder, Sophia. Ethel de Wintar é como muitas cabeças coroadas da Alemanha; apenas um nobre assassino, nem mais nem menos. Tenha cuidado, filha. Prometa-me que ficará longe daquele homem.

Sophia fitou a mãe. Ambas estavam sérias, pois sabiam que não se tratava de uma brincadeira boba, mas de um jogo mortal.

— Tanto quanto possível, mamãe.

— Você e suas respostas dúbias — reclamou Ana. — Ao menos, por piedade, poderia mentir para mim.

— A senhora ensinou-me que a franqueza e a honestidade são virtudes, ainda que sejam rudes.

— Você é impossível, Sophia. Acha mesmo que esse plano de forçar seu tio e seu avô a liberarem nossas propriedades e rendimentos em troca do casamento dará certo?

— Era nossa última chance. Melhor arriscar, pois não temos nada a perder. Quais consequências podem advir? Penso que sejam: eu não me casar com Johannes de Wintar e continuarmos na mesma dificuldade econômica. Sinceramente, não vejo perda.

— O acordo de casamento é bastante vantajoso — lembrou Ana.

— Fortuna, sempre ela... — reclamou Sophia. — Continuo não exergando perdas, mamãe. Ordenarei à criada que comece a preparar nossos trajes. Em dois dias, viajaremos ao palácio de seu sogro, mamãe. Esteja pronta.

Cansada, Ana suspirou e fitou o céu. Por fim, acenou concordando. "Sophia tem razão. O tempo não deve ser desperdiçado. Minha filha aprendeu o valor da determinação, e esse é um bom fruto de todo sofrimento que temos enfrentado", pensou. A cartada fora alta e era hora de manter a aposta.

Sophia não esperou pela resposta; saiu caminhando rápido acompanhada de Klara, dando-lhe ordens objetivas, precisas. Ouvindo-a, Ana sorriu. Os pais aprendem a conhecer os filhos conforme eles se desenvolvem quando usam a razão e a sensibilidade, não se deixando guiar pela ilusão de que formaram algo além da matéria. Ana aprendera a separar a ilusão da aparente fragilidade da filha de sua real personalidade. Vira essa criatura manifestar-se e ganhar expressão dentro de casa e aprendera a amá-la e orientá-la além dos vínculos de sangue. Por isso, como fizera quase todos os dias desde a infância da jovem, pensou: "Quem não conhece Sophia julga estar na presença de um líder forte e intrépido e imagina um físico avantajado, mas essa alma é doce, meiga e realmente forte e intrépida. O corpo é que ilude". Mas, naquele dia, ainda acrescentou: "Sem dúvida, ela não é a nora dos sonhos de Ethel de Wintar, mas é uma rival à sua altura. Devem merecer uma nobre governante com têmpera de aço. Sophia não será a égua reprodutora que ele espera".

Antes do término do prazo fixado pelo duque Jorge, um emissário acompanhado de uma pequena escolta apresentou-se na residência de Ana de Hessel. Ela e a filha, então, receberam no gabinete o alto funcionário enviado pelo sogro, que lhes estendeu alguns documentos.

Ana pôs-se a lê-los, e uma passada de olhos bastaria para perceber que se tratavam das propriedades da herança do marido.

Propriedades que pertenciam, legitimamente, a ela e aos seus filhos, mas que estavam sob a direção de um conselho. Nos documentos, passavam-lhe a integral administração dos bens, porém havia uma cláusula que destacava que o documento somente se tornaria válido após o casamento de Sophia com Johannes de Wintar. Ana leu integralmente o conteúdo daqueles papéis e, com atenção a cada palavra, estendeu-o a Sophia.

— Acompanhei sua leitura, mamãe — respondeu a jovem dispensando o tempo de análise e, voltando-se ao emissário, informou: — Estamos prontas para partir, senhor. Viajaremos amanhã nas primeiras horas do dia.

O emissário baixou a cabeça em acatamento, disse algumas palavras polidas e retirou-se.

Mãe e filha olharam-se, sérias.

— Feliz? — perguntou Ana a Sophia.

— Feliz? Não sei. Satisfeita, sim. Eu não conseguiria obedecer, pura e simplesmente, às ordens do senhor de Hessel, como se fosse uma criada ou um móvel de que ele não gostava e colocou no porão, mas que de repente se lembrou de que poderia usar. Eu sou gente e é bom que ele saiba que penso por conta própria. Além disso, tenho consciência de que não nos deram nada, pois os bens são nossos. Tudo que consegui foi dobrar-lhe o orgulho.

Ana sorriu, mas não havia brilho em seu olhar compenetrado e triste.

— Eu sei, filha. Mas exatamente isso para ele não tem preço. Então deve estar muito pesaroso, pois esse golpe lhe doeu muito. Esteja preparada para enfrentá-lo.

— Estarei. Foram eles que marcaram esse casamento em Dresden, não nós. Também é deles a pressa, portanto estaremos pouco tempo juntos antes de eu me mudar.

Ana tocou a mão da filha ao ouvir a última frase. Sentiria muito a falta de Sophia. Piscou disfarçando os olhos úmidos e levantou-se segurando ainda a mão da jovem e puxando-a, gentilmente, para fora do gabinete.

— Vamos! É nossa última noite em casa e em família. Vencemos uma luta de anos! É hora de comemorar, apesar do preço dessa vitória.

— Mamãe, essa vitória não teve preço. Tudo já havia sido acertado por papai, não é mesmo? Apenas cumprirei o destino que ele traçou.

Ana balançou a cabeça recordando-se do próprio passado, quando também se casara para cumprir um arranjo da família. A vida reservara-lhe surpresas, alegrias e sofrimentos e mostrara-lhe que a liberdade é uma conquista pessoal. Sophia era consciente dessa verdade, o que se tornava desnecessário falar disso.

— Tem razão, filha. Qual...

Sophia riu e falou com a mãe a frase que era uma cantilena das duas nos anos após a morte de seu pai:

— Qualquer cabresto apertado irá machucar menos o animal, se ele se mover com ele do que se lutar contra ele. Somente a capacidade de resistência e a submissão à necessidade proporcionam o alívio para o que é esmagador.

Ana riu com gosto.

— Deus! Repeti isso tantas vezes.

— Sim, repetimos a lição de Sêneca tantas vezes precisamos para vencer esses anos de dificuldade, mamãe. Creio que, ao longo da vida, ela ainda será necessária em muitos momentos. Sabedoria nunca é demais, pois nos faz prudentes e ousados conforme a necessidade. Eu não me esquecerei de nossas leituras. Aprendi a entender esse casamento aparentemente impossível entre resistência e submissão à necessidade como formas de não sofrer. Obrigada, mamãe!

— Você está pronta para a vida, Sophia. Deus a abençoe sempre, querida!

VIII

O ENCONTRO

*Aprende uma coisa, porém, grava-a em tua mente que ainda
é tão maleável: o homem tem horror à solidão. E de todas as
espécies de solidão, a mais terrível é a solidão moral.*

(Honoré de Balzac. "O sofrimento do inventor"
in *Ilusões perdidas*)

A cabeça latejava. O corpo doía. Johannes gemeu ao abrir
os olhos. A luz do sol infiltrava-se pelas cortinas claras que en-
cobriam a janela envidraçada. O rapaz moveu a cabeça sobre
o travesseiro de plumas.

"Maldito dia! De que valeu temê-lo desde que entendi seu
significado? Agarrava-me à esperança de que ele não chegaria.
Ah, quanto pedi a Deus que afastasse de mim esse cálice! Mas
não fui atendido. Ele está servido. Enfim, eu e Sophia de Hessel
estamos sob o mesmo teto. Tenho uma vaga lembrança de uma
criança frágil e loura que brincava risonha. Ela não deve lembrar-
-se de mim. Eu tinha sete, quase oito anos, quando ficamos
noivos. A vida ou as pessoas, não sei afinal quem produz quem,
são loucas. Somos perfeitos estranhos e em alguns dias seremos
um casal, os príncipes eleitores herdeiros. Sobre nós repousará
o peso de dar continuidade à família e governar uma enorme
extensão territorial e milhares de almas. Eu não sou a pessoa
talhada para isso...", pensava, revirando-se em seu leito, alheio

a tudo e a todos que o cercavam. Indiferente, passara os últimos dias em isolamento aguardando aquela manhã. E nada mudara.

Lembrando-se da fisionomia do pai, Johannes esticou a mão e tocou o sinete usado para chamar seu criado pessoal. Era necessário preparar-se para fazer o que esperavam dele.

Um andar abaixo, escondida pelas cortinas, Sophia olhava os extensos jardins do palácio. Eram lindos! Encantara-se com a beleza tranquila e alegre do local. Apaixonara-se à primeira vista pelo lugar. Não precisou mais do que os dez minutos que a carruagem levou para contornar o jardim em frente à bela construção em estilo barroco para decidir que ali seria sua nova residência. Aquela seria sua casa. A brisa do rio Elba refrigerando sua pele fora revigorante. Sim, longas caminhadas à sua margem seriam boas compensações. A manhã ensolarada tornava ainda mais vibrante o verde do jardim contrastando com o azul do céu sem nuvens.

Não sabia o que o futuro lhe reservava; ninguém o sabia. Por isso, seus planos eram simples: pretendia ser discreta, caminhar com calma e estudar o solo onde pisava. Dera-se ao trabalho de informar-se sobre a família de Wintar. Não chegava ao palácio desprevenida, mas deixaria que se apresentassem e se mostrassem. Era paciente. Esperaria para avaliar caso a caso. Soubera pouco a respeito do noivo. Apenas que se tratava de um rapaz extremamente religioso, tímido, "um bom rapaz", mas que tinha a saúde frágil. Fato que se agravara após a morte da mãe. Diferente do pai, o oposto, poderia apostar. Afinal, até o mais desinformado camponês do Império Germânico sabia quem era Ethel de Wintar e ali até as pulgas dos cachorros festejavam-no tremendo de medo. Pretendia manter-se à distância do sogro, evitando confrontos. Ela não era uma pulga.

A porta abriu-se e Klara entrou acompanhada de duas criadas que carregavam um imponente vestido de seda chinesa. Sophia olhou o traje e sorriu:

— Verde! Adorei, Klara. Como soube que eu gostaria desse?

— Bem, o escolhi porque combina com seus olhos. Você fica muito bem com essa cor. Além disso, vi a forma como olhou para o parque em torno do palácio. Achei que seria uma forma de demonstrar seu desejo de integrar-se a essa terra tão verde.

Sophia dava plena liberdade a Klara e dispensava tratamentos formais. Os anos de privação econômica tinham feito com que ela e seus irmãos fossem educados de forma muito diferente dos nobres. Ela tivera contato com o povo, a necessidade, a doença, a fome, a dor e a morte. Aprendera que o amor e o trabalho eram a solução para muitos problemas. E a solidariedade era a mãe da sobrevivência.

— Graças a Deus, você ficará comigo. A solidão não me agrada — comentou Sophia sorrindo para Klara, enquanto as criadas dirigiam-se ao quarto de vestir contíguo. — Você é muito diplomática, pensa em detalhes importantes. Saiba que me lembrarei de fazer com que notem sua delicadeza de espírito ao homenagear a natureza local em meus trajes. As pessoas adoram ser aduladas e homenageadas. Gostarão disso.

— É um dia especial, Sophia. Conhecerá seu futuro marido e sua nova família. É necessário causar boa impressão, demonstrar boa vontade. Tudo ficará mais fácil se gostarem de você e isso é extensivo a mim. Portanto, zelo pelo nosso futuro aqui.

— É. Eu sei. É o início de uma nova etapa. Cuidados não são demais.

— É o momento de distrair a atenção deles para observá-los sem mostrar-se.

— Sábia Klara — gracejou Sophia. — Era exatamente sobre isso que eu pensava minutos antes de você chegar.

— Planos? Sonhos?

— Nem planos nem sonhos, Klara. Nunca tive tempo para isso. É preciso realizar. Eu creio em realizações.

— Um mínimo de planejamento sempre há em seus pensamentos, Sophia. Você tem uma mente muita rápida; sequer percebe quando está planejando algo.

— Eu tenho visão, Klara, você sabe. Por isso mesmo, decido as coisas rapidamente, sem planejar. Simplesmente, eu sei se algo dará certo ou não. Por exemplo: decidi ontem que aqui será nossa residência. Você verá como estou certa. Bem, as criadas já preparam tudo, estão silenciosas. Devo preparar-me para o dia.

Klara seguiu Sophia até o quarto de vestir, onde as criadas as aguardavam.

Um almoço estava previsto para o encontro dos noivos e familiares. Acompanhada da mãe, do tio, o duque Jorge, e do avô paterno, príncipe Luís de Hessel, Sophia apresentou-se no salão pontualmente no horário determinado. Mais do que nunca, a firmeza de seu caráter e força de vontade faziam da jovem uma figura imponente. Seu olhar, a expressão facial séria e fria e a postura altiva despertavam o reconhecimento de sua superioridade nas pessoas, que se esqueciam completamente de sua fragilidade física. Com o traje em tons de verde e usando algumas joias da família ofertadas pelo avô, Sophia não lembrava a menina simples, humilde e dócil criada próxima do povo. Era uma nobre.

Sob os olhos astutos do avô, que ela pouco vira até então, mas cujas ações sentira a cada segundo de sua vida, a jovem agia com perfeição. Sem ser hipócrita nem falsa, portava-se simplesmente com frieza e calma; tratava de negócios. Sabia que era o produto ofertado e negociado naquela feira de interesses e não tinha ilusões. Seu sangue e seu útero estavam sendo vendidos e selavam uma aliança entre as duas mais influentes famílias do império. O problema, no entanto, era que o sangue e o útero somente existiam animados por um espírito. Fato que nem Luís de Hessel nem Ethel de Wintar consideravam.

Ao lado do pai, Johannes recebeu-a com toda formalidade. A visão da jovem loira, que doravante faria parte de sua vida e intimidade, causou-lhe susto. O desajuste inicial entre a visão da moça pequenina e a sensação de força que emanava de Sophia fê-lo piscar os olhos, como se precisasse ajustar a visão. Ela tinha uma aparência física agradável aos olhos, mas não era uma beleza deslumbrante. Seus traços eram harmoniosos e comuns. E, a bem da verdade, ele não gastara um milésimo de segundo de sua vida pensando na aparência de sua futura esposa. O fascínio vinha da força que transbordava do olhar de Sophia. Isso lhe despertou curiosidade: quem era essa mulher? E, logo, veio o medo daquela força e de ser obrigado a viver e conviver com ela. Seria como estar com seu pai de saias. Enrijeceu sob o olhar avaliativo e franco da noiva. Desejou sumir do salão. Mas não podia: era o noivo. E novamente fez o que o pai esperava. Não viu absolutamente nada de estranho na educada frieza com que a noiva e a sogra tratavam os presentes, inclusive os próprios familiares. Também, em um primeiro momento, não viu que Sophia encarava e analisava seu pai e o avô, como se estivesse diante de uma intricada partida de xadrez. Não percebeu que ela avaliava os rivais.

Durante o banquete, Sophia falou pouco e Johannes ficou calado. No entanto, ela agia no silêncio, e ele se consumia intimamente em raiva e vergonha. Sentia-se inadequado, incapaz de pensar e observar os outros. O rapaz, egoística e depressivamente, focava sua atenção apenas em si. Pouco lhe importava, ou sequer cogitava, auxiliar a jovem noiva a adaptar-se àquela realidade e facilitar a situação para ambos, pois, afinal, sabia que ela também não tivera voz naquele casamento assim como ele. Mas, não. Johannes confabulava consigo mesmo, realimentando seus pensamentos e sentimentos desajustados. Ruminava-os. E a face espelhava o homem torturado que era. Como noivo, o rapaz parecia ter chupado vários limões muito azedos poucos minutos antes de comparecer àquele almoço.

Ana, sem ser percebida, acompanhava as ações e reações do futuro genro. Mantinha a expressão fria e imperturbável, enquanto se sentia dividida entre a piedade por um jovem doentio e a vontade de sacudir um covarde. Via a submissão extrema do rapaz aos desejos paternos como um sério problema. Alguns poderiam ver aquela submissão, aquele comportamento cordato, dócil e pacato como um demonstrações de amor. Entretanto, Ana de Hessel vivera muito para enganar-se com tamanha facilidade. Aquela submissão escondia um ódio intenso ao pai e a si mesmo. A futura sogra de Johannes percebera com maior clareza e lucidez os problemas que o jovem possuía. Disposta a testar suas opiniões, ela resolveu forçar um diálogo. Afinal, se estivesse certa, ele agiria como um bom rapaz e faria o que esperavam que Johannes fizesse ou assim julgava, e, então, embora contra sua vontade, conversaria com ela.

— Disseram-me que tem muito interesse em teologia, príncipe Johannes?

— É verdade, senhora.

— Esteve recentemente em Erfurt, não é mesmo?

— Sim, senhora.

— Eu e Sophia também nos interessamos pelo assunto. Aprecio muito a obra de Erasmo de Rotterdam. É um reformador do pensamento cristão, não acha?

— É, sim. Mas prefiro doutrinas tradicionais: São Paulo, Santo Agostinho.

— É contra as ideias inovadoras?

— Nem contra nem a favor, senhora. Conheço-as pouco. Concordo que a Igreja, não propriamente a religião, necessita de mudanças.

— Ah, que interessante! Comungo com esse pensamento. A Igreja tem abusado em demasia da fé do povo, especialmente dos membros mais ignorantes da sociedade e das classes pobres com promessas absurdas. Não é para menos que estão tão revoltados com a Igreja.

— Princesa Ana, a revolta campesina é um assunto que me desagrada.

— Perdoe-me. Apenas comentei um fato cotidiano. Por favor, esqueça. Voltemos à ideia da necessidade de reformar a Igreja e não a religião. Achei muito interessante a colocação. Seu pensamento aproxima-se do de Lutero. Certamente, já ouviu falar do monge. Sophia acompanha a movimentação em torno dele, porquanto tem publicado textos com duras críticas.

Ao ouvir a colocação materna, Sophia voltou-se e observou o noivo. Ele estava ruborizado e seu olhar oscilava enfrentando rapidamente a futura sogra e depois permanecendo fixo no prato vazio à sua frente. A moça notou que, ao pegar a taça de vinho, a mão de Johannes tremia levemente. Aquela conduta a intrigava: seria ele tímido ou um fraco? Decidiu participar da conversa:

— Mamãe, estamos aqui — lembrou Sophia. — Mesmo com os avanços da prensa, os censores, que sempre estão em guarda contra a modernidade, talvez dificultem a chegada desses textos para nós. Sabe algo a respeito deles, príncipe Johannes?

— Me... meros comentários, princesa Sophia. Nada relevante.

— Nem mesmo em Erfurt? Ouvi dizer que é uma faculdade engajada nas mudanças sociais.

— Infelizmente, estive poucos meses lá. Não foi possível aprofundar-me nos temas sobre os quais as senhoras comentam.

— Ah! Que lástima! Pretende voltar? — indagou Ana.

— Não sei, senhora. Dependerá de meu pai. Tenho compromissos.

— Entendo — respondeu Ana, olhando furtivamente para Ethel de Wintar, sentado à cabeceira da mesa, entretido em dialogar com o duque Jorge. "Problemas sérios", constatou em pensamento.

Sophia fitou o noivo cabisbaixo, depois olhou brevemente o futuro sogro. Ethel era imponente, peito estufado, cabeça erguida, costas eretas, olhar brilhante e atento como um falcão predador. Não se iludiu julgando que ele não soubesse sobre o que conversavam. Quase podia sentir a reprovação na pele transmitida pelo único e breve olhar do futuro sogro em direção aos três. Displicentemente, a jovem pediu mais vinho e retomou a conversa com o vizinho de mesa tratando de jardinagem e incluindo a mãe. Discussões sobre teologia e religião não eram permitidas às mulheres. Observou de soslaio a reação aliviada de Johannes, que nervosamente enxugava o suor da testa.

— Pobre moço — murmurou Ana sutilmente no ouvido da filha. — Dominado pelo medo.

— É, realmente — concordou Sophia, de forma dúbia, pois respondia à mãe e concordava com o vizinho. — Os jardins deste palácio são encantadores. Apaixonei-me por eles assim que os vi, e minha mãe sabe o quanto amo jardins. Não temo pestes e parasitas, não é, mamãe? Já lidamos com ambos em nossas vidas.

Sophia olhava o trio — o futuro sogro, o avô e o tio paternos — conversando na cabeceira da mesa. Ana compreendeu a alusão da filha e comentou:

— Minha filha lida com pragas e parasitas com excelência, senhor. Uma especialista, eu diria. As que existem aqui, e devem ser muitas, logo, logo, serão conhecidas dela. Saberá como agir, filha, para manter a beleza da vida a seu redor.

Sophia sorriu. Não ter ilusões a deixava tranquila e permitia que visse os fatos e as pessoas como se mostravam e não como gostaria que fossem se guardasse ilusões e sonhos românticos. Os véus que tolhem nossa visão não são postos pela vida, mas por nossas crenças e ilusões idealizadas em demasia. Sofremos também e principalmente pela perda delas. Por isso, uma educação espiritualizada e consciente contribuirá para o aumento da felicidade humana. A situação de Sophia estava longe de ser feliz, no entanto ela evitava sofrimentos inúteis aceitando e enxergando o que, naquele momento, fosse o fato. Sem torturas, culpas, arrependimentos, ou sem julgar-se vítima ou condenada ao que fosse. O casamento arranjado era parte da cultura da época e do meio em que vivia. Poderia ter-se rebelado, mas preferiu aceitar as regras do jogo. Ser consciente do quê e do porquê das próprias ações é a raiz do equilíbrio interior.

Rico em observações para Sophia; uma verdadeira tortura, um massacre íntimo, para Johannes; a realização de um negócio para os familiares dos noivos; mais um banquete trabalhoso para os empregados, que cozinhavam o melhor e comiam o pior; assim chegou ao fim o primeiro encontro. Pretextando necessidades pessoais urgentes, Johannes evitou acompanhar os homens à sala de seu pai após a refeição. Além do mais, o rapé e a fumaça dos charutos, recente novidade trazida das colônias espanholas e rapidamente disseminada na Europa, irritava-lhe as vias respiratórias.

— Sabemos que ainda se recupera de uma enfermidade — disse Sophia, compreensiva. — Descanse. Amanhã conversaremos.

— Agradeço a generosa compreensão, pr...

— Por favor, fui educada sem formalidades. Conheço os protocolos, mas dispenso-os. Pode chamar-me pelo nome. E, se me permitir, farei o mesmo.

Surpreso, Johannes abriu e fechou a boca, sem conseguir emitir um som. Então, baixou a cabeça e respondeu:

— É claro, também não gosto dessa formalidade.

— Então, tenha um bom descanso, Johannes.

— Obrigado, Sophia.

Um leve sorriso de alívio marcou as feições de Johannes. Simpatizara com a atitude simples e compreensiva da jovem. "Talvez ela não seja um demônio de saia", considerou.

À tarde, Sophia e a mãe passeavam pelos jardins apreciando a natureza bucólica e serena, enquanto analisavam as primeiras impressões da família de Wintar.

— Minhas cunhadas parecem-me inúteis — declarou Sophia.

— Exagero, minha filha. Não seja precipitada. Inútil é um julgamento muito forte.

— Inexpressivas, então — reconsiderou Sophia. — Não notei grande diferença entre elas e uma vitrine de bonecas, além do óbvio, que as bonecas são bonitas.

Ana riu da sarcástica ironia da filha, mas não havia o que corrigir. As princesas de Wintar não eram exemplares de beleza.

— São muito jovens ainda. A vida se encarregará de fazê--las desabrochar — ponderou Ana.

— Ou não. Há muitas pessoas que passam a vida toda sem conseguir dar "expressão" à própria existência. Arrastam-se em vez de andar e vivem vagando pelas ruas como se saíssem de um velório. As carpideiras são pagas para chorar, sentam-se e derramam-se em lágrimas e lamentos, mas, terminado o serviço, levantam-se lépidas e faceiras. Pessoas como as minhas cunhadas enxergam a vida como um velório e choram de graça por nada.

— Não, Sophia. Ninguém chora por nada. Há um motivo e provavelmente seja o que as faz ver a vida como um velório. São criaturas fracas e muitas vezes acomodadas nessa fraqueza. Há um lado bom e um lado ruim em sermos seres adaptáveis, querida. É mais uma possibilidade de exercício de nossa liberdade. Você escolhe a que se adaptar. Suas cunhadas foram educadas para ser o que são.

— Não somente elas, mamãe — lembrou Sophia.

— Sim, seu noivo também. É lamentável o estado do rapaz. Eu não sabia o que esperar, mas meu coração desejava um marido melhor para você, querida.

— Eu não desejava nenhum, então a condição dele, como meu noivo, é indiferente. Não sei como conciliaremos nossas vidas. Talvez seja muito fácil, talvez não, tê-lo como marido.

— Sophia, eu aposto na primeira hipótese: você saberá conduzi-lo para viver bem. Johannes é fraco e dócil, mas dominado pelo pai. Creio que viver próximo de Ethel de Wintar é que seja o desafio.

Sophia baixou o olhar observando o caminho entre os canteiros, depois, pensativa, fitou o horizonte.

— Você identificou o problema, eu vi — comentou Ana.

— Sim — confirmou Sophia. — Ethel é perigoso e autoritário, sem dúvida. Pretendo ficar longe dele o máximo possível.

Lembrando-se dos primeiros anos de seu casamento, Ana desejou que a filha tivesse sucesso. Haveria pressão, ela sabia.

IX

AJUSTES

Aplica a razão às dificuldades. Então coisas ásperas
abrandam-se, sendo que fardos carregados,
de modo ajeitado, se tornam leves.
(Sêneca, *Da tranquilidade da alma*)

Apesar da atitude arredia do primeiro encontro, com o passar dos dias, Johannes cedeu à calma simpatia e afabilidade de sua noiva. Aproximando-se o final da semana, eles já conversavam animadamente, discutindo assuntos variados e entretendo-se com jogos e leitura.

A preocupação neurótica de Johannes com a perfeição e a pureza encontrou em Sophia o contraponto da razão e da alegria. E, como ele considerava perdida sua busca de paz e elevação de espírito com o casamento batendo à sua porta, rendeu-se ao inevitável, jogando no fundo da mente as preocupações e vacilações. Mas elas vagavam em seu coração como fantasmas, sem luz nem paz, tirando-lhe o sono nas madrugadas. Precisava encontrar uma saída.

Ana acompanhava aquela corte meteórica à sua filha dividida entre a dúvida e a satisfação. A aproximação amistosa entre os jovens dava-lhe paz e esperança de que a vida de Sophia poderia ser boa. No entanto, o olhar fugidio, a ansiedade extrema e aquela obediência cega e irrestrita do futuro genro ao pai não a agradavam. Duvidava que alguém pudesse viver daquela forma e ter serenidade e satisfação interior. Desconfiava, e com razão, de que em algum lugar daquele príncipe fraco e vacilante fervia um caldeirão de ódio e mágoas. O que significa dizer: desequilíbrio acentuado. Compartilhava com a filha essas observações certa manhã enquanto passeavam pela propriedade, distante do olhar frio de Ethel.

— Não está me falando de novidades, mamãe. Esses dias possibilitaram-me conhecer Johannes. Não temo o casamento. Ele será um marido ausente em todos os sentidos. Eu seria a maior e mais perfeita ingênua produzida em nosso país, se não houvesse percebido que meu noivo tem sérios problemas e está muito distante de ser um homem maduro e equilibrado. Aliás, é possível que nunca venha a ser um homem adulto.

— A vida ensinou-me a temer o silêncio dos desequilibrados, Sophia. Prefiro-os falantes, assim posso avaliar como estão. O silêncio, com frequência, encobre uma mente tumultuada demais para ser racional. Também já vi o silêncio servir de tampa a caldeirões de ódio, mágoas e ressentimentos. E esses caldeirões assim tampados costumam estar perto do fogo, perto da origem desses sentimentos, me entende? Se estivessem afastados, seria simplesmente o silêncio do esquecimento. Mas, na mesma família, pai e filho...

— Sucessor, mamãe. Não se esqueça disso. É um complicador especial. Johannes é o sucessor do pai.

— Sim. A lei e os costumes pioram a situação. E são outros elementos a indicarem violência. Tome cuidado, filha.

— Desejo ser um objeto adquirido e esquecido entre tantos outros que adornam esta propriedade. Terei um marido distante, ausente. Não pretendo viver com a família Wintar, portanto...

— Filha, você mesma acabou de lembrar-me de que Johannes é o sucessor. Assim, tenho o dever de alertá-la que pode ser perigoso e inconveniente um marido tão ausente, como afirma que seu noivo será. Foi você quem me disse que negociavam seu sangue e seu útero, recorda-se?

Sophia fitou o horizonte. Ana percebeu o enrijecimento da linha dos lábios e dos olhos na expressão da filha, mas deixou-a pensar. Caminhavam em silêncio até que Sophia tornou ao assunto.

— Compreendi seu alerta, mãe. Agirei com cuidado. O fundamental é ter o apoio de Johannes. Se esse casamento é para nós um laço forçado pelas famílias, nada nos impedirá de afrouxá-lo como nos aprouver quando os demais estiverem satisfeitos. A ideia de ter filhos não me repugna. Sei que é o dever que esperam que eu cumpra e o cumprirei.

A resposta aumentou as preocupações de Ana. Conhecia a filha, sabia que ela falava sério. Resolveu observar mais e rezar para que tudo fluísse naturalmente de acordo com os planos de Sophia. Acreditava que as bênçãos divinas não seriam negadas às suas rogativas.

Em Erfurt, Ingo, com dificuldade, lia a longa carta enviada por Johannes. A cada linha, o vinco entre os olhos do professor aprofundava-se. Era certo de que o teor do texto o preocupava.

"(...) Mestre Ingo, sinto-me preso, amarrado e amordaçado. Não tenho forças nem vontade para levantar-me diariamente. Gostaria de ficar isolado em meus aposentos, entre minhas orações e meus livros e reflexões, mas não me permitem.

O casamento está próximo. Sophia é uma jovem adorável, que merecia melhor marido do que sinto que serei. Mas, ela também me assusta. Assusta? Não, em verdade, ela às vezes me apavora. Tem a aparência de uma menina frágil, a quem eu daria menos idade, no entanto brilha em seus olhos algo de diabólico. Ora são frios e duros, ora brilham como incendiados por chamas. Peço a Deus que não tenham me reservado como esposa uma pecadora tomada pela luxúria. Quando a vi, temi estar condenado a viver com meu pai de saias, tal foi a determinação que vi nela. Isso seria meu eterno suplício.

Mas, convivendo com Sophia, vi e entendi um pouco melhor seu modo de ser: ela não teve uma vida típica de uma nobre abastada. Cresceu entre o povo, longe da realeza, da nobreza e até dessa crescente burguesia que invade as cidades. Ela viveu entre camponeses. É uma mistura de dama de fina educação com a valentia das mulheres pobres, que semeiam e colhem nos campos de nosso país. Ela se interessa por filosofia, teologia, música e comércio, veja que coisa inusitada. Também domina a lida do campo e disse-me que é excelente parteira de bezerros. Gostaria que o senhor a conhecesse. Estou enviando-lhe um convite para o casamento. Espero que aceite e acompanhe meus mensageiros. Será um grande conforto contar com sua presença. (...)"

Ingo interrompeu a leitura. O tom da carta intrigava-o. Eram gritantes o desespero e o lamento de Johannes. O convite estava mais adequado a uma missa de sétimo dia do que a uma boda nupcial. Não tinha o desejo de viajar, muito menos de entreter--se com a nobreza em festas, especialmente quando sua visão declinava tanto. À distância, via somente vultos e luzes, e isso o deixava inseguro. Mas o mensageiro e a carruagem da casa de Wintar aguardavam-no, e ainda precisava dar conhecimento ao reitor sobre aquele convite.

— Vá! Não podemos desprezar um chamado dessa família. Eu também recebi o convite. Iremos! — decretou o reitor Guilherme, que, para não deixar dúvidas, ainda acrescentou: — Sem as doações dos Wintar, a situação de nossa universidade seria pior, portanto nem pensar em desagradá-los.

Pesaroso, Ingo afastou-se e caminhou diretamente ao seu dormitório. Enquanto arrumava os poucos pertences que levaria para a viagem, Otto surgiu na porta diminuindo a luminosidade. Percebera que o cozinheiro notava sua crescente dificuldade visual, pois há alguns dias ele tomara por hábito assobiar. Esse sinal sonoro permitia que o identificasse. Ingo então sorriu, grato por aquele gesto de sensibilidade do amigo. Ele não tocava no assunto, não fazia perguntas, mas observava e agia mostrando-lhe que era possível se adaptar às novas condições de existência. Essas pequenas delicadezas enterneciam-no. Reconhecia que estava emocionalmente fragilizado pela cegueira iminente. Triste, não brincava mais com a deficiência como fazia antes. Temia abrir os olhos de manhã, após os sinos badalarem, e continuar na escuridão.

— Vai viajar, mestre?

— Infelizmente, sim — respondeu Ingo, dobrando as roupas com cuidado e colocando-as sobre a cama.

Otto percebeu que Ingo contava os passos entre o armário e a cama. "Ele já não enxerga claramente a essa curta distância", constatou. Ao dar-se conta de que obstruía a entrada de luz parado sob o umbral da porta, apressou-se a entrar e encostar-se à parede ao lado. Ingo voltou-se e sorriu, no entanto o cozinheiro percebeu que o amigo não conseguia vê-lo, pois fitava o outro lado da porta, olhando o vazio. Otto sentiu uma enorme dor no peito ao constatar aquele avanço da enfermidade. A angústia apertou-lhe a garganta, e ele teve vontade de chorar e abraçar o amigo. Então, lembrou-se de sua mãe matando as galinhas rapidamente com um puxão forte no pescoço. Ela adorava os animais, criava as aves com carinho e, não fosse a fome dos filhos, jamais as mataria. Em uma dessas ocasiões, ouviu-a dizer com raiva: "A piedade não é ajuda. Eu não serei cruel nem sentimental. É preciso fazer o necessário".

Pensando naquela sabedoria ancestral, Otto enxugou as lágrimas teimosas que umedeciam seus olhos com as costas da mão, respirou e procurou desfazer o nó de emoções que lhe apertavam a garganta. Deu alguns passos ruidosos chamando a atenção de Ingo e, certificando-se que era identificado, indagou:

— Para onde irá?

— A Dresden. Ao casamento de Johannes de Wintar...

— Casamento?! Do ratinho da capela?

— Otto, Otto, não fale assim. Algum dia ele será o governante supremo dessas terras. O reitor lembrou-me de que não podemos ignorar um convite da família Wintar. São nossos benfeitores nesta universidade.

— Bem, eu não conhecia o príncipe Johannes. Pensei que era um aluno como qualquer outro.

— Eu também, Otto. Era esse o desejo dele: ser tratado como um aluno igual aos outros. Ele, pessoalmente, de fato é pouco conhecido. Mas agora sabemos quem ele é, então...

— Você irá ao casamento, mesmo contra vontade.

— É.

— Posso ajudá-lo a arrumar a bagagem? O baú é pesado, e você anda indisposto...

Ingo sorriu aliviado. O baú era pesado, e o mestre temia cair ao transportá-lo.

— Aceito, Otto. Será uma grande ajuda. Obrigado.

Calado, Otto apanhou o baú, colocou-o ao lado das roupas dobradas sobre a cama, abriu-o e rapidamente arrumou as vestes e pertences separados por Ingo.

— Pronto. Vou levá-lo até a carruagem. É muito pesado para você. Há mais alguma coisa que possa fazer para ajudá-lo, Ingo?

— Reze por mim. O desafio será grande e confesso que estou com medo. Festa, palácios, escadas intermináveis...

Otto sentiu a garganta arder outra vez. Tratou de carregar o baú e da porta disse baixinho:

— Eu estarei com você, Ingo.

Abatido, desejando ficar só, Ingo sentou-se ao pé da cama. Não era seu estilo, mas nos últimos dias remoía pensamentos aflitivos sobre o quanto a vida seria difícil para ele. Não estava habituado a limitações, e senti-las instalando-se em sua existência derrubava-lhe o ânimo.

Ao seu lado, Inez, sem ser percebida, acalentava-o e orava pedindo força e consciência para Ingo. Confiava que a humildade existente nele abriria as portas para que o mestre percebesse que a felicidade é sempre uma escolha possível. Basta encarar a vida sem dramas ou idealizações. E assim aquela fase natural, necessária e difícil de adaptação à nova condição também passaria. "Tudo passa", soprava-lhe ao pensamento. "Tudo passa".

De repente, Ingo sentiu sua atividade mental ceder. Os pensamentos sombrios calaram, restando-lhe apenas tristeza e cansaço. Vencido, deitou-se de costas. O teto era um borrão. Fechou os olhos. A escuridão era melhor. Sem perceber, relaxou e adormeceu. Inez acariciava-lhe gentilmente a testa.

Otto entregou o baú ao cocheiro e, apressado, foi ao seu quarto, pegou um saco de algodão cru, jogou nele algumas vestes, amarrou-o e lançou-o sobre o ombro, dirigindo-se rapidamente ao gabinete do reitor. Bateu na porta e, ao ouvir o início da resposta, escancarou-a e disse:

— Reitor Guilherme, soube que viajarão para acompanhar as bodas do príncipe Johannes de Wintar. Eu irei para cuidar de mestre Ingo. O senhor sabe que a visão dele piorou muito nos últimos dias e que ele está praticamente cego. O mestre precisa de assistência, especialmente em uma ocasião pública como essa.

Ao compreender a razão da ansiedade do cozinheiro, o reitor Guilherme estacou. O fato era grave. "Como não percebi que Ingo está cego? Talvez Otto esteja exagerando...".

— Você tem certeza do que está dizendo, Otto? Ele tem agido normalmente, continua suas aulas e atividades. Eu não notei.

— Ele calcula todos os passos, reitor. É assim que tem medido as distâncias. Mas observe que ele anda somente em um roteiro e, quando há algum obstáculo, mestre Ingo não nota. A fim de evitar tropeçar ou colidir com alguém, ele tem caminhado rente à parede ou à mureta do corredor. O mestre tem disfarçado bem, mas... eu notei, senhor. Ele ainda enxerga bem próximo, uns poucos metros, se chegar a tanto.

— Eu não vi... — repetia Guilherme atônito. — Que tragédia! Isso é horrível, acho que preferiria a morte.

— Não é uma escolha humana, reitor. É a vontade de Deus, que determina a quem afligir com a enfermidade.

— Vontade de Deus? Sim. É claro — corrigiu-se Guilherme. — Vamos orar para que ele seja abençoado por Deus e tenha força para... Está bem, você irá conosco. Cuide de Ingo. Terei muitos assuntos a tratar nessa festa. Os ventos reformistas sopram novamente.

Otto não estava interessado nos assuntos políticos do clero nem nos anseios de algumas facções da nobreza, menos ainda no grito que se erguia entre os trabalhadores e comerciantes das cidades. Ele não percebia a transição de uma estrutura social medieval já em ruínas para uma nova ordem social, nem via a nova construção erguendo-se sobre as ruínas. Havia angústia e temor nas pessoas, que necessitavam de uma mensagem religiosa que as autorizasse a viver aquela mudança de paradigmas. E um nome entre o baixo clero germânico começava a crescer. Por diferentes motivos, Martinho Lutero falava das angústias e dos temores da fé, dos caminhos que vislumbrava, de outras interpretações da teologia e dos evangelhos. O reitor não viu seu amigo e colega de cátedra ser tomado pela cegueira, mas via questões políticas e religiosas que se desenrolavam há centenas de quilômetros de Erfurt.

— Da última vez causaram sérios danos. A esposa de Wintar pagou com a vida. É preciso cuidado. Ethel de Wintar é a criatura mais retrógrada e conservadora que conheço, e justamente agora esse assunto volta. Ele não vê as mudanças, a dinâmica da vida. As velhas estruturas estão ruindo e a Igreja não tem feito nada para acompanhar os novos tempos. Há certas situações que precisam ser absorvidas e redesenhadas; não podem simplesmente tornar-se um cabo de guerra. E é o que esses reformadores estão fazendo. Wintar é a criatura ideal para provocar uma batalha, pois só conhece a força e a própria vontade. Um banho de sangue pode sufocar uma ideia ou fazer eclodir a chama do heroísmo e do fanatismo cego por mártires. Nessas situações, o mito cresce em tempo recorde, e a vitória do momento torna-se uma retumbante derrota no futuro. Uma guerra religiosa é desnecessária, mas Wintar não conhece a diplomacia, a política e os muitos caminhos da Igreja de Roma. Ele precisava passar uma temporada na Itália, pois teria muito a aprender com os cardeais e duques. Se Valentino ainda estivesse vivo, seria o ideal. Talvez a leitura de Maquiavel seja indicada. Devo estar delirando, estou dizendo bobagens. É melhor eu ler *O Príncipe* e sugerir algumas ideias.

Otto ouvia as ponderações do reitor sem entender como ele podia preocupar-se com uma situação político-religiosa, quando um amigo, um irmão, vivia uma tragédia pessoal sob o mesmo teto. Mas há muitos anos abandonara a pretensão de entendê-lo.

— Perdão por interrompê-lo, senhor. Somente quero dizer-lhe que aguardarei na carruagem. Estou pronto e mestre Ingo também — disse Otto e, com uma mesura respeitosa, despediu-se e caminhou diretamente ao portão em frente à universidade. Por fim, parou ao lado da carruagem.

Germana caminhava com Blick preso a uma guia. O cão a acompanhava dócil e contente. Atendia aos comandos da dona e aprendia rapidamente todas as funções ensinadas.

— Bom garoto! — elogiou Germana ao ver o cão sentar-se em frente ao portão da universidade antecipando seu comando. A mulher acariciou o pescoço do animal, reforçando o elogio: — Muito bom! Você é muito inteligente, Blick.

Otto olhou a atividade de Germana com ar suspeito. Aquela mulher inquietava-o. Comportava-se como uma louca falando com o cão, como se Blick fosse um ser humano e a entendesse, mas essa era apenas uma das muitas esquisitices dela. Não conseguia entender como tantas pessoas colocavam a própria vida nas mãos de Germana, mas também reconhecia que ela devia ter algo especial, que ele não compreendia, pois era amada por muita gente tanto do povo, como da nobreza, do clero e entre os intelectuais.

Sentindo-se observada, Germana sorriu ao encarar Otto. Divertia-se com a confusão que sabia estabelecer na bondosa mente do cozinheiro da universidade. "Ele não sabe se sou santa ou pecadora. Pobre homem... Ainda precisa classificar as pessoas para dar sentido ao seu mundo. E eu o confundo", pensou.

— Bom dia, irmão! — saudou-o Germana, falando alto e claro, em tom alegre e erguendo a mão.

— Bom dia, senhora — respondeu Otto lacônico.

— Tem notícias de mestre Ingo, irmão? Há alguns dias não o encontro.

— Passa bem, senhora.

Decidida a importuná-lo, Germana aproximou-se. Ao primeiro movimento, Blick, atento, levantou-se e a acompanhou. Ao chegar diante de Otto, Germana parou e o cão imediatamente sentou-se perto de sua perna, olhando à volta interessado. A mulher acariciou a cabeça do animal pensando em como a simplicidade podia ser útil.

— Desculpe insistir, irmão, mas acho que não estamos falando da mesma pessoa. Eu gostaria de saber como está mestre Ingo, cuja visão tem piorado violentamente nos últimos dias.

Eu o vi muito abatido, triste. Emagreceu, tem olheiras. Ele não estava passando bem como o senhor disse.

Desconcertado por crer que era o único a perceber e sensibilizar-se com o drama de Ingo, Otto olhou Germana com respeito.

— Sim, é verdade o que disse sobre mestre Ingo. Entretanto, ele é um homem com uma fé robusta e por isso está bem.

— Fé robusta? Não entendo como uma fé robusta possa ajudá-lo a viver os limites da cegueira e proporcionar-lhe bem-estar. Mas, quem sou eu para questionar a fé?!

— A fé é para ser sentida — replicou Otto. Apesar da surpresa com a sensibilidade de Germana em relação a Ingo, não se sentia bem com ela. Havia algo naquela mulher que o perturbava, mas ele não sabia o quê. Se era o fato de Germana olhar diretamente às pessoas, seu porte altivo, seu sorriso fácil, sua história dela e as muitas histórias sobre ela. Não identificava e a achava pedante.

Ciente do que despertava em algumas pessoas, Germana sorriu e calmamente respondeu:

— Eu tenho problemas com "coisas" que só podem ser sentidas. Sabe, eu penso. Simplesmente não consigo apenas sentir algo e não pensar a respeito. Deve ser uma imperfeição de nascimento. Assim como algumas pessoas têm marcas de nascença, eu tenho o defeito de pensar, "irmão".

Propositadamente, Germana acentuou a palavra "irmão" com excessiva humildade, mostrando o quanto a reverência era debochada. Otto enfureceu-se. Suas bochechas ficaram vermelhas, enquanto apertava os lábios tentando conter-se.

Divertida, Germana fingiu não perceber o que acontecia e voltou ao assunto inicial:

— Então, realmente me assegura que mestre Ingo está bem? Operou-se algum milagre? Será que ele pingou gotas do leite da Virgem nos olhos? Deve ter custado uma fortuna, mas a universidade talvez tenha pagado a relíquia ou frei Teltz compadeceu-se do nosso amigo. Deus seja louvado, irmão!

Controlando-se, Otto respirou fundo e respondeu com honestidade, entendendo que só assim aquela mulher se contentaria e o deixaria em paz.

— Não, senhora. Infelizmente, não aconteceu nenhum desses fatos. A visão do mestre Ingo, de fato, piorou muito. Ele está abatido e triste, mas não fala sobre o assunto. Poucos percebem seu problema. Espero que melhore. O príncipe Johannes de Wintar mandou convidá-lo para acompanhar as bodas nupciais e o mestre ficará alguns dias com os Wintar. Novos ares poderão lhe fazer bem.

— Deus do céu! Isso é insano. Pobre homem! O reitor não tem piedade? Como pode concordar em expor publicamente alguém em um momento tão difícil? Ele precisa adaptar-se com calma, descobrir novas formas de viver e conviver com a cegueira. Núpcias principescas! Jesus Cristo! — protestou Germana indignada, levando as mãos à cintura.

O movimento puxou a guia, e Blick prontamente pôs-se de pé e a olhou.

— É um chamado. Entenda-o como uma ordem da família Wintar — ponderou Otto, reconhecendo a contragosto razão na argumentação de Germana. Ele também havia se revoltado com a notícia. — Eu irei apenas para ajudá-lo, senhora.

— Ao menos isso. Será horrível para Ingo... — lamentou Germana. — Cuide bem dele. Essa carruagem irá levá-los? O casamento será em breve?

— Sim, para ambas as perguntas e óbvio também para o pedido. É tudo que sei, senhora.

— Está bem, obrigada por sua atenção. Por favor, diga a mestre Ingo que o procurarei quando retornar.

Otto baixou a cabeça em concordância. Germana acenou em despedida e, conduzindo Blick pela guia, seguiu em direção ao centro da cidade.

Ingo surgiu no limiar do portão da universidade com a expressão cansada. Seu olhar vagava angustiado enxergando pouco à frente, enquanto dava passos vacilantes, que Otto acompanhava com o coração nas mãos. Não resistindo, o cozinheiro acenou a um dos cocheiros e cochichou o pedido de que auxiliasse discretamente Ingo, pois ele estava convalescendo de forte enfermidade.

Solícito, o homem habilidosamente ofereceu ajuda a Ingo, que, em instantes, estava acomodado na carruagem e sentado em frente a Otto. Ingo percebia um vulto, sem distinguir-lhe a fisionomia, no entanto começara a perceber que, na ausência da visão, o olfato se aprimorava na identificação das pessoas. Cada um tinha um cheiro característico. Otto era um buquê de temperos, ervas e especiarias misturados ao cheiro humano.

— Otto? — indagou Ingo ainda inseguro em suas percepções olfativas.

— Sim, mestre.

— O que faz aqui?

— Aguardo o reitor, tal como o senhor.

— Também irá às bodas? Por quê?

— Não sei, senhor. Mas para que serve um cozinheiro? Acredito que o príncipe Johannes deseja algum prato que experimentou conosco no banquete das bodas. O que mais poderia ser?

Ingo riu da explicação.

— Por favor, Otto, não se ofenda. Mas isso é uma rematada loucura. Não comemos mal aqui, mas com certeza o palácio de Wintar tem mais a oferecer em termos de iguarias.

— Realmente, mestre Ingo, deve estar com a razão. Mas vai saber o que se passa na cabeça desses nobres! O certo é que, quando desejam algo ou alguém, estalam os dedos e suas vontades são prontamente atendidas, por mais absurdas que pareçam. Quando eu souber qual é o motivo de minha visita, lhe direi — e, baixando a voz e inclinando-se à frente, aproximou-se de Ingo e falou: — Quem sabe nosso príncipe ratinho precisa de algumas fatias de um pão aromático para quebrar seu jejum? Já imaginou que horror um noivo jejuando nas bodas?

— Hum, é possível. Na verdade, não sei por que lhe perguntei isso, já que nem mesmo sei quais são os motivos para eu ter sido "convidado" a essas bodas. Estou feliz que irá conosco, Otto. Sabe que tenho tido mais dificuldade nos últimos dias? Acho que são esses dias nublados. Com você por perto, acredito que me sentirei melhor. Você poderia me ajudar? Principalmente em lugares com muita gente ou abertos, nas escadas, à mesa, temo uma situação constrangedora, machucar-me ou machucar alguém.

Otto tocou levemente o joelho de Ingo e notou que ele tremia. Compadecendo-se, rapidamente afastou a mão e depois, tentando imprimir um tom leve e descontraído à voz, respondeu:

— É claro. Fique tranquilo, correrá tudo bem. Eu o auxiliarei, e não perceberão que você está com dificuldades.

Ingo suspirou aliviado. Estava literalmente uma pilha de nervos e sentia-se tão tenso quanto as cordas de um violino. Lutava para controlar uma crise emocional, e Otto fora perspicaz ajudando-o a controlar-se com sua atitude descomprometida. Entendera que desabar naquele momento não faria bem a Ingo, pois ele tinha uma prova dura com as bodas de Johannes e precisava sentir-se apoiado e capaz. Sabiamente, Otto não dissera que os dias não estavam nublados. Naquele momento, o mestre precisava acreditar nisso. Não aceitava nem acolhia a cegueira repentina. Pensava nesse mundo sombrio e escuro, acreditava estar preparando-se para o futuro inevitável, mas a realidade o abatia no primeiro contato. Era preciso dar-lhe um tempo. Ele já pensara na cegueira, mas agora precisava senti-la e entristecer--se. Viver o que perdia e preparar-se com a lentidão que só a tristeza possui para um novo desafio.

O movimento dos cocheiros chamou-lhes a atenção, e Otto espiou pela janela da portinhola. Enfim, o reitor Guilherme dirigia-se à carruagem e a viagem se iniciava. Lembrou-se de Germana e, antes que se esquecesse, deu o recado a Ingo. Notou que ele disfarçou e enxugou uma lágrima sorrateira que fugia do canto de seus olhos. "Vocês só servem para isso agora: chorar", pensou o mestre.

X

BODAS, FESTAS E APARÊNCIAS

Para o mundo enganardes, a aparência tomai do mundo.

(William Shakespeare, *Macbeth*)

Os raios do sol invadiram os aposentos de Johannes. A cortina semiaberta não era barreira, e os raios lançaram-se diretamente sobre o leito, onde o jovem ainda dormia pesadamente, vestido com as roupas do dia anterior e calçado com botas. A luz incomodou o rapaz, que se virou, atingindo garrafas de bebida vazias, que rolaram e se espatifaram ruidosamente no chão.

— Mas que inferno! — Johannes praguejou sonolento e voltou a dormir.

Alfredo despertou com o barulho e assustado viu a claridade do dia. Estava muito cansado e, ao cair sobre o catre coberto de pelegos que lhe servia de leito, adormecera imediatamente. Os últimos dias estavam sendo desgastantes ao extremo. Johannes bebia demais. Durante uma parte do dia, isso o tornava até uma companhia melhor, porém, à noite, o rapaz exagerava e tornava-se insuportável. Evitar que ele fosse visto naquele estado exigia um esforço descomunal de paciência e força física.

"Se Deus, nosso Senhor, o permitir, assim que ele se casar, pedirei para ser substituído. Prefiro cuidar dos cavalos no estábulo. Não suporto mais essa vida. Ah, como foram bons os tempos em que o príncipe Johannes esteve em Erfurt! Foram dias maravilhosos!", planejava e pensava o criado, sentindo o corpo dolorido e a cabeça latejar. Enxaqueca resultante da irritação contida e da vontade de espancar seu senhor.

"Pobre e infeliz jovem que se casará com esse traste. Lamento-a profundamente. Devia cobrir-se com véus de luto no dia do casamento. Uma mortalha talvez fosse mais adequada à ocasião do que um pomposo vestido. Deve ter Satanás por padrinho, pobre senhora. Terá tudo e nada nesta vida. De que adianta tanta riqueza? Um dia preferirá a sujeira e o estrume dos estábulos e cocheiras a companhia do príncipe. Que ironia!", Alfredo imaginou.

Reunindo as forças que as poucas horas de sono lhe proporcionaram, Alfredo levantou-se, espreguiçou-se e foi à janela. O dia começava. Havia uma bruma ainda envolvendo a natureza, mas o sol a perpassava e logo estaria dissipada. O dia do casamento prometia uma intensa atividade com a chegada de vários convidados. Os irmãos e irmãs do noivo e a família de Hessel haviam chegado no dia anterior, mas isso não acrescia rugas à testa de Alfredo. No entanto, pensar nos irmãos de Johannes causava-lhe certo tremor nas pernas. Os Wintar reunidos eram sinônimo de um dia de festa e véspera de muitos enterros.

Alfredo olhou Johannes largado sobre a cama, com o rosto ainda vermelho do álcool. Naqueles aposentos que exalavam um cheiro horrível, o jovem roncava, e não seria fácil nem agradável despertá-lo. Decidido a poupar-se de dissabores por alguns minutos, deixou-o dormindo. Limparia a imundície daquele local e depois cuidaria de si, de sua higiene. Por fim, iria à cozinha alimentar-se e conversar com as criadas, para só então retornar ao quarto para tratar de seu amo.

Acomodado em um banco de madeira da cozinha e após concluir seu esquema de trabalho, Alfredo entregou-se aos prazeres do estômago. Mastigava com vontade o pão com um pedaço de carne de porco e bebia uma caneca grande de cerveja.

Bernadete entregava uma bandeja com a refeição matinal de Sophia para Klara, que a levaria até os aposentos da noiva, de onde a jovem sairia somente para a cerimônia. Sorridentes e falantes, as duas mulheres conversavam com franca camaradagem. Enquanto comia, Alfredo observava-as. Notara que Klara e Sophia eram muito próximas e que mais pareciam familiares do que uma senhora e sua serva. Aquilo o intrigara, mas as maneiras suaves de Sophia tratar os empregados e o povo conquistaram-no. Elas tinham alegria, aquele raro brilho no olhar e na face, há tanto não vistos nas terras dos Wintar.

Ao passar por ele, Klara cumprimentou-o com um pequeno sorriso. Com seu costumeiro semblante fechado, Volker acompanhava a cena a partir da porta.

— Venha, Volker. Sente-se comigo — convidou Alfredo. — O dia hoje será longo. Precisamos estar fortes.

— Hãhã. Será longo e pesado — concordou Volker aproximando-se da mesa. O homem pegou um naco do pernil de porco assado, serviu-se de cerveja e comentou: — Sinto piedade dessa moça.

Alfredo riu, pousou a caneca sobre o tampo da mesa e limpou a boca com as costas da mão.

— Acreditava que você não tinha sentimentos desse tipo, Volker. Piedade?! Por uma nobre? Não sei, não. Elas são diferentes, todas elas: a mãe, a filha, até a serva. Gosto delas, mas piedade? Não. No final, eles se merecem. Acho que não há vítimas para termos por elas piedade.

— Há, sim. Alfredo, qual mulher merece ser esposa de nosso "príncipe herdeiro"? Nem as vacas do curral. Ele é um borra-botas. Nessas horas, fico feliz por não ter família. Seria um desgosto muito grande criar um filho e vê-lo transformado nesse monte de estrume. Ou você pensa que não vi como a princesa Ana observava o futuro genro. Aquela mulher tem olhar de cobra, e a filha é igual. A moça merecia um homem melhor, aliás, merecia casar-se com um homem.

— Volker! — berrou Alvina enquanto examinava os alimentos serem assados em um forno de barro. — Eu não sou surda, ouviram? Não quero fofocas em minha cozinha.

Os homens riram e provocaram-na:

— Desde quando somos fofoqueiros, Vina?

— Que eu saiba, desde que aprenderam a falar — respondeu a cozinheira. — Nossa futura princesa é muito boa. Uma alma simples e caridosa. Não vejo nela esse olhar de cobra de que estão falando.

— Ah, você enxerga mal. Preste atenção — recomendou Volker mastigando a carne. — Mas mesmo que não seja ingênua ou desprotegida, ainda assim, tenho pena dela.

— Case-se com ela, então — sugeriu Alfredo debochado.

— A ideia não é má, mas não acredito que eu tenha tamanha sorte, meu amigo. Como disse: os nobres se merecem. Mas que teremos muito a ver nesse casamento e nos tempos que se seguirem... Ah! Não tenha dúvida.

Recordando algumas passagens da vida de Johannes, Alvina balançou a cabeça desconsolada e lamentou:

— Era uma criança tão linda! A princesa Martha ficou tão feliz quando ele nasceu. Um menino! Uma bênção, não é verdade? Mas qual? Cresceu e só deu desgosto para aquela mãe. Só os cegos não viram. Agora ela está a sete palmos do chão e não verá esse casamento. Talvez a jovem princesa dê um jeito nele. Ela é forte, valente. É pequena, mas acredito que muito, muito geniosa.

— Ela precisará disso — murmurou Alfredo, olhando tristemente para a porta de acesso à rua, que estava aberta e através da qual se via o sol subindo no horizonte. — Preciso ir.

— Vá! Cumpra seu dever — salientou Volker, debochado. — Cuidar do príncipe algumas horas sobre um cavalo é um suplício para mim. Não sei como o aguenta!

— Muitos anos de prática! Como você, também me tornei insensível à dor do meu trabalho — provocou Alfredo.

Volker ergueu a caneca saudando a resposta e arrematou:

— É assim ou do contrário enlouqueceríamos.

Nos aposentos destinados à família da noiva, o clima era diferente. Janelas abertas, sol, atividade. Aparentemente nada destoava do quarto de uma princesa prestes a casar-se: trajes luxuosos, joias, sapatos primorosos, criadas agitadas. O rosto da noiva, no entanto, estava sério e frio. Em seu olhar calmo, nenhuma emoção transparecia. Deixava que a arrumassem, pois não conseguiria vestir tudo aquilo sozinha.

— Que vestido pesado! Santo Deus! Klara, não havia outro mais leve?

— Insistiram para que fosse de veludo e bordado com pedrarias. Está linda, Sophia.

A moça lançou um olhar ao espelho, posicionado atrás de Klara, que refletia a imagem de uma jovem sofisticada. Sophia, por fim, reconheceu a beleza do vestido.

— É digno de uma rainha — declarou Sophia. — Devo vesti-lo como se ingerisse a última dose de hipocrisia de meu avô. Atrás do brilho das pedras e da suntuosidade da princesa de Hessel, esconde-se um passado de privação e abandono. Essa ostentação poderia ficar ridícula em uma mulher sem cultura e formação.

— Nunca em uma filha minha — falou Ana ingressando no aposento a tempo de ouvir a conversa entre Sophia e Klara. — Se ele vestiu-a como uma rainha, minha filha, haja como tal. Porte-se de tal forma que as pessoas não vejam sua roupa, mas apenas você. É assim que deve ser: em trapos ou em veludo e ouro, a roupa não faz a rainha.

— Bom dia, mãe. Eu dormi bem, obrigada. E a senhora? — falou Sophia, fingindo que a conversa fora outra.

— Eu não dormi bem, Sophia. Passei a noite assombrada por lembranças, sofrendo antecipadamente a nossa separação. Mas não darei a ninguém o prazer de ver minhas lágrimas.

Klara, que acertava a saia do vestido sobre a armação, aproveitou e cutucou Sophia, advertindo-a com o gesto.

— Ai! Cuidado, Klara — reclamou a jovem. — Está certo, mãe. Entendi. Mas eu preciso treinar a hipocrisia social.

— Não me decepcione, Sophia — ralhou Ana. — Seja polida, gentil e educada. Isso é o bastante. Não precisa ser fingida. Lembre-se: seja coerente sempre. É assim que conquistará uma liderança natural.

— A senhora tem me falado muito de funções políticas e de liderança, mãe. Por quê? Teve algum sonho com meu futuro?

— Não, não é preciso. Olhe à sua volta e analise: Johannes é inútil; Ethel é dominador. Haverá muitas propriedades sob o domínio de vocês após o casamento e nelas vivem pessoas. Acha que sua vida será passear pelo jardim?

— E Albrecht? Esqueceu-se dele — lembrou Sophia mirando-se no espelho e falando para Klara: — Ajude-me a descer. O vestido está perfeito. Vamos arrumar meus cabelos. Já estou cansada.

— Albrecht? Se você confiar em uma raposa para cuidar das galinhas, confie nele. Não reclame depois. Fugir à responsabilidade é fácil, Sophia. Basta renunciar à liberdade e ao exercício de sua vontade. Não espero que faça isso, pois acredito na educação que lhe dei. Mas, se o fizer, não reclame de sentir-se infeliz. Será apenas consequência — respondeu Ana.

— As amazonas... — sussurrou Klara no ouvido de Sophia.

— O sangue das bárbaras guerreiras está em nossas veias — falou Ana, sorrindo e demonstrando que ouvira a referência de Klara. — Quem precisa de lendárias amazonas, se o passado das guerreiras germânicas é real? Somos Valquírias! Você também é, Klara.

Sophia avançou até o espelho e admirou-se; jamais usara um vestido luxuoso. Enxergava a beleza, mas não se sentia seduzida. Analisou a imagem refletida no espelho e decidiu ignorá-la. Pensava que estava usando um dos poucos vestidos com os quais crescera tão longe dali. Imediatamente, o brilho de seu olhar acendeu-se, o rosto da jovem adquiriu uma expressão decidida e sua postura tornou-se naturalmente altiva. Ana sorriu: ali estava a alma de uma mulher forte, nascida para vencer. "Agora é uma rainha", pensou.

— Não se preocupe, mãe. Eu honrarei nossas antepassadas — declarou Sophia solenemente.

Ana aquiesceu com um leve aceno de cabeça. Estava consciente de que a filha enfrentaria dificuldades naquele belo e rico palácio. "Gaiolas douradas não me enganam", refletia.

Horas depois, Sophia entrava na capela do palácio conduzida pelo tio. Com desenvoltura e altivez, a jovem percorreu a nave ciente de que atraía os olhares dos convidados. De repente, sentiu, no entanto, os pés cravados no chão e os batimentos cardíacos acelerados ao deparar-se com o rosto másculo e o olhar intrigante do homem alto e esbelto, de cabelos e olhos escuros, que acompanhava Johannes e Ethel ao pé do altar.

O homem a olhou de cima a baixo e, sem cerimônia, fitou seu rosto. Sophia, pega de surpresa, enrubesceu levemente, mas logo dominou as sensações inesperadas e encarou-o com fria segurança. Isso trouxe um pequeno sorriso de aprovação ao rosto do rapaz.

A mão do tio afastando gentilmente seu braço fê-la voltar ao presente. Por alguns instantes, aquele encontro a fizera esquecer--se de quem era e de onde estava. Johannes aproximou-se para recebê-la, e o duque Jorge afastou-se, dando lugar ao noivo. Sem mover um músculo da face, Sophia casou-se por fim.

XI

ENCONTRO INESPERADO

*Aquele que tem mais confiança em si, aquele que
está tão bem armado de virtude e de sabedoria,
que não tem necessidade de ninguém e sabe que
traz tudo dentro de si, este sobressai sempre na
arte de ganhar amizades e de conservá-las.*

(Cícero, *Lélio, ou a Amizade*)

— Bem-vinda à família — ouviu Sophia às suas costas.

A voz masculina era grave, profunda e segura. Surpresa, a jovem virou-se, deparando-se com o intrigante rapaz, que se aproximou da noiva aproveitando um momento em que ela, para respirar o ar puro da tarde, dirigira-se sozinha a uma das sacadas do salão de festa. A primeira impressão renovou-se intensamente. Sophia sorriu. De repente, sentia-se alegre, e o peso daquela festa interminável e enfadonha desapareceu. Havia magia naquelas três palavras, no olhar ou na presença daquele desconhecido.

— Desculpe-me por chegar no último minuto do casamento. Não tive a oportunidade de apresentar-me: sou o duque Maurício de Wintar, irmão de Johannes. Estava envolvido nos problemas que temos enfrentado com alguns de nossos aliados e muitos camponeses nos últimos meses. Revoltas ditas religiosas.

— Obrigada. É um prazer conhecê-lo. Sou Sophia, como já deve saber.

— A princesa herdeira da Saxônia e de Hessel — completou Maurício, levemente debochado.

— Não dou importância a títulos, senhor duque — retrucou Sophia, irritando-se com o rapaz com a mesma rapidez e intensidade com que simpatizara com ele. — Nunca dei e acredito que não será agora que darei importância a títulos.

— Lamento ouvir isso. Cada título carrega consigo uma atribuição importante, Alteza. Vivemos um momento de transição em nossa sociedade. Estruturas que nos sustentaram por séculos estão ruindo e outras estão emergindo quase de forma marginal. Há insatisfação e medo lá fora. Há fome, doenças, inúmeras necessidades, e as cabeças coroadas e tituladas não deveriam se ausentar de seus deveres. A vida é importante demais para não darmos importância ao que ela nos pede.

Esquecida da irritação, que se apagou como surgiu, e seduzida pelo pensamento de Maurício, Sophia encarou-o com sua costumeira simplicidade ao indagar:

— E o que sabe desses problemas da vida real um membro da realeza, senhor duque? Em geral, vivem muito ocupados com seus compromissos, com suas posses, e alguns com guerras, política e morte.

— Nem todos são assim, Alteza. Sei que meu sangue é tão vermelho quanto o do mais pobre camponês de nossas terras e do mais vadio dos padres. Por isso, valorizo o título. É isso que me diferencia deles: nem mais nem menos do que uma teoria e a sorte de ter nascido sob um teto coroado. Se Deus colocou-me aqui, algo espera de mim.

— Não simpatiza com os padres, duque?

— Não. A maioria não vale o que come. Reconheço que há exceções. Inclusive tenho alguns amigos e admiro alguns, poucos, pensadores da Igreja.

— Era essa a causa que o reteve longe daqui? Aqui também estão ocorrendo levantes camponeses? — perguntou Sophia interessada.

— Sim, eu disse isso. A pacificação é difícil.

— Pacificação? Deseja mediar a situação? — surpresa e mais interessada na conversa.

— Eu não creio que seja possível conter o progresso. O preço é alto e a derrota é certa.

Sophia vislumbrou um banco no jardim, próximo da sacada. Obedecendo a um impulso e certa de que Maurício a acompanharia, caminhou até lá. Acomodaram-se nas extremidades do banco, para continuarem frente a frente, olhos nos olhos.

— Sinto-me aliviada ao ouvi-lo, pois também penso desse modo. Minha vida não foi a típica de uma "cabeça coroada e titulada". Talvez o senhor não saiba, mas cresci como uma fazendeira, não como a princesa herdeira de Hessel — contou Sophia. — Isso me fez conviver com o povo. Vivi, portanto, a vida real, não a da realeza. Por essa razão, fico feliz em ouvi-lo falar sobre pacificação, mediação e aceitação do progresso. A violência e as batalhas para sufocar pedidos justos, a renovação da estrutura social, como falou, não é o caminho. Esse sangue derramado não sufoca a luta nem os anseios do povo; ao contrário, serve de combustível. Uma guerra religiosa não é um bom caminho. Apesar de o clero não valer o que come, ignorar o poder da Igreja é insensatez.

— Obviamente. Mas a religião é apenas uma face do problema — argumentou Maurício, encantado com a cunhada.

Desde que vira Sophia na porta da capela do palácio, sentira-se atraído pela jovem. A moça tinha algo que o intrigava, que o confundia. Aquela figura pequena, delicada, não combinava com a força de caráter que exalava. Julgou que a altivez de Sophia fosse fruto de esmerada educação e do cultivo de crenças de pertencer a uma classe privilegiada, no entanto, durante o banquete, observara sua conduta fria, educada. A jovem não escondia que cumpria apenas a função que dela fora esperada, o que o instigou a conhecê-la. Seria ela a mais insuportável das nobres ou seria realmente alguém diferente? Essa dúvida somada à atração imediata pela moça levou-o a esquecer-se de regras sociais e sentar-se com a noiva, a esposa do irmão, nos jardins do palácio durante a comemoração das bodas. Mais um escândalo, em sua longa lista.

Entretidos com a discussão a respeito do conflituoso momento social e religioso da Alemanha, ignoraram a festa que os aborrecia até serem chamados ao presente com a chegada de Ana e Klara, que estavam à procura de Sophia.

— Aconteceu alguma coisa, Sophia? Você está bem? — indagou Ana aproximando-se da filha.

— Sim, muito bem, mamãe. Por quê?

— Ora, por quê?! Você desapareceu da festa há duas horas ou mais. Eu não sabia mais o que dizer às pessoas. Preocupei-me. Klara procurou-a em vão. Poderia ter dito que desejava descansar, passear no jardim — ralhou Ana, irritada.

— Desculpe-me, senhora. Assumo a responsabilidade por tal descortesia. Fui eu quem monopolizou o tempo da noiva. Peço-lhe desculpas — interveio Maurício, polidamente, levantando-se e cumprimentando a recém-chegada. — Dizem que sou selvagem e grosseiro com mais frequência do que deveria, Alteza. Atribua minha atitude à curiosidade e à simpatia que me despertou sua filha. Fico feliz em recebê-la em nossa família.

— Ah, duque, esse desaparecimento assustou-me demais. Pensei coisas inconfessáveis! Não me ocorreu que Sophia estivesse em sua companhia. Apesar do que disse, se eu soubesse, teria ficado mais tranquila, pois saberia que estava segura.

— Bem, tranquilize-se, mamãe. Sabe que não gosto de festa. Estava entediada e cansada, então fugi para um recanto do salão e Maurício veio apresentar-se. Conversávamos sobre os problemas atuais do império.

E dirigindo-se a Maurício falou:

— Foi muito bom. Precisamos conversar outras vezes. Estou mais feliz depois de conhecê-lo, pois acredito que não ficarei tão sozinha aqui. Até a pouco, meu consolo era ter a companhia de Klara, mas agora sei que poderei conversar e trocar ideias com você. Perturbava-me pensar na solidão moral que enfrentaria, mas descobri uma boa companhia. Por favor, venha me visitar. Residirei aqui mesmo, neste palácio.

— Será um prazer, Sophia. Apreciei muito sua companhia. Seja bem-vinda à família. Acho que as senhoras devem retornar ao salão. Não percebi o tempo que nos ausentamos da festa. Retornem primeiro, e eu irei mais tarde. Assim, as línguas interessadas em escândalos não associarão a ausência da noiva a mim.

— Hum — resmungou Sophia, contrariada. — Eu esqueço esses detalhes palacianos. Não vivi entre intrigas, mas não sou ingênua nem tola. Vamos, mamãe.

Maurício lamentou o afastamento, mas sabia que era necessário. Reconheceu que a esposa do irmão o atraía, o encantava, e despertava seu interesse como poucas mulheres até então tinham conseguido despertar. Decidiu caminhar pelo jardim para ordenar os sentimentos e pensamentos. Sophia revirara, em pouco tempo, seu mundo interior. Fato inesperado e incomum, pois há muito tempo deixara de ser um menino inexperiente. Mas sentia-se como tal e por uma mulher proibida. Sophia era a mulher errada para despertar sua paixão.

Retornando com a filha ao salão, Ana percebeu o olhar brilhante, as faces rosadas e o entusiasmo com que Sophia falava a respeito da conversa que tivera com o cunhado, e trocou olhares preocupados com Klara. Ao longo dos anos e das dificuldades, elas tinham desenvolvido uma sólida amizade, que permitia entenderem-se apenas por meio de um olhar. Klara, imperceptivelmente, balançou a cabeça como se dissesse: "Vejo o mesmo e concordo com você. Isso é dúbio, perigoso, mas poderá ser útil e necessário. Poderá significar a nossa segurança".

Johannes também se afastara da festa, preferindo a companhia de mestre Ingo, que, sob a tutela de Otto, permanecia nas posições mais discretas em todas as circunstâncias. Acomodaram-se próximo à última porta lateral do salão, que dava acesso a um pátio interno.

Para Ingo, a presença do amigo era apenas um borrão, mas a falta da percepção visual estimulava o aprimoramento de outras faculdades. Ele sempre fora observador, mas, com a crescente perda da visão, tornara-se ainda mais atento, mais intuitivo, como diria Germana. Sentia pelo olfato e pela audição que Johannes estava alterado pelo álcool. Gostaria de entendê-lo, compreender o que lhe causava tanto sofrimento, afinal, mesmo estando praticamente cego, para Ingo era visível que o príncipe era alguém profundamente torturado e perdido. Lamentava-o. Desejava ajudá-lo, pois sabia que as decisões de Johannes atingiriam muitas vidas e não haveria como separar o homem torturado do futuro governante.

— Eu gostava muito de suas aulas, mestre Ingo. Ajudaram-me. Lamento não ter continuado — falou Johannes.

— Ora, ora, Alteza, sinto-me honrado com sua declaração. Mas por que não continuar? Sei que tem compromissos, mas, se lhe fez tanto bem, pense em retornar. Acredito que o ajudará muito futuramente, quando for o governante desta região. Conhecimento é o melhor conselheiro, o mais confiável. Ele pode ser incompleto, até incorreto, mas nunca irá traí-lo e depende de nós para ampliá-lo e corrigi-lo. Admiro muito o imperador e filósofo Marco Aurélio. Seria muito bom para nossa terra ter líderes mais interessados no ser humano e menos na guerra. O progresso passa pelo homem e pela coletividade, Johannes. O povo não é uma tropa de bovinos e equinos comandada por meia dúzia de homens. Sei que muitos ainda agem assim, mas mesmo as bestas se revoltam contra seus condutores e se libertam. É prudente promover o progresso, não entravá-lo. Desenvolver o potencial humano é o caminho de prosperidade e paz social. A inteligência humana gera mais riqueza do que sua força braçal.

— Quando fui a Erfurt não pensava nisso — comentou Johannes, antevendo uma boa argumentação para usar com Albrecht: preparar-me por meio do estudo para me tornar um futuro governante. — Procurava paz, somente.

— Lembro-me disso, vagamente. Acho que uma vez conversamos sobre isso, não foi?

— É, acho que sim, mestre Ingo.

— A paz não é um presente que recebemos, caro príncipe; é uma construção que devemos fazer interiormente. Se ama a paz, se anseia por ela, pense no que lhe disse: promova o progresso, pois com ele virá um acréscimo de paz.

— Eu odeio lutas, guerras, batalhas, violência — declarou Johannes veementemente. — São obras do demônio, um atraso. São o inferno na Terra.

— Não, Alteza. Longe disso. Não posso ouvir isso calado, mesmo sabendo que falo com o futuro príncipe eleitor. Eu não amo lutas, guerras, batalhas, nem amo a violência sob nenhuma de suas formas, mas não as considero demoníacas. São ainda necessárias. Sem elas, o progresso seria ainda mais lento.

— O quê? Mestre Ingo, não o compreendo. Elas só geram destruição, morte e dor. Veja o que estamos vivendo com os camponeses, por exemplo. Quantas plantações destruídas, quantas mortes! Haverá um preço alto logo adiante a ser pago: escassez, fome, mais doença. Graças a Deus, nós estamos abrigados disso, mas meu pai não tolera nem tolerará essas rebeliões. Eles desafiam nossa autoridade, erguem foices, machados e enxadas contra nós. Sem falar de outros atos.

— Eu sei. Lamento tudo isso, mas ainda penso que há progresso. É um grito, um despertar. Não podemos ignorar que a sociedade vem mudando muito e rapidamente. E é preciso ver o que gera uma ação violenta.

Otto pigarreou e discretamente cutucou Ingo. Era um sinal combinado, que o advertia de que alguém se aproximava. O mestre entendeu e calou-se. Estendendo com cuidado a mão para o amigo e, sem levantar suspeita, agindo com naturalidade, o cozinheiro adiantou-se e pegou a própria taça de vinho e a de Ingo entregando-a, como se fosse uma gentileza banal. Enquanto o mestre sorvia o vinho devagar, Otto comentou:

— O duque Maurício está entrando pela porta lateral que dá no jardim. Parece-me que estava passeando, está calmo. Ele teve uma excelente ideia, não acha, mestre Ingo? Está tão abafado nesse salão.

— Há muitos convidados — resmungou Johannes olhando com indisfarçável dissabor e inveja o irmão. — Realmente, Maurício sempre foi muito inteligente, o melhor em tudo. Acho que devo imitá-lo, irei caminhar um pouco.

Incomodado, Johannes levantou-se da cadeira que ocupava, despediu-se e afastou-se apressado, caminhando na direção contrária à do irmão.

— Santo Deus! — murmurou Otto. — Quanta inveja numa pessoa só! Nessas horas, sinto-me até feliz por não ter família.

— É, até eu vi. Para ser honesto, deveria dizer: senti. A voz dele mudou completamente e senti a força da emoção dessa infeliz criatura. Deus tenha piedade de nós, Otto. Teremos um governante desgovernado.

— Mestre Ingo, aprendi na cozinha a não fazer previsões. Preciso de coisas concretas. O futuro não serve para encher a barriga das pessoas. Não posso fazer comida com os grãos e legumes da próxima colheita; tenho que usar os que estão na despensa. E às vezes preciso aproveitar também a parte boa de um alimento podre.

Ingo riu e brindou à sabedoria do amigo erguendo a taça.

— Sim, Otto, é verdade. Um ser humano podre também deve ter uma parte aproveitável.

— Hum. Modéstia a parte, um bom cozinheiro faz esse milagre.

— Um bom professor deveria fazer o mesmo. Aproveitar a parte boa do ser humano e desenvolvê-la. Apesar de o futuro não encher a barriga, enche a minha mente: eu tenho esperança e isso é sempre aguardar o melhor. Por enquanto, a Igreja domina a educação e seu entendimento sobre o assunto é de que é preciso sufocar as ervas daninhas do coração humano, controlar pelo medo. Mas, tudo muda. Confio no trabalho de pensadores como Erasmo de Rotterdam, que traz novas ideias, pregando o amor entre o educando e o educador. Outro dia, li um de seus textos a respeito da educação. É maravilhoso, Otto. Ele afirma que o primeiro grau da aprendizagem é o professor tornar-se amado; que uma das qualidades mais admiráveis de um professor é a capacidade de amar seus alunos e fazer-se amado por eles. Essa ideia acaba com a violência na educação. É o fim da agressão aos alunos como método de ensino, é o fim dessas humilhações[3] horrorosas que vemos, inclusive, nas universidades. Ensinar e aprender, seja o que for, não pode ser à força; tem que

---

3. Humilhações: recursos de violência física. Por exemplo: as surras empregadas para enquadrar o aluno na disciplina da instituição, induzindo-o a abdicar de sua vontade própria. Consideravam necessário humilhar o aluno, e nem sempre havia motivo justificado para tal prática.

ser por amor ao saber, por consciência de que é por meio do conhecimento que se promove o progresso humano. É indiscutível que aprende muito mais quem arde pelo desejo de saber. Essa é a paixão que nossos governantes deveriam incentivar no povo, não o fanatismo cego e as paixões estúpidas, que são iguais a fogo de palha.

Otto riu, e Ingo, preocupado, indagou:

— O que foi? Eu disse uma bobagem? Aconteceu alguma coisa?

— Não, mestre. Eu ri do que disse, mas não é bobagem. O senhor falou: fanatismo cego. E eu ri, porque não conheço nenhum fanático que enxergue as asneiras nas quais acredita, muito menos vê o que faz, ou pensa no que diz. Todos são cegos, por isso eu ri. Mudando o assunto, o duque está se aproximando. Acho que virá até nós.

— Está bem. Estou atento, Otto.

Maurício, no entanto, passou sem dar-lhes atenção, caminhando na direção do grupo onde estavam Ethel e o inseparável Albrecht.

— Errei, mestre Ingo. Ele passou direto, já se foi. Está do outro lado do salão. No mesmo grupo estão o reitor, o senhor Ethel e alguns nobres. Estão em uma discussão acalorada, e o reitor está muito incomodado e inquieto. Acho que as bochechas dele vão incendiar.

— Que visão, Otto! Deus a conserve. Não pense que estou com inveja. Eu nunca enxerguei tão bem como você. Esse salão é grande, muito grande, e está apinhado de gente. Como consegue ver tantos detalhes?

— É que o senhor, mestre, nunca reparou na distância entre a cozinha e a reitoria. É muito maior do que a deste salão. Se eu não enxergar, não observar com atenção, acredite-me: já teria me afogado em um caldeirão fervendo.

— Quanto exagero! Que horror, Otto! — ralhou Ingo.

— É a pura verdade, ou, por acaso, pensa que todos os professores da universidade me tratam como o senhor?

Notando o ar de surpresa em Ingo ante sua reação, Otto riu e continuou:

— É. O senhor tinha pouca visão mesmo. A maioria me trata como uma extensão da cozinha, ou seja, me olham do mesmo modo que olham as panelas, os fogões e os fornos. Alguns só falam comigo quando têm reclamações a fazer.

— Quanto esnobismo e que mentes pobres — lamentou Ingo. — O trabalho e o trabalhador merecem respeito. Não importa a função que exerça, o trabalhador merece respeito. Somos necessários uns aos outros. A atividade de uns complementa a dos outros. Jamais conseguiria ensinar algo a um aluno faminto e doente, ou em uma sala de aula suja, malcuidada. Os profissionais que cuidam da cozinha e da limpeza são importantes na estrutura do ambiente de ensino.

— Ensine isso aos seus colegas, mestre.

Analisando a festa, Otto calou-se, e Ingo, cansado com o barulho, fechou os olhos, tentando afastar-se mentalmente, descansar. Praticamente cochilava quando ouviu o cozinheiro assoviar baixinho, espantado, e depois rir maliciosamente.

— O que aconteceu, Otto?

— Algo estranho, mestre. O duque Maurício está com dificuldade de afastar os olhos da noiva. Ele é um homem imprudente ou muito corajoso. Não dá para decifrar-lhe a expressão do olhar. O duque esconde o que pensa e sente, e isso é perigoso. Mas vejo que não disfarça suas ações... Isso é incoerente, não acha?

— É essa a fama do duque: um homem perigoso, um estrategista ardiloso, político astuto e, dizem, muito inteligente. Falam que age como um falcão caçador.

— É irmão do príncipe Johannes, mas não parece. São muito diferentes, mestre Ingo. Opostos. Um falcão caçador é uma boa definição. Ele espreita do alto, e a presa não vê nem sente seu olhar. Num voo rasante e mortal, pega o que deseja.

— Otto, estou imaginando que ou você é um desperdício de inteligência trabalhando na cozinha, ou a cozinha é um ambiente altamente filosófico.

— Nem um nem outro, mestre. A cozinha é um ambiente de observação, lógica e precisão. Ah, lá se desenvolve a atenção também. Eles estão juntos agora: os noivos e o duque Maurício. Sinceramente, não fosse a mão da noiva apoiada no braço do príncipe, eu apostaria que o casal era o duque Maurício e a princesa Sophia. Ela está muito à vontade, sorri muito para ele. Sabe: eles combinam, mestre Ingo. São ingredientes do mesmo prato.

— Entendo, isso pode ser preocupante — ponderou Ingo.

Ficaram alguns minutos calados e depois Ingo voltou a falar, completando o pensamento de forma dúbia:

— Ou não.

— O quê?

— Esqueça, Otto. Penso que já ficamos tempo suficiente nessa festa. Vamos sair discretamente. Por favor, me leve aos meus aposentos. E, mais uma vez, meu amigo, agradeço seu cuidado. Eu não conseguiria estar aqui sem sua ajuda.

Otto emocionou-se com a gratidão de mestre Ingo. Não era a primeira vez que ele agradecia sua ajuda, mas aquele banquete fora crucial. Foram uma presença discreta, e nenhum dos convidados havia notado a dificuldade visual de Ingo. O noivo e seu pai estavam satisfeitos com a universidade, e isso garantia o bom funcionamento da instituição. Indispor-se com os Wintar não era boa política. Somente por isso, o mestre cedera ao convite.

Com um nó na garganta, porque também era consciente das razões de Ingo para estar ali naquele momento tão difícil de sua vida, Otto murmurou algo ininteligível à guisa de resposta e disse:

— Vamos. Seguirei ao seu lado, bem próximo.

E assim foram. De vez em quando, Otto encostava o ombro ou a mão em Ingo, e isso significava que seguiriam em frente. E, para sinalizar que precisavam dobrar, Otto, discretamente, dizia ao amigo: direita ou esquerda.

XII

ANTÔNIO

Que galardão não doa quem propicia o bem
viver ao invés de meramente fazer viver!
(Erasmo de Rotterdam, De pueris)

Os dias seguintes à festa foram de calma e relativa tristeza pelas despedidas entre Sophia e seus familiares. Após a partida deles, a jovem, na companhia da fiel Klara, pisou devagarinho no chão da família Wintar. Cumprindo seu propósito de discrição e distância, educadamente, a jovem recusou todos os convites para ir ao palácio onde residia a família de Johannes. Alegou necessidade de ambientar-se à mudança e à vida de casada.

Johannes apreciou a atitude da esposa e recebeu com alegria a possibilidade de ficar longe do pai e dos irmãos. Afinal, encontrou uma razão de felicidade no casamento.

O jovem casal era visto em passeios e alguns eventos a que eram obrigados a comparecer. As aparências eram salvas pela calma de Sophia, que se apresentava serena e segura, conquistando, assim, a admiração e confiança das pessoas. Era uma líder nata, e Johannes, de boa vontade, escondeu-se atrás de suas saias, limitando-se a exibi-la em alguns salões e ao público.

Entretanto, Alfredo e Klara esmeravam-se para proteger a reputação do casal. Logo ficou claro que Johannes não tinha interesse em consumar o casamento. Na noite de núpcias, estava, literalmente, podre de bêbado. Preparado por Alfredo, apresenta-ra-se cambaleante nos aposentos de Sophia e, sem saber como agir, falou sem parar.

Sophia analisara a situação, deduzindo o óbvio: estava livre de uma relação sexual com o marido. Confirmava-se, então, sua suspeita de que teria um marido ausente. Assim, sem delongas, ela o acomodara na cama, dera-lhe algumas gotas de láudano, suficientes para adormecê-lo em minutos e até o dia seguinte, e depois se deitou ao lado do rapaz. Desconfortável com o cheiro do álcool e do corpo de Johannes, Sophia decidiu dormir no *récamier* próximo à janela. Pegou travesseiros e um cobertor de lã, ativou o fogo da lareira, garantindo que o ambiente permaneceria aquecido, e dormiu feliz.

Na manhã seguinte, a jovem não escondeu de Klara o que havia acontecido. Sabia o quanto ela era perspicaz e que leria, com facilidade, a verdade nas evidências. Klara apenas observou Johannes adormecido e o copo ao lado do vidro de láudano sobre a penteadeira e perguntou:

— Você está bem?

— Sim, Klara. Foi exatamente como eu imaginei. A vida não foge ao óbvio e ao lógico, como diria minha mãe.

— Entendo.

E, após, aquela noite, invariavelmente, Johannes era acometido por algum mal-estar ao cair da tarde. Sophia, calmamente, sorria, dizendo-lhe que fosse repousar, cuidar da saúde, com a complacência de uma cúmplice aliviada com a distância de alguém que ela tolerava.

Alfredo, porém, percebeu que havia o risco de que fofocas vazassem do palácio. A vida de nobres, ricos, jovens e recém--casados era foco de interesse na conversa dos que observam a vida alheia. No caso, os criados tinham nessa diversão uma fonte para escoar a frustração e a hostilidade contra seus senhores. Situação latente que permeava as relações em toda sociedade, ou seja, não era privilégio de Sophia, embora a insólita convivência do casal fosse um prato cheio aos fofoqueiros. Escrachar o príncipe herdeiro era uma diversão saborosa, mas com nefastas repercussões políticas e sociais. Alfredo tinha consciência de que seu trabalho era maior do que simplesmente atender às necessidades e aos mimos de Johannes. Sabia que precisava preservá-lo de escândalos e assim contribuir com a paz na região. Por isso, quando notou os primeiros olhares e as primeiras risadas maliciosas entre a criadagem, decidiu procurar Klara para expor a situação e seus temores.

— Agradeço sua confiança, Alfredo. Eu conversarei com a princesa Sophia sobre seu plano. Parece-me bom. Esteja certo de que a senhora saberá gratificá-lo por sua lealdade — respondera Klara, depois de ouvi-lo em silêncio e atentamente.

— Aguardarei.

Klara foi diretamente à biblioteca, local preferido de Sophia em dias cinzentos como aquele. Ela lia próxima à lareira. Concentrada, ouviu a chegada de alguém e, crendo ser a criada com o chá que havia pedido, falou sem olhar:

— Deixe a bandeja sobre a escrivaninha. Obrigada.

— Sou eu, Sophia — anunciou Klara. — Precisamos conversar. Temos um problema.

Prontamente, Sophia largou o livro na mesinha auxiliar ao seu lado e dedicou sua atenção a Klara.

— Fale.

Suscintamente, Klara relatou o encontro com Alfredo e a sugestão que ele dera para contornar a situação.

— É o fim! — esbravejou Sophia, irritada. — Eles não têm o que fazer? Dobre o trabalho deles. Em Hessel, não tínhamos esse tipo de preocupação. Isso é uma besteira.

— Nem tanto, Sophia. Veja os criados como línguas com pernas; eles andam, falam e comentam com criados de outras casas. Em pouco tempo, os nobres e trabalhadores sob a direção de vocês estarão fazendo chacota do que sabemos ser verdade: Johannes é realmente essa criatura fraca, difícil, mimada e o casamento de vocês... bem...

— Sem comentários, Klara. Eu fiquei furiosa, aliás, estou furiosa, mas não sou boba. Sei que vocês têm razão. Sinceramente, eu não esperava ter que proteger Johannes das consequências de ele ser como é. Não sei o que me enfurece mais: ele ser esse traste ou sermos alvo da língua alheia. Seja como for, preciso agir.

— A ideia de aproveitar a temporada no campo, nas caçadas...

— Hum, não é má. Mas não consigo imaginar Johannes caçando. Nem um louco acreditaria nisso. Mas passaremos algum tempo fora, isso é certo. Klara, traga-me a relação das propriedades à nossa disposição. Vamos procurar um destino. Em vez de caçadas, uma curta temporada na cidade talvez seja melhor. Afinal, já recusei muitos convites... — Sophia pontuou.

— Sim, isso também pode gerar boatos.

Klara trouxe um livro com as propriedades da família à disposição do casal. Sophia analisou as possibilidades, levantou-se com o livro em mãos e andou pela biblioteca, pensativa.

— Saxônia-Anhalt! Iremos para lá — decidiu, com um brilho metálico no olhar.

— Tem certeza, Sophia? É o olho da tempestade — lembrou Klara.

— Por isso mesmo, Klara, iremos para lá. É o palco principal. Faremos uma apresentação, que ecoará por todos os lados, cessando as bisbilhotices. Não perderei meu tempo calando a boca de criados a todo instante. Eles e todos os demais interessados aprenderão, em uma aula, quem sou eu. Traga-me papel e tinta. Enviarei uma carta ao meu sogro informando-lhe de nossa visita.

— Sophia, e Johannes? Não falará com ele?

— Eu o avisarei.

Klara baixou a cabeça. Conhecia de sobra a determinação de Sophia e, mais uma vez, pensou que aquela alma não combinava com aquele corpo frágil. A jovem era forte e firme demais para aquela estrutura pequenina. Providenciou o pedido, colocando papel sobre a escrivaninha e, antecipando-se, deixou ao lado do tinteiro o sinete com o brasão da família para selar a carta.

Ao ver os objetos, Sophia aproximou-se e, sem delongas, redigiu de próprio punho a carta. Mensagem educada, sucinta, clara e objetiva, seguindo o estilo de Sophia em tudo. Não continha mais do que dois parágrafos e as formalidades exigidas pela cortesia, às quais cedia com certa repulsa.

— É hilário escrever a um nobre. Talvez se eu encaminhasse a Deus uma carta, não tivesse tanta afetação. No desespero, falamos ao Todo Poderoso com intimidade, mas a um nobre nunca. É ridículo!

— Você é da nobreza, Sophia — lembrou Klara rindo.

— Eu sei, mas dispenso esse tratamento e, quando sou obrigada a aceitá-lo, acredite-me: é muito enfadonho e irritante. Não penso que Ethel de Wintar, pelo que se sabe de sua personalidade, aprecie essa afetação. Ele me parece mais um típico líder bárbaro, semelhante ao das tribos germânicas da antiguidade. Seu governo é escrito com sangue, Klara, não com tinta.

— E é para lá que iremos? A ideia de Alfredo era apenas silenciar ou prevenir uma boataria entre os criados, agora iremos para a cidade dos Wintar. O que faremos lá, Sophia? Você tem ideia?

— Sim, já pensei nisso. Faremos festas, jantares, saraus, chás, iremos a eventos públicos...

— E?

— Em primeiro lugar, seremos vistos; em segundo, os criados não terão com o que ocupar a língua, e, por último, conhecerei onde estou pisando e farei com que saibam quem pisa aqui. Preciso demarcar fronteiras. Eu desconfio de que os olhos dos criados sejam os olhos do senhor deles, e, portanto, não temo apenas mexericos.

— Espiões entre os criados. Tem lógica — falou Klara, pensativa. — Você assumiu as funções de Johannes na administração das terras controladas por esta propriedade. Será que Ethel de Wintar sabe disso?

— Não sei, mas, se ainda não sabe, eu o informarei. Não conviverei com paredes capazes de ver e ouvir. Jamais! — respondeu Sophia, enfática. — Não é minha culpa que o filho dele seja como é. Minha colaboração é evitar o vexame público e corroborar a mentira de que ele tem a saúde frágil. Aceitei que terei uma existência solitária, Klara, portanto trabalhar é uma boa opção para dar sentido à minha vida. E se serei solitária, não quero os inconvenientes de um sogro e um séquito ignorado e invisível de pessoas atrás de mim. Não farão de mim uma desequilibrada como imagino que foi a mãe de Johannes.

Klara notou o tom de tristeza na fala de Sophia enquanto a observava. Aqueles poucos meses de casamento tinham-na amadurecido. A jovem que saiu de Hessel tinha uma personalidade forte, ideias claras, e crescera livre; a atual princesa herdeira mostrava-se uma mulher capaz de ações inesperadas.

Sophia entregou a carta a Klara pedindo urgência no envio.

No dia seguinte, Albrecht entregava o documento nas mãos de Ethel, que o leu com a testa franzida. Seus sentimentos oscilavam entre a curiosidade de conviver com Sophia e a irritação de ver Johannes. Ao seu lado, Maurício observava o pai e lia com nitidez as emoções estampadas em seu rosto. A carta da cunhada também despertara nele curiosidade e certa excitação. A imagem da frágil e loura Sophia com frequência vinha-lhe ao pensamento. Ela o impressionara bem mais do que gostaria de admitir.

— Quais são as notícias? Já temos um herdeiro a caminho? — perguntou Maurício.

— Não sei. É apenas um comunicado de que o casal passará algum tempo aqui — respondeu Ethel intrigado, estendendo a carta ao filho. — Leia.

Maurício leu rapidamente a carta e riu:

— Ousada. É um dos problemas que vejo nos casamentos arranjados. Os pais escolhem as esposas dos filhos quando são crianças ainda, mas elas crescem.

— Deveriam ser educadas para cumprir as responsabilidades assumidas. Essa é a intenção — retrucou Ethel. — Aliás, em breve, a sua noiva chegará à idade de casar-se. Essas suas ideias de liberdade arruinariam a sociedade.

— Eu sei, mas por enquanto ela ainda é uma criança. Prefiro desposá-la quando for uma moça. Minhas ideias nem sempre o agradam, eu sei. Mas muitas vezes lhe servem.

— Quanto mais cedo a tiver sob seu domínio, melhor poderá moldá-la — lembrou Ethel, ignorando as provocações do filho.

— Não correrá o risco de ter surpresas, como disse, porque ela cresceu.

— Como talvez aconteça ao meu irmãozinho Johannes? — perguntou Maurício, irreverente. — Consigo sentir as garras dessa mulher. Ela não é dócil. Mas, considerando-se as circunstâncias e a personalidade do marido, talvez isso acabe sendo útil.

— Não gosto de mulheres atrevidas. A mãe dela é uma dama, muito bela ainda, mas tem um olhar insolente. A educação não esconde a alma bárbara. Espero que a filha não tenha herdado essa característica — comentou Albrecht, que lera o documento atrás dos ombros de Ethel, como se fosse uma sombra.

— Entre as damas locais, sem dúvida, elas foram uma novidade — concordou Maurício referindo-se a Ana e Sophia. — Notei que não se misturaram às mulheres. Conversei com elas. São interessantes, inteligentes. São mulheres fortes.

— Essas são perigosas — comentou Albrecht. — É melhor que as mulheres se atenham às suas tarefas e fiquem caladas.

Maurício recordou-se da longa conversa que tivera com Sophia, no dia do casamento, e um sorriso misterioso, que não escondia o prazer de revê-la, surgiu em seu rosto. Albrecht estranhou, mas calou-se. Precisaria analisar Maurício mais amiúde doravante, pois algo em suas reações o intrigava.

Na semana seguinte, Sophia e Johannes, acompanhados de poucos criados, seguiram para uma temporada em Dresden.

Antônio expunha sua defesa do livre-arbítrio, da liberdade humana, opondo-se à tese determinista defendida por Thomaz, um dos alunos de Erfurt e simpatizante das ideias de Calvino e Lutero. Humanista ferrenho, o novo professor e auxiliar de Ingo não economizava argumentos. Seus grandes olhos castanhos esverdeados brilhavam chamando atenção para a harmonia do seu rosto, a pele clara, a boca fina e larga, e para o cabelo loiro platinado. Era alto e magro, envergava com amor e orgulho a batina de professor e membro secular da ordem, mas, acima de tudo, era um orador carismático e inteligente, que seduzia habilmente quem o cercava com as palavras e a força do conhecimento.

Encantado e feliz com aquele segundo presente que a vida lhe dera após a cegueira, Ingo ouvia Antônio enquanto acariciava as orelhas macias de Blick, sentado ao seu lado com a cabeça apoiada em sua perna.

Ingo apaixonara-se pelo doce amigo peludo presenteado por Germana. Blick devolvera-lhe a liberdade de andar pela cidade sem se perder ou depender de outra pessoa. Germana treinara o cão e depois treinara o próprio Ingo para conviver e usufruir das habilidades que ensinara ao animal. De início, não aceitara a ideia, mas ficou constrangido a recusar um presente tão especial, pois ainda se lembrava do carinho da amiga com Blick. Germana fora muita esperta. Tinha percebido a desconfiança do mestre e o abandonara aos cuidados do cão no meio do caminho de retorno à universidade. Sem alternativa, Ingo confiou no adestramento de Blick, que o conduziu são e salvo pelo caminho de volta. Quando, por fim, cruzaram os portões da universidade, já eram uma dupla inseparável. Nos dias seguintes, Germana ensinara-lhe a conhecer e lidar com o cão. Otto os acompanhava, primeiro receoso, depois vibrante. Tomado pelo exagero, considerava o animal um gênio.

Dia a dia, a vida mostrava novas oportunidades, condições de adaptação e sublimes alegrias a Ingo. Antes da cegueira, sentia-se só com frequência, mas agora Blick estava sempre próximo. Acordava com as lambidas no rosto e adormecia sentindo o calor do animal aos seus pés. Aonde quer que o mestre fosse, Blick era sua sombra. Aprendera a entendê-lo e ajudá-lo em suas necessidades, e isso o fazia sentir-se útil e sentir que aquela parceria homem-animal era de fato movida por uma profunda amizade. Fora o primeiro presente da cegueira; Antônio fora o segundo.

O jovem teólogo recomendado por Sig não poderia ser melhor. Era um auxiliar perfeito. Enriquecera-o intelectual e emocionalmente. Partilhavam ideias, e Antônio tinha o dom da oratória, por isso encantava os alunos. Naquele instante, não se ouvia um ruído no grupo. Atenta, a classe escutava sua voz calma e grave. Dizia ele:

— O determinismo é contrário ao crescimento e desenvolvimento humano. Ele pertence ao reino animal, sem dúvida. E notemos que, mesmo entre eles, somos obrigados a considerar a possibilidade da inteligência, senão como explicaríamos a beleza de Blick e seu trabalho? Ele é um cão, um animal instintivo, mas aprendeu a servir a mestre Ingo, a guiá-lo, tal qual ensinamos a cães pastores como ele o trabalho no campo com o gado. Seria errado pensar que seu instinto cede à força da instrução que lhe foi dada? Seria errado pensar que essa instrução desenvolve sua inteligência? Blick obedece; ele foi treinado, lógico. No entanto, permito-me questionar e observar se ele não será capaz de pensar, talvez não como nós, não com a complexidade dos humanos, mas de alguma forma a premeditar seus atos. Permito-me pensar que o instinto diminui, cedendo ao avanço da inteligência nos animais superiores, como chamo Blick — Antônio falava olhando ora para Ingo e Blick sentados na cátedra, ora para os alunos, e sorriu ao ver que o cão o olhava como se entendesse que o novo professor falava dele.

— Nós, os senhores da natureza, nascemos menos preparados do que qualquer outro animal. Somos fracos, frágeis e dependentes, e nossos instintos não nos socorrem. E essa fraqueza física gera a nossa cultura e molda a sociedade, porque moldou sua base: a família. Enquanto nos animais a dependência do filhote é de alguns dias ou meses, na espécie humana ela perdura por anos. E mais: no animal o estímulo é resolvido pelo instinto. Por exemplo: se ele tem fome, comerá o primeiro alimento que surgir. No homem, no entanto, há a escolha e a insatisfação. Ele tem diferentes possibilidades de escolha. Seu estímulo não é tão singelo como o do animal; a ele agrega-se o desejo. O homem poderá não se saciar com qualquer alimento, por desejar um em especial. Nós dominamos a natureza e criamos ferramentas que nos separam dela. E o que tudo isso tem a ver com a Bíblia, com nossos estudos, com Deus? É a pergunta que vejo no olhar dos senhores. Pois bem! Digo-lhes que a liberdade humana, o livre-arbítrio de nossa espécie, está presente desde o Gênesis, na história de Adão e de sua expulsão do paraíso. Ali está narrada a história de uma escolha. O homem e a mulher vivem no Jardim do Éden, entre belezas e delícias, e nada lhes falta. Não precisavam trabalhar, ou fazer escolhas, nem sequer pensar. Havia somente a proibição de comerem o fruto da árvore do conhecimento do bem e do mal. Como sabemos, eles desobedeceram a essa ordem divina, e aqui residiu o pecado. Mas, por outro lado, foi o início da liberdade humana. Lemos essa mesma mensagem em todos os mitos da cultura antiga: os homens desobedeciam à orientação dos deuses e sofriam as consequências e punições pelo uso da liberdade. Há abusos e sofrimento no uso da liberdade? Claro que há. Adão e Eva veem-se repentinamente nus e sós e, pelo uso da capacidade de ser livre e escolher, separaram-se do restante da natureza. Eles, por fim, tornaram-se indivíduos. Estavam livres, mas solitários e temerosos. A liberdade não é um caminho de certeza como o instinto; antes é o caminho da dúvida, dos "serás" e "ses" a invadirem nossas mentes, mas é o caminho do crescimento. A liberdade e a inteligência andam de mãos dadas, e penso nelas como um dos mistérios da vida, daqueles que nos fazem pensar sem chegar a uma conclusão — e, rindo com um brilho travesso no olhar, Antônio completou: — Vivi entre camponeses, minha família é muito pobre, e entre o povo há uma questão filosófica profunda: quem nasceu primeiro? O ovo ou a galinha?

Os alunos riram, e mesmo Thomaz, o defensor do determinismo, sorriu e sentiu-se cativado pelo novo mestre.

— O mesmo se dá com a inteligência. Teria sido o homem capaz de desenvolver-se como ser inteligente sem ser livre? E seria livre se não fosse inteligente? Pensemos: qual teria sido o destino da humanidade sem esse ato de liberdade? A continuidade de uma vida de estagnação para dois seres. O surgimento da liberdade impulsionou o desenvolvimento humano e possibilitou tudo o que nos cerca hoje, e só fizemos isso porque somos criaturas inteligentes. Volto, então, ao círculo fatal. O livre-arbítrio é uma qualidade intrínseca do homem e nos acompanha desde os primórdios. Não se trata de uma explicação filosófica, é um fato. Podemos e devemos exercer o ato de escolher. E devemos escolher bem, porque haverá consequências diretas e intransferíveis para nós mesmos. Temer a liberdade? Considerá-la pecaminosa? Não. O pecado, desde a Antiguidade, foi a afronta a Deus e à sua vontade. A liberdade já existia antes desse ato, e foi Deus quem fez o homem e o criou apto para ser livre e até mesmo para errar. Adão já era capaz de escolher e ser responsável por suas escolhas. No entanto, não é assim em toda natureza. Blick, por exemplo, não é responsável porque atende a seus instintos. Se ele morder alguém que o provocar, essa é uma reação natural. No entanto, se eu fizer isso a algum dos senhores, não posso alegar ação instintiva. Vocês bradarão que eu podia controlar meus impulsos e agir como um homem civilizado. Isso quer dizer: eu sou inteligente e tenho liberdade de escolha. E assim será em qualquer situação. Entendo, então, senhor Thomaz, que mesmo na defesa de doutrinas deterministas e na visão de uma maldade e impotência intrínsecas ao homem, de que possuímos uma natureza má, viciosa, depravada e por isso não temos liberdade para escolher acertadamente, há uma escolha. O senhor, ao defender essa visão, defende o modo como vê ou sente o ser humano. E eu respeito a sua experiência pessoal, mas não compartilho dela. Eu creio que todo ser humano tem um reduto moral bom. Eu diria: um celeiro de sementes divinas, de grandes potencialidades para o bem, para o amor, para o progresso. E a liberdade é uma delas.

Antônio fez uma pausa e olhou seus alunos, aguardando uma nova colocação. Ante o silêncio, indagou a mestre Ingo:

— Mestre, gostaria de ouvir sua opinião.

— É do conhecimento geral que defendo a necessidade de reformas na religião. Há certa exaltação e exagero em Lutero e Calvino. Temo o caminho que estão tomando, principalmente, porque vejo que suas doutrinas visam reformar a Igreja, e a questão é mais profunda. Sei que eles pregam liberdade na relação entre o homem e Deus, o fim de intermediários. Mas, meus queridos alunos, falemos com sinceridade... Alguém crê nisso? Nas horas de dificuldade, vocês mesmos não usaram da fé e da prece para falar com Deus diretamente? Eu acredito que sim, pois já fiz inúmeras vezes. É natural. Tão natural que o fazemos quase instintivamente. E uso a palavra para provocar o professor Antônio. Não deliberamos pensar e falar com Deus, nas horas difíceis, e o fazemos. Nosso pensamento voa para Ele espontaneamente, da mesma forma que uma criança corre para o pai em busca de proteção. Há uma ligação entre nós, entre as criaturas e seu Criador. Reconhecê-la é apenas tirar os véus da ilusão e o hábito de olhar para fora. Voltando-nos a conhecer e analisar a nós mesmos, enxergamos essa ligação com clareza. Os atos de buscar a Igreja e seus serviços e de pensar e crer nela como intermediária são uma construção cultural; isso nos foi ensinado através de longas eras. Não se trata de uma ideia nova. Não, pelo contrário. É uma repetição e substituição milenar de formas de crer e caminhar para Deus. Ela tem uma função nobre, coletiva. O problema são os abusos. Nós, religiosos, lidamos com esse vínculo primordial do homem com seu Criador, lidamos com sentimentos profundos e, na maioria das vezes, não refletidos, não conhecidos pelas pessoas. A fé ou a confiança em Deus é natural no ser humano; não precisa ser ensinada. Vejam os povos selvagens trazidos dos continentes longínquos: eles creem. Têm outras formas de religião, são pagãos, sim, mas creem. Antes de qualquer missionário chegar até eles, já acreditavam em uma força superior. E assim é em toda história humana. Antônio lembrou as religiões antigas. A presença de Deus está gravada em nós, seus filhos. Nós não precisamos de intermediários para chegar a Ele. Nisso andam bem as teorias reformistas de Calvino e Lutero, mas e o restante? Se concordam com o que disse e aceitam que somos feitos à imagem e semelhança de Deus, não podem aceitar que Ele tenha criado alguns destinados ao mal ou que nossa natureza seja intrinsecamente má, pois isso significará dizer que Deus é intrinsecamente mau e perverso. Mudanças são necessárias, pelo uso da liberdade e da possibilidade de errar e acertar. Nós erramos e abusamos da fé alheia, mas somos livres para voltar atrás e corrigir. E essa é a outra vertente que eu gostaria de acrescentar à exposição de Antônio. Sendo livre, o homem erra, mas a mesma liberdade que lhe permitiu errar, lhe permitirá consertar o erro, e isso o aproximará do divino. Assim, construirá a humildade e a gratidão.

A discussão era séria e dividia muitas mentes, mas o tempo não perdoa. Logo ouviram o sino da cozinha chamando para a refeição. O estudo chegava ao fim. Dali, seguiriam para a refeição e depois para as obrigações religiosas. Retornariam depois. Thomaz levantou-se, recolheu seus livros, e saiu calado sob o olhar de Antônio. Ingo levantou-se segurando a guia do cão e ordenou:

— Para o refeitório, Blick. É hora de conversar com Otto. Vamos, Antônio! Sua aula hoje foi excelente, meu filho. Esse tema...

E continuaram conversando enquanto seguiam pelo corredor até o refeitório. Alguns alunos os acompanharam, ouvindo e aprendendo com o diálogo dos professores.

XIII

NASCE UM SENTIMENTO PROFUNDO

A razão faz o homem. Se esta capitula, o capricho desregrado viceja à solta. Em suma, se a aparência fizesse homens, as estátuas seriam parte do gênero humano.

(Erasmo de Rotterdam, *De Pueris*)

Johannes viajava calado, visivelmente contrariado. Em alguns trechos cochilava; em outros lia, desatento. Sophia nenhuma importância dava ao azedume do humor do marido. Evitava olhá-lo para não se irritar com sua conduta infantil, por isso, ora encantava-se admirando os aguapés-amarelos que floresciam sobre regiões alagadiças do Elba, ora com as delicadas hepáticas. Adorava suas flores azuis, parecidas com as estrelas, que cobriam os campos anunciando a chegada da primavera. Naquele final de estação, elas rareavam, mas ainda havia manchas azuis entre o verde. Lembrando-se de que os camponeses diziam que eram as formigas as responsáveis por semeá-las, não pôde deixar de pensar que tudo na natureza era útil e trabalhava. No entanto, o homem à sua frente era um desafio àquela visão operante da vida. Consolava-se, então, reconhecendo que essa voluntária inutilidade e esse desperdício do tempo era uma capacidade humana decorrente do uso da liberdade e da inteligência. "Deus deve saber o que faz", pensava Sophia. "O problema de compreender seus desígnios é outra questão, e me pertence".

Naqueles meses de casamento, descobrira duas coisas: primeiro, que estava correta em sua avaliação de que teria um marido ausente. Embora estivesse surpresa com o quão ausente Johannes se mostrava, já esperava o desinteresse sexual dele. Era inexperiente, mas não era ingênua nem boba. Logo percebera que o rapaz não se interessava por sexo, algo pelo que até os animais se interessam. Considerou que Johannes se interessasse por homens, mas, ao longo daqueles meses, constatou que não. Também não lhe interessava trabalhar. Lia, mas sem interesse. Conversar com o marido era um exercício, muitas vezes, sofrido. Precisava arrancar-lhe as palavras e, com o passar dos dias, entendeu que ele reagia à sua presença com aquela atitude passiva de fazer-se um peso morto, difícil de ser carregado, para mantê-la distante. Descoberto isso, facilitou-lhe a vida: manteve-se tão distante quanto podia.

A segunda descoberta foi o enorme prazer de envolver-se com a administração de um local próspero e de ter recursos à sua disposição para investir no que gostava e julgava necessário. Rapidamente, Sophia atraía ao seu palácio arquitetos, construtores, artistas e homens ligados à ciência. Por enquanto, as mudanças ainda eram embrionárias, mas esses projetos e a possibilidade real de executá-los enchiam-na de entusiasmo e esperança. A jovem esquecia-se do marido. Assumira que o palácio era seu lar, que era a estranha ali, no entanto apaixonara-se pela região. E, somente, por isso, submetia-se àquela interrupção. Havia bocas a calar e olhos a fechar à sua volta.

Sabia que tudo aquilo tinha gerado suspeitas e poderia tornar-se um boato de vulto. Algo que não a interessava. Pretendia consolidar sua posição como real governante e para isso precisava de tempo. Tornar-se alvo de chacota não a ajudaria. Assim, viajava ao encontro das grandes lideranças da Saxônia, para apresentar-se antes que boatos de uma noiva virgem chegassem. Perante eles, essa falta seria lançada à incompetência feminina. Não pretendia permitir essa ocorrência.

Refletindo, Sophia decidiu enfrentar o azedume de Johannes e ter com ele um entendimento a respeito daquele casamento.

Não encontraria melhor local do que aquela carruagem na qual viajavam sozinhos. Ele não poderia fugir, a menos que tentasse o suicídio.

Johannes lia e seu rosto tinha uma expressão vaga e entediada, denunciando que ou o texto era muito ruim, ou que ele não lhe prestava a menor atenção e voltava-se inteiramente ao seu mundo interior, remoendo pensamentos cujo teor Sophia sequer imaginava.

— Johannes, precisamos conversar. Poderia me dar um pouco de atenção — pediu Sophia com determinação.

O pedido lembrava o tom imperativo de uma mãe autoritária. O rapaz baixou o texto, olhou-a com a mesma expressão vaga e desinteressada, e polidamente respondeu:

— É claro, mas seja breve. Essa obra é muito envolvente, faz-me pensar muito.

— Ah! Entendo — respondeu Sophia incrédula. — Serei breve e objetiva: o assunto é o nosso casamento. Você não me perguntou o porquê desta viagem, e eu não lhe dei mais detalhes, no entanto, estive refletindo e decidi que precisamos combinar algumas coisas para o bem de todos.

— Sim. E o que seria? — questionou Johannes como se não tivesse diretamente envolvido no caso.

— Eu não me importo com a não consumação de nosso casamento. Sinceramente, sinto-me aliviada. No entanto, você sabe que se trata de uma situação anormal e que precisamos evitar que ela se torne de conhecimento público, pois isso seria uma situação vexatória e uma exposição humilhante de nossa intimidade. Boatos estavam começando a surgir no palácio, por isso decidi que era hora de sermos vistos como um casal "normal" pela sociedade...

— Boatos incomodam — concordou Johannes, que aflito implorou: — Não deixe isso acontecer. Isso não deve chegar ao conhecimento de meu pai. Será o inferno na Terra, tenha certeza. É provável que ele nos encerre em um aposento e fique de guarda, obrigando-nos ao coito como se faz com cavalos reprodutores. Eu odiaria isso! Não sou um animal! Por favor, entenda, não tenho me sentido bem desde que nos casamos. Sinto-me abatido, fraco, sem disposição. Não há nada de errado com você, é minha saú...

— Johannes, não precisa justificar-se — interrompeu Sophia, recordando as frequentes e solitárias bebedeiras do marido.

Obviamente, acreditava que vivendo daquele modo não se sentia bem disposto. Tampouco ela o queria em sua cama cheirando a álcool e suor, chorando e dizendo bobagens. Definitivamente, Johannes não lhe despertava nenhum desejo.

— Concordamos que é necessário evitar boatos, então, peço-lhe que colabore comigo enquanto estivermos na corte de seu pai. Vamos agir como se fôssemos um casal. Deixaremos que os criados o vejam em meu quarto, mas, por favor, beba menos. Iremos a festas e eventos, enfim, participaremos da vida da sociedade, provavelmente fingindo tanto quanto a maioria deles. Aparentaremos uma situação de normalidade, e entenda-se isso como ser igual a eles. Assim calarão a boca.

— Quanto tempo ficaremos lá? — indagou Johannes de forma infantil.

— Algumas semanas. Tempo suficiente para que nos vejam algumas vezes em diferentes lugares. Depois, retornaremos e, eventualmente, promoveremos festas e jantares para sermos vistos. É uma questão puramente política. Satisfeitos, nos esquecerão logo como objeto de atenção e interesse para fofoca.

Johannes sentiu-se contrariado com a ideia de participar de eventos, mas, assombrado pelo temor de que seu pai descobrisse que seu casamento com Sophia não passava de uma farsa, calou-se e prometeu cooperar.

— Um último pedido, Johannes: não adoeça — ordenou Sophia. — Ou nada do que estamos fazendo terá resultado.

Compreendendo que Sophia não se deixava enganar com suas simulações de mal-estar para isolar-se, Johannes sentiu-se levemente envergonhado como uma criança desobediente, mas logo afirmou para si mesmo que, de fato, se sentia mal, indisposto e que não se tratava de um fingimento a sua doença. Em segundos, passou a enxergá-la como uma megera que o perseguia.

Remoendo a ideia de que era incompreendido por todos e só em Deus e na vida futura encontraria paz, entregou-se às lembranças dos dias em Erfurt, do bem-estar que os jejuns e orações lhe proporcionavam. Necessitava de um retiro espiritual, porém, antes disso, enfrentaria aquele suplício de fingimentos e aparências sociais. "O homem é mau, por natureza. É repugnante conviver com pessoas assim", pensava. "Preciso de paz! Mas quando e onde a encontrarei?".

Satisfeita com o entendimento com o marido, Sophia calou-se. Dirigiu o olhar à paisagem, usufruindo da viagem para conhecer o território onde viveria, provavelmente, até o fim de seus dias.

Ocupavam um espaço minúsculo, alguns metros quadrados, e com pouquíssimo esforço seus corpos se tocariam. No entanto, viviam em mundos tão distantes quanto a lua está da Terra. Perdido em seus pensamentos desconexos, Johannes distorcia com facilidade a realidade das coisas, dando-lhe interpretações apressadas e fantasiosas. Perigosamente, sua mente oscilava entre a realidade e a fantasia. Sophia, ao contrário, considerava friamente cada passo a dar. Tinha o que se chama de um golpe de vista moral e mortal. Raramente, a jovem se enganava em seus julgamentos e isso lhe dava muita segurança e agilidade na tomada de decisões. Sua mente estava onde pisavam seus pés, e seu olhar de águia era veloz na avaliação de coisas, lugares e pessoas. Sua forma de pensar era prática e objetiva. Não remoía o passado ou antecipava o futuro. Entre as muitas passagens dos evangelhos, a lição de que, a cada dia, basta o seu mal era uma de suas favoritas.

Sophia ignorou-o, deixando-o com sua leitura e expressão entediada. Não lhe dedicou mais um segundo de seu tempo. Aproveitou a viagem para conhecer o território e pensar nas questões que a ocupavam na administração dos bens que possuía. Boa parte da fortuna concentrava-se ali. Pensava em aumentá-la e empregá-la na pacificação da sociedade local. Era urgente uma reforma social e ela estava em curso. Somente um cego não via. Sophia não pretendia ser arrastada pela força das coisas, por emoções e decisões alheias tomadas, muitas vezes, no calor de lutas sangrentas e no ímpeto bestial da raiva. Não. Ela reconhecia que tinha em mãos a possibilidade de conduzir aquelas transformações, de dirigir aqueles sentimentos latentes e dar-lhes o rumo que desejava. Obviamente, cogitava realizar melhorias e mudanças aparentemente profundas, mas que assegurariam a ela a posição em que estava, com garantias e honras. "Afinal, a inteligência serve ao homem, e a força bruta pertence ao animal. Os tempos são de falar-se em produção, liberdade, crescimento, do homem como ser individual, não mais se definindo como pertencente a uma família, corporação de ofício ou cidade. O homem começa a valer por si mesmo. Esse caminho é irreversível, mas não incontrolável. O progresso não necessita ser uma ameaça para mim, e tampouco pretendo ser um entrave para ele. A solução do conflito está na harmonia, na comunhão de ideias e nos interesses", pensava ela.

A jovem lembrou-se do encontro que tivera com Maurício, e seus olhos brilharam, revelando um prazer íntimo. Eles tinham a mesma visão a respeito da época em que viviam e consciência da transição irreversível a operar-se na sociedade. Compartilhavam das mesmas preocupações. Sophia não acreditava que o cunhado estivesse envolvido no esquema de espionagem de Ethel. Embora, sem provas, a jovem tinha certeza do fato. Imaginando a ira do espião ao ver frustradas suas investigações, um pequeno sorriso de deleite desenhou-se em seu rosto. Klara descobriria quem era o espião durante aquelas semanas em que estaria fora. Ela permanecera no palácio, confiando que a frustração e a impaciência denunciariam quem estava a serviço de Ethel. Também tinha ordens de renovar a criadagem, solicitando a Ana que enviasse alguns de Hessel.

Naquele clima, chegaram ao palácio de Ethel de Wintar, onde ficariam hospedados. A fachada impressionou Sophia. O local tinha uma imponência austera e fria como os picos nevados das altas montanhas que se avistavam ao longe. A propriedade ficava na parte nova da cidade e estendia-se por hectares e hectares, confrontando, ou melhor dizendo, confundindo-se com os campos e vilas de camponeses que também pertenciam à família.

— É a cara do dono — murmurou Sophia, espiando da portinhola da carruagem, com o rosto encoberto pela cortina de renda.

— É, sim — respondeu Johannes e bufou. — Melhor descermos. Quanto antes enfrentarmos isso, mais rápido voltaremos.

— Muito bem, Johannes. Ótima decisão — incentivou Sophia, surpresa com a reação do marido. A primeira desde que o conhecera.

A passividade e a inércia do rapaz irritavam-na. Por vezes, enxergava-o como uma trouxa de roupa largada em um lugar e tinha ímpetos de chutá-lo para longe. Mas não podia.

O cocheiro abriu a portinhola, e Johannes desceu esforçando-se para manter os ombros e a cabeça erguidos. No entanto, o andar vacilante denunciou a farsa da segurança recém-adquirida com o casamento. Ele andava como alguém que se restabelecia de uma grave enfermidade. A mão que estendeu para auxiliar Sophia estava trêmula e molhada de um suor frio. A jovem olhou-o com firmeza, sobrepujando o próprio nojo, e cobrou:

— Seja forte, Johannes. Lembre-se do nosso trato. Não me faça passar vergonha.

— Não farei, Sophia. Você tem sido uma boa esposa. Eu me esforçarei para honrá-la e ao nosso acordo.

— Assim espero — retrucou a jovem, severa.

Então, Sophia relaxou a face, tomou sua natural postura de altivez, ergueu o pescoço, empinou o nariz, olhou o marido e sorriu.

— Vamos! Sorria, Johannes. Lembre-se: estamos felizes. Nosso casamento é arranjado como de todo mundo, e, como eles, estamos felizes e satisfeitos com a vida que levamos.

Obediente, Johannes fingiu ouvi-la com atenção e, de imediato, sorriu.

Albrecht estava à porta com os criados para recepcioná-los e justificar a ausência de Ethel.

— O senhor de Wintar pede desculpas, mas necessitou ausentar-se para atender a um chamado do duque Maurício.

— Entendo — respondeu Johannes e, com esforço, indagou: — Houve algum problema?

— Os de sempre, Alteza. Os camponeses e essa insatisfação com a Igreja insuflada por alguns religiosos rebeldes e reformistas. O imperador solicitou ajuda para pacificar a região. Esperamos que a ausência deles seja de curta duração.

Sophia ouvia o diálogo e, aproveitando que não era alvo de atenção, examinou calmamente o formal Albrecht. "Criatura arrogante! Empolado até a alma. Enganou-se ao pensar que isso me impressiona. Tipos assim costumam ser lobos em pele de cordeiro", concluiu.

A jovem ficara desapontada com o teor das notícias e, em especial, com a ausência de Maurício. Desejava revê-lo e intimamente ansiava por um encontro com ele. A informação de rebelião camponesa insuflada por religiosos era recorrente em todo território e aumentava em intensidade e força.

Voltando-se para a esposa, Johannes comentou:

— Parece que, infelizmente, nossa visita aconteceu em uma má hora.

Sophia limitou-se a sorrir e acrescentar:

— Temos tempo, Johannes. Aguardaremos o retorno deles. Albrecht deve ter providenciado nossas acomodações. Ficaremos bem.

"Ela não é uma jovem meiga e doce", constatou Albrecht. "Essa moça fala com o mesmo vigor de Ethel ou de Maurício. Não gostei da mãe dela, mas creio que ela seja pior. A princesa Ana era mais polida; não me chamaria à condição de um mordomo com tanta rapidez e desenvoltura".

Intimamente irritado por não ter como reagir, Albrecht obrigou-se a obedecer ao tom de comando da voz de Sophia e respondeu:

— É claro, princesa Sophia.

— Ótimo! Disseram-me que você era muito eficiente. Estamos cansados. A viagem não é das mais longas, mas a estrada não estava boa. Aliás, anote a necessidade de reparos urgentes nela. Um pouco mais de cuidado, facilitando a vida dos camponeses, costuma colaborar com a paz, às vezes, bem mais do que as armas — disse Sophia, entregando a capa a Albrecht.

O homem ficou vermelho ao receber a veste e apressou-se em repassá-la ao criado. "Mulherzinha insolente!", pensou irado. Sentindo-se como um membro da criadagem, o que de fato era, mas sem admiti-lo, porém, Albrecht acreditava-se especial e indispensável a Ethel. Julgava-se o próprio senhor quando este se ausentava. Comandava livremente, inclusive dando ordem às filhas menores, ainda solteiras, de Ethel de Wintar. Por isso, a atitude altiva e determinada de Sophia o incomodou, pois, em segundos, ela colocou-o no justo lugar e disse-lhe sem palavras como deveria agir na presença dela. E o fez sem humilhá-lo nem ofendê-lo, ainda dando-se ao luxo de elogiá-lo. Amarra-lhe pernas e braços, e o elogio fora a mordaça.

— Obrigado, Alteza. É meu dever. Sirvo esta casa há décadas. Anotarei sua sugestão para apreciação do senhor de Wintar.

— Amanhã, conversaremos a respeito — retrucou Sophia e, voltando-se para Johannes, que a observava boquiaberto, disse: — Meu marido conhece o caminho, Albrecht. Esta é a casa dele. Ele é o sucessor, portanto não é necessário que nenhum dos criados nos acompanhe.

— É claro, senhora.

Albrecht odiou-se ao ouvir sua própria voz submissa à vontade de Sophia. Teve gana de jogá-la pelas escadas de acesso à porta principal, devolvê-la em pedaços à carruagem e mandar que a levassem de volta a Dresden. Mas não podia. Ela era a princesa herdeira dos Wintar e dos Hessel, e ele, um parente distante que trabalhava para a família governante.

Os criados, que acompanhavam a chegada do casal, baixaram os olhos e apertaram os lábios, esforçando-se para manter a esperada expressão de indiferença. No entanto, riam e regozijavam-se por dentro. Albrecht recebera o que há muito merecia, e os criados acharam que fora pouco. Automaticamente, Sophia conquistara-lhes a admiração e o respeito.

A jovem ignorou Albrecht, embora tivesse percebido todas as suas reações. Aproximando-se dos criados, cumprimentou-os falando com cada um deles, com simplicidade, educação e um sorriso tranquilo na face. Em poucos minutos, cativou-os. E o tempo daria-lhe a lealdade deles.

Confiante, Sophia acompanhou Johannes ao apartamento reservado para o casal.

Assustado e impressionado, o herdeiro dos Wintar pensava, pela primeira vez, sobre quem era Sophia. Sentiu-se aniquilado perto dela e, ao mesmo tempo, protegido.

XIV

A FORÇA DA AFINIDADE

> — *A simpatia tem sempre por motivo um conhecimento anterior?*
> — *Não; dois Espíritos que tenham afinidades se procuram naturalmente, sem que se hajam conhecido como encarnados.*
> (Allan Kardec, *O Livro dos Espíritos*, Livro II, cap. VII, item 387)

— É hora de levar Blick para passear. Ele precisa de exercício, é um cão grande — disse Ingo a Antônio, acariciando as orelhas do companheiro canino. — Quer nos acompanhar?

— Para onde pretendem ir? — questionou Antônio.

— À casa de Germana — resmungou Otto, intrometendo-se na conversa enquanto retirava o pão e a manteiga da mesa do refeitório. — Ela é muita esperta. Blick é uma obra genial dela, reconheço. Germana o ensinou a ir e vir da casa dela à universidade e garantiu, assim, que mestre Ingo continuasse a visitá-la e agora com mais disciplina. É só deixar o cão ir até o portão e ele já segue até a casa dela.

— Quem é Germana? — indagou Antônio, curioso. — É sua familiar, mestre Ingo?

— Aquela não tem família — interveio novamente Otto. — É a bruxa da cidade.

— Otto, não fale assim de Germana — ralhou mestre Ingo.
— Ela é uma mulher bondosa e inteligente e não merece que a chamem de bruxa.

E dirigindo-se a Antônio explicou:

— Germana é uma grande amiga. Nós nos conhecemos desde a infância. Ela é mais minha irmã do que os irmãos que nasceram da mesma mãe, compreende? Germana é minha irmã na vida, é assim que penso nela. E a amo como uma irmã, embora nem sempre as pessoas compreendam isso. Mas que me importa o que elas pensam? Eu não vivo dos pensamentos alheios.

— Que interessante! Foi ela quem treinou Blick, segundo entendi — comentou Antônio.

— Foi — intrometeu-se Otto. — Aquela foi a primeira a notar a doença dos olhos do mestre. O povo a procura para tratar suas doenças.

— Ah, é uma curandeira! — exclamou Antônio. — Por isso a chamou de bruxa. Há muitas pessoas que têm esse dom, Otto. Não são bruxos. As fogueiras estão se apagando e, Deus nos livre, irão reacendê-las. Já queimaram mulheres demais na Europa. O estranho é que há homens curandeiros, mas quantos deles foram acusados de bruxaria? Essa ira da Igreja contra as mulheres me revolta. É injusta e irracional.

— Boa parte disso é desejo reprimido, inveja. Matam o que não podem ter e desejam. E as mulheres são mais rebeldes que os homens, Antônio. A natureza dá a elas uma força estranha. Elas afrontam a autoridade.

— Algumas, não é, mestre Ingo? Não vamos generalizar — interveio Otto.

— É, concordo com Otto, mestre — falou Antônio, rindo. — Há muitas mulheres que vivem sob o jugo de maridos e pais cruéis e são incapazes de reagir.

— Parecem incapazes — corrigiu mestre Ingo. — Ainda não descobriram sua força estranha. Já vi situações desse tipo e concordo que são muitas. Mas como se diz: do nada, elas viram leoas, ou morrem se não descobrirem essa capacidade de reagir. Germana é uma leoa urbana, uma fera doméstica — brincou

Ingo, e seus olhos, praticamente cegos, brilharam amorosamente ao lembrar-se da agitada e alegre amiga.

— E então, Antônio, já se decidiu? Blick não pode esperar a manhã toda. Irá ou não conosco? — mestre Ingo cobrou a resposta bem-disposto, erguendo-se e tomando a guia do cão, e feliz provocou: — Como sabem, nós não precisamos de vocês.

— Ahã — resmungou Otto, jogando o pano de prato sobre o ombro e pegando a bandeja de madeira com os alimentos para retornar à cozinha. — Bom passeio, mestre.

E retirou da bandeja um pedaço de linguiça e o ofereceu a Blick, dizendo:

— Seja um bom menino! Traga o mestre de volta antes do meio-dia.

Blick cheirou rapidamente o alimento ofertado e abocanhou-o, olhando fixamente para Otto, como se entendesse a razão daquele prêmio antecipado, e lambeu o focinho satisfeito.

— Otto, não abuse! Blick é um cão muito inteligente e estou curioso para conhecer quem o adestrou, mas ele não sabe as horas — argumentou Antônio e, erguendo-se, continuou: — Irei com vocês, mesmo sabendo que não precisam de mim. Quero conhecer Germana.

Após um rápido descanso, Sophia retornou às salas principais do palácio dos Wintar. Propositadamente, não trouxera uma criada pessoal, mas precisava de uma. Assim, foi à procura de Albrecht e encontrou-o em companhia de Manfrid, cuja aparência identificava a profissão, tal como a batina identifica o monge.

Eles conversavam entretidos na pequena sacada de uma porta lateral do salão. Olhavam os jardins e estavam de costas para a entrada, por isso não a viram chegar. Com a calma e oportunismo que a caracterizava, Sophia entrou silenciosamente. Não tinha a intenção de bisbilhotar, mas a ocasião faz o ladrão nos níveis inferiores de evolução moral. A situação estava posta, e Sophia tiraria partido dela. Pensando assim, a jovem parou alguns passos atrás dos dois homens.

— O que você acha dessa batalha, Manfrid?

— Senhor Albrecht, a situação é complicada. Os camponeses lutam com raiva, com a cabeça fervendo. Não pensam; são cegos guiados pela paixão. Isso, na mesma proporção que facilita, também dificulta. Eles morrem como enxames e como enxames se multiplicam. A cada morte, faz-se um mártir a mais, que se torna lenha na fogueira das paixões. É muito diferente enfrentar uma população em revolta armada do que enfrentar outro exército. O povo age de improviso. Enxadas viram arma, e eles pensam e executam algumas ideias que desnorteiam de tão inusitadas. Em resumo: deles não se sabe o que esperar e os camponeses não se cansam nem desistem. Com um exército é mais fácil lidar.

— Ethel se expõe demais. Como governante, não deveria ser visto matando seu próprio povo. É um desgaste absurdo e desnecessário, mas quem consegue por alguma coisa naquela cabeça? — reclamou Albrecht.

— É muito difícil. Ele se aflige muito com a sucessão, pois não confia no filho. Não sei por que ainda não resolveu a questão. É tão simples! — comentou Manfrid. — Eu mesmo já tive muitas oportunidades.

— Não pense que Ethel não pensa nisso. Eu sei que pensa, mas talvez tenha ilusões ou esperanças vãs — defendeu Albrecht.

— Completamente vãs. Você sabe o que o senhor de Wintar ainda espera?

— Um herdeiro, Manfrid, no qual ele tenha cem por cento de confiança na linhagem.

— Hum, será que não é melhor esperar por Jesus Cristo na Terra? Ele devia se conformar, como José fez, e acolher a história da falecida princesa Martha.

Albrecht riu do deboche ímpio de Manfrid e acrescentou:

— Ele faria bem em aceitar o presente que a natureza lhe deu. O duque Maurício é, sem dúvida, o homem capaz de governar este território. Você tem razão: Ethel deveria agir como José. Publicamente o faz e acredito que realmente aprecia o duque.

Diria até que o ama como a um filho verdadeiro, mas daí a entregar a linhagem da família, não sei.

— Por isso, esse casamento foi desenterrado e realizado tão rapidamente. Sabe, Albrecht, quando fomos, Volker e eu, buscar o príncipe Johannes, confesso que eu não entendia a razão de trazê-lo de volta a esta casa. Agora, compreendo.

Sophia sentiu o coração acelerar e levou a mão à boca, dominando a surpresa com o teor da conversa. Realmente, era fácil tropeçar em intrigas e crimes naquele palácio. A conversa daqueles homens ganhou um tom de escrachado deboche masculino quanto à virilidade de Johannes. "Não haverá mais informação útil", pensou Sophia. Cuidadosamente, para não fazer ruído, deixou o salão retornando aos seus aposentos. Precisava pensar e, mais tarde, falaria com Alfredo. A sogra morta era a chave para muitos segredos e parecia também que sua vida tinha sido uma colcha de retalhos. De santa à esposa infiel, ouvira de tudo. Quem teria sido, afinal, Martha de Wintar? E pensar que, quando se dedicou a estudar a futura família, somente a forma como ela morrera tinha despertado em Sophia suspeitas. Havia muito a descobrir, mas nada que antigos criados não pudessem contar.

Sophia saiu quando a tarde já chegava ao fim e foi à cozinha. Qualquer um sabia que aquele era o local ideal para descobrir os segredos dos palácios. Pela cozinha, toda criadagem passava. Era o ponto de reunião e seria o equivalente às modernas redações de revistas especializadas em fofocas. Fora uma lição que sua mãe lhe ensinara desde cedo.

Dito e feito: apesar de não estar no horário de refeição, vários criados reuniam-se ao redor da mesa e outros fingiam trabalhar perto das cozinheiras, mas, na verdade, fofocavam. Assim que viram Sophia, emudeceram e empalideceram de susto. Com vontade de rir, ela leu nos olhos deles: "O que será que ela ouviu?".

Agindo como se não houvesse ouvido seu nome e o de Johannes várias vezes, em meio ao burburinho, Sophia sorriu, cumprimentou-os e falou:

— Preciso saber qual de vocês é o criado mais antigo aqui no palácio?

Os criados olharam-se, e, após alguns segundos de silêncio e imobilidade, o burburinho tornou e todos se voltaram apontando para Alvina. Com cara de poucos amigos, a cozinheira aproximou-se de Sophia, enxugando as mãos no avental manchado e sujo.

— Sou eu, Alteza. Trabalho no palácio há mais de trinta anos, mas sempre aqui, na cozinha.

— Você deve ser uma excelente cozinheira. É difícil agradar uma família importante por tantos anos. Como é o seu nome? — perguntou Sophia, calma, ciente dos olhares da criadagem e de que estava provocando a boataria, tornando-se alvo da próxima notícia. Quase podia sentir a curiosidade de todos e ouvir o que pensavam a seu respeito. Analisavam todos os fios de seus cabelos, sem escapar um.

— Alvina, Alteza.

— Gosto de tratar as pessoas por seus nomes, Alvina. Gosto de conhecer quem trabalha para mim e respeito muito o trabalho, qualquer que ele seja. Bem, eu tenho uma pergunta a lhe fazer...

O silêncio foi mortal. Tensos, alguns criados, discretamente, saíram pela porta dos fundos. Alvina, séria, aguardou calada. Sophia comparou-a com um soldado pronto para a batalha. Imaginava que deviam ter aquela postura: rígida, concentrada, fria e nervosa ao mesmo tempo.

— Preciso de uma criada para servir-me durante nossa estada. Infelizmente, Klara, a minha criada, não pôde nos acompanhar. Adoeceu e não desejei sacrificá-la sabendo que aqui deveria haver criadas tão boas quanto ela. Pobre, Klara! Estava tão enfraquecida — falou Sophia.

A tensão desfez-se no ar igual a uma bolha de sabão e as vozes dos criados retornaram como por encanto. De todos os lados, Sophia ouviu nomes, mas ignorou-os aguardando a resposta de Alvina.

— É claro que temos boas criadas, senhora — respondeu Alvina, visivelmente surpresa e embevecida pela deferência inesperada. — Bernadete poderá ajudá-la, senhora. Ela servia a princesa Martha. Desde a tragédia, está trabalhando em outras coisas, mas acredito que poderá ser dispensada para servi-la.

— Bernadete? Gostei do nome. Ela está aqui? É jovem?

— Não, senhora. Nem está aqui nem é mais tão jovem. Mas é muito competente.

— Falarei com o chefe da criadagem para colocar Bernadete a meu serviço. Foi uma ótima sugestão, Alvina. Obrigada.

Com os olhos arregalados de espanto, Alvina baixou a cabeça em obediência e respondeu à despedida. Sophia andou alguns passos e parou. No longo corredor, os sussurros dos criados amplificavam-se, mas eram muitos, e Sophia não conseguiu distinguir com clareza as conversas entrecortadas. Sabia que, se a criada da falecida estivesse disponível, seria a indicação óbvia, como foi. Feliz e decidida, considerando a sorte sua aliada, foi à ala principal solicitar que colocassem Bernadete a seu serviço.

Enquanto isso, Johannes reencontrava-se com seus livros de teologia e entregava-se, saudoso, às suas ilusões quanto à paz dos conventos e monastérios. Nos aposentos ricamente decorados, considerava-se um santo por pensar em austeridade, disciplina, jejuns, no enfraquecimento e na tortura da matéria para submeter à alma e purificá-la. Ao seu lado, garrafas de uísque, vinho e cerveja da melhor qualidade e em abundância. Contrariado, Alfredo obedecera a ordem de providenciar as bebidas, mas... era um subordinado.

No pequeno sítio onde Germana morava, as roseiras floridas perfumavam o ambiente. A mulher trabalhava em um canteiro de ervas medicinais e cantarolava uma canção folclórica, mas, com frequência, perdia o ritmo da música por parar para dizer algumas palavras às formigas, às abelhas que zuniam entre as doces flores de camomila e aos beija-flores que voavam nas proximidades.

Germana adorava a primavera, aquela profusão de cores e os pequenos animais alegres em seu jardim. Vida! A energia renovando-se, brotando como a seiva adormecida das árvores nuas após o inverno, ganhando brotos e folhas novas. Ressurgindo fortes depois da poda, prontas para darem flores e frutos. Distraía-se com o espetáculo da natureza e conversava com um carreiro de formigas quando viu Blick correndo no jardim. O cão não esquecia o lar e quem o adestrara. Faceiro, lambeu com vontade o rosto de Germana, fazendo-a rir e abraçá-lo.

— Blick! Chega! — falou Germana, ainda rindo da entusiasmada saudação canina. — Você já é um rapaz! Comporte-se. Como veio parar aqui? Onde está mestre Ingo?

Ao ouvir o nome do dono, o cão ergueu a cabeça, apontando as orelhas ao alto, atento, olhou em direção à portinhola de acesso ao jardim, e latiu forte. Antônio e mestre Ingo estavam escorados no cercado de madeira coberto por trepadeiras cheias de pequenas cachopas de um tipo de rosa vermelha miúda. Germana sorriu e acariciou a cabeça de Blick, elogiando-o:

— Bom garoto! Venha! Vou lhe dar um biscoito.

Germana levantou-se esfregando as mãos para livrar-se da terra. Contente, aproximou-se do amigo e do homem estranho que o acompanhava. Deduzia que devia ser Antônio, o novo professor auxiliar. Os comentários do povo tinham chegado aos seus ouvidos e, se desse importância a eles, já teria uma opinião formada a respeito do jovem professor mesmo antes de conhecê-lo. No entanto, ela dominava a arte de ouvir e selecionar informações e somente permitia a entrada de coisas boas em seu pensamento. Tornara-se extremamente cuidadosa quando ouvia informações sobre alguém ainda desconhecido e evitava dar-lhes atenção. Preferia errar por julgamento próprio do que por pré-julgamento.

— Bom dia, Ingo! Bom dia, senhor — cumprimentou Germana. — Que bom que se lembraram de mim. Como estão?

— Bem, Germana. Muito bem. Quero lhe apresentar o professor Antônio, meu auxiliar em Erfurt e, mais do que isso, um novo amigo. Ele foi aluno de Sig.

— É um prazer conhecê-lo, professor — respondeu Germana mostrando-lhe as mãos sujas de terra e justificando-se por não o cumprimentar. — Desculpe-me.

— Ora, dona Germana, não é preciso. O prazer é meu em conhecê-la. Admirei a senhora mesmo sem conhecê-la. Fez um grande trabalho com Blick. Ele é genial! Adorável. Encantei-me com ele — comentou Antônio olhando ternamente para o animal ao lado de Germana.

— Por favor, não me chame de dona. Nesta cidade, os que são meus amigos chamam-me pelo nome apenas e os outros... Bem, nem é bom repetir, mas por certo não me chamam de dona Germana — falou a mulher bem-humorada. — Vamos. Vou preparar um chá para nós.

Quando Germana andou em direção à casa, Blick prontamente se encostou às pernas de mestre Ingo, para que ele segurasse a guia. Fascinado, Antônio observava a percepção e responsabilidade do animal. Ingo, sentindo-o próximo, pegou a guia e acariciou o amigo.

— Você é muito compenetrado, Blick. Nunca me deixa esperando — falou Ingo. — Germana deu-lhe o nome certo! Você tornou-se meus olhos, é parte de mim.

"O amor sempre nasce em nós", pensou Antônio observando como o homem cego e o cão se moviam com familiaridade. "Realmente, eles são um. O amor fez isso com eles". E, pensando na natureza do amor, ingressou na casa de Germana. Ainda observando o trabalho de Blick, Antônio viu o cão guiar mestre Ingo empurrando-o com a cabeça em direção a um banco de madeira. O animal parou quando mestre Ingo se sentou e, satisfeito, posicionou-se ao seu lado, enrolando o rabo peludo ao redor das patas.

Germana também observava o trabalho de Blick e sorrindo encontrou o olhar de Antônio, que comentou:

— Ele é fantástico! Como fez isso?

— Observeio-o. Conhece a história dele?

— Não há uma só alma, viva ou morta, em Erfurt que não saiba a história dele e não o ame — respondeu Antônio.

— Germana é a mãe dele. Como alguém não amaria algo que ela criou? — brincou mestre Ingo. — E, depois, há a minha participação. Eu também contribuo para desenvolver a inteligência de Blick. Ele não se tornou os olhos de qualquer um, ele se tornou meus olhos. Qual é o cão que assistiu mais aulas de filosofia e teologia do que Blick?

Germana e Antônio riram com gosto, e ele insistiu:

— Blick é a prova do quanto a filosofia ajuda a desenvolver o raciocínio lógico. Sócrates que me perdoe, mas Blick dispensa a matemática como auxiliar do desenvolvimento do intelecto humano.

Os outros riram ainda mais, e Antônio corrigiu mestre Ingo:

— Com certeza, Blick não invalida a filosofia de Sócrates. O senhor acabou de dizer: a matemática é para o intelecto humano e Blick é um cão.

— Questão de aparência, Antônio. Só isso — exagerou Ingo, defendendo seu posicionamento. — Se Blick foi capaz de se tornar meus olhos, ele é humano ou eu tenho olhos de animal.

Satisfeita, Germana observou o resultado de meses de trabalho de adestramento de Blick. A vida de Ingo sem o animal seria pobre e triste. Ele era um homem independente, que gostava de andar e conversar com o povo, não conseguiria viver confinado na universidade. Enquanto a mulher preparava o chá, seus visitantes, muito à vontade, seguiam discutindo a respeito da natureza de Blick. E o cão, alheio ao debate ou entediado com ele, deitou-se ao pé do dono e fechou os olhos.

Ao voltar-se para servir os visitantes, Germana viu o animal cochilando e sorriu. "A natureza não permite o desperdício do tempo", pensou. E logo corrigiu-se: "Um pouco de diversão e gastar conversa à toa promove bem-estar. Melhor isso do que uma discussão e troca de ofensas. E os cães também brincam!". Contente, Germana sentou-se à mesa com seus convidados e serviu-lhes chá e biscoitos. Conversaram sobre diversos assuntos, ora falando seriamente, ora dizendo bobagens. As horas passaram rápidas. Antônio, que se encantara com Blick, se encantou ainda mais com a inteligência e sensibilidade da anfitriã. Recordando seu mestre Sig, entendeu de que mulher ele falava quando se referia a Diotima[4] de Sócrates, dizendo que tinha o privilégio de conhecer uma que vivia nos bosques de Erfurt. Era Germana.

---

4. Diotima de Mantinéia: filósofa e sacerdotisa grega citada por Platão em *O Banquete*.

XV

AMOR E CUIDADO

O sincero amor quase não fala; melhor se adorna
com fatos e ações a verdadeira fé, não com palavras.
(William Shakespeare, *Os dois cavalheiros de Verona*)

Os planos de Sophia andavam a passos largos. Bernadete era sua criada pessoal. Inicialmente arredia e desconfiada, aos poucos a mulher se rendia à simplicidade da nova senhora. Com calma, Sophia aguardava a construção da confiança, mas, por enquanto, comprazia-se em tornar Bernadete a criada mais bem-informada do palácio.

Apesar da ausência de Ethel e do duque Maurício, a vida social era intensa, preenchida de jantares, passeios, teatro, bailes. Johannes cumpria com o trato, embora não fosse impecável. Em público, no entanto, formavam um "casal normal", sem arroubos de paixão, porém o frio desinteresse recíproco era escondido sob um manto de delicadeza e cordialidade.

Aos olhos de Sophia, as irmãs de Johannes eram criaturas estúpidas. Tinha piedade delas. No entanto, faltava-lhe paciência para aturá-las com suas mil e uma dúvidas, queixas e constantes autodepreciações. Elas eram o legítimo produto da educação recebida: reprodutoras puro sangue de boa raça. Enganava-se quem julgava a boa saúde considerando apenas a aparência física. Sob a perfeição e normalidade, escondiam-se personalidades doentias. Em muitos eventos, observando aquelas vidas vazias e os diálogos apaixonados, mas sem sentido, tanto que logo degeneravam em agressão e animosidade, consolava-se lembrando da frase do Eclesiastes: "O número dos loucos é infinito".

Conformava-se. Tentar mudá-los seria prova de sua estupidez, então os aturava o suficiente para atender a seus interesses e retornava ao palácio sempre antes que Johannes fosse flagrado abusando da bebida. Pretendia dar-lhe uma reputação — falsa, por certo, mas necessária — de homem voltado a elevados interesses da alma. Um filósofo, ou qualquer coisa que o valha, justificando, assim, a vida retirada em Dresden que pretendia construir.

Essas aparições começavam a surtir efeito. Ouvia os comentários a respeito de quanto o casamento estava sendo benéfico ao príncipe herdeiro. Sua saúde, inclusive, tão debilitada e que a todos preocupava, melhorara milagrosamente. Sophia sorria e referendava as maravilhas operadas pelo casamento.

Por sua posição social, bajulação não lhe faltava. Aliás, algo a que não estava habituada e, por experiência própria, sabia que era mais falsa do que a nova reputação do marido. Crescera ciente de que a mesma mão que aplaude também escorraça e maltrata. Portanto, participar daqueles encontros não era nem mais, nem menos do que mover as peças em um tabuleiro de xadrez. Um jogo somente.

Bernadete cumpria, inconscientemente, com maestria, seu principal papel junto a Sophia. Uma das coisas de que ela mais gostava de gabar-se era de como se demorava arrumando a princesa para receber o marido. Detalhava e exagerava a beleza das camisolas, e Sophia colaborava com isso. De fato, ela tinha encontros com o marido em trajes íntimos, porém, tudo fazia parte da encenação. Johannes entrava no quarto e a criada saía. Ele deitava-se ao lado de Sophia e conversavam. Em geral, ele queixava-se, resmungava e reclamava que sua saúde estava piorando, que desejava retornar logo para Dresden e que não suportava mais aquela vida. Mas essas cenas infantis, de birra antes de dormir, Bernadete não presenciava. Assim, no palácio da família de Wintar, sede do poder patriarcal, não pairava dúvidas sobre o casamento e a vida íntima do casal. Nas conversas da cozinha, Manfrid e Volker, calados, ouviam o noticiário da criadagem e apenas trocavam olhares de incredulidade entre si. Como se dissessem: "Não cremos em milagres".

Ansiosa, Sophia aguardava o primeiro comunicado de Klara. Aproximava-se a data combinada e precisava saber como a outra estava se saindo nas investigações. Diariamente, lançava olhares de cobiça à bandeja das correspondências. Até que, finalmente, chegou a correspondência lacrada de Dresden.

Sophia abria o envelope, quando um inesperado corre-corre aconteceu. A agitação tomou conta do palácio e, nos corredores e janelas, surgiram pessoas. Ouviam-se palavras de espanto e consternação. A jovem automaticamente enfiou a carta no decote do vestido, escondendo-a entre os seios, e avançou pelo corredor principal ao encontro de Albrecht, que, pálido, aguardava na porta principal.

— O que houve? — indagou Sophia, notando que as irmãs de Johannes corriam chorosas ao encontro dele.

— O duque Maurício foi gravemente ferido, Alteza — informou Albrecht sucinto.

— O duque?! Mas como aconteceu?

— Traição. É só o que sei, Alteza. Aconteceu há pouco e não muito distante daqui.

— Já chamaram o médico?

— Sim, ele já aguarda o duque em seus aposentos.

Sophia afastou-se sem nada dizer e decidiu ir aos aposentos de Maurício. Não sabia onde ficavam com exatidão, mas Bernadete deveria saber. Passou em seus aposentos e ordenou à criada que a levasse ao quarto do duque. Pálida e assustada com a notícia, a criada conduziu-a pelos corredores a passos rápidos, pois Sophia era pequena, mas ágil e tinha pressa.

A jovem não prestou atenção à decoração dos aposentos, fixando, com imediato desagrado e desconfiança, o velho monge médico e seus dois auxiliares. A aparência desleixada, os cabelos sujos e mal-arrumados, culminando em mãos trêmulas e na evidente dificuldade visual (ele apertava os olhos forçando a visão e aproximava-se em demasia das pessoas ou objetos), causaram-lhe calafrios.

— Bom Deus, acuda-me! — murmurou Sophia.

Mas, reagindo ao desânimo, Sophia ergueu a voz supondo que ele ouvisse com dificuldade em razão da idade.

— Doutor, sou Sophia, esposa de Johannes. É o senhor quem cuidará do duque?

— Sim, senhora. E não precisa gritar, Alteza. Eu não sou surdo — falou o médico com calma. — Estes são os irmãos Agostinho e Gusmão, meus aprendizes.

Sophia olhou ao redor, notando a falta de bacias, toalhas, água, especialmente de água e sabão para limpar ferimentos, que sua mãe e a curandeira de Hessel jamais dispensavam ao cuidar de enfermos. Depois, indagou:

— Peça o que o senhor necessitar que os criados providenciarão. Podemos nos antecipar. Já providenciaram água, sabão, toalhas, unguentos...

— Não, Alteza, mas não se aflija. Tenho meus extratos e poções na maleta. Interessa-se pelo assunto? Quer vê-los? — indagou o médico.

— Sim, por favor, doutor. Interesso-me muito por medicina. Aprendi a cuidar de enfermos desde muito jovem — respondeu Sophia, causando espanto ao velho médico e a Bernadete.

Os outros dois pareciam deslumbrados com os modernos afrescos que retratavam mitos greco-romanos da decoração dos aposentos de Maurício e discutiam se o pintor era italiano ou francês.

Irritada, Bernadete respondeu-lhes:

— É alemão, senhores. O duque valoriza os artistas do império.

Enquanto isso, Sophia horrorizava-se com os medicamentos do velho monge. Encantado, ele exibia um frasco com extrato de urina de lagarto e falava dos cataplasmas com terra e seus poderes curativos.

"Bem que mamãe dizia que para viver bem é preciso ficar longe dos médicos da Igreja", pensou Sophia, olhando com nojo e receio os instrumentos cirúrgicos em um compartimento no canto da maleta. Manchas secas de sangue e outras que não identificava em uma lâmina afiada revelavam que a limpeza se resumia a um pano seco e encardido de algodão grosseiro, passado, imediatamente, após o último atendimento. Ainda exalava o cheiro de sangue. A visão de um pequeno machado usado para amputações no fundo da caixa causou-lhe medo real do futuro.

"Ah, meu Deus!", pensou antevendo problemas graves no horizonte. Preferia que ele fosse surdo, mas enxergasse bem e tivesse as mãos firmes.

— Tenha piedade, Senhor! — Sophia pediu.

— Reze, Alteza. A piedade é uma virtude que embeleza as mulheres — confortou-a o médico, mexendo em sua maleta. — Eu aprecio muito as moxas. Há ferimentos que precisam desse cautério. Vou deixá-las preparadas.

O médico sacou um vidro com chumaços de algodão e pedaços de cera, olhou-as satisfeito e depositou o material na mesa de cabeceira.

— Alteza, pensando melhor, a senhora tem razão: precisarei de bacias.

Um sorriso de alívio iluminou o rosto preocupado de Sophia, que rapidamente ordenou a Bernadete:

— Providencie bacias, águ...

— Somente bacias, Alteza — interveio o monge médico e esclareceu: — São para o caso de eu precisar fazer uma sangria no duque.

— Ah, uma bacia, Bernadete. Uma bacia pequena — enfatizou Sophia.

A criada, percebendo que a animosidade de Sophia com o médico crescia a cada instante, apressou-se a atendê-la. Desceu apressada à cozinha e solicitou a Alvina o material.

— Você enlouqueceu, Bernadete? O que eu faria com as bacias de higiene na cozinha? Elas ficam guardadas com os pertences pessoais deles. No aposento do duque Maurício deve haver várias. Peça algumas ao criado dele — informou a cozinheira. — Eu não cederia minhas bacias para esse velho maluco!

— Você também não gosta dele — constatou Bernadete, mordendo o canto de um dedo enquanto tentava lembrar onde encontraria o criado do duque. Há dias não o encontrava no palácio.

— Quem mais não gosta dele? Até então era somente eu. Todos aceitavam muito bem as loucuras desse homem. Para mim, ele não cura ninguém. Acho que muita gente já perdeu perna, braço, mão, por causa dele. Qualquer coisa, e ele corta fora. Pudera! Não é dele mesmo! Não vai sentir a falta que faz um dedo. Aquele padre caduco, ele sim, é um bruxo — xingou Alvina. — Vamos, Bernadete, me diga logo! Quem não gostou do traste?

— A princesa Sophia. Ela está furiosa. Os olhos dela estão vermelhos e brilham que nem a lâmina das espadas. Acho que ela não concorda com nada do que ele falou até agora — respondeu Bernadete.

— É uma mulher sensata, muito sensata. Quer saber, o príncipe Johannes não merecia a sorte que teve. Ela será a sorte do nosso povo. Escreva o que eu digo, Bernadete.

— Ela é diferente. É humana, simples, e até parece gente do povo. Deve ser por causa da vida que levou antes do casamento.

— É, Bernadete, mas é melhor você voltar e encontrar logo a bacia. Vasculhe os armários. Deve estar em um deles. E diga à princesa que, se ela quiser, eu indico uma curandeira maravilhosa, minha conhecida. Garanto que ela tratará do duque muito melhor que esse velho caduco.

— Eu direi. Ela não está satisfeita com o velho. Mas não me lembro de uma curandeira ter entrado aqui desde... bem, você lembra. Se o senhor Ethel souber...

— Ele não está aqui — lembrou Alvina. — E vá de uma vez. A princesa Sophia pode precisar de você.

Bernadete retornou aos aposentos e entrou pela porta do criado. Vasculhou os armários até encontrar uma pequena bacia de louça branca.

— É essa! — exclamou vitoriosa e ingressou no quarto no exato momento em que colocavam o duque Maurício sobre a cama. Assustada, a criada viu que ele estava desacordado, ensanguentado e sujo.

Sophia examinava-o, e o velho médico, irritado, aguardava ao lado da cama, repetindo como em uma ladainha:

— Eu sou o médico, senhora. O duque precisa dos meus cuidados...

— Não se aflija, doutor. Eu sei o que estou fazendo — retrucou Sophia, ao erguer-se e ceder espaço ao médico. — Pode examiná-lo, mas, antes de fazer qualquer coisa, quero que me diga o que será feito.

Irritado com Sophia, o médico resmungou algumas expressões de baixo calão latinas. Julgou-a insolente, atrevida, desrespeitosa e autoritária demais para uma mulher, e lançou a culpa daquele comportamento a Johannes. "Somente um homem doente e de caráter fraco permitiria tamanha ousadia à esposa. E, tudo para cuidar de um homem que não era seu marido, mas seu cunhado", o ancião pensou. Mas submeteu-se, pois ela era, afinal, a única familiar do duque presente. Não podia desrespeitá-la, embora desejasse do fundo do coração mandá-la ao inferno. Não podia fazê-lo no entanto. Ela era uma Wintar.

O médico informou a Sophia seu diagnóstico e o que faria. Os ferimentos do duque eram sérios e inspiravam cuidados. Bem pouco tinha a fazer, pois julgava que Maurício não tinha chance de viver. Os ferimentos eram sérios demais. O duque perdera muito sangue e estava desacordado, e o médico suspeitava que houvesse um sangramento interno, comum em feridas tão grandes. Não haviam poupado as carnes do duque. Ele ainda vivia porque era jovem e vigoroso, mas talvez tivesse alguns dias de martírio e depois morreria.

Sophia, incrédula, encarou o médico. Concordava que o caso era sério, mas recusou-se a acreditar no prognóstico.

— Agradeço sua franqueza, doutor, mas vamos aguardar. A natureza muitas vezes nos surpreende em casos desse tipo.

— Tem razão, Alteza — concedeu o médico. — Poucas vezes, eu me surpreendo, mas pode acontecer. Para Deus, nada é impossível. Recomendo que ore pelo duque. Eu e meus auxiliares velaremos o doente.

— Eu também, doutor.

— Eu sempre oro por meus pacientes, peço piedade para suas almas — rebateu o médico.

— Ah, muito bem, faz muito bem, doutor — contemporizou Sophia acomodando-se em uma poltrona no quarto.

Sua postura deixava clara sua intenção de pernoitar ali, se necessário fosse. E que não interferiria no tratamento do médico, desde que ele fizesse apenas o que havia dito.

Horas depois, observando o enfermo febril e que seu quadro se agravava, Bernadete sussurrou ao ouvido de sua senhora:

— Princesa, com todo respeito, gostaria de lhe dar um recado de Alvina, a cozinheira.

— Fale, Bernadete — rosnou Sophia. Aquela fala cerimoniosa ainda lhe azedava o humor. — O que é?

— Alvina nunca gostou do monge Ulrich, ela o chama de...

— Fale logo, Bernadete, sem rodeios nem justificativas — ordenou Sophia.

— Alvina pediu para dizer-lhe que conhece uma curandeira maravilhosa e que, se a senhora quiser, pode indicar-lhe seus serviços.

Sophia levantou-se da poltrona e saiu apressada ao encontro de Alvina.

Os dias seguintes foram de apreensão e cuidados. Maurício não dava sinais de melhora. Surgiu a febre que não cedia, e ele oscilava entre a inconsciência e uma semiconsciência. O duque vivia uma espécie de letargia pela forte sonolência provocada tanto pela grande perda de sangue quanto pela febre alta.

Sophia não arredava pé do quarto do enfermo. Discutia cada procedimento de Ulrich e impediu alguns deles, como os cataplasmas de terra sobre as feridas. Ministrou ao duque chás e extratos de ervas para controlar a febre, recebendo olhares irados do velho monge.

Johannes foi ver o irmão e assustou-se com seu estado. Assolado pelas lembranças recentes da morte da mãe, ajoelhou-se ao pé da cama e pôs-se a rezar o terço e recitar alguns salmos, em uma ladainha irritante, que iniciara às primeiras horas da manhã e avançava rapidamente rumo ao anoitecer.

As irmãs visitaram Maurício, mas foram logo advertidas pelo irritado médico de que, naqueles aposentos, não era permitido que mais ninguém ficasse. Elas podiam entrar, ver o irmão alguns minutos, mas deviam sair em seguida.

— Excelente medida, doutor — elogiou Sophia, que respirava ar puro em uma das janelas do quarto após a saída da última cunhada.

— Em alguma coisa precisamos concordar, Alteza. O doente precisa de paz. Aliás, a senhora poderia sugerir ao príncipe que orasse na capela do palácio — e olhou irritado para Johannes em compenetrada recitação das orações, completando: — Ajoelhado ante o altar, Deus o ouvirá melhor.

Cansada daquele murmúrio no ambiente, Sophia analisou o marido por alguns instantes. Descobriu que Johannes a cansava e que havia dias em que ele era um fardo pesado. Respirou fundo, foi até o outro lado, junto-se ao pé da cama onde ele rezava contrito e, com leveza, tocou-lhe o ombro. O príncipe abriu os olhos e assustado indagou:

— Ele morreu?

— Não, Johannes. Seu irmão continua no mesmo estado. O monge Ulrich sugeriu que vá orar na capela do palácio. Disse-me que lá Deus o ouvirá melhor.

— É mesmo! Ele tem razão! Como não pensei nisso antes? Eu irei. Ficarei em oração na capela até o restabelecimento de Maurício.

— Um ato muito piedoso, Johannes. Isso o ajudará muito — incentivou Sophia, feliz com a pronta aceitação do marido de refugiar-se na capela. — Informarei aos criados para servirem suas refeições lá.

— Não é preciso. Jejuarei...

— Não, Johannes. Não exagere. Sua saúde ainda é frágil. Lembra-se de como passou mal em Dresden? Pedirei refeições frugais, mas você deve se alimentar. Do contrário, adoecerá novamente e isso não ajudará em nada.

— É claro. Você é adorável, Sophia. Deus a abençoe por cuidar do meu irmão, de mim e de todos nós neste momento — Johannes beijou a mão da esposa, como se tocasse uma santa.

— É meu dever, Johannes. Agora, vá. Deve continuar suas orações.

Ele a obedeceu, e, ao vê-lo sair, Sophia suspirou aliviada. O silêncio era realmente reconfortante.

— Bem melhor! — falou o monge baixinho quando ela retornou para próximo da janela.

Sophia teve vontade de concordar, mas lembrou-se que ali somente poderia confiar irrestritamente em sua sombra e calou-se.

As horas passaram lentas. O monge desistiu dos tratamentos. Considerava seu paciente perdido e que sua morte aconteceria em horas. Então, Ulrich simplesmente posicionou-se ao lado do leito e velou o duque. Sophia e Bernadete revezavam-se trocando compressas.

Era madrugada quando ouviram as rodas da carruagem e o trotar dos cavalos pararem nos fundos do palácio. Bernadete olhou sua senhora esperançosa e Sophia ordenou-lhe:

— Traga-a imediatamente aqui.

A criada concluiu a troca das compressas, levantou-se e saiu apressada. Seus passos acelerados ecoavam pelos corredores escuros do palácio. Sophia sentou-se na cadeira ao lado do paciente e prosseguiu o trabalho de Bernadete.

Maurício delirava e, às vezes, abria os olhos e balbuciava o nome de Sophia, demonstrando que a reconhecia. Em outros momentos, dizia frases desconexas, sem sentido, falando de pessoas e fatos desconhecidos.

O monge aproximou-se olhando com piedade o paciente.

— Tão jovem! — lamentou. — Eu não entendo essas querelas. Considero-as um desperdício de vida. Mas são essas inovações modernas, essas sandices de liberdade e valorização, que estão destruindo tudo. Nem mesmo as verdades da Bíblia escapam à sanha deles. As fogueiras terão que ser acesas outra vez, o povo é rebelde. Veja: quem fez isso ao duque pode ser um camponês qualquer...

Sophia olhou o médico com irritação, sem disfarces. A força de seu olhar o calou. Entendeu que se tornara inconveniente.

— Alteza, não há mais nada que eu possa fazer para o bem do duque. Posso apenas minimizar seu padecimento. A vida dele está nas mãos de Deus. Eu recomendo que a senhora mande chamar o confessor do duque. Creio que é tempo de pensarmos em salvar sua pobre alma, dando-lhe o conforto dos últimos sacramentos.

— Então, como médico seus recursos estão esgotados?

— Sim, Alteza. Este é o limite da ciência e da religião. Minha ciência não tem mais nada a oferecer ao duque.

Sophia recusava-se a aceitar passivamente o prognóstico e, com certo contentamento, falou:

— Agradeço sua dedicação, doutor. Pedirei a Alfredo que o conduza e aos seus auxiliares a um apartamento para descansarem. Amanhã poderá retornar ao seu mosteiro. Mandarei chamar o confessor do duque, mas não creio que seja urgente.

— Infelizmente, sou obrigado a concordar com a senhora. Essa agonia tende a ser prolongada. Ele é um homem jovem e forte. Uma lástima!

Ignorando o comentário, Sophia levantou-se e foi até o quarto contíguo onde ficava o criado pessoal do duque. Alfredo estava ocupando os aposentos a pedido dela.

— Alfredo — chamou Sophia decidida —, leve o doutor e seus auxiliares até a ala de hóspedes. Instale-os confortavelmente, pois necessitam descansar. Providencie que amanhã cedo haja uma carruagem para levá-los ao mosteiro.

Alfredo baixou a cabeça, mas Sophia viu seus olhos arregalados de espanto. Em silêncio, ele conduziu os três homens a outra ala. Enquanto isso, Bernadete retornava aos aposentos do duque com a mulher indicada por Alvina.

— Boa noite, senhora — cumprimentou a estranha dirigindo-se a Sophia com educação, mas sem o formal protocolo.

Sophia não deu nenhuma importância àquele cumprimento. Na verdade, ainda sentia-se desconfortável com a formalidade e o distanciamento das pessoas. Observando a recém-chegada e sua aparência limpa, serena e astuta, Sophia agradou-se de imediato.

— Boa noite — Sophia cumprimentou. — Alvina me disse que você é a melhor curandeira da região. Preciso de sua ajuda. O duque Maurício foi ferido há três dias e, apesar dos cuidados do médico da família, seu estado se agravou muito. O médico me disse há pouco que ele não tem esperanças de melhora e recomendou-me...

— A unção dos enfermos, eu sei. Diga-me, senhora, por acaso o médico da família é o monge Ulrich?

— Sim — respondeu Sophia. — Conhece-o?

— Conheço. Faz anos que não o vejo. Não foi uma época feliz, portanto não tenho boas lembranças — esclareceu a mulher.

— Eu não sei o seu nome — informou Sophia.

— Germana, senhora — respondeu a mulher diretamente. — Se me permitir, gostaria de examinar o duque.

— É claro — respondeu Sophia, obedecendo de imediato. — Antes de fazer qualquer tratamento, diga-me o que pensa e como sugere o tratamento.

— Sempre faço isso, senhora, não importa quem seja o enfermo — respondeu Germana altiva.

Sophia gostou da resposta e mais ainda quando viu Germana procurar a jarra e a bacia para lavar-se antes de examinar o duque. Hábitos de higiene cativavam a simpatia da jovem. Confiante nas habilidades da curandeira, Sophia sentou-se em uma poltrona e a observou examinar Maurício minuciosamente. Após o longo e demorado exame, Germana chamou a jovem para seu lado e disse:

— Senhora, o duque perde sangue porque as suturas do monge Ulrich estão malfeitas, veja — e apontou o longo ferimento na coxa esquerda coberto com cataplasmas e ataduras úmidos com um líquido rosado.

— Sim, concordo. Vai abrir as ataduras?

— É preciso limpar esses ferimentos, abrir as suturas e refazê-las. E, considerando a febre e o cheiro, acredito que estejam infeccionados...

— Deus, não! — murmurou Sophia, pensando nos horrores das amputações. — Mas entre perder a vida e perder uma perna...

— Não penso em amputar a perna dele, senhora. Se deseja que eu preste meus serviços ao duque, digo-lhe o que farei: abrirei, limparei e fecharei todos os ferimentos outra vez. O duque precisará de um banho e gotas de láudano. Quero que recolham esses cataplasmas e cessem todos os medicamentos que o monge Ulrich prescreveu.

— E você acha que o duque tem chances de sobreviver, Germana?

— Acredito que sim. Farei o possível para ajudá-lo.

— Muito bem, gostei de você Germana. Pode fazer seu trabalho.

— Precisarei de sua ajuda. Ele é um homem grande.

— Eu e Bernadete a ajudaremos, e Alfredo retornará logo. Diga o que precisamos fazer — respondeu Sophia, firme.

Germana olhou Sophia com respeito. Não era a atitude esperada de uma mulher da realeza. Maurício gemeu, e a curandeira voltou-se ao trabalho esquecida de que estava no palácio dos Wintar, tendo nas mãos a vida do duque e auxiliando a princesa herdeira. Trabalharam durante toda a madrugada. Raiava o dia quando se sentaram exaustas contemplando Maurício deitado no leito, limpo, dormindo por efeito do láudano. Continuava febril, mas não delirava.

Germana olhou seu avental sujo e molhado com desagrado e substituiu-o por outro limpo. Em uma de suas maletas trouxera roupas e vários aventais. Olhou suas inesperadas assistentes — a princesa e a criada —, cujos aventais também estavam sujos. "Tantas construções conceituais separam as pessoas, no entanto a vida não pede permissão aos autores dessas teorias e fórmulas de sociedade para agir e desfazer, em segundos, essas tolas ilusões. Nesta madrugada, fomos apenas mulheres trabalhando juntas por um doente", pensou e sorriu.

— Que bom que ainda tem forças para sorrir, Germana — comentou Sophia. — Do que achou graça?

— Dos meus pensamentos, senhora. Seu avental e o de Bernadete estão sujos, posso emprestar-lhes outros limpos. Não gosto de cuidar de um doente com aparência suja. Meu pai ensinou-me que a limpeza, a água, o ar puro, boa alimentação e repouso são auxiliares de Hígia desde os templos antigos da Grécia, da época de Hipócrates.

— Você tem muita segurança no que faz, Germana — disse Sophia entregando-lhe o avental para troca —, mais do que as demais curandeiras que conheço. E Helga, a nossa curandeira em Hessel, era muito boa. Você tem conhecimentos de medicina. Aliás, você conhece várias coisas pelo que notei nesta madrugada, sabe muito e tem muita prática no que faz. Como conseguiu isso?

— Hum, a senhora vem de Hessel. Notei que tinha um sotaque diferente. É simples, senhora, meu pai era médico e minha mãe era a curandeira e parteira de Erfurt. Aprendi estudando e trabalhando com eles. Estou faminta, viajei o dia todo e apenas comi frutas e pão.

Sophia olhou os raios de sol nascente e ordenou a Bernadete:

— Vá à cozinha, os criados já estão trabalhando. Peça-lhes que nos sirvam uma boa refeição aqui nos aposentos do duque. E Bernadete, avise que somos quatro pessoas — acentuou olhando Alfredo, Germana e Bernadete.

— Sim, senhora — respondeu Bernadete envaidecida, pois jamais imaginara a possibilidade de partilhar uma refeição com um dos membros da família.

Germana olhou Sophia com aprovação, e Alfredo baixou a cabeça. Aquela mulher pequena e loira o deixava sem saber o que pensar e a cada dia gostava mais dela.

— Muito interessante sua história, Germana. Agora entendi. Confesso-lhe que, enquanto trabalhávamos, cheguei a pensar que você estivesse possuída por algum ser das florestas ou por um anjo. Agora, entendi — falou Sophia dirigindo-se a Germana.

A curandeira sorriu e nada comentou, sentando-se ao lado do paciente e tocando-lhe o rosto e a mão que repousava sobre o lençol limpo. Com o quarto aquecido pela lareira, dispensara os cobertores sobre o enfermo.

— O senhor Maurício é um homem bonito, jovem e forte. Ficará bom. Há muita vida no corpo dele — disse Germana.

— Graças a Deus! Que assim seja — murmurou Sophia. — Temi pela vida dele, mas agora, depois dos seus cuidados, vejo que ele reage. Foi Deus quem a enviou, Germana.

— Foi?!

XVI

DESPERTAR

Digo o que penso, gastando nesse esforço
toda a minha maldade.

(William Shakespeare, *Coriolano*)

— O quê? Germana está onde, dona Hilda? — indagou Ingo incrédulo.

Em uma tarde dominical, perto da praça central de Erfurt, onde passeava e tomava sol com Blick e Antônio, Ingo fora abordado por uma mulher nervosa, que falava e gesticulava muito.

— No palácio dos Wintar — repetiu a mulher, aflita. — E já faz dias. Vieram buscá-la uma manhã. O senhor não sabia disso, mestre?

— Não, Hilda. E ela não voltou até agora? Sabe por que a levaram até lá?

— Foi muito estranho. Ela estava em minha casa quando tudo aconteceu. Como sabe, meu marido não caminha mais, e Germana é o alívio para os padecimentos dele. O infeliz está agoniado e enlouquecendo todos nós, e não sabemos fazer o que ela faz. Ele resmunga e grita dia e noite. Tenho dó. Meu marido deve ter muita dor, mas não posso invadir o palácio dos Wintar e trazê-la de volta para nós. Minha vizinha também está aflita, pois seu filho está para nascer a qualquer hora e Germana não está aqui. A outra parteira é muito velha, não tem mais força...

E com esse inverno rigoroso, muita gente adoeceu. É uma procissão à casa de Germana todos os dias, mestre. Não sabemos mais o que fazer. Ninguém quer falar com as autoridades da cidade, por isso, quando o vi aqui, vim correndo. O senhor é a única pessoa que pode trazer Germana de volta — e em voz baixa e preocupada completou: — Se é que isso ainda é possível. O senhor sabe de tudo que houve por lá anos atrás. Estou muito preocupada com esse chamado repentino. Será que...

— Acalme-se, Hilda. Tentarei descobrir o que está acontecendo com Germana. Levaram-na à força? Como foi?

Curioso e interessado, Antônio acompanhava a conversa entre o mestre e a mulher que o abordara. Mestre Ingo era íntimo de todos na pequena cidade, mas o surpreendeu o tom aflito e a óbvia preocupação da mulher com a segurança de Germana. O temor que algo acontecesse à curandeira era grande, tão grande quanto à sensação de desamparo pelo seu inesperado sumiço. "Como será fazer falta a tantas pessoas? Germana é útil à vida desta comunidade. Deve ser uma sensação muito boa, embora, talvez, seja pesada em alguns dias. Não, acho que não... Trabalhar pelo bem dos outros é o sentido da vida dela. Provavelmente, a razão de sua alegria e saúde também", pensava Antônio observando a nervosa Hilda.

— Não, não. Vieram buscá-la em uma carruagem. Foram educados e disseram que a nova princesa, a mulher do príncipe Johannes, mandava chamá-la. Germana levou sua maleta, e foram à casa dela para buscar algumas roupas que ela pediu — informou Hilda. — Eu a ajudei a arrumar tudo depressa, mas não acredito que a tenham chamado para cuidar de um doente. Não, os Wintar, não. São defensores da Igreja e comem na mão dos bispos e do papa.

— Fale baixo, Hilda — recomendou Ingo.

— Desculpe-me, mestre. Esqueço-me de que é da Igreja. O senhor é um cristão verdadeiro, não é como eles. Dará notícias de Germana, mestre? Estamos muito preocupados.

— É claro, Hilda. Sossegue todos. Se for preciso, irei ao palácio dos Wintar. Mas antes conversarei com o reitor, pois é íntimo de Ethel. Talvez saiba o que se passa por lá,.

Antônio ouvia a conversa calado e a cada minuto mais surpreso com as revelações. "O reitor de Erfurt era íntimo de Ethel de Wintar? Como era possível conciliar o pensamento humanista vigente entre a maioria dos congregados da ordem e o nobre saxão, que governava aquela região com mãos de aço cobertas de sangue?". Sua mente fervia, mas a mulher continuava monopolizando o mestre.

— Hilda, acalme-se — pediu novamente Ingo. — Agora, preciso ir. Quanto antes retornar à universidade, mais rápido saberei notícias de Germana. Tranquilize-se, eu darei notícias. Irei à sua casa, assim que souber alguma coisa. Obrigado por me avisar. Germana, com certeza, não teve tempo de fazê-lo. Ela não voltaria lá sem me avisar, se pudesse. Aliás, ela não voltaria àquele lugar por livre vontade. A mulher de Johannes não sabe o que fez.

Mestre Ingo e Antônio despediram-se de Hilda, que ainda repetiu seus pedidos por notícias de Germana até eles ingressarem na ruela que levava à universidade. Curioso, Antônio perguntou:

— Mestre, por que o senhor considera tão perigoso o chamado da princesa de Wintar?

— É uma longa história, meu filho. Longa, longa, demais. E trágica também. Melhor nem pensar nisso.

— Mas parece que aquela senhora não conseguiu essa façanha. A aflição dela é palpável.

— É, eu sei. Realmente é difícil lembrar-me daqueles tempos. Germana sofreu muito. Nem sei como suportou tudo sem enlouquecer. Ela foi presa e torturada, por meses, nas masmorras daquele palácio sob acusações de bruxaria. Foi graças a Sig que ela escapou de lá com vida. Os monges beneditinos são fanáticos, odeiam mulheres, especialmente se forem como Germana. Ela não baixou a cabeça para eles e... Bem, ofendeu-os no que se acham os melhores: na ciência. Não a perdoaram por conseguir a façanha de realizar mais curas do que eles. A princesa Martha pretendia criar um pequeno hospital e queria que Germana entrasse para a Igreja para poder gerenciá-lo. Ofereceu-lhe títulos eclesiásticos, tentou de todas as formas convencê-la a aceitar, mas Germana foi irredutível. Não abriu mão de sua liberdade e de sua vontade, e os beneditinos ficaram ensandecidos quando a princesa Martha preferiu os cuidados de Germana para sua criança doente ao deles. Quando o menino se recuperou, acusaram-na de praticar bruxaria, de heresia e de tudo o mais que puderam. Mas o pior foi terem usado outras pessoas. Acusaram-na de dar a alma de uma criança ao demônio. Absurdo! Não fosse Sig e a princesa Martha, Germana estaria morta há muitos anos.

— Então é por isso que ela não entra na universidade... — deduziu Antônio. — Por isso, vive retirada da cidade. Ela se protege na solidão.

— Germana na solidão? Você não pensou no que disse, Antônio. Não ouviu Hilda? A casa de Germana vive cheia de gente. Uma procissão não foi o que ela disse?

— Sim, foi. Eu me expressei mal. O que quis dizer é que ela não participa dos eventos sociais. Ela trabalha, e muito, pelas pessoas, mas eu nunca a vi na igreja, por exemplo.

— Se você tivesse suportado um terço do que ela suportou nas mãos da Igreja, provavelmente, nem em frente a uma igreja passasse. Eu não passaria. Foram meses angustiantes. Não gosto de me lembrar. Precisarei de sua ajuda para escrever uma carta, Antônio. Germana não conseguiu ensinar Blick a ler e escrever — tentou brincar mestre Ingo, mas o sorriso não levou brilho ao seu olhar preocupado.

— Prova de que eles não são perfeitos — respondeu Antônio, também se esforçando para dar um tom leve à conversa e esconder a curiosidade e a preocupação com a amiga.

Foi inútil a tentativa de ambos. A ansiedade e a aflição em relação ao destino de Germana, misturadas às tristes recordações, faziam, principalmente, mestre Ingo emudecer. Mesclavam-se aos seus pensamentos a imagem do reitor Guilherme e do amigo Sig.

— Sig ficará apreensivo se eu não conseguir enviar-lhe, pelo menos, uma informação básica sobre Germana. Se o reitor não tiver nenhuma informação consistente e for necessário repassar apenas o que sabemos agora, Antônio, nosso amigo sofrerá demais.

Recordando algumas aulas e conversas com o antigo mestre, Antônio lembrou-se do brilho apaixonado que, por vezes, era notado nos olhos de Sig quando este abordava alguns assuntos. Sig era doutor da Igreja. Fizera votos, exercia influência no clero, não era político, mas era um intelectual destacado e respeitado. E, como tal, tinha amigos influentes. Mas, durante os anos em que estudou e trabalhou com ele, jamais o viu utilizar-se disso por interesse pessoal. Deduziu que Germana devia ser muito especial para Sig ter se envolvido em um confronto com os beneditinos e convencia-se de que ela era a Diotima pessoal do teólogo. Interessavam-lhe as grandes paixões, cujos suspiros morriam nos corredores frios das abadias e catedrais e vagavam como fantasmas entre os vivos. Adoraria escrever sobre aqueles dramas tão humanos e os votos monstruosos que desrespeitavam a criação divina e a natureza humana, fazendo os homens odiar em vez de amar. Desconfiava que existia uma delas entre Sig e Germana. "O teólogo e a curandeira... A vida é mesmo irônica", pensou Antônio. Sem querer, pronunciou as palavras em voz alta e, da mesma forma, mestre Ingo corrigiu:

— O teólogo e a feiticeira.

Olharam-se tomando consciência de que seus pensamentos tinham ultrapassado a barreira da censura pessoal, e Ingo comentou:

— Um amor trágico, Antônio. Muito trágico. São duas pessoas especiais, unidas e, ao mesmo tempo, separadas por suas convicções, mas que dão a própria vida um pelo outro. Não me sinto no direito de revelar-lhe a vida pessoal de nossos amigos, por isso, não me pergunte nada sobre isso.

— Eu entendo, mestre. Sou um romântico, apesar dos pesares, e dos meus próprios votos. Creio que isso faz parte da natureza humana. O desejo de amar é ancestral, inato, vital. Adão, inclusive, o manifestou.

— Você tem sorte de estarmos vivendo uma época de liberdade na Igreja e nas universidades, Antônio. Do contrário, teria que calar seus comentários a respeito da Gênese. Você sabe que por menos outros pensadores já foram confinados em torres, em prisão domiciliar... Uma forma suavizada de dizer prisão perpétua.

— Mesmo assim, mestre, eu não falo tudo o que penso a respeito do assunto.

— Isso é prudente.

O reitor descansava em seus aposentos, mas Ingo não deu importância à privacidade do superior. Tinha urgência de falar-lhe e, tão logo fora informado de onde ele estava, dirigiu-se para lá apressado guiado por Antônio e Blick.

Zangado, o reitor abriu a porta. Sem perceber o semblante do superior, Ingo imediatamente deu um passo à frente ao ouvir o ranger da abertura, forçando sua entrada.

— Reitor Guilherme, perdoe-me por invadir seu merecido descanso, mas tenho urgência em tratar de um assunto importante e confidencial — anunciou mestre Ingo.

Antônio entendeu que não poderia entrar e, tomado pela curiosidade, invejou Blick que seguia seu mestre. Cordato, sentou-se em um banco no corredor enquanto a porta se fechava guardando no anonimato a conversa entre Ingo e Guilherme. Sequer poderia agir como um menino traquina e colar o ouvido à porta. Seria inútil tal gesto, pois a madeira era grossa e por ela não passava som algum.

A conversa fora relativamente longa, pois o banco incômodo fez Antônio levantar-se e caminhar pelo corredor, até que ouviu o ranger da pesada porta abrindo-se e correu para receber mestre Ingo.

— Vamos, Antônio! Precisarei de sua ajuda para arrumar meus pertences e escrever a Sig — informou Ingo.

— Como assim? O senhor irá ao palácio dos Wintar? Sozinho, mestre Ingo? Nem pensar! Eu o acompanharei.

— Nem pensar, digo eu Antônio! Você ficará responsável pelas aulas e atividades da universidade. Se não fizer isso, não poderei ir até o palácio. Otto e Blick irão comigo, é suficiente. O reitor já decidiu, não discuta.

— E o que ele lhe disse, mestre? O reitor Guilherme sabia sobre o desaparecimento de Germana?

— Germana não desapareceu, Antônio. A princesa Sophia solicitou sua ajuda. O duque Maurício foi ferido e o monge Ulrich, sempre ele, estava no palácio. Entende o que isso significa?

— Ulrich é o médico da família Wintar, não é? Além disso, é o prior da ordem beneditina. Mas qual é o problema? Não estou compreendendo.

— Antônio, o monge Ulrich foi o responsável pela acusação de feitiçaria contra Germana no passado. Ele a odeia. Na verdade, tem enorme inveja dos conhecimentos e da capacidade pessoal de Germana, mas a inveja anda de mãos dadas com o ódio. São sentimentos que se misturam perfeitamente em sua mesquinhez e patifaria. Sig, desde aquela época, fez de tudo para mantê-los afastados. Essa é a razão pela qual nossa amiga vive em relativo isolamento e sob a minha vigilância aqui em Erfurt. Foi como conseguimos contornar a situação. E, agora, tantos anos depois, tudo acontece de novo. E, outra vez, o duque foi envolvido. Parece que a vida brinca com a gente de vez em quando, repetindo situações.

Chegaram aos aposentos de mestre Ingo e, sem demora, ele ditou a carta mais breve que Antônio havia escrito em sua vida. O recado era:

"Germana está com os Wintar, sigo para o palácio. Aguardo você."

Apressadamente, arrumaram uma pequena bagagem com o essencial a mestre Ingo. Otto apresentou-se em segundos e, pela expressão de seu rosto, estava contrariado, mas quieto. Atento, Blick percebia as emoções no ambiente e tinha as orelhas em pé, mas o rabo balançava calmamente. Antônio olhou-o e sorriu, invejando-o pela segunda vez naquela tarde: ele iria para o palácio e testemunharia a história toda, enquanto ele... teria que esperar para saber o desenrolar dos fatos.

— Mestre, qual será a desculpa para essa visita inesperada? — questionou Otto.

— O que disse? — devolveu Ingo.

— Você não é surdo, eu sei. Perguntei o que vai dizer quando chegar ao palácio dos Wintar. Qual será a desculpa?

— Boa pergunta, não pensamos nisso — intrometeu-se Antônio.

— Você não pensou, Antônio — corrigiu Ingo e prosseguiu:
— Eu sigo com uma recomendação do reitor, um convite pessoal ao príncipe Johannes para concluir o curso que iniciou conosco.

— Humm, entendo.

— É muito cedo para você entender, professor — advertiu Otto. — Diga isso daqui a alguns anos. Por aqui, quase nada é o que parece.

— Uma cidade de mistérios — brincou Antônio.

— Por aqui, os mistérios têm segredos uns dos outros — afirmou Otto.

Antônio ergueu as sobrancelhas e sorriu:

— Cuidarei de minha sombra — falou rindo.

— É bom — respondeu Ingo, sério. — Significa que você está vivo, mas não se descuide dela.

— É assim tão grave? — questionou Antônio.

— É, meu filho — afirmou Ingo secamente. — Cuide-se. Cumpra seus deveres e não atravesse o caminho de ninguém importante. Esta é a receita para uma vida longa por aqui.

Os três homens e o cão caminharam rapidamente em direção à saída e, para surpresa de Antônio, a carruagem oficial da universidade já os aguardava em frente aos portões. Otto abriu a portinhola e ajudou Ingo a acomodar-se. Depois, sentou-se à sua frente, enquanto Antônio colocava Blick no veículo. Inez, como passageira ignorada e invisível, acomodava-se ao lado de seu protegido. Pretendia trabalhá-lo até a chegada ao palácio, por isso calmamente aguardava a partida.

— Boa viagem! Mandem notícias logo — pediu Antônio.

Ingo balançou a cabeça afirmativamente, e Antônio disse ao cocheiro:

— Pode ir, amigo.

Um vento frio fê-lo estremecer, enquanto observava a carruagem afastar-se. Escondeu, então, as mãos nas mangas largas da batina, protegendo-as da baixa temperatura.

— Professor! — chamou uma mulher do outro lado da rua. — Aqui!

Antônio olhou em torno e reconheceu Hilda, acenando-lhe para que se aproximasse. Notou que a mulher andava receosa

e em seus olhos brilhava o medo. Ansiosa, a mulher perguntou-
-lhe baixinho:

— Soube de alguma coisa?

— Não, dona Hilda. Mestre Ingo acaba de ir para lá.

— Para lá? Meu Deus! Reze, professor, por favor.

— Eu rezarei, fique tranquila. Tudo dará certo.

A mulher olhou-o com piedade indisfarçável e falou:

— Bem se vê que o senhor é novo aqui.

Apressada e temerosa, olhando para todos os lados, Hilda despediu-se e saiu para o lado contrário ao da carruagem.

— Meu Deus! Eles têm muito medo — murmurou Antônio para si mesmo, mas um dos guardas do portão o escutou e, encarando-o, respondeu:

— Há motivos, professor.

Antônio arregalou os olhos. Desde que chegara à universidade, nunca ouvira a voz dos guardas e eis que um deles lhe falava para reafirmar a situação de temor e cuidado. Ele sorriu e descontraído comentou:

— Julguei ouvir vozes do além. Então, você fala! Como é o seu nome?

— Frederico.

— Concorda com Hilda e os outros, Frederico?

— São fatos, professor.

— Conhece-os?

— Todos conhecem algum, mas não convém falar.

— Sei. Até eu, que sou novo por aqui, já entendi. É como caminhar sobre ovos.

— Não ande sobre eles, pois quebrarão.

— Isso significa: não faça perguntas.

— Sim. Por aqui, quanto menos souber, mais viverá.

— É a segunda vez hoje que, em menos de uma hora, ouço essa recomendação, Frederico.

Acenando para a aproximação de pessoas pela calçada, Frederico calou-se, tomando seu habitual aspecto de estátua junto aos portões da universidade. Antônio, entre o riso e a consideração com a recomendação, retornou pensativo aos seus aposentos.

Precisava preparar suas aulas e, trabalhando, esqueceu-se das preocupações e dos mistérios que o cercavam em Erfurt.

Maurício, enfim, despertava lúcido após vários dias dormindo sob o efeito de drogas e da febre.

Ao abrir os olhos, deparou-se com Sophia adormecida na poltrona próxima à sua cama. Em um primeiro momento, não a reconheceu e pensou: "Quem é essa mulher?". Depois, a fitou com atenção e reconheceu os traços da esposa de Johannes. Tinham se visto apenas no dia do casamento, portanto era natural que não a reconhecesse. "O que ela está fazendo aqui?", questionou-se reconhecendo os próprios aposentos. Sentiu dores e coceira nas pernas e no abdômen. Apalpou cuidadoso o abdômen e lembrou-se da emboscada.

Seu maldito criado o traíra, atacando-o sozinho pelas costas. Fazia alguns meses que Carl assumira o trabalho, apresentara boas recomendações, e agora Maurício notava que deviam ser falsas. Alguém o pagara para espioná-lo e matá-lo. O ataque ocorrera perto de uma aldeia reformista, nas imediações da igreja, ao anoitecer.

Recordando-se do que acontecera, reconheceu que o plano fora bom, mas eles apenas tinham subestimado a vítima. Carl devia ser um dos muitos assassinos contratados que perambulavam pela Europa. Tinha experiência em seu ofício, admitiu. Fora rápido e preciso nos golpes, escolhendo bem o momento de atacá-lo. No entanto, o homem não contava com o punhal que Maurício carregava escondido de todos, inclusive de seus criados, muito menos que ele tivesse uma pontaria certeira.

Em pensamento, o duque reviu os golpes sofridos e sua imediata reação sacando o punhal e cravando-o no pescoço do agressor. Matara-o na hora. Arrastara-se até a igreja, e o padre o socorrera. O rosto do religioso fora sua última lembrança antes do despertar. Então deduziu que ele havia avisado seus homens, por isso estava em casa.

— Como está se sentindo? — perguntou uma voz feminina calma e agradável, em tom baixo, do outro lado do leito.

Maurício virou a cabeça e viu Germana. Estava mais velha, um pouco mais magra, mas ainda se lembrava da jovem mulher, que cuidara dele quando tivera uma enfermidade grave na infância. Nunca se esquecera dela.

— Germana! É você? — perguntou Maurício.

— Sim, sou eu. Vejo que está consciente. Sabe o que aconteceu?

— Sei. Lembro-me de tudo até o momento em que o padre da aldeia me socorreu. Depois, tudo se tornou uma mistura de cenas sem sentido. Acho que misturei realidade, delírio e sonho. Nada faz sentido.

— Há oito dias você está aqui.

— Meu Deus! Não fazia ideia do tempo. Como veio parar aqui?

Germana sorriu e seus olhos brilharam calorosos ao apontar para Sophia adormecida.

— Ela mandou me buscar. É uma jovem admirável — Germana apontou.

Maurício olhou a cunhada identificando sinais de cansaço nas olheiras de seu rosto pálido e no sono profundo.

— O que ela faz aqui, Germana?

— Sophia cuidou de você, Maurício. Aliás, eu diria que ela salvou sua vida. O monge Ulrich já tinha pedido os sacramentos para você, mas essa jovem mandou buscar-me e não arredou deste quarto desde que o trouxeram. É uma pessoa de bons sentimentos e corajosa.

Reconhecendo-a, Maurício olhou com carinho para a jovem adormecida. Não era mesmo usual aquela dedicação a um desconhecido. Sentira que Sophia era alguém especial quando a conhecera no casamento. Esse rumo de ideias lembrou-o de seus familiares e perguntou:

— E meu pai? Meus irmãos?

— Seu pai retornou ontem. Sei pouco sobre a batalha e somente o vi por alguns minutos, quando esteve aqui para visitá-lo.

Seu irmão está na capela, em oração por sua saúde. Suas irmãs vieram visitá-lo. Eu, a princesa Sophia e Bernadete cuidamos de você com a ajuda de Alfredo. Seu criado não retornou.

— Ele está morto — revelou Maurício, irado. — Foi ele quem me atraiçoou.

"Oh, não! Como é possível que os anos não trouxessem mudanças a determinadas pessoas e situações?", pensou Germana, recordando-se brevemente de dolorosos fatos do passado. Nenhuma palavra escapou de seus lábios, mas seus pensamentos voaram por seus olhos. Maurício percebeu a consternação da curandeira.

— Eu não tive escolha, Germana. Ele me atacou, eu confiava no rapaz. Fazia quase um ano que estava a meu serviço. Nunca desconfiei das atitudes dele, pois se portava de maneira servil, educada, e fingia tão bem que fazia caretas e lamúrias quando alguém falava das rebeliões que estão acontecendo e da violência social.

— Eu não o condeno. Desde a sua infância, tivemos poucas oportunidades de conversarmos, mas eu confio em sua índole pacifista. O povo o ama, você sabe disso e sabe a razão desse amor: as pessoas reconhecem que você procura agir com justiça e liberdade. Eu lamento as coisas e as pessoas que não mudam. Parece-me que a vida passa por elas sem que aproveitem adequadamente um só dia. Elas não melhoram e, às vezes, por determinadas circunstâncias, são compelidas pela vida a fazerem algo que sugere uma mudança, mas que, no entanto, logo o tempo demonstra que não passou de mais uma tentativa da vida de conduzir uma ovelha perdida. Elas teimam em manter velhos comportamentos, sofrem e fazem sofrer. Repetição sempre gerará um caminho conhecido e pergunto-me se, no fundo, essas pessoas não serão extremamente frágeis, não serão de uma fraqueza pessoal absoluta. Se esse anseio de poder, de um lado, e de submissão, de outro, não é, no final das contas, a mesma coisa. Melhor dizendo, se não têm as mesmas causas.

As palavras de Germana fizeram o duque refletir, fazendo-o esquecer-se, assim, do criado. Maurício compreendeu as referências veladas na fala da grande amiga de sua mãe e sabia que ela era senhora de muitos segredos. Martha não negligenciava as opiniões de Germana. Não só lhe confiava a própria saúde e a de seus filhos, como também a consultava sobre questões políticas. Ele sabia disso. De fato, após o negro episódio que culminou no afastamento de Germana do palácio, fora visitá-la poucas vezes, mas esse distanciamento não afetara a afinidade de pensamentos e a gratidão que sentia por ela.

— Você está sugerindo que o mandante do crime...

— Eu não estou sugerindo nada, Maurício. Apenas pensei alto. Um péssimo hábito pelo qual pago muito caro — retrucou Germana.

— Mas seu pensamento é lógico e viável.

Germana ergueu as sobrancelhas e mordeu o lábio, decidida a mudar o rumo da conversa. Sorrindo, ofereceu:

— Precisa se alimentar. Que tal leite com biscoitos? Como fazíamos nos velhos tempos quando era um menino.

Maurício sorriu e esforçou-se até sentar-se reclinado nos travesseiros.

— Leite com biscoitos é uma boa ideia. Quando falou disso, cheguei a sentir o gosto do mingau de aveia e tremi. Sabe que, depois daquela época, eu evito comer mingau, mas se você dissesse que era preciso...

Germana sorriu afetuosa. Tinha um enorme carinho por aquele menino, que se tornara um homem feito.

— Muito bem! Seja obediente, como um bom menino.

Sophia acordara quando Germana falara a primeira frase para Maurício, no entanto se surpreendera com o rumo da conversa e decidiu fingir que dormia. Assim, somente com o som da porta se fechando após a saída de Germana, encenou um despertar.

XVII

SEGREDOS

As grandes almas estão sempre dispostas
a fazer de uma infelicidade uma virtude.

(Honoré de Balzac)

Piscando os olhos para ajustar a visão à luz do amanhecer, Sophia sorriu ao ver Maurício recostado nos travesseiros e falou:

— Ah! Você acordou? Até que enfim! Como se sente?

— Bem, eu acho. Sinto-me fraco e tenho algumas dores, mas são naturais nessas circunstâncias, não é?

— Eu nunca fui agredida desse modo, mas penso que seja natural, sim. Você esteve muito mal.

— Lembro-me de poucas coisas. Imagens desconexas, vagas, sem sentido. Você está com a expressão cansada. Com certeza, não foi assim que idealizou a temporada por aqui — comentou Maurício. — Como está a vida de casada?

Sophia ajeitou o cabelo e levantou-se da poltrona caminhando até o aparador para servir-se de água.

— Quer um copo? — Sophia ofereceu a Maurício.

— Pela metade.

Com os copos, ela regressou para junto do cunhado, estendendo-lhe a água conforme ele pedira. Após beber alguns goles do seu copo, Sophia respondeu diplomaticamente:

— Já aceitei que a vida nem sempre nos dá o que queremos. É um fato e, quanto antes o aceitarmos, melhor viveremos, meu caro. Por isso, costumo agir de acordo com as necessidades.

Maurício sorriu apreciando a resposta inteligente que não revelava nada objetivamente. "Ela sabe onde está pisando", deduziu.

— Entendo. Germana revelou-me que você cuidou de mim. Obrigado pela dedicação.

Sophia balançou a cabeça, aceitando o agradecimento em silêncio. E, fingindo ter se dado conta naquele momento da ausência de Germana, perguntou, surpresa, olhando em torno para disfarçar:

— É mesmo! Onde ela está? Fiquei tão feliz em vê-lo acordado e lúcido que nem me dei conta da falta dela.

— Foi pedir leite e biscoitos para mim. Alimentar bem seus doentes faz parte da medicina dela.

— Ela é impressionantemente eficiente — elogiou Sophia, ao recolher os copos. E, aproveitando que os colocava de volta ao lugar e ficava de costas para Maurício, comentou:

— Noto que já se conheciam. Isso me deixa aliviada, pois enfrentei uma briga com o monge Ulrich por causa dela. Creio que, se pudesse, o velho me acusaria de heresia.

— Ulrich é resto de cinza da Inquisição, minha cunhada. Ele não gosta de Germana. Deve ter realmente sido uma boa briga... Como o convenceu?

— Não o convenci. Eu o enxotei — revelou Sophia calmamente.

Maurício arregalou os olhos duvidando do que tinha ouvido.

— Você o enxotou daqui?

— Sim. Eu o aguentei por dias. Ele é insuportável. Quando me recomendou que trouxesse seu confessor e não sabia mais que fazer, além de sujeira, que é sua especialidade a meu ver...

Maurício riu com gosto da forma fria e irônica como Sophia se referia ao monge e isso exigiu que segurasse com as mãos o abdômen ferido.

— Por favor, não me faça rir. Dói muito! — pediu ele ainda rindo.

— Mas eu estou falando sério — protestou Sophia. — Ulrich é imundo! Nojento! Foi um prazer livrar-me dele. Tudo que fiz foi lembrá-lo de que, pelo diagnóstico que dera, você iria morrer mesmo, então tanto fazia se eu trouxesse aqui uma bruxa ou um médico. É claro que ele estava preocupado com sua alma, mas como não era seu confessor, era inútil permanecer aqui. Disse a Ulrich que ele não celebraria o funeral do duque e mandei levá-lo, com todo conforto, de volta ao seu chiqueiro. Acredito que ele não gostou de mim.

— Com certeza! E como chegou ao nome de Germana?

— Em Hessel, temos uma curandeira maravilhosa, mas hoje reconheço que Germana é melhor. Ela alia conhecimentos e práticas antigas e populares a conhecimentos científicos e é muito sensível também. Mas, respondendo à sua pergunta, em nossa casa confiamos nas curandeiras e foi Alvina quem a indicou.

— Alvina? Quem é Alvina? — indagou Maurício.

"Meu Deus! Por que isso não me surpreende?", pensou Sophia em voz alta.

Encarando Maurício, a jovem informou:

— Alvina é a mulher que cozinhou para você desde que era um menino. É a cozinheira do palácio.

— Hum.

Uma leve batida na porta interrompeu a conversa, e Sophia antecipou-se dizendo:

— Deve ser Germana com o leite.

Maurício anuiu com um gesto de cabeça e aproveitou para observar a cunhada. "Que pequena intrigante e esperta!", pensava.

Germana trazia uma bandeja com o lanche do enfermo e sorriu ao ver Sophia.

— Acordou! Tentei não fazer barulho — desculpou-se Germana. — Você deve estar muito cansada. O que achou do nosso moribundo? Será que devemos chamar o confessor? — provocou irônica aludindo ao diagnóstico de Ulrich.

— Do monge Ulrich? Ah, esse eu chamo com prazer — rebateu Sophia, rindo. — Será uma forma de limpar o mundo, como diz Klara.

Calmamente, Germana depositou a bandeja sobre o criado-mudo e auxiliou Maurício a acomodar-se para entregar-lhe a refeição. Atônito e feliz com o clima de descontração das duas mulheres em relação ao monge e médico da família, o duque lamentou:

— Por que quando acontecessem esses fatos memoráveis eu nunca estou presente? Daria uma boa soma em dinheiro para ter assistido à conversa entre a princesa Sophia e o monge Ulrich. A maioria das pessoas que conheço teme aquele bode velho. Ele é diabólico mesmo.

— É? Não fui avisada — respondeu Sophia, sem dar importância à informação. — E, por favor, somos da mesma família! Prefiro que me chame pelo nome. Germana, Bernadete e Alvina me chamam pelo nome desde que não tenha outras pessoas. Eu nasci como membro da realeza, mas fui criada com o povo e em condições econômicas adversas. Formalidades e protocolos são coisas das quais não gosto, apenas tolero.

Sentindo-se a cada instante mais confortável com a presença de Sophia, Maurício sorriu. "Seria fácil acostumar-me com uma mulher assim. E seria bom", concluiu mentalmente.

— Como quiser, Sophia. Serei chamado pelo nome também?

— Já chamo. Ah, Germana, você trouxe uma jarra de leite. Isso significa que podemos participar desse piquenique na madrugada? Estou com fome.

— Ah, sim. Estávamos muito tensas. Agora que nosso doente está acordado e podemos pensar em recuperação, imaginei que teríamos fome — respondeu Germana alcançando um copo de leite e um pratinho com biscoitos doces para Sophia.

Alegremente, os três compartilharam o lanche frugal enquanto conversavam. Depois, ainda enfraquecido, Maurício adormeceu. Elas entreolharam-se e sorriram. Germana o cobriu e sussurrou para Sophia:

— Durma. Ele está bem, sem febre. Eu também aproveitarei para cochilar. O pior já passou. Agora basta cuidarmos da cicatrização dos ferimentos e alimentá-lo bem para recuperar o sangue perdido.

Sophia sorriu e acomodou-se na poltrona entregando-se ao sono.

Acordaram com uma súbita invasão de luz no quarto. Piscaram, resmungaram e quase em uníssono perguntaram:

— O que houve?

— É dia — informou Alfredo abrindo as janelas, empertigado. — Vi que o duque não estava febril e deixei-os dormir o máximo, mas é preciso acordar. É uma alegria vê-lo bem, senhor Maurício.

— Obrigado, Alfredo. E o que faz aqui? Você é o criado de Johannes.

— Meu amo está em oração por sua saúde, senhor. Eu tenho pouco a fazer na capela, e a princesa Sophia solicitou meu serviço aqui. Tivemos de banhá-lo e cuidar de sua higiene enquanto esteve delirando. As damas não poderiam fazer esse trabalho.

Maurício olhou para Germana e Sophia e somente então se deu conta do grau de intimidade que haviam estabelecido. Ficou um pouco envergonhado, mas a curandeira sorriu maternal e brincou:

— Você é o mesmo menino que ajudei a criar, Maurício. Não há nada em você que outros homens não tenham. Eu não estranho a natureza humana; tudo nela me é familiar.

Sophia calou-se, mas enfrentou serenamente o olhar de Maurício. Sorriu, achando encantador vê-lo ruborizado.

— Senhoras, temos visitas — anunciou Alfredo. — Um dos mestres de Erfurt, segundo soube. E... o senhor de Wintar está furioso.

— Grande novidade! — ironizou Maurício. — Sabe por quê?

— Por causa dela — respondeu Alfredo apontando para Germana.

Germana empalideceu e sentou-se. Sophia, ao contrário, enrubesceu e saltou da poltrona com os olhos brilhantes e os punhos levemente fechados. Foi até Germana, segurou-lhe a mão com firmeza e disse:

— Não tema, Germana, isso é problema meu.

Sem se despedir nem dar satisfação do que pretendia fazer, Sophia deixou o quarto.

— Ela é sempre assim? — perguntou Maurício surpreso.

— Faz seis dias que a conheço — respondeu Germana. — É uma mulher forte, muito decidida. Mas não sei se sabe onde está pisando.

— Ela é muito inteligente e astuciosa, duque. Em nossa cidade, ela assumiu totalmente o comando dos negócios, da propriedade e rapidamente o povo aceitou sua autoridade.

— É mesmo, Alfredo? E o que ela veio fazer aqui?

— Enfrentar o senhor de Wintar.

Germana e Maurício entreolharam-se. Ela incrédula; ele, francamente, admirado.

XVIII
AUTORIDADE E AUTORITARISMO

*Aconteça o que acontecer para aqueles que
são afetados por circunstâncias externas,
eles sempre encontrarão algo de que se queixar.
Porque se eu escolher não considerar o que me
acontece nocivo, nenhum dano me ocorrerá.
Esta escolha depende de mim.*

(Marco Aurélio, *O Guia do Imperador*)

Sophia foi aos seus aposentos e pegou no fundo falso de sua caixa de joias a carta enviada por Klara. Releu-a rapidamente, confirmando os dados memorizados e tornou a guardá-la. Olhou-se no grande espelho de cristal e não gostou de sua aparência. "Na guerra, luta-se com uniformes, armas e estratégia", pensou. E voltou-se ao seu armário, analisando mentalmente as opções de vestidos que tinha. Decidiu-se por um de veludo, na cor violeta, com enfeites pretos, completados por brincos e colar de ametistas. Foi à escrivaninha, pegou papel e o tinteiro e rabiscou um bilhete dirigido ao sogro: "Irei vê-lo após o meio-dia. Sophia, princesa herdeira de Hessel e da Saxônia". Por fim, a jovem princesa tocou o sino chamando Bernadete.

— Senhora — saudou a criada, apresentando-se e baixando a cabeça.

— Bernadete, preciso que me ajude. Prepare um banho com rosas. Usarei o traje violeta, deixei as joias sobre a penteadeira. Pense em um penteado rápido e bonito. E envie ao senhor de Wintar o papel que deixei junto às joias. Faça isso primeiro.

Bernadete preparava-se para sair quando Sophia, outra vez, a chamou:

— Também avise a Alvina que farei as refeições aqui, hoje.

— Mais alguma coisa, senhora?

— Não, Bernadete, é apenas isso. Mas tenho urgência, volte rápido.

— Sim, senhora.

Bernadete apanhou o bilhete propositadamente deixado aberto sobre a mesa e indagou mostrando-o:

— Senhora, devo lacrá-lo?

Sophia não se deu ao trabalho de voltar-se da janela da qual observava os bens cuidados jardins do palácio, que não a agradavam tanto quanto os de sua residência, e respondeu:

— Não, entregue assim mesmo.

Bernadete estranhou a atitude, mas, como não sabia ler como a maioria do povo, não fazia ideia do que dizia o bilhete. Apenas sabia que não era comum entregar um cartão ou uma carta aberta. Sem mais perguntas, obedeceu. Dirigiu-se primeiro à área de serviço do palácio informando as ordens de sua ama, visando atendê-la em suas necessidades pessoais, e por último, foi ao gabinete de Ethel de Wintar. Obviamente, não entregaria o bilhete em mãos, tampouco Sophia lhe pedira isso. Entregaria a correspondência ao criado que trabalhava com Albrecht.

Ao receber o bilhete, Albrecht enrubesceu. Irritado, exclamou para si mesmo:

— Que audácia! Quanto desaforo!

Ethel analisava as contas do comércio com os holandeses sem grande atenção, quando ouviu o desabafo de Albrecht. O comportamento alterado não era característico nele, por isso observou-o e indagou:

— O que houve, Albrecht? Outra rebelião?

Desconcertado e nervoso, pois julgava não haver sido notada sua descompostura em relação à conduta da nora do superior,

Albrecht passou a mão nos cabelos e respirou profundamente. Depois, baixou e ergueu a cabeça e, quando se considerou calmo, embora seus olhos estivessem brilhantes e rajados de vermelho, respondeu com voz que pretendia ter o tom usual e inexpressivo, mas escondendo prazer entre a raiva:

— Perdoe-me. Foi este... — e fixou o bilhete em suas mãos com desdém e, como se não soubesse como se referir a ele, estendendo-o ao destinatário e completou: — Foi isso.

Curioso, Ethel olhou o papel e pegou-o. Correu os olhos pelas linhas e arqueou levemente as sobrancelhas com ar divertido, para surpresa de Albrecht.

— Aguardarei a visita de minha nora — respondeu Ethel e, encaminhando-se à lareira que aquecia o ambiente, lançou displicentemente o papel ao fogo. Retornando à sua mesa de trabalho, o senhor de Wintar prosseguiu a análise das contas, sem dizer uma palavra.

Boquiaberto com a reação de Ethel ao desaforo e à audácia daquela mulher pequena e metida, Albrecht sentiu-se desconcertado pelo resto da manhã. A irritação e a surpresa somou-se à expectativa para conhecer o resultado daquele confronto. Sua imaginação mesclou-se a lembranças antigas e, rapidamente, enxergou Sophia sofrendo punições severas. "Ela não sabia com quem estava mexendo", pensava regozijando-se antecipadamente.

Antes disso, no entanto, irrompeu o criado, apressado, na sala e, antes que pudesse fechar a porta para falar com Albrecht, o visitante inesperado colocou a mão na porta, forçando a entrada e antecipando-se, e anunciou a si mesmo:

— Ethel, meu amigo! Como está? Você vive cercado de exércitos e chegar até você é uma verdadeira epopeia.

Surpreso ao ouvir aquela voz, imaginando ter se confundido, Ethel ergueu o rosto e olhou em direção à porta.

— Sig! Pelos demônios, o que faz aqui? — indagou Ethel efusivo, surpreso e contente com a inesperada visita.

Sorrindo de lado a lado, Sig estendeu as mãos e avançou ao encontro do abraço de Ethel. Era como abraçar um urso, literalmente. Mas Sig confiava em suas habilidades com animais selvagens e retribuiu o afeto. Afastando-se, respondeu brincando:

— Caminho. Os demônios não me dão paz, você sabe. Meu destino é percorrer esse império e outros lugares. Sou um viajante da vida.

— Deveria ser marinheiro. A marinha mercante é o grande negócio. Seria um viajante da vida com riquezas — retrucou Ethel. — Venha! Vamos nos sentar próximos à lareira. Conte-me o que o traz aqui.

Albrecht e o criado, parados ao lado da mesa de trabalho, observavam a cena em silêncio, guardando as impressões e irritações, com a súbita quebra da rotina, para si mesmos.

Recordando-se da presença do criado, Ethel ordenou:

— Traga-nos cerveja e algo para comer, como azeitonas e queijo.

O criado deu as costas e partiu pronto para atender à vontade do senhor. Albrecht olhou a pilha de documentos dos negócios a conferir e, submisso, sentou-se em sua cadeira retomando sozinho o trabalho interrompido.

— E então, meu caro Sig, o que o traz a Saxônia?

— As universidades. São tempos difíceis também em nosso meio. Você sabe que não lutamos somente com armas. As palavras, especialmente as escritas, também abrem um campo imenso de luta. Aliás, atrevo-me a dizer que elas são o estopim e a solução das batalhas. Tudo começa e/ou termina no campo das ideias. Tenho trabalho em Erfurt. Estou a caminho, e não resisti a fazer-lhe uma visita. Para atualizar-me da situação na Saxônia, não conheço pessoa melhor do que você.

— Poderia falar com Ulrich — sugeriu Ethel, cuidadoso.

— Você sabe que notícias religiosas na boca de um religioso, como o monge Ulrich, sempre tenderão a ser exageradas. Eu preciso orientar mentes que orientarão o povo, preciso de informações exatas. Por falar nele, tem-no visto ultimamente?

— Não, Sig. Ele esteve no palácio, mas partiu antes que eu retornasse. Infelizmente, não o encontrei.

— É mesmo! Ora, mas que lástima. Já eu fico feliz em não encontrá-lo, não negarei — comentou Sig, curioso. Viera pronto para encontrar Ulrich. "O que havia acontecido?", indagou-se.

Sig fora pronto para enfrentar uma batalha. Esperava um clima denso, ansioso, belicoso no palácio, no entanto, tudo estava calmo. Ele não sabia se aquilo era meramente aparência ou se o pior já havia acontecido e Ethel estava tranquilo por estar satisfeito com sua sanha de barbárie. Queria perguntar diretamente: "Onde está Germana? O que fez com ela?", mas não podia e a conversa, então, se estendeu. Trataram desde banalidades a assuntos religiosos-políticos regados à cerveja até quase o final da manhã, quando novamente o criado ingressou na sala para anunciar visitantes inesperados.

Albrecht atendeu-o e, no mesmo instante em que recebia a informação, olhou atentamente para Sig, fato que o astuto filósofo percebeu, mas manteve-se imperturbável.

— O que houve, Albrecht? — perguntou Ethel, sem mover-se de sua poltrona.

— Mais visitas, senhor. O mestre Ingo foi enviado pelo reitor Guilherme, de Erfurt — informou Albrecht, elevando o documento apresentado pelo criado com o emblema da universidade.

— Ora, ora, mas quanta coincidência! — exclamou Ethel irônico, sorrindo para Sig. — Como nos velhos tempos, Sig? Será que devo mandar buscar o monge Ulrich?

Sig sorriu, compreendendo a alusão aos episódios horrendos vividos naquele palácio no passado, mas manteve-se imperturbável.

— A vida tem dessas surpresas, mas reafirmo o que disse: estou feliz em não rever Ulrich. E como lhe disse: com ideias e palavras também se guerreiam, pois não deixam de ser armas. Disse-lhe isso quando me perguntou sobre a razão de minha visita: vivemos tempos difíceis, Ethel. Temos de um lado pensadores que anseiam por reformas profundas e pacíficas no pensamento religioso, que se centram em uma nova compreensão do homem, do viver, imaginando, assim, uma nova sociedade; e, de outro, temos pensadores que anseiam reformar a Igreja e sua estrutura, e, em meio a esses extremos, como é comum, uma grande quantidade de conservadores, que fazem o peso da inércia, dizendo *não* a ambos os lados. O pensamento dessas diferentes correntes permeia a sociedade, Ethel. Mesmo sem nunca terem pisado em uma universidade, você encontra artesãos e camponeses que as defendem. Elas chegam até eles por suas igrejas e paróquias.

— E há os livros... — completou Ethel. — Era bem melhor quando ficavam confinados nas bibliotecas. Essa popularização dos dias de hoje é um horror. Não respeitam nem a Bíblia! Querem-na na língua do povo. Que loucura! Pra quê? Falam em informação, uma estupidez! Que cuidem de suas lavouras e casas e se mantenham cada um em suas tarefas! Essas ideias estão desorganizando a sociedade. Há alguns comerciantes ricos, riquíssimos, que se dão ares de nobreza. Umas aberrações! Esqueceram-se de onde vieram. Não querem mais as corporações de ofício. Cada um quer dizer o quanto vale seu trabalho! Não respeitam mais os mestres. Querem mandar em si mesmos, veja só! E há nobres que concordam com essa desordem, dão-lhes espaço e até se associam a eles.

Calado, Sig ouviu o discurso de Ethel, impondo ao pensamento e às emoções a lembrança da razão de sua estada naquele local: Germana. Era difícil conviver com pessoas com aquela mentalidade, especialmente, quando detinham poder. Então, apenas balançou a cabeça e disse:

— São os dias que vivemos! Mas, enquanto conversamos, mestre Ingo aguarda sua resposta.

— É claro! Mande-o entrar, Albrecht. Até onde sei, Sig e mestre Ingo não têm segredos um com o outro.

— É fato — referendou Sig.

O criado estava inconformado com a presença de Blick, embora o cão dócil e alegremente acompanhava o dono, conduzindo-o. O animal reagia aos olhares irritados do criado com espanto.

Ao abrir a porta do gabinete anunciando-os para Albrecht, informou:

— O cão acompanha o dono sempre, senhor.

Observando Ingo e notando o olhar perdido e a expressão atenta, Albrecht emudeceu, compreendendo a cegueira do mestre. Abanando a cabeça, compadecido, disse ao criado:

— Está tudo bem, pode ir — e, dirigindo-se a mestre Ingo, tomou-lhe a mão ao falar: — Seja bem-vindo, mestre. Como está Erfurt?

— Bom dia, Albrecht — saudou mestre Ingo apertando--lhe a mão. — Agradeço-lhe a compreensão com Blick. Ele se tornou meus olhos há algum tempo. Erfurt vive os dias atuais, muita discussão, várias opiniões, insatisfações e anseios, mas entendo que essas refregas do pensamento contribuem com o progresso. A diferença é natural. E você, como tem passado?

— Ah, muito bem. Obrigado. Posso conduzi-lo até o senhor de Wintar e ao doutor Sig?

Ingo fingiu uma expressão de surpresa e balbuciou algumas exclamações relativas à presença de Sig. Depois, falou:

— Agradeço-lhe, Albrecht, mas bastará que ande à minha frente e Blick o seguirá. É assim que funcionamos.

— Como quiser. Vamos, então.

Surpreso com a informação, Albrecht permaneceu no lugar e Blick olhou-o, aguardando, sem mover-se. Deduzindo o que se passava, Ingo orientou:

— Ande, Albrecht, por favor.

Caminhando meio de lado e olhando para trás, Albrecht deu alguns passos e ainda mais surpreso viu Blick calmo seguindo-o, sempre colado à perna de Ingo, conduzindo-o.

Sig e Ethel observavam a cena, notando a desenvoltura de Ingo graças à companhia do animal. Sig encantava-se, mas Ethel olhava desconfiado para o cão, julgando-o algo demoníaco, incompreensível. O senhor de Wintar, no entanto, disfarçou suas impressões e recebeu o visitante, apontando a Albrecht para que o acomodasse na poltrona entre ele e Sig. Ingo sentou-se e Blick também se acomodou ao lado do móvel, sempre em contato com o dono.

Como era seu hábito, Ingo acariciou as orelhas do cão e murmurou:

— Bom menino! Agora, espere.

Blick prontamente deitou-se aos seus pés, e Ingo sorriu. Depois, o mestre dirigiu a palavra aos demais:

— Pronto, meus amigos. Não se preocupem com Blick. Ele não causará transtornos. É um cão extremamente educado.

Ethel enrugou a testa. Sabia que cães eram capazes de aprender muitas coisas. Desde a antiguidade, diziam que eles, adestrados para caça, eram levados para atuar nas batalhas. O senhor de Wintar possuía vários desses animais, mas a ação de Blick o surpreendia. O cão pastor substituía um humano. "Aquilo era demoníaco", Ethel não conseguia pensar em outra expressão para descrever o que presenciava.

— Caro senhor de Wintar — começou Ingo, formal, estendendo o convite oficial enviado pelo reitor —, tenho o prazer de trazer-lhe um convite para participar dos debates que promoveremos em Erfurt no próximo mês. Como sabe, as discussões estão acaloradas no meio acadêmico e precisamos esclarecer as proposições e propostas que circulam na sociedade. Caso contrário, poderemos, sem mais nem menos, vermo-nos envolvidos em guerras religiosas. Possibilidade que nós, de Erfurt, não consideramos a mais adequada.

Ethel pegou o documento, abriu-o e correu os olhos por ele, sem interesse. Conhecia aqueles confrontos filosóficos e considerava-os cansativos e maçantes. Aquilo dava-lhe dor de cabeça. Precisaria arrumar uma forma de livrar-se daquele compromisso.

— Estudarei a questão, mestre Ingo. Obviamente, o senhor ficará conosco até amanhã e terei tempo para elaborar a resposta ao reitor — respondeu Ethel acomodando-se em sua poltrona. — Eu e o doutor Sig falávamos a respeito desse problema...

E continuaram a conversa até ser anunciado o horário da refeição. Transferiram-se de sala, mas o assunto, que tratava da necessidade de reformas e dos desmandos e excessos de Roma, continuou animado. Ethel, como bom conservador, contemporizava. O papa era poderoso e o que menos lhe interessava era um confronto direto. Porém, a situação na Alemanha assemelhava-se a um barril de pólvora próximo ao fogo. Insatisfações, ideias reformadoras e um forte sentimento nacionalista misturavam religião, política e economia.

Após o almoço, Ethel desculpou-se com seus visitantes e, alegando compromissos previamente assumidos, deixou-os livres para usufruírem das belezas e do conforto do palácio.

Sig, ciente de que paredes têm, sim, ouvidos e muito sensíveis, prontamente respondeu:

— Meu caro amigo, estamos perfeitamente à vontade. Agradeço-lhe a entrevista inesperada da manhã. Nossa conversa foi muito elucidativa. Aproveitarei a companhia de mestre Ingo e desse belo cão para passear por seus jardins. Aliás, lindíssimos.

Ethel meneou a cabeça, já farto da conversa deles. Embora reconhecesse a relevância política e militar daqueles temas, era algo que lhe dava sono e dor de cabeça. Como eles não enxergavam o poderio militar de Roma? Ingênuos, sonhadores, devaneando a respeito de um mundo após a morte, assim os conceituava. Portanto, ver-se livre da companhia daqueles homens era bem-vindo. Tinha uma entrevista mais interessante à tarde com sua atrevida nora.

— Excelente, Sig — confirmou mestre Ingo. — Eu aceito a hospedagem, pois ainda preciso entregar o convite ao príncipe Johannes, nosso querido aluno.

— Eu o aguardarei para seguirmos juntos para Erfurt — falou Sig, com as mãos unidas em frente ao corpo.

— Um oportuno encontro — ironizou Ethel, manifestando sutilmente sua incredulidade em relação à aparente coincidência da presença deles.

— De fato! — respondeu Sig.

Ethel reiterou votos corteses, mínimos à educação e à hospitalidade, e se afastou. Albrecht demorou-se na sala observando os religiosos, e Sig sorriu para ele. Pegando o braço de Ingo e encarando-o, falou:

— Aproveitaremos o dia lindo, lá fora. Por gentileza, pode nos indicar o caminho para o jardim?

— Está nublado e ventando. Talvez chova, reverendíssimo — comentou Albrecht olhando o movimento das copas das árvores à distância pela janela.

— Um lindo dia — reafirmou Sig. — Adoro o vento, faz-me muito bem.

Erguendo a sobrancelha incrédulo, Albrecht disse com meio sorriso:

— Respeito seu prazer. Eu os conduzirei até a saída para o jardim. Por favor, me sigam.

— Obrigado — falou mestre Ingo. — Meu cão precisa caminhar. Os animais têm íntima relação com a natureza. Coisa que nós, humanos, por vezes, nos esquecemos. Blick lembrou-me de que também pertenço ao reino natural e que vivemos excessivamente confinados entre paredes e à luz de velas e tochas. Aproveitar a luz do dia é muito bom.

— Sem dúvida — respondeu Albrecht, imaginando o que o cego via da luz do sol. Tinha certeza de que aqueles padres não estavam ali pela graça divina.

Albrecht, por fim, encaminhou os dois visitantes aos jardins e ficou observando Sig ajudar Ingo a descer as escadarias até o amplo gramado. O vento rebojava, enrolando as batinas dos dois homens em torno das pernas, dificultando seus movimentos. Albrecht sorriu desdenhoso e dirigiu-se ao gabinete. Também estava curioso e ainda indignado com as atitudes de Sophia.

Primorosamente arrumada, Sophia apresentou-se no gabinete do sogro. A jovem princesa entrou sem bater e cumprimentou Albrecht enquanto se dirigia à sala privada de Ethel. O criado apressou-se em segui-la para antecipar-se e anunciá-la, mas Sophia parou obrigando-o a esforçar-se para não colidir com a jovem e manter o equilíbrio.

— Espere aqui, Albrecht. Este é um assunto particular, são questões de família — ordenou Sophia, seca.

O tom imperativo não dava margem a qualquer discussão. Paralisado, Albrecht simplesmente permaneceu onde estava.

Sophia avançou, abriu a porta e fechou-a rapidamente. Depois, virou-se falando alto e claro:

— Boa tarde, senhor de Wintar. Não se incomode com as saudações corteses devidas a uma dama. Acredito que o assunto que eu tenho a tratar não seja usual entre damas e cavalheiros, mas, como nunca fui tratada como tal pelo senhor, também não o tratarei assim. E vou direto ao assunto: exijo a imediata retirada de seus espiões de minha casa. Dou-lhe a oportunidade de chamá-los de volta e poupá-lo da vergonha de ser desmascarado diante dos seus servidores. Eu tenho o nome de todos eles, que função exercem, e as ordens que estão seguindo, portanto dou--lhe dois dias para limpar minha casa.

Ethel fora pego completamente de surpresa com a atitude de Sophia e, em seguida, olhou-a de cima a baixo. A jovem era a perfeição da elegância feminina aristocrática, mas comportava-se com a desenvoltura de uma mulher de taberna ou de uma rainha. Simplesmente não o temia e isso ficava claro em sua postura. A surpresa carrega um componente de ira, e ele enfureceu-se.

— Sua casa? Desde quando? Aquelas propriedades pertencem à família Wintar, portanto modere sua linguagem e conduta.

— Pertencem a mim. Leia o contrato que assinou quando me comprou para sua família, senhor. A sabedoria diz que é preciso analisar a mercadoria antes de adquiri-la e o senhor comprou-me a peso de ouro. Comprou meu sangue, a linhagem, os títulos. Pois bem, eu vinha junto no seu lote de aquisições e sou assim. Não tenho medo do todo-poderoso Ethel de Wintar. O que pode fazer? Matar-me? Saiba que não temo a morte, senhor, então desista da ideia de fazer-me temer viver. Aviso-lhe que é inútil. Minha vontade de viver foi forjada na necessidade e na dura realidade longe dos palácios abastados. Se não sabe onde cresceu a égua puro-sangue que comprou, informo-lhe: nos campos de Hessel, pastando com animais usados na lavoura. Aquelas propriedades são exclusivamente minhas, senhor Ethel, e vim aqui dizer-lhe que retire suas mãos e seus olhos delas. Elas têm dona: eu. Não ficarei de braços cruzados, então, se deseja a unidade, sugiro que acate minha determinação e mande retirar imediatamente seus espiões de meu território.

— Você é ousada demais! Como tem a desfaçatez de cobrar-me os termos do acordo de casamento? São cláusulas que valerão se você ficar viúva. Todos os acordos de casamento são assim. Você deveria ler melhor.

— Não, senhor. Eu exigi alterações. Leia. Exigi que meu tio, o duque Jorge, as fizesse. Foram transferidas à minha mãe as propriedades de Hessel, as quais ela, meus irmãos e eu já tínhamos direito desde a morte de meu pai. E, quanto ao meu casamento, exigi os bens para casar-me, não como garantia em caso de viuvez. Eles já são meus. Eu sou a princesa herdeira e governarei tudo um dia, mas hoje sou a legítima senhora e governante de todas as propriedades arroladas no contrato de casamento.

Ethel praguejou e lançou algumas ofensas e palavras de baixo calão contra Sophia, que se limitou a sorrir, encarando-o com um olhar gelado e cortante. Furioso, o senhor de Wintar abriu a gaveta e retirou alguns documentos, sacando o extenso contrato de casamento. A verdade é que não se dera ao trabalho de lê-lo inteiramente. Ethel correra os olhos pelo documento, confiante de que Albrecht o tivesse examinado minuciosamente, assim como o funcionário enviado para as tratativas com o duque Jorge.

— Não perca seu tempo. Leia a cláusula vigésima oitava, na qual estão arroladas todas as propriedades nos três últimos itens — recomendou Sophia.

Ethel empalideceu e depois se tornou violentamente rubro. A linha de seus lábios enrijeceu e suas mãos crisparam-se. O senhor de Wintar balançou ligeiramente e apoiou-se na mesa. "Transferira nada menos do que vinte e cinco por cento de suas propriedades para aquela fedelha arrogante", ruminava enfurecido.

— Acredito que agora entendeu com quem está falando, senhor — falou Sophia. — Somada a essa quantia o que me pertence em Hessel, perceberá que sou a pessoa que passa a pesar em suas negociações ou negociatas, talvez seja esse o termo ideal. Assim como também sou a pessoa que pode influenciar a eleição do imperador e outras questões. O que menos me abalaria seria formar um exército de mercenários e agir à sua maneira, mas não pretendo fazer isso, a não ser que me obrigue. Por isso, vim dar-lhe a oportunidade de retirar seus espiões dos meus domínios e estabelecer nossa política de convivência harmônica.

— Absurdo! Quer convivência harmônica, mas, em sua primeira visita a este palácio, age como se fosse a senhora dele!

Por acaso, pensa que não sei de todos os passos que deu? Não sabe onde se meteu. Você provocou inclusive o monge Ulrich, trazendo de volta a estas terras uma bruxa banida. A senhora provocou a ira da Igreja e a minha.

— É mesmo! Acredito que a bruxa a quem se refere seja a senhora Germana. Ela é uma sábia. O senhor deve a vida do duque Maurício a ela. E engana-se redondamente quanto à minha ação. O monge Ulrich partiu daqui por vontade própria. Ele declarou que o duque morreria, então lhe perguntei se era o confessor do moribundo, a que o monge me respondeu que não. Bem, mandei vir o confessor. Duque Maurício recebeu o sacramento final, mas foi vontade de Deus que sobrevivesse. E tudo isso se deve aos cuidados de Germana. Ela não realizou nenhum ritual de magia, apenas limpou e suturou corretamente os ferimentos. Estancou a hemorragia e a infecção usando água e sabão, tratou a febre com ervas, coisas que o povo usa. Ouse acusar-me ou a ela de heresia, e eu o arrastarei a todos os tribunais possíveis. Juro-lhe que, antes de morrer, se tentar intervir no meu caminho se incomodará muito. Eu não temo a morte e não temo viver, senhor. Lembre-se disso. Em dois dias, espero receber o aviso de que minha casa está limpa. E quanto a Germana, ela seguirá comigo. Não admito ingratidão. Senhor Ethel, tenha uma excelente tarde. Aproveite-a para realizar essas tarefas urgentes.

Dizendo isso, Sophia deu as costas ao senhor de Wintar e, quando já se aproximava da porta, ouviu-o urrar:

— Égua maldita! Tenho pressa em ter um neto. Cumpra logo sua obrigação.

— Eu cumpro minhas obrigações neste contrato, cavalariço. A natureza não depende apenas do meu sangue. Trate dos seus descendentes. Seus espiões já devem tê-lo certificado de que o casamento é fato consumado — respondeu Sophia, imperturbável.

A jovem princesa retirou-se, passando por Albrecht da mesma forma como havia entrado. Somente quando regressou aos seus aposentos, permitiu-se relaxar e sentiu os músculos tremerem. Estava feito! A sorte fora lançada.

XIX
O PASSADO REVELADO

*E o conhecimento seguro dos desejos leva a direcionar
toda escolha e toda recusa para a saúde do corpo e
para a serenidade do espírito, visto que esta é a finalidade da
vida feliz: em razão desse fim praticamos todas as
nossas ações, para nos afastarmos da dor e do medo.*
(Epicuro, *Carta sobre a felicidade*)

Tarde da noite, Sig meditava sobre as inesperadas experiências daquela visita. Se algum dia, alguém tivesse lhe dito que encontraria Germana passeando outra vez nos jardins do palácio de Wintar, acompanhada de um membro da família, rapidamente teria catalogado o indivíduo entre os candidatos a navegar pelos rios da Europa na nau dos insensatos ou a viver recluso em um hospício. Diria, sem medo de errar, que era um louco. No entanto, o fato aconteceu e ele testemunhara.

Não via Germana há mais de dez anos. O impacto dos fatos o remetera diretamente aos dias de sua juventude e às difíceis escolhas feitas. Será que havia nele, bem no fundo, arrependimento pelo caminho escolhido?, questionava-se. Ainda ardia a mesma paixão, o mesmo carinho e admiração por aquela mulher. Sim, amava-a. Viajara muito, percorrera países, conhecera centenas de pessoas, mulheres da nobreza, da realeza até, religiosas, mulheres do povo, ricas, pobres, virtuosas, prostituídas, sadias e doentes, mas nenhuma como Germana. Não para ele. Em todas, vislumbrava um quê daquela mulher, mas não o conjunto.

Somente Germana retornaria àquele palácio depois de tudo que vivera ali nas mãos daquela família.

"O passado é passado", dissera ela em resposta ao seu espanto. Parecera-lhe uma frase tão banal, mas encerrava uma filosofia de vida tão grandiosa, tão aberta e confiante no bem que poderia ser um dos maiores resumos do bem-viver, não fosse tão simples para ser enunciado na cátedra das academias. Lá, onde ele reinava, não poderia simplesmente dizer: "O passado é passado. Vivam e pensem assim e encontrarão um caminho para a liberdade e felicidade". Mas Germana podia. Ela não discursava em torneios filosóficos nem debatia com príncipes. Ela apenas vivia, falava e agia com quem escolhia e queria estar com ela, sem importar-se com quem era. Dava-se ao direito de decidir o tempo e a atenção que dispensaria, mas não a quem.

"Talvez aí esteja o segredo dela", considerava Sig. "Germana domina a arte das escolhas". Talvez ele devesse dizer: a ciência das escolhas. Difícil definir. A arte é um dom. Com frequência inata, os grandes artistas devotam sua existência ao dom que carregam. O artista e a arte confundem-se. Trabalham muito. A ciência é uma conquista, uma vocação. Mas, pensando bem, não há grande distinção entre o que move o artista e o que move o cientista. É provável que seja a mesma paixão com diferente direção. Se havia arte ou ciência, que diferença fazia? Germana sabia escolher, agia conscientemente. Profundos princípios de vida guiavam-na, mas não eram fechados, impositivos; eram princípios de como pensar o viver. Com certeza, ela não debateria nem tentaria convencer a quem quer que fosse, mas já provara que morreria por eles.

Germana escolhera a liberdade. Sig sofrera e doera-se muito na época, ao ouvir a negativa dela. Hoje, sentia vergonha do que tinha oferecido àquela mulher. Disso sim, sem dúvida, se arrependia, mas palavras e ideias uma vez lançadas ao mundo não têm volta.

E refletia abraçado ao travesseiro:

"É, Sig, é por isso que a divindade é sábia e criadora e você é a criatura. Se ainda não percebeu que do cérebro à boca há uma distância que lhe permite pensar no que vai dizer. Também não deve ter descoberto ou pensado que os olhos e ouvidos são dois canais de observação e a boca é a única apta a manifestar-se, mas nem sempre aprendeu a falar, ou melhor, o que e quando falar. Você, renomado orador do império, doutor, ainda resvala na arte de falar quando se trata de assuntos pessoais. Sig, Sig, você precisa falar menos aos outros e mais a si mesmo. Olhe, ouça, observe, pense, sempre duas vezes antes de falar. Palavras não voltam. Palavras são forças vivas. Elas erguem ou destroem uma vida, um país inteiro ou o próprio mundo. E, tantas vezes, se repete o que de fato não é nosso pensamento. Ah, que triste realidade! Nem tudo que se fala, nem todas as ideias que se reproduzem, de boca em boca, ou em mil páginas escritas, pertencem a quem as divulga. Não foram vividas, sentidas, refletidas, pensadas. O mais das vezes, sequer passam pela sanção da crítica interna. São apenas reproduções aprendidas desde a infância ou ensinadas nas academias, onde o que importa é reproduzir a opinião da autoridade, porque aquela é autorizada e aceita sem discussão. Abdicamos da liberdade de tantas formas que nos assustamos ao constatarmos essa realidade. O tamanho de nossa liberdade é mil vezes maior que o tamanho do medo, e o grave erro é temê-la dando ao medo uma dimensão insuperável. Entregamos a ele a chave de nossa existência e, dirigidos por esse sentimento ancestral, não mais fazemos do que reproduzir, reproduzir, reproduzir e reproduzir tudo o que se deseje pensar. E, quando damos a ele o controle da mente, bem, então ele faz o que foi programado a fazer: nos paralisa e mantém vivos, inertes, alertas e aflitos.

"Sim, a liberdade é a saúde, o crescimento, o patrimônio dos filhos de Deus. De que nos valeria um tempo infinito, uma vida infinita, se não fôssemos livres? Como cresceríamos? Sem dúvida, há o preço. Sim, ele é alto. Não é qualquer um que o paga, não é qualquer indivíduo que encontra a moeda da coragem e da ousadia em si. É uma busca. Adão, esse ser pintado pelos artistas, senhor da história que usamos para explicar a vida, talvez não seja, ele mesmo, mais do que a substituição de uma ideia antiga, ainda mais antiga do que ele próprio. Exatamente porque precisamos de um pensamento autorizado para ser reproduzido. Abdicamos da liberdade mais preciosa que temos: a de pensar. Reproduzindo ideias autorizadas, sequer refletimos sobre as falhas. Parecemo-nos com os pássaros que trazem ensinamentos das terras novas e que são capazes de falar, mas que somente dizem o que lhes foi ensinado e esperado que falem. A história de Adão é bela e feia ao mesmo tempo. Essa versão autorizada e sem reflexão gera um mundo hostil e dominador, uma ideia errada a respeito da vida, de Deus, da mulher, do trabalho, do saber, da liberdade e do sexo. É a história de um mundo gerado pela ira, pela intolerância e pelo autoritarismo. É, sem dúvida, difícil de engolir quando se pensa e se questiona, mas fácil de aceitar quando "ideias autorizadas" se tornam antídotos contra o medo. Como questionar Deus ou o que me ensinam a respeito do que Ele seja? É mais fácil não pensar, do que sentir. É. Pensar é um ato livre, uma manifestação de vontade de usar e desenvolver um potencial; sentir é automático, sem escolha. Santo Cristo! O que aconteceria se eu escrevesse tudo isso? Com certeza, acabaria minha carreira. Devo ser grato a Deus porque pensar não faz barulho, ninguém escuta meus pensamentos nesta noite insone, somente meu travesseiro. Eu também sou responsável pelo fantasma do medo que ronda tantas mentes, inclusive a minha. Eu não tive e, quiçá, ainda não tenho, a moeda interior para pagar o preço de dizer-me livre, não tanto quanto Germana", Sig refletia.

As memórias invadiram a mente de Sig, e ele viajou no tempo, voltando décadas e reencontrando-se consigo mesmo quando era ainda um aspirante ao que se tornara: um teólogo começando carreira e abandonando os altares das igrejas para discursar nas cátedras universitárias. Aos poucos, tornara-se um pregador para pregadores, um orientador. Fora assim que chegara a Erfurt pela primeira vez. Lembrou-se de colegas da época, alguns inexpressivos, outros com medos exagerados, com desejos exacerbados de santidade, querendo uma experiência com o Divino a qualquer preço. Mas, usando somente a emoção, chegavam apenas ao fanatismo e à doença. Alguns desses, hoje, eram padres em remotas aldeias e pequenas cidades; outros circulavam pelas universidades e entre os nobres e políticos, semeando ideias perigosas para os que não conheciam a nascente delas. Recordou-se de Lutero. Encontrara-o jovem em Erfurt. Cobrava-se tanto, pobre criatura! Tinha uma visão tão triste do mundo e do homem. Tantas repressões! Tanta rigidez! E aquela exaltação emocional descontrolada, como toda exaltação. Pudera! Enxergando o mundo por aquela ótica, só havia desespero. Sequer Deus servia-lhe de consolo ante a visão do homem que ele alimentava. Via a humanidade como uma estrutura corrompida, conspurcada, podre, de natureza essencialmente má. Partindo daí, como desejar uma experiência de unidade com a vida, com Deus? Como chegar à mensagem de Jesus: "Eu e o Pai somos um"? Pobre moço! Fora um grande torturado pelas crenças que alimentava e agora bradava sua libertação em revolta e protesto.

Apesar das diferenças, eles conversavam muito. Sig apreciava analisar as pessoas e as construções ideológicas que surgiam de suas vivências mescladas às "ideias autorizadas", ou melhor, à interpretação e reelaboração das ideias autorizadas, tingidas com as emoções de cada um. Por isso, Germana fora uma corrente de ar limpa e fresca penetrando em sua vida e fascinando-o.

Conhecera-a em uma missa que oficiara na cidade. Ainda via seu olhar curioso e descrente acompanhando-o. Enquanto toda congregação ouvia-o com a cabeça baixa, Germana apoiava-se em uma das colunas, perfeitamente relaxada, calma e concentrada. Percebeu que aquela mulher compreendia o que ele dizia e isso era uma raridade. O olhar, às vezes iluminado por um riso vindo da alma, mas que se expressava no rosto apenas como a sombra de um sorriso, revelava que ela compreendia latim, pensava e questionava o que ouvia. Germana desconcentrou-o, e aquele foi o primeiro olhar que trocaram. O pregador no púlpito calou-se e a moça encostada à pilastra sorriu e baixou a cabeça, por um milésimo de segundo, nada mais.

As tranças loiras brilhavam sob o véu de renda branco que lhe cobria a cabeça. Estar na parte da igreja destinada à plebe e o vestido simples diziam que aquela jovem era do povo, mas Sig não conseguiu afastar o olhar dela. Quando Germana voltou a erguer a cabeça e encarou-o com um riso no olhar, Sig sentiu, pela primeira e única vez em sua vida, seu peito aquecer-se. Foi com sacrifício e prática que conseguiu desincumbir-se da tarefa. Repentinamente, tivera sua mente assaltada. Germana roubara-lhe, sem querer e sem saber, todo conteúdo de seu discurso e sua capacidade como orador. De repente, Sig perdeu a eloquência e por pouco não gaguejou. Restara-lhe somente o insano desejo de conhecer aquela jovem loira e risonha, que parecia ser a única a compreendê-lo entre aquele mar de cabeças que via a partir do púlpito. Se tivesse dado voz aos seus pensamentos teria dito: "Venha cá!". Ou teria esquecido os outros e simplesmente descido do púlpito e ido até ela para conhecê-la. Mas o ritual religioso não permitia tal feito e logo Sig sentiu sobre si o olhar intrigado do superior, cobrando-o e questionando-o, silenciosamente, a respeito das razões daquela mudança.

Terminada a cerimônia, Germana saiu. Foi então que Sig notou que a jovem estava acompanhada pelo médico da cidade, que tivera a oportunidade de conhecer alguns dias atrás.

"Saudoso doutor Gunter!", pensou Sig, recordando-se do rosto simpático do médico alegre e bonachão. Um espírito leve, franco, honesto, amoroso, que dedicou sua existência à pequena família e ao trabalho, amando a ambos com igual dedicação e entrega. Sig foi tomado pela saudade daquelas tardes frias, em que, no aconchego da sala aquecida pela *Kastenofen*[5] alimentada à lenha, ainda novidade naqueles dias, conversavam e liam apreciando chás, licores e pães. Com frequência, eram interrompidos

---

5. *Kastenofen*: fornalhas de ferro com chapas retangulares presas por parafusos, com formato de caixa, que não ficava presa à parede e por isso distribuía com maior intensidade o calor do que as lareiras. Criada no sul da Alemanha, no século XV.

por doentes a pedirem ajuda ou por familiares requisitando o auxílio da mãe de Germana em um parto. Às vezes, eram atendidos e integravam-se à conversa; outras vezes, um deles saía, mas o assunto continuava. "Ah, como havia sido boa aquela época!". Fora assim que a atração por Germana tornara-se um amor intenso e proibido. Não sabia explicar aquela atração, mas ela fora a porta para o amor. Esse sim não poderia dizer ao certo quando nascera, mas onde sim: naquelas tardes frias de boa conversa e livre pensamento. Germana não se encolhia como muitas mulheres para debater assuntos científicos ou filosóficos. Ela amava o saber, e seu pai não regateara no prazer de ensiná-la. Ao contrário. Dera a ela o melhor ao seu alcance e a estimulara a seguir e buscar, por conta própria, o desenvolvimento de seu intelecto, sem medo ou preconceitos de que isso não ficaria bem a uma menina. Gunter notou as asas no pensamento da filha e deixou-as crescer e se exercitar. Aquele homem inteligente também viu o que se passava em seu coração. Lembrou-se da conversa que tiveram, caminhando sob as árvores que margeavam o trajeto do sítio até a universidade. De um assunto a outro, de repente, discutiam a felicidade.

— É a única coisa que realmente importa nesta vida, Sig. Você é doutor em filosofia e teologia, e eu o admiro por isso. Eu realmente amo a mãe de todos os saberes, mas a vida ensinou-me a ver no homem fatos simples e práticos. Coisas que eu batizei como a filosofia do bem viver. E a felicidade ocupa um espaço importante nesse saber, pois quem a conquistou tem tudo e quem não a possui tudo faz no afã de possuí-la.

— Concordo. E a maioria das pessoas enquadra-se na segunda opção: fazem qualquer coisa para possuí-la.

— Sim, fazem. Mas há uma séria questão: não refletir para entender o que é felicidade para si.

— Como? Eu não acompanhei seu pensamento, doutor Gunter.

— Simples, Sig. Anos e anos entre doentes mostrou-me que somos iguais em relação à dor. Se eu lhe disser que sinto uma dor de cabeça ou uma indisposição digestiva, você me compreenderá perfeitamente. Será solidário e, afoitamente, desejará fazer cessar minha dor, ensinando-me, de boa-vontade, tudo que sabe ou fez para curar seus males. A dor nos irmana e nos iguala. Entretanto, o mesmo não se dá com o prazer e a felicidade. Cada ser tem seu próprio modo de experimentar essas vivências. Compartilhamos o mesmo gosto com algumas pessoas, mas não posso dizer que sinto o mesmo prazer que elas. E observe: se eu digo que gosto de amoras, você pode me dizer que também gosta, desde que não sejam muito doces, pois prefere as frutas mais ácidas. Nem você nem eu daremos receitas um ao outro de como ter mais prazer com as amoras, não é verdade?

Surpreso, Sig sorriu, pensou e respondeu:

— Sim, é assim. Vivi tantos anos em universidades entre professores e livros, que essa visão tão direta me surpreende. Seu argumento é objetivo e cotidiano. Interessante seu modo de pensar!

— Extraído dos anais da vida e da morte humanas — brincou doutor Gunter. — Escrito no dia a dia das almas com quem convivo. A felicidade é a grande busca do homem. Desejamos ser felizes, mas encontrei poucos indivíduos, até hoje, que pensam na felicidade pessoal, em empregar seu tempo e sua vontade naquilo que lhes traz bem-estar, naquilo que é seu desejo. A maioria imita a vida dos familiares que os precederam e repete o coro de insatisfações e desejos reprimidos que permeia a sociedade. Essas pessoas anseiam ser felizes, mas não têm atitudes concretas para serem aqui e agora. Então, pensam que serão felizes no paraíso depois da morte, que serão felizes quando tal ou tal coisa ou situação mudar ou quando alguém nascer ou morrer. Pensam em uma busca exterior e em ter, quando, na verdade, a questão é interior e de escolher ser feliz a cada momento e situação da vida.

— Escolher ser feliz a cada momento e situação da vida — repetira, pensativo. — Não há situações em que estejamos privados dessa possibilidade?

— Não, meu amigo. Não há — afirmou doutor Gunter, categórico. — Aliás, corrijo-me, a loucura não permite escolhas conscientes e sadias. É a única exceção, em meu modesto ponto de vista.

— E os outros? E a sociedade? E as organizações que temos e possuem suas regras? Não têm influência? — questionou Sig, pensativo.

— Não, não têm.

— Eu não posso concordar com tudo que diz, doutor. Reconheço que há uma bonita filosofia de viver em seu pensamento, mas dizer que podemos escolher tudo me parece exagerado, doutor Gunter. Eu não creio que todas as coisas que vivi, senti ou que vivo e sinto sejam fruto de minha livre escolha.

— Não creia — respondeu doutor Gunter, calmo. — Você crer ou não nisso muda pouca coisa. Um fato é um fato, em que pese eu estar sendo redundante e pouco esclarecedor ao definir uma coisa por ela mesma. No entanto, há situações que são assim.

— É indiferente crer ou não em meu amplo poder de escolha... Isso me parece ainda mais estranho — retrucou Sig. Não compreendo como algo que faço possa ser-me indiferente.

— Mas existem muitas coisas às quais se aplica esse conceito, meu amigo — advertiu doutor Gunter, escondendo as mãos na capa para protegê-las do frio. — Talvez eu possa trocar a palavra crer por "ter consciência", por saber o que se está fazendo.

Sig refletiu enquanto acompanhava o amigo silenciosamente na caminhada. Lembrou-se o quanto aqueles preciosos segundos de introspecção tinham influenciado sua vida dali em diante.

— Sim, agora compreendo. É fato. Fazemos muitas coisas sem saber o quê ou o porquê de estarmos fazendo. Não nos damos conta. É falta de pensar.

— É. Ouso dizer que a humanidade é carente disso.

Sig caíra em outro momento de introspecção. Doutor Gunter, então, apenas o olhou e continuou a caminhar.

— É mesmo! Tem razão, doutor Gunter. Pensamos pouco e reproduzimos muito o que outros pensaram por nós.

— Sim. E não pensar é uma escolha. Ao fazê-la, eu responsabilizo-me por tudo e por todas as coisas que fizer em decorrência disso. Viver sem pensar é uma escolha muito triste e nos conduz diretamente à infelicidade, aos vícios e às doenças deles decorrentes. Não pensar e não prestar atenção à vida só gera tristeza e sofrimento.

— Concordo, mas tenho uma dúvida: não será um privilégio nosso enxergar isso e poder conversar a respeito? Será que todos os indivíduos poderão usufruir dessa possibilidade de pensar sobre a vida?

Doutor Gunter parou, cravando o olhar em Sig. Lembrava-se bem daquele olhar penetrante e absurdamente incrédulo e sustentara-o por alguns segundos até que ele se transformara em um espelho, no qual vira refletidos o próprio orgulho e a vaidade intelectual. Então, envergonhado, baixara a cabeça. Mas doutor Gunter não o poupou e, com voz decepcionada e severa, disse:

— Todo homem nasce capaz de pensar em e por si mesmo, Sig. Do contrário, a vida seria uma grande bobagem, coisa que absolutamente ela não é.

— Falei sem pensar — Sig tentou justificar-se.

— Então, preste atenção na vida e em si, pois certamente já tomou muitas atitudes sem saber o quê ou por que as estava realizando. E, então, arrependeu-se e envergonhou-se, exatamente como fez agora. Entendeu o que eu lhe disse? Sempre escolhemos, a cada minuto, a cada palavra. Qualquer coisa que fizermos neste mundo é fruto de uma escolha pessoal. Saber que assim é feita a vida e que delas derivam sua felicidade ou infelicidade é fruto direto do pensar e de estarmos atentos.

Os dois homens continuaram caminhando em silêncio, cada um envolto em seu próprio mundo. Sig pensava na conversa e no quanto ela mexia com seu mundo íntimo, naqueles dias, torturado pela divisão entre dois amores: a vocação e Germana. Doutor Gunter, por sua vez, entregou a mente à paz e ao silêncio interior, permitindo-se apenas ouvir os sons da natureza que os cercava, sentir o sol e o frio na pele do rosto e respirar.

Quando pararam em frente aos portões da universidade para se despedirem, doutor Gunter encarou-o sério e sereno ao dizer-lhe:

— Sig, eu gosto muito de você. Apreciaria tê-lo em minha família, mas jamais como um homem dividido, insatisfeito, e menos ainda como alguém que agisse levado pelas necessidades e que fosse mais um a viver sem pensar em si e por si. Eu e minha esposa educamos Germana para ser feliz. Portanto, peço-lhe que pense e faça suas escolhas com consciência. Seja feliz! Passar bem, amigo.

Sig acenara em despedida, pois doutor Gunter, mal terminara de pronunciar a última palavra, saíra caminhando a passos largos. Entendera que ele não queria uma resposta apressada, mas que Sig pensasse. Aquele homem lera sua alma e sabia o que ele sentia e a confusão de seu pensamento.

E ainda assim, torturado pela paixão e pela insatisfação, fora capaz de propor a Germana que tentassem viver conciliando a vocação sacerdotal de Sig e o amor que os unia.

Aquele sorriso calmo com que ela o dispensara, declinando o pedido de viver como sua amante, demorara meses a ser plenamente entendido.

— Eu não ouvi o que disse, Sig. Mas, se realmente me ama, não repita. Prefiro ser eu mesma e ser amada à distância do que, com o passar do tempo, me tornar uma sombra e ser odiada, esquecida ou me tornar a causa de mantê-lo em permanente divisão interior e tortura. A Igreja o aceitará assim; eu não.

Tantos anos e ainda se lembrava de todas aquelas palavras. Tentara tocar-lhe o rosto, retê-la, apelar para a paixão que também via em seu olhar, mas Germana afastara-se. Dera-lhe as costas e caminhara segura, sem dramas nem dilemas, para longe dele.

No dia seguinte, Sig pedira uma missão em Roma e partira para afastar-se dela. Ingo fora seu amigo e confessor. Ouvira-o calado, mas, somente na manhã da partida, entendera o quanto ele amava Germana e como esse sentimento era diferente do dele, quando Ingo disse:

— Eu não tenho coragem de viver longe dela. Seja feliz, Sig!

"Escolher, pensar, conhecer-se. Não, não. O doutor Gunter diria: pensar, conhecer-se e escolher", esse foi o último pensamento de Sig, antes de ser vencido pelo cansaço e adormecer abraçado ao travesseiro.

XX

NOVAS ESCOLHAS, VELHAS RAZÕES

Convém, portanto, avaliar todos os prazeres e sofrimentos de acordo com o critério dos benefícios e dos danos.

(Epicuro, *Carta sobre a felicidade*)

Maurício amanheceu bem, e, com segurança, Germana declarou-o em convalescença. O perigo se fora. Sophia sorriu e, aproximando-se do leito, descobriu-o, ergueu a camisa interior que o duque usava e examinou os ferimentos em seu abdômen. Depois, fez o mesmo com a perna. Germana, tranquilamente, afastou-se, deixando a princesa constatar por si mesma os progressos do paciente.

— Está bom, mas ainda precisa de alguns dias de cuidado até a perfeita cicatrização. Certo, Germana? — falou Sophia após o exame.

— Sim, correto.

— Quantos dias você calcula para a cicatrização total, Germana?

— Talvez uns sete dias, mas ele deverá cuidar-se por mais tempo em razão dos ferimentos internos, pois ainda não estão completamente...

— Eu sei, Germana. Pode falar. Eu não temo o desconhecido. Ao contrário, ele me atrai e fascina.

Constrangido com o exame da cunhada, mas, ao mesmo tempo, encontrando um prazer lascivo e proibido no toque suave da jovem princesa em sua carne, Maurício manteve-se calado e com o pensamento distante da conversa das duas. Sua mente viajara para prazeres distantes e perigosos, conduzidos pelo toque de Sophia.

— Se sabe, não precisamos falar. Sophia, esse palácio tem excelente audição e vê o que nem sempre existe, entende?

— Sim, entendo. Descobri isso em minha própria residência, mas acredito que esses olhos e ouvidos não pairem sobre mim. Não mais.

— Não se iluda — advertiu Germana. — Admirei sua coragem e agradeço-lhe a proteção, mas é melhor não abusar. Eu não o temo, nem temo a morte, mas, tanto quanto possível, vivo longe de seus olhos e ouvidos, pois sei que a Terra ainda tem muito a me ensinar.

— Eu mandei buscá-la. Não precisa agradecer-me. É meu dever, Germana. Aliás, gostaria que você fosse morar comigo assim que Maurício estiver bem. O que acha?

— Agradeço-lhe, mas meu lugar é em Erfurt.

— É perto demais — lembrou Sophia.

— O perigo é bom para a alma, Sophia. Ajuda-nos a desenvolver a sensatez e a coragem. Sem ele, seríamos criaturas amorfas.

— Tem certeza? — insistiu Sophia.

— Absoluta. Viver em Erfurt é uma decisão antiga. Se precisar de mim, sabe onde me encontrar. Atenderei com alegria ao seu chamado, mas não me mudarei daqui. Significaria referendar o medo, e tenho lutado minha vida inteira para mostrar que não há razões para ceder tanto e que o poder absoluto e irrestrito que ele usa é dado pelos outros, mas não é dele.

Sophia cobriu Maurício e afastou-se. Encarando Germana, sorriu e comentou segura:

— Você também o considera um covarde. Por isso não teme viver aqui.

— Por isso, você veio enfrentá-lo em seu território — retrucou Germana.

— Sabe, Germana, eu tenho visões desde que era criança. Sempre convivi com elas e, com o passar dos anos, aprendi a entendê-las e usá-las como guias em minha vida. Eu sabia para onde estava indo e com quem conviveria.

— Eu também. O monge Ulrich tentou lançar-me à fogueira no passado. Acusou-me de bruxaria. Vivi alguns meses nas masmorras deste palácio, um local que não desejo rever, mas... Há forças muito maiores do que os excessos de alguns covardes e fanáticos ensandecidos por falta de prazer. Eu, sinceramente, tenho dificuldade de compreender algumas condutas humanas, como essas escolhas desnecessárias pela dor e pelo sofrimento, que os levam à loucura. Mas... são coisas que a Terra ainda haverá de ensinar-me — brincou Germana. — Não sairei daqui enquanto não entendê-las.

— Tem certeza de sua decisão, Germana? Eu adoraria tê-la comigo. Gosto de você. Pode ser perigoso, muito perigoso, lidar com fanáticos ensandecidos.

Maurício, após Sophia se afastar, acompanhara a conversa e decidiu intervir:

— Não se aflija, Sophia. Germana tem amigos que zelam por sua segurança. Eu cuido dela.

Germana aproximou-se do leito do duque, acariciou os cabelos de Maurício com desvelo maternal e sorriu agradecida. Sophia compreendeu que havia mais elementos naquela história que ainda não conhecia.

— Está bem. Cuide bem dela, pois Germana salvou sua vida.

— Sophia, salvar-me parece ser a missão de Germana. Ela é meu anjo guardião — informou Maurício. — Nenhuma fogueira a queimará enquanto eu viver. A Igreja não manda em mim. Já é tempo do papa ficar sentado em Roma e não lançar olhares sobre nosso império e sobre quem vive aqui. No que depender de minha posição, expulsarei esses monges fanáticos para longe de nossas fronteiras. E, quanto ao meu pai, fique tranquila, Sophia. Ele não encostará em um fio de cabelo dela. Ele é um covarde. Vocês têm razão sobre isso. E se há algo que domina um covarde é o medo. Meu pai teme Germana, teme as visões dela. Ele fica longe dela por conta própria. Mas eu o vigio mesmo assim.

Sophia olhou curiosa para os dois e, sentando-se na poltrona, disse imperativa:

— Estou bem acomodada. Contem-me essa história em detalhes, pois acredito que seja muito longa.

Maurício riu e, segurando a mão de Germana, provocou Sophia:

— Você quer mesmo saber da vida de uma bruxa?

— Quero — respondeu Sophia categoricamente.

— Parem com isso — interveio Germana, soltando a mão de Maurício e sentando-se na cama. — Minha história é simples e comum, Sophia. Como sabe, sou filha do antigo médico e da parteira da aldeia. Infelizmente, meus pais faleceram há alguns anos. Aprendi muito com os dois, em todos os sentidos, não só com relação ao trato com doentes. Tínhamos uma vida familiar diferente da maioria. Além de filha, eu fui a única e especial aluna que eles tiveram para ensinar, portanto fui uma pessoa privilegiada. Desde a infância, tenho visões e uma fortíssima intuição. Simplesmente há coisas que eu sei que serão ou não serão de tal ou tal maneira, compreende?

Sophia sorriu misteriosamente e balançou a cabeça, demonstrando compreensão. Germana prosseguiu:

— Trabalhando com meus pais e lidando com a saúde humana, isso se potencializou muito. Eles logo perceberam. Na época, as fogueiras ainda ardiam rapidamente e havia algumas vozes contrárias, mas tudo dependia da autoridade religiosa local. Foi quando o monge Ulrich assumiu a direção religiosa da região, tornando-se muito influente junto aos príncipes eleitores. Sabiamente, meus pais orientaram-me a contornar a fogueira. Trataram esse dom que tenho com naturalidade, ensinando-me a ler filosofia antiga e a compreender que esses fenômenos são presentes em toda história da humanidade, como na vida de Jesus e na de outras pessoas comuns. Contaram-me, então, a história de minha avó paterna, que, assim como eu, tinha visões, intuições e muitas habilidades para curar e tratar animais. Veja que interessante... Ela teria sido uma maravilhosa cuidadora de humanos, mas a ignorância humana relegou a sua potencialidade às cocheiras, aos galinheiros e aos campos. Muitas vacas tiveram suas vidas salvas por ela, segundo meu pai. Ela era ainda mais bruxa do que eu! Contaram-me que minha vó conversava com os animais e que eles pareciam entendê-la, pois obedeciam-na. Não fui relegada às cocheiras, mas aprendi a calar-me. Há um preço a ser pago pelo uso e pela vivência de nossa própria vontade e de nossos sentimentos e pensamentos: o silêncio. Tal qual os animais, as pessoas têm uma grande tendência a viverem em bandos, nos quais alguns impõem sua vontade e lideram o restante do grupo, estabelecendo regras. Além disso, há na sociedade uma ideia de que é preciso ser e viver da mesma forma que os outros. Uma igualdade estúpida. Algo que se parece com as batinas e uniformes, que, teoricamente, igualam todos e, dizem, nos protegem da vaidade. Eu penso que tais trajes nos escondem de nós mesmos. Mantêm-nos encobertos e com nossas vontades sufocadas. Tire essa ilusão e verá o homem real: provavelmente com medo de si e tomado de dúvidas a respeito da própria vida e do próprio destino.

Sophia arregalou os olhos, surpresa e encantada com as ideias de Germana. Vislumbrava nela paz e liberdade interiores, o segredo de seu equilíbrio e de sua felicidade.

— Bem, eu aprendi a viver, conhecer-me e aceitar-me como sou. Assim fui educada. E meus pais diziam que não teriam outra forma de educar-me, pois os germes do que sou, alguns já muito desenvolvidos, nasceram comigo e vêm de outras vidas. Então, eu vivo com naturalidade o fato de que este mundo material é cheio de ilusões e que a maioria de nós ainda não percebeu isso, trocando, assim, a realidade pela ilusão e, obviamente, sofrendo. A maioria de nós faz a escolha errada e arca com as consequências para aprender. Não há um mundo sobrenatural, não há fantasmas nem demônios, anjos e santos. Existe uma humanidade fora do corpo, fora da matéria, só isso. O imperador Marco Aurélio já dizia que somos almas carregando cadáveres. Nada de novo, como se vê. Na época do Império Romano, alguns homens se deram conta de que a grande realidade é a alma e a ilusão é o corpo. Por consequência, você descobrirá ilusões em toda vida material. Esse é o resumo da vida de uma bruxa, Sophia. O resto são fatos, passados e esquecidos. Os fatos só têm importância em razão do aprendizado que deles extraímos. Fora isso, estão atrelados ao tempo e não voltam mais. Esqueça-os. Aprenda as lições, guarde boas recordações e viva o presente com olhos no futuro.

— Você resume sua experiência de vida à conquista da sabedoria — comentou Sophia e rindo reclamou: — Não me contou uma só história de assombrações e espíritos.

— Não vivo de história. Isso é perda de tempo — retrucou Germana.

— E o monge Ulrich, meu sogro, e a falecida sogra, onde eles entram nessa história? — insistiu Sophia.

— Eu e a princesa Martha éramos amigas desde a juventude. Tínhamos a mesma idade. Ela confiava em mim mais do que em Ulrich. Escolheu-me para ser sua parteira e dispensava sempre que possível os atendimentos do monge. Isso despertou nele a inveja. Infelizmente, não aprendi a calar-me completamente e algumas pessoas sabiam de minhas visões. Naquela época, eu havia atendido junto a meu pai uma família que tinha uma criança seriamente doente. Vi que o menino não sobreviveria e, aconselhada ou mal aconselhada pela piedade, procurei conversar com a mãe da criança, orientá-la, fazê-la aceitar a vontade de Deus e as necessidades da vida de cada um. Tentei fazê-la entender que estava prejudicando aquele anjo com sua insistência em mantê-lo vivo naquele corpo doente e pensar sobre as ilusões da vida, para que compreendesse um pouco além as coisas.

Germana interrompeu a narrativa e suspirou, olhando para o céu pelas vidraças da janela.

— O menino morreu naquela noite, após a conversa. Contaram-me que ela saiu correndo de casa para a abadia do monge Ulrich, acusando-me de bruxaria e de ter matado seu filho para entregar a alma da criança ao demônio. Era o que ele precisava. Fui processada pela Igreja e fui mantida nas masmorras por alguns meses. Mas aguentei e, no final, fui libertada. Sua sogra, Maurício, Ingo e doutor Sig foram meus defensores. Fui brilhantemente defendida e absolvida da acusação, uma caso raro. Mas confesso que tive pesadelos e ainda os tenho, sentindo a fogueira arder sob meus pés.

Sophia calou-se. O fato era grave. Não comportava brincadeiras. Fanatismo religioso era algo que a repugnava, mas não ignorava nem menosprezava sua força. Não pretendia envolver-se em disputas com a Igreja e preferia viver à certa distância, na segurança de sua sombra. Ser mais uma entre os fiéis que entravam e saíam dos templos era um sonho, porém sua posição social não permitia tanto. Dentro das possibilidades que tinha, Sophia propusera-se a ser mais uma nobre apenas. Os tempos tornavam-se difíceis e, nessas horas, ser mulher podia ser uma bênção ou uma maldição. Podia usufruir da bênção de não ser aceita em debates ou em conversas filosófico-religiosas, reservadas exclusivamente aos homens, assim facilmente poderia manter-se distante das acaloradas divergências entre parte do clero do Sacro Império Germânico e Roma. No entanto, a Igreja temia conhecimento e endemoniava o feminino e, perante ela, uma mulher culta, instruída e com liberdade de pensar o mundo era candidata aos horrores da Inquisição. Ainda restavam cinzas, brasas e pessoas com vontade de assoprá-las. Germana tinha razão.

— Desculpe a brincadeira. Eu não pretendi desfazer-me de suas crenças e vivências. Ao contrário, eu a entendo — manifestou-se Sophia, séria. — Você é muito sensata e inteligente, a admiro. Compreendo sua negativa ao meu convite, pois eu, em seu lugar, faria o mesmo. Seu inimigo a espreita e é poderoso. É melhor mantê-lo sob vigilância. Isso evita surpresas. Depois de saber desses fatos, não sei como agradecê-la por ter vindo até aqui. Você é muito corajosa.

Germana levantou-se e andou até a janela, surpreendendo-se ao ver Ingo e Sig nos jardins. Sorriu, esquecida do assunto, e virou-se para Maurício, examinando rapidamente com o olhar.

— Você está bem. Se me permitem, vou deixá-los. Vi meus amigos no jardim. Deduzo que isso não é uma feliz coincidência. Irei vê-los e, se for possível, retornarei a Erfurt com Ingo.

Maurício retribuiu o sorriso e levantou a mão direita, à guisa de autorização e adeus, ao responder-lhe:

— Vá!

Germana retirou-se rapidamente. Sophia observou-a calada e pensativa.

— Assustou-se? — perguntou Maurício.

— Com o quê?

— Ora, com a história de Germana, é claro.

— Não. Surpreendeu-me, admito. Mas assustar-me, não. Admiro Germana. Gosto de mulheres como ela.

— São raras — lembrou Maurício e enfatizou: — Joias raras.

Isso trouxe um pequeno sorriso ao rosto sério de Sophia.

— Considera-as mesmo como joias? — indagou a jovem princesa.

— Sim, joias raras — repetiu. — Minha mãe não era tão forte como Germana, mas era uma mulher ousada e foi uma política habilidosa, embora tenha vivido à margem. Tenho procurado, mas é difícil encontrar mulheres assim.

Maurício encarava-a ao falar e prosseguiu:

— Talvez você faça parte desse grupo.

— Eu?! Não sei. Nunca pensei em mim mesma como integrante de um grupo. Sou excessivamente individualista — respondeu Sophia. — E não sei viver à margem. Não tenho habilidade política.

— Não? E como explica o que fez com Germana, Ulrich e meu pai?

— Simples: eu jogo o jogo deles e os enfrento em suas arenas. Disse-lhe: eu não sei viver à margem. Eu vivo na correnteza. É assim desde que me entendo por gente. Não fui educada como uma princesa, ou melhor, apenas como uma. Da refinada educação, recebi a dose mínima; da vida real e de suas necessidades, entretanto, recebi a dose maior. Isso me fez uma criatura híbrida, eu diria.

— Como as sereias? — indagou Maurício, persuasivo. — Encanto, sedução e um reino nas profundezas, que conduz à morte.

Sophia riu com gosto e levantou-se. Encaminhando-se à saída, a jovem princesa falou:

— Você já está praticamente curado, duque. Não finja estar delirando para dizer disparates. Eu vivo na terra. Não pretendo seduzir nem encantar, muito menos matar. Sou pacífica. Apenas vendi meu corpo a uma poderosa família, fato comum do qual não sinto orgulho. Aliás, penso que isso me aproxima muito mais das prostitutas do que dos seres míticos. No entanto, fiz o que era necessário e vivo como posso, tentando ser feliz com o que a vida me oferece. Adeus, duque. Estimo suas melhoras.

— Virá me visitar amanhã? Posso ter uma recaída...

— Não terá. Cuide-se para não sofrer outras emboscadas. Seu inimigo, seja por qual motivo for, o espreita. Cuide-se.

Maurício ficou sério, esquecendo-se do encantamento que sentia pela cunhada. Ela o chamava à realidade. Não haveria recaída, mas poderia sofrer outros atentados. Alguém queria tirar-lhe a vida. A razão? O poder, talvez. Como se o rosto de quem suspeitava pairasse sobre sua fisionomia e se refletisse em seu olhar, Sophia sacudiu a cabeça, incrédula.

— Será? Não creio.

Ciente de que ela entendera sua desconfiança, Maurício balançou a cabeça e fitou-a com pesar ao dizer:

— Aparências enganam, bela cunhada. Devia saber disso.

Temendo os rumos da conversa e a discreta indireta à sua situação, Sophia apressou-se em sair. Acenou um adeus e retornou rapidamente aos seus aposentos.

Sophia sentou-se em uma poltrona na saleta íntima e fitou a paisagem além das janelas. Analisava o intricado quadro com o qual se deparava naquela família, cuja fama sanguinária precedia o nome. Fora ingênua. Logicamente, eles não teriam um comportamento fora e outro dentro do núcleo familiar. Erro de percepção, mas ainda havia tempo de corrigir. Sempre soubera onde pisava, agora sentia que era úmido como o sangue dos Wintar. "Hora de partir! Não há mais o que fazer no palácio", decidiu.

Sophia chamou Bernadete e ordenou-lhe a procurar Johannes, para informá-lo de que tinha urgência em lhe falar e que viesse ao seu encontro imediatamente.

Bernadete olhou-a desconfiada. Ao longo daqueles dias, afeiçoara-se à pequena e intrigante Sophia e percebera que a princesa caminhava em terreno perigoso. Como avisá-la era sua aflição.

Naquele momento, como em outros, gaguejou o início de um alerta:

— Senhora... senhora... É preciso ter cuidado...

— Tome todo cuidado que julgar necessário, Bernadete. Tenho urgência em falar com Johannes, mas você não precisa se matar para cumprir minha ordem.

— Não é isso, senhora... é que...

— Bernadete, vá! Eu tenho pressa.

Desistindo de falar o que pretendia e levando um nó na garganta, a criada virou-se e saiu. Enquanto caminhava pelos extensos corredores e percorria as escadarias, pensava em um modo de contar o que sabia a Sophia. "Ela precisava saber".

Cheirando à bebida alcóolica e levemente trôpego, sugerindo que a visão já não era das melhores, Johannes apresentou-se sorridente à porta dos aposentos conjugais.

Sophia surpreendeu-se com a transformação do marido: por dias, ele portara-se como um beato, um religioso fanático e devotado ao irmão. E agora, novamente bêbado, apresentava-se dominado pelo vício. "Como podia ser?", indagava-se, incrédula, diante da pessoa que tinha sob o olhar.

— De novo, Johannes? — ralhou Sophia, com raiva. — Não podia conter-se um dia mais? Afinal: quem é você? Eu não o entendo.

— Não se casou comigo para isso. Meu pai não foi claro com você a respeito dos propósitos deste casamento? Comigo foi! Deu-me um ano para engravidá-la.

Sophia arrepiou-se de pavor, mas respondeu:

— Ele lembrou-me das razões pelas quais me comprou: para gerar e parir e herdeiros, como uma égua reprodutora. Mas não recebi um ultimato de tempo.

— Eu recebi.

Furiosa, Sophia esfregou os braços para acalmar os arrepios e andou alguns passos, enquanto seus olhos lançavam chispas. Tinha ímpetos de mandar enfiar o marido na carruagem com as bagagens sem mais explicações e sair dali naquela noite. Mas sabia que essa manobra revelaria fragilidade. A raiva cega é burra e apenas destrói. E nem sempre destrói o que é necessário ou na medida certa. É comum exceder-se, errar o alvo, queimar na própria fogueira, revelando fragilidade emocional, descontrole. Um inimigo como seu sogro tiraria partido de uma batida em retirada nesses termos. Ele colocaria o pé de dominador em seu pescoço, impondo seu jugo. Por isso, Sophia deu as costas ao marido — era melhor não vê-lo. A sabedoria popular ensina: longe dos olhos, longe do coração — e andou até o balcão para respirar o ar fresco da noite. Mais controlada, disse-lhe:

— Não discutirei esse assunto aqui e agora. Trataremos disso depois. Sabe que ele não me agrada mais do que a você. Mas, chamei-o aqui para dizer-lhe que nossa visita terminará em dois dias. Prepare suas coisas. Boa noite!

Johannes apoiou-se no encosto de uma poltrona, sentindo-se tonto. Olhou Sophia, empertigada e visivelmente irada, e riu.

— O que foi? Qual é a graça? — indagou Sophia irritada.

— Você, minha esposa. Já se olhou no espelho? Você é pequena, franzina, mas porta-se como se fosse uma imperatriz. Você não se enxerga mesmo. Eu sou o príncipe herdeiro dos Wintar.

Sophia voltou-se e encarou-o. Seu rosto era rígido como pedra e somente seus olhos brilhavam, incandescentes de fúria. A voz da jovem adquirira um poder maior, um tom mais grave e cavernoso, e pausadamente, enfatizando as últimas frases, disse-lhe:

— Você está bêbado, Johannes, mas sua inteligência, entre outras faculdades, deixa a desejar. Nossa conversa terminou. Volte ao seu quarto e aos litros de bebida que cercam sua cama. Não me faça humilhá-lo perante a criadagem. Não ouse desafiar-me. Vá para seu quarto!

A força da ira na voz e no olhar de Sophia exigia obediência. Johannes não a enfrentaria. Nem bêbado como estava, tinha coragem de enfrentá-la. Assim, resmungou desaforos ininteligí-veis e, trôpego como entrara, saiu.

Sophia conteve-se para não atirar contra a porta o vaso de cristal com flores que enfeitava um aparador próximo. Desejava quebrar, destruir qualquer coisa, para minimizar a vontade de agredir Johannes. O que não era nada bom. "Calma, Sophia. Pense!", ordenava para si mentalmente, crispando as mãos na saia do vestido, amarrotando-o.

Dois dias depois, Johannes aguardava Sophia, mansamente e dócil como um cordeiro, ao lado da carruagem em companhia de Germana. A tensão dos últimos dias parecia ter sido um so-nho e não a causa do profundo mal-estar entre os membros da família Wintar. Hipocritamente, todos se despediam do casal com as usuais palavras e com agradecimentos e pedidos de bre-ve retorno. Sophia sentia o estômago arder, mas aceitava as demonstrações de hipocrisia social com reservada polidez. Para os mais ingênuos e desmiolados, aquela atitude parecia um des-dém altivo, uma conduta tipicamente da nobreza, algo a ser copia-do. Para Ethel e seus auxiliares, era a assinatura de um cessar-fogo condicional. A situação se mostrava em pé de igualdade. A pe-quena Sophia não se curvava às ordens do patriarca dos Wintar, tanto que, ao despedir-se dela, Ethel não resistiu à provocação:

— Saúdo-a por sua conduta elegante e refinada, princesa.

— Admiro a elegância das éguas puro-sangue, senhor. Por certo, sabe reconhecê-las e deve comprar as melhores.

— Às vezes, por um preço muito alto.

— Tudo que é bom, realmente bom e legítimo, é caro — retrucou Sophia. — Desejo-lhe sorte com seu haras.

— Sim, eu comprei reprodutoras. Também espero fecundi-dade.

Sophia deu-lhe as costas e, já acomodada na carruagem, disse:

— Espero que tenha cuidado bem de seus reprodutores, senhor, pois as éguas não se reproduzem sozinhas. Seus cavalos são crias da casa, não é verdade? Sangue próprio.

Ethel irritou-se, e suas bochechas ficaram vermelhas. O senhor de Wintar salivava, engasgando-se, indignado com a resposta ousada e ofensiva da nora. Pouco importava se somente ele e talvez seu secretário entendessem o assunto realmente tratado. Enquanto se recuperava, Bernadete irrompeu apressada e desceu as escadas até a carruagem.

— Senhora Sophia! Por favor, espere.

— O que foi, Bernadete? — perguntou Sophia, com um tom de voz mais ameno.

— Perdoe-me a ousadia, mas gostaria de dar-lhe um presente meu e de Alvina — falou a criada estendendo-lhe uma pequena cesta coberta com pano imaculadamente branco.

Sophia sentiu o cheiro de bolos e pães frescos e sorriu deliciada e agradecida:

— Obrigada! Agradeça a Alvina. Vocês foram maravilhosas comigo. Não precisavam ter se preocupado, há muita co...

Bernadete tocou a mão de Sophia na janela da portinhola da carruagem e, encarando-a seriamente, pediu-lhe baixinho:

— Senhora, não coma o pão na viagem. Abra-o em casa. Lembre-se: aqui nada é como parece. Deus a proteja!

No olhar da criada, Sophia viu uma preocupação sincera. Entendeu que aquilo era um disfarce e, sorrindo e segurando firme a cesta, respondeu:

— Claro, abrirei em casa. Eu entendi, Bernadete. Obrigada. Deus a abençoe!

A criada baixou a cabeça reverente e afastou-se, sentindo-se aliviada como há anos não se sentia. Transferir aquele peso para a princesa fizera-lhe muito bem.

XXI

A FUGA

Todos os dias, examino a mim mesmo sob três aspectos.
Naquilo que fiz pelo bem-estar do outro, falhei em fazer
o meu melhor? Ao tratar com meus amigos, falhei em
ser fiel às minhas palavras? Ensinei aos outros algo
que eu próprio não tenha experimentado?

(Confúcio, Os analectos)

— Professor Antônio! — chamou Thomaz abrindo caminho pelo corredor entre os outros alunos.

Antônio voltou-se, identificou o jovem, e aguardou-o com os braços cruzados. A postura do rapaz revelava uma atitude interior defensiva, e Antônio não tinha paciência com polemistas. O jovem não tinha amor ao saber, apenas à polêmica por ela mesma. Sua posição era simples: sempre confrontar o pensamento exposto pelo orador, não importava qual nem quem. Não tinha uma opinião pessoal a defender, confrontar ou reformar. Simplesmente questionava e polemizava qualquer assunto ou até mesmo as mais banais teorias. Antônio cansava-se dessa pseudointelectualidade, que, no fundo, desejava apenas exibir-se, chamar atenção, autoafirmar-se, à custa de esgotar a paciência alheia.

— Sim, Thomaz. Esqueceu alguma coisa? — indagou Antônio polidamente e sem interesse.

— Gostaria de saber se tem notícias de mestre Ingo?

— Ah! Sim, tenho. Deve estar de volta na quinta-feira. Acredito que virá com doutor Stein.

— Que bom! Fico feliz. Corriam boatos, o senhor sabe...

— Felizmente, eu não sei, Thomaz. Boatos não são conhecimento nem informações válidas, segundo meu sistema de valores. Eu não os ouço, prefiro não saber.

Envergonhado, mas sem ceder, Thomaz encarou-o e rebateu:

— Pode ser útil ficar de sobreaviso quanto às intenções ou ações de alguém. As ruas não estão tomadas por anjos. Fico realmente feliz com a informação. Obrigado. Boa noite!

— Boa noite, Thomaz.

Alguns passos à frente, o reitor Guilherme acompanhava a cena calado. Antônio suspirou e sacudiu levemente a cabeça, quando o jovem se afastou.

— Cansado, professor? — perguntou o reitor.

Antônio levantou a cabeça e virou-se, andando alguns passos para aproximar-se do reitor.

— Um pouco, senhor. Acabo de encerrar uma aula sobre as virtudes teológicas da fé, da esperança e da caridade, segundo São Paulo e outros pensadores. Imagine: esse jovem tem amor à discussão pura e simples. Ele testou minhas virtudes da paciência e da compreensão, que, confesso-lhe, estão por um fio. E, quando ele me interpelou, pensei por um minuto que desejava prosseguir com aquela polêmica. Não sei se aguentaria.

O reitor sorriu, recordando-se de seus velhos tempos em sala de aula, e depois comentou:

— Sem desejar polemizar, professor, mas nem sempre exercer a paciência e suportar uma situação é algo produtivo. Pense. O que você sentiu, os demais alunos também sentiram, e isso foi desgastante e improdutivo. Há situações desnecessárias, que devem ser sumariamente encerradas. Há que prevalecer o bem geral sobre o interesse de um indivíduo também em uma sala de aula, concorda?

Antônio fitou-o, pensativo. Instantes depois, respondeu:

— Tem toda razão, reitor. Agradeço-lhe por me alertar sobre isso. Creio que deixei cegar-me pelo jogo do rapaz. Fui orgulhoso, pois, mesmo reconhecendo que era uma contenda inútil, eu a aceitei e dela participei. O que me moveu a agir assim? Apenas o orgulho de mostrar aos demais que era capaz de dobrá-lo com meus argumentos e fazer prevalecer uma ideia. Falhei como professor: esqueci o grupo, priorizando um aluno e a mim mesmo.

Guilherme balançou a cabeça positivamente e retomou o passo em direção ao refeitório.

— Aceitaria fazer a refeição em minha mesa, professor?

— Será uma honra e um prazer, reitor — respondeu Antônio prontamente.

— Ótimo! Tenho alguns assuntos a tratar com o senhor e assim podemos aproveitar o tempo. É mais saboroso resolver alguns assuntos acompanhados com a comida do irmão Otto. Ele não é um gênio gastronômico, mas comemos melhor aqui do que em outros mosteiros onde trabalhei.

Antônio riu e confirmou:

— Eu que o diga! A comida do lugar de onde vim era horrível. O cozinheiro vivia de mal com a vida. Era difícil ser feliz no refeitório, e ninguém confrontava a gula — brincou Antônio.

— Ah, isso é importante: confrontar nossos valores, nossas virtudes ou nossos vícios. Do contrário, não nos conhecemos de fato e enganamos a nós mesmos de boa vontade.

Os dois seguiram conversando amistosamente até o refeitório. Entretido, Antônio não lembrava mais a razão do convite do reitor e ficou sem saber qual era o assunto que ele desejava tratar, mas nascia ali uma amizade promissora.

A quinta-feira amanheceu cinzenta e chuvosa, e um vento frio soprava dando-lhe um aspecto lúgubre. Seria um daqueles dias nos quais, com prazer, se ficaria escondido esperando as horas escoarem, no entanto isso nem sempre era viável. Ingo e Sig sabiam que as horas no palácio estavam contadas, quisessem ou não, e era chegada a hora da partida.

— O dia está horrível, mestre Ingo — alertou Otto. — Cuidado com os degraus, estão escorregadios por causa da chuva.

— Otto, eu ainda tenho o tato. Você sabia que esse sentido cobre todo nosso corpo? Eu sinto as gotinhas da chuva na pele.

— Eu me esqueci disso, mas, de qualquer maneira, há água nos degraus, deixando-os molhados. Tome cuidado, mestre Ingo.

— Eu tomarei. Blick fica inquieto na chuva, ele não gosta. Dê-me seu braço, por favor, Otto.

Rapidamente, Otto pegou o braço de Ingo. Tinha uma admiração tão grande pelo amigo, que não se importava com eventuais rabugices. Divertiam-no. Julgava que não devia ser fácil viver a privação da visão, por isso o exemplo de enfrentamento e aceitação da cegueira que Ingo protagonizava emocionava-o.

A poucos passos, Sig observava a solicitude de Otto e seu desvelo quase maternal com Ingo. "Se fosse eu, será que algum dos muitos que me aplaudem agiriam como Otto? Acho difícil. Germana, há muito tempo, me disse que eu escolhia ser admirado e não amado, porque isso atendia à minha vaidade". Voltando a analisar a cena, Sig viu Otto acomodar Ingo carinhosamente na carruagem e concluiu: "Ingo escolheu ficar e amar como fosse possível e tornou-se amado. Não sofre carências, assim como Germana. Eu sinto e sei que sou carente. Será que a solução desse problema é agir? Nós, os carentes, desejamos que os outros nos amem, nos entendam, nos façam companhia, nos deem carinho, amor e felicidade. Esperamos uma reação, mas não agimos, senão pedindo amor ou reclamando da falta dele. Ingo agiu amando. Ele deu, não pediu nem reclamou. E recebe amor e amizade à mão cheia. Germana fala em "leis da vida", que, somente estudando e refletindo sobre elas, somos capazes de mudar de verdade, de dentro para fora, e transformar o meio onde vivemos. Então, penso que posso dizer que uma das leis da vida é agir. Francisco de Assis ensinava que é dando que se recebe, amando que se é amado, morrendo que se vive a vida eterna. Jesus dizia: 'Buscai e achareis, batei e abrir-se-á, ajuda-te que o céu te ajudará'. Primeiro recomendam agir fazendo aquilo que desejamos ter. Atendi à minha vaidade e tenho o que a vaidade dá: a solidão. Mas é tarde para amarguras".

Confirmando que Ingo, Otto e Blick já estavam acomodados, Sig voltou-se para Ethel estendendo-lhe a mão e dizendo:

— Caro amigo, agradeço sua hospitalidade e confiança. É hora de partir e seguir a jornada até Erfurt.

Ethel apertou-lhe a mão e respondeu:

— Minha casa pertence também aos meus amigos. Volte sempre! Sucesso em sua "pacificação das ideias". Espero que realmente ela diminua a quantidade de cabeças as quais "pacifico" afastando-as dos corpos.

Sig arrepiou-se ao encarar o olhar gelado de Ethel enquanto falava. Soltando as mãos do senhor de Wintar, meneou a cabeça e, disposto a partir mantendo boas relações com o Ethel, concedeu:

— Temos formas complementares de promover a "paz", Ethel. Passar bem, meu amigo — e deu as costas descendo os degraus até a carruagem.

Acomodando-se na carruagem, Sig sussurrou para Ingo:

— Vamos embora. A civilidade de Wintar está por um fio. Germana já partiu?

Ingo concordou e informou:

— Germana partiu nas primeiras horas da manhã. Foi embora com a comitiva da princesa Sophia, que fez questão de levar nossa amiga, pessoalmente, em casa. A esposa de Johannes é uma mulher inteligente e de temperamento forte.

— Mas é louca se pensa que pode enfrentar Ethel de Wintar — rebateu Sig.

— Então, pelo que ouvi dizer, ela é completamente louca — zombou Ingo.

Sig descontraiu-se quando o cocheiro pôs o veículo em movimento. Depois, riu e comentou:

— É, você tem razão. O que ela fez com Ulrich mostrou que é corajosa e tem caráter. A princesa protegeu Germana quando percebeu que a tinha colocado, sem saber, em perigo. Isso é bom. Johannes é uma criatura infeliz, que não se conhece. Por consequência, falta-lhe equilíbrio no viver e pendula entre o santo e o pecador. E, logicamente, o caminho de um a outro é coberto de culpa e punição. O pecador condena e culpa o santo pelo desperdício dos prazeres materiais; o santo culpa o pecador por seus excessos, quer a beatitude, eu diria: o impossível. Em qualquer um dos extremos em que ele se fixe, é exagerado, fanático, seja pela religião, seja pelos vícios. O álcool no hálito dele é horrível! Aqueles olhos de ressaca e pele avermelhada não me enganam.

— Também não me enganou o hálito e a fala arrastada — respondeu Ingo. — Mas surpreenderam-me. Conheci Johannes em Erfurt como aluno. Preocupava-me seu fanatismo, sua busca por santidade. Aliás, algo intolerável, maçante ao extremo. Crenças que eu julgava ingênuas. No entanto, depois destes dias, tenho dúvidas.

— Dúvidas? Explique-me, Ingo.

— Quantos governantes ensandecidos a Europa já abrigou? — indagou sugestivamente Ingo. — Johannes é muito complexo; extremado é o mínimo. Ora ele é inteligente e simpático, ora se torna um fanático intolerável ou um bêbado insensato. Imagine-o governando esta região.

— Será o caos — concordou Sig. — Veja como Deus é previdente, colocando essa moça no caminho de todos nós. Acredito que a princesa Sophia poderá equilibrar a situação. Não seria a primeira vez que uma mulher agiria por detrás do governante.

— É, não seria. Mas eu acho que podemos exercer uma influência maior.

Sig encarou Ingo, embora soubesse que o amigo não o enxergava. Ingo mantinha a cabeça voltada para frente e afagava as orelhas de Blick, que estava encostado em suas pernas, sonolento com o balançar da carruagem. A expressão do mestre era pensativa, como se seus olhos cegos contemplassem uma luz no futuro sombrio de um governo de Johannes de Wintar.

— Ele não tomará votos na ordem de Erfurt. Ethel jamais permitirá e lembre-se: ele está casado — comentou Sig. — Exigirá que o filho cumpra os deveres de primogenitura. E quem poderá condená-lo? É o costume, é o que se espera. São deveres impostos antes do nascimento.

— Eu não fui tão longe, Sig. Pensei em tentar conhecê-lo melhor, tentar influir em sua mente confusa, orientá-lo em seus estudos. Nestes anos como professor, tenho visto esses espetáculos que a mente humana é capaz de propiciar. Sua reelaboração é um fenômeno belo. Lento, difícil, doloroso, mas de uma beleza inigualável. O pensamento dos filósofos é um excelente caminho para esse processo. Estudá-los desenvolve nossa capacidade de pensar com lógica e de equilibrar nossas emoções. Refletir sobre as grandes questões da vida e sobre as pequeninas coisas do dia a dia, seus prazeres e dores, é fundamental e orienta nossa busca de sentido para a vida. Organiza nosso caos interior, transformando-o em cosmos.

Sig meditou sobre a proposta de Ingo, emocionou-se com a declaração do amigo e questionou a si mesmo, pois, afinal, há muito estava longe da direção de um grupo de alunos. Tornara-se um orador e, na prática, um político da Igreja. Esquecera a última vez em que se enternecera diante da transformação de um aluno. Isso acontecera há muitos anos e poucos foram.

— O que foi, Sig? Você considera um delírio o que falei? — perguntou Ingo preocupado com o prolongado silêncio do companheiro.

— Não, não. Ao contrário. Eu ponderava as possibilidades de sucesso de sua ideia. Ela é boa, viável. É desejável exercer uma boa influência sobre o príncipe. Isso será útil agora e no futuro. Pensarei a respeito. De certa forma, a sorte já está lançada com o convite que deixamos a Johannes para comparecer aos debates de Erfurt.

— Exatamente. O reitor Guilherme foi muito engenhoso nesse assunto. Será que ele pensou o mesmo que nós? — perguntou Ingo.

— O futuro nos dirá. Fato é que o reitor é muito bem relacionado com Wintar. Talvez se preocupe com o futuro do povo nas mãos de Johannes.

"Não há nada mais incerto que o futuro", considerou Ingo intimamente. "Ironia da vida... Nada é mais rico do que o futuro, pois ele é sem fim e envolve a todos. Penso que ele é distante, talvez todos pensem assim. Mas, na verdade, o futuro me espreita a cada instante. Ele é tão próximo como o ar que respiro e está ao alcance de minhas mãos. Se eu trabalhar Johannes nesse futuro próximo, quem sabe se o futuro longínquo, de fato, não seja melhorado. As mínimas transformações do agora e do logo a seguir podem ser as pedras de alicerce de uma nova edificação, de uma nova pessoa humana. Eu tenho esperança, mas a vida ensinou-me que esperança sem ação é improdutiva. Meus desejos exercem influências, mas são insuficientes se não conseguem mover-me, empurrar-me para a ação".

Imbuído com essas ideias, Ingo surpreendeu Sig ao dizer:

— Escreverei para Johannes quando chegarmos a Erfurt. Antônio me ajudará. Se preciso for, irei falar-lhe pessoalmente. Ainda creio em um bom futuro, tenho esperança.

— Haja com cuidado, Ingo. Compreendo e incentivo sua ação, mas sabedoria sem conhecimento não existe. Há pessoas que adquirem esse conhecimento no viver, no cotidiano, na observação de homens e fatos; outros, em livros, como eu. Você tem os dois, mas Johannes não tem nenhum. Ele é superficial em tudo, segundo minha análise. É também perigosamente inconstante, infeliz e ambicioso. Não sei o que pressiona um vulcão a explodir, mas "os vulcões", que alguns homens carregam dentro de si, explodem por esses motivos. Ele tem os três e, com certeza, outros, de foro íntimo demais, que não conseguimos ver sob a máscara que usa.

Recordando o comportamento de Johannes em Erfurt alguns meses passados, Ingo considerou exata e resumida a avaliação de Sig.

— É, Sig, eu também penso em Johannes como alguém dúbio, ou melhor, como se fosse duas pessoas opostas.

— Sim, e eu ainda não o consegui definir todas as vezes em que o encontrei. Ele parece um camaleão. Muda de cor conforme a superfície embaixo de seus pés.

Analisando a comparação que o agradara, Ingo questionou:

— Esse disfarce possibilita que o camaleão viva ou sobreviva. Ele esconde-se.

— Sim, mas também posso ver por outro ângulo: isso possibilita ele caçar e matar. É um disfarce — ponderou Sig astutamente.

Ingo, por instinto, franziu o cenho e apertou os olhos. Sig tem razão. As duas visões podem existir a respeito do mesmo fenômeno. Johannes também pode ser verdadeiro em suas duas ou múltiplas faces. Eu deveria ter ido ao Egito enquanto enxergava bem. Por certo, tentar entender a antiga língua dos faraós há de ser mais fácil do que entender Johannes de Wintar.

Da janela de seu apartamento, Maurício observava, pensativo, a manhã de despedidas.

"Chegaram juntos, partiram juntos. Uma verdadeira manhã de fuga, de bater em retirada na batalha. Os padres chegaram e partiram apressados. Obviamente, vieram socorrer Germana e usaram alguma desculpa para isso. E Sophia e meu querido irmãozinho imprestável, o que terão vindo fazer aqui? Essa pequena é corajosa, mas ingênua. Não sabe em que cumbuca está metendo a mão. Não sabe que as cobras são venenosas. Tão atraente e fascinante, não merece morrer tão cedo. Não gostaria de vê-la morta. Não mesmo! Esse casamento foi um desperdício. Johannes não merecia uma mulher com tantas qualidades. Aliás, não sei o que ele merecia. Talvez um barril de cerveja ou a imagem oca de uma santa, a depender do humor do dia. É provável que precise dos dois, um de cada lado da cama. Mas há uma criatura escondida nessa vida inútil, que aparentemente ele leva. Não esqueço o olhar dele no dia da morte de nossa mãe... Sophia precisa saber que deve tomar cuidado". Essa lembrança trouxe preocupação a Maurício. Sua mente ocupou-se em imaginar os dias de Sophia. Não o agradou pensar que ela ficaria com Johannes. Refletiu alguns instantes, martelando a madeira da janela e decidiu chamar o criado.

— Alfredo, preciso que me diga detalhadamente como são os dias de Sophia e Johannes em Dresden — pediu Maurício assim que o criado entrou em seus aposentos.

Calmo e impassível, ponderando intimamente até onde poderia confiar no duque, Alfredo ouviu Maurício. Havia permanecido por ordem de Sophia para atendê-lo até o seu completo restabelecimento, mas a história do atentado deixara-o cabreiro. Oscilava. Confiava desconfiando. Uma situação incômoda e desconfortável, mas inegavelmente melhor do que cuidar do príncipe Johannes.

— Já lhe falei tudo que sei, senhor — respondeu Alfredo, diplomático. — A princesa é quem, de fato, administra as propriedades. Ela tem vários planos, bons planos para a cidade. Melhorias para toda a população. A princesa Sophia tem uma visão e um modo mais ameno de lidar com a insatisfação popular. Ela não se atém à questão religiosa.

— Sim, eu sei. Concordo com o pensamento da princesa. Aliás, admiro-a pelas iniciativas, mas quero saber da vida conjugal deles — insistiu Maurício.

— Senhor, eu não tenho como responder a essa pergunta — argumentou Alfredo, fingindo constrangimento. — Sou apenas o criado pessoal do príncipe Johannes. O senhor conhece minha posição.

— Exatamente por isso estou perguntando a você, Alfredo. Não conheço melhor fonte para obter informações do que os criados. Veja — e Maurício apontou para a própria perna e para o abdômen enfaixado —, eu posso dizer que sinto essa verdade em minhas entranhas. Os criados sabem da vida e da morte de seus senhores. Fale-me. Não tema. Meu desejo é auxiliar e proteger Sophia. Apenas isso.

— Eles não brigam. Há visitas conjugais...

— Alfredo, eu quero saber como Johannes está se comportando — falou Maurício levemente irritado com a atitude desconfiada do criado. — Meu irmão é uma criatura difícil e imprevisível, mas tenho razões para crer que ele não seja tão idiota quanto deseja aparentar. Por exemplo, confesso-lhe, como prova de minha confiança em você, que desconfio que o atentado que sofri foi obra dele.

— Senhor! Isso é muito grave.

— Eu sei. Entende por que preciso saber da rotina de Johannes em Dresden? Preciso descobrir a verdade e também quero proteger Sophia. Há outros casos em que também desconfio dele.

Alfredo ponderou as revelações do duque, pois ele mesmo tinha desconfianças em relação a acontecimentos anteriores ao casamento. As coisas mais macabras que aquele palácio testemunhara coincidiam com as ausências de Johannes. Decidiu, então, confiar em Maurício e disse sério e em voz baixa:

— Essa conversa pode ser longa. Tem certeza de que deseja tê-la neste momento e lugar?

O olhar de Alfredo fixava-se na janela aberta atrás de Maurício. Entendendo o cuidado do criado, o duque fez um gesto com a mão demonstrando concordância. Depois, apontou o quarto de vestir e falou alto e claro:

— Eu devo ainda estar sob o efeito da febre e da doença. Não sei de onde tirei a ideia de que você saberia de alguma coisa além do que já me contou e do que todos nós sabemos. Esqueça o que falei. Era um teste. Depois desse atentado, não sei em quem confiar. Estou confuso. Preciso trocar de roupa. Tenho assuntos a despachar e quero voltar ao trabalho.

— É claro, senhor.

Maurício entrou no quarto de vestir e trancou a pesada porta. Voltando-se para Alfredo, informou:

— Esta é a sala mais protegida e segura do meu apartamento, Alfredo. Aqui, guardo tudo que considero importante. Suas paredes foram fortificadas e escondem meus segredos e cofres. Venha.

Maurício mostrou a Alfredo uma passagem secreta em meio aos armários, que dava acesso a uma sala minúscula, onde havia dois cofres grandes e muitas armas, perfeitamente limpas, na parede. Lá, havia também duas cadeiras e uma mesa retangular com várias gavetas em torno, todas com fechadura. Não pensou em puxar alguma delas, pois tinha certeza de que estavam trancadas à chave.

— Pode falar, não seremos ouvidos.

XXII
AFASTAMENTO

Tzu-chang disse: "O que significam
as quatro práticas perniciosas?".
O Mestre disse: "Impor pena de morte sem antes
tentar reformar é ser cruel; esperar resultados sem antes
avisar é ser tirânico; insistir em prazos quando se dão
ordens tardias é causar dano. Quando algo precisa ser
dado a alguém, ser sovina ao fazê-lo é ser impertinente".

(Confúcio, *Os analectos*)

Dias depois, em Erfurt.

Ingo e Sig noticiavam ao reitor Guilherme a rápida visita aos Wintar. No gabinete, acomodados em torno da lareira, conversavam sérios e em voz baixa. Blick ressonava sobre os pés do dono.

— Não é segredo minha restrição em relação a Germana. Sinceramente, eu ficarei aliviado no dia em que ela anunciar sua mudança desta cidade — falou o reitor. — A presença dela atrai a atenção de Wintar de uma forma que não gosto. Ele a odeia, e isso é perigoso.

— Germana sabe demais, em todos os sentidos, e é uma pessoa com pensamento próprio, o que é algo raro. Historicamente, pessoas assim causam incômodo, reitor. Mas devemos a elas os progressos sociais e científicos. A verdade é que nós, os ditos pilares da sociedade, somos conservadores, apegados, ambiciosos e medrosos em demasia. Se dependesse de nós, nada mudaria e o novo não teria espaço, porque ele é uma ameaça. As "Germanas" da vida são os ventos do progresso. Elas nos ignoram e vão em frente, fazendo o que é preciso — comentou Sig.

— Não vou contradizê-lo, Sig — rebateu o reitor. — Mas pilares que não sustentam, não cumprem sua função. Eu tenho deveres com a Ordem, a Universidade e com o povo da cidade. Não posso colocar as vidas de todos eles em risco por causa de vendavais inovadores. Só peço a Deus que Germana fique longe dessa discussão reformista. Ela parece ter dificuldade para entender o papel da mulher na sociedade. É desordeira e deveria estar casada, com muitos filhos. Já devia, inclusive, ser avó e não estar atazanando minhas ideias por continuar sendo um alvo de Ethel.

Ingo começou a rir ouvindo o reitor. Sig olhou-o compreensivo. Concordavam: Germana era um vendaval de inovações e não pretendia sair de Erfurt. Imaginá-la criando filhos e netos era inconcebível. O reitor não entendia que Germana era mãe, avó, tia, madrinha de qualquer criança da cidade. Abrir mão da posse, "do ter o meu", não significa incapacidade de amar; ao contrário, prova a existência de um coração aberto e acolhedor.

— Conforme-se, reitor — disse Ingo. — Germana e essa cidade são inseparáveis. O povo a adora e precisa dela, e, de outro lado, ela escolheu doar a própria existência a eles. O povo é a família de Germana. Se ela fosse embora, iriam buscá-la. Acredite-me: eu sei o que é se preocupar com ela. Faço isso desde a minha juventude. Mas nos últimos anos entendi que a simbiose de Germana com o povo é um grande escudo protetor. O amor a protege física e espiritualmente. Mesmo Ethel de Wintar recua. Ele é inteligente o bastante para entender que, se a matasse, arrumaria uma confusão maior. Ela se tornaria uma Hidra. Quanto mais cabeças ele cortasse, mais nasceriam. Não há homem que lute contra um mito ou um mártir. Ethel prefere controlá-la à distância, e Germana sabe disso.

O reitor passou a mão no rosto e demorou-se analisando Ingo e Blick. Ali estava a influência de Germana. Ela tinha pensado além. Identificou a doença, seu triste prognóstico e não discutiu com o que não tinha saída. Acatou o fato e procurou minimizar a dor e proporcionar a Ingo uma vida independente, dando-lhe os olhos de um cão treinado para cuidá-lo. Mesmo ele, com as restrições à conduta inconveniente de Germana, por ela ser excessivamente livre, devia-lhe gratidão. Ingo estava bem, não por aquilo que ele ou qualquer outro da ordem tivessem feito, mas por aquilo que ela fizera.

Sig calou-se. A velha vergonha manifestava-se em seu íntimo. Não sentia ciúme da relação de Ingo e Germana. Eles tinham optado por caminharem juntos, embora afastados. Ingo, visivelmente, transcendera os sentimentos da juventude. A relação deles era de profundo amor fraternal. Eram amigos inseparáveis.

— Ela não é santa, Ingo. Gostaria de ter sua certeza e tranquilidade quanto a essa proteção, mas não tenho — confessou o reitor. — Concordo que Ethel mantém uma lâmina suspensa sobre a cabeça de Germana e algo o detém. Talvez o medo de transformá-la em um mito, mas acho que esse pensamento superestima a visão política dele, mas... Enfim, preocupo-me, porque aquela família, e falo de todos os membros, é instável. Não se pode confiar neles, pois suas ideias e crenças mudam de direção a qualquer instante.

— Bem, contra fatos não tenho argumentos — capitulou Ingo. — Realmente, são instáveis. Atrevo-me a confiar no jovem duque Maurício. Creio que ele seja o mais equilibrado.

— É, mas é filho de Ethel de Wintar — insistiu o reitor.

Ingo ergueu as sobrancelhas ao ouvir a declaração convicta do reitor e, esforçando-se para não sorrir, baixou a cabeça, preferindo afagar Blick. Sig, mais acostumado, às intrigas e aos segredos conhecidos, mas não revelados face a face, enfim a velha arte da hipocrisia, propôs:

— Deixemos os Wintar em paz, desejando que nos esqueçam por alguns dias. Diga-me, Guilherme, como tem se saído o jovem professor que lhe indiquei?

— Antônio? Muito bem. É um jovem inteligente e talentoso. Interessado. Vejo com bons olhos o futuro dele conosco.

— Guilherme está sendo moderado, muito econômico em sua avaliação — atalhou Ingo. — Antônio é excelente! Costumo dizer que a vida me levou a visão, mas me deu dois presentes maravilhosos: Blick e Antônio. É um ótimo professor e um ser humano dedicado, sensível e honesto. Tem um humor agradável, afável.

— De fato, fui parcimonioso. Os alunos adoram as aulas de Antônio. Ele conseguiu estabelecer uma boa relação com todos, e, mesmo sendo latino, isso não nos trouxe problemas. Ele domina bem nosso idioma e, se não fossem as características de sua fisionomia, que lembram as de um mouro, facilmente esqueceríamos que é estrangeiro — complementou o reitor.

— Folgo em saber. Achei que ele se daria bem aqui, fui bem inspirado — disse Sig, ignorando as expressões preconceituosas do reitor. — Ele é realmente um ser humano digno de apreço e um intelectual com um futuro brilhante. Ainda tenho esperança de que ele faça os votos sacerdotais. Assim, teria maior segurança e proteção da Igreja do que na condição de membro secular, como é hoje. Antônio é ponderado, e, nesses dias turbulentos de debates frequentes, pessoas como ele se tornam de grande valia.

— Por falar nisso, ainda no palácio de Wintar, ouvi dizer que Lutero continua fazendo seus manifestos, publicando seus discursos — comentou Ingo. — Sabe algo a respeito, Guilherme?

— Sim, sim... Ainda não obtive uma cópia, mas alguns nobres comentaram comigo sobre as violentas críticas de Lutero à Igreja e, em especial, ao papa. Disseram-me que ele afirma textualmente que o papado é uma caçada do bispo de Roma e que abordar aqueles assuntos é como mexer no estrume, entre outras ofensas diretas ao Pontífice e a outros teólogos de várias universidades. Ele está sendo usado por um grupo da nobreza de pensamento radical, que se alia a esses comerciantes marítimos ricos. Eles têm um sério descontentamento com a Igreja e com os dízimos para Roma. Defendem que o dinheiro alemão fique em solo alemão. Acredito que não estão de todo errado, mas escolheram um péssimo momento para discutir isso. Penso que esse discurso revoltado e exaltado de libertação da Igreja seja para esses grupos uma espécie de salvo-conduto no mundo. Sentem-se justificados por pensarem em dinheiro acima de tudo e de todos e acreditam que não precisam pensar no depois da morte, na conquista de uma vida feliz no Além. A fé os salva e os justifica. A graça é dada por nada. Então, eles estão livres para fazer aqui e agora o que bem entenderem, sem se preocuparem com compromissos futuros. Mas o que lamento mesmo é que haja questões de maior importância, a serem trabalhadas com ponderação e equilíbrio, mas que estão esquecidas. O que Lutero grita, apoiado por esses nobres, é pouco perto do que precisa ser feito. Sou capaz de apostar uma de minhas mãos como Roma comprará essa briga e fará dela algo maior do que é. E com isso manterá a união do seu rebanho contra um inimigo comum, fazendo cessar as discussões humanistas. Devemos estar atentos. Nessa briga, eles fazem de conta que Lutero e esses nobres têm mais força do que de fato têm, e assim restará um país dividido por luta religiosa. Os pensadores reformistas da religião que se cuidem! — profetizou o reitor.

Ingo empalideceu. Sig, pensativo, analisou as colocações do reitor e depois comentou:

— Sua visão é sombria, mas muito realista, reitor. A política de Roma é ardilosa e não deve ser menosprezada. Eles são ardilosos, inteligentes, e têm muita habilidade para usar pessoas e fatos conforme seus propósitos. Será útil para eles tolerarem as mudanças superficiais e nos condenarem a uma luta sem tréguas entre católicos e reformadores protestantes.

— Essa luta pode se perpetuar equivocadamente por séculos — avaliou Ingo. — Isso não os preocupa?

— É claro, mas... Os dias atuais já são difíceis por si mesmos. Mudanças são lentas e gradativas. Nossa sociedade está em transição. A respeito de Lutero e das consequências de suas teorias, penso que são bases para uma vivência em um mundo materialista sem maiores preocupações com o espírito, no qual bastará apenas dizer que se tem fé para ser salvo — comentou o reitor. — Cá entre nós, eu não me considero o melhor para falar sobre a doutrina da salvação. Confesso-lhes que não conduzo minha vida diuturnamente por ela, mas reconheço que é uma espécie de substrato, algo que, do fundo de minha mente, me impulsiona a tomar algumas atitudes, mas barra muitas outras. É uma espécie de freio. E é, talvez, ainda que imperfeitamente, um pensar sobre o amanhã e a vida da alma. Predominando a doutrina da salvação pela fé unicamente, isso cai por terra.

Uma batida na porta interrompeu a fala do reitor, que se levantou para atendê-la. Surpreso, Guilherme reconheceu o mensageiro da família Wintar e o cumprimentou. Após breves palavras, o rapaz entregou-lhe um documento lacrado e partiu.

Calados e curiosos, Sig e Ingo acompanharam a breve conversa.

O reitor fechou a porta e voltou-se aos convidados informando:

— É de Johannes de Wintar, informando que comparecerá aos debates da semana e que ficará conosco algum tempo depois.

— Graças a Deus! — falou Ingo, unindo as mãos em atitude de louvor. — Há uma esperança.

Sig sorriu compartilhando o momento com Ingo. Já o reitor Guilherme simplesmente olhou para os amigos e voltou a ler a carta sucinta em suas mãos, pensando: "Ou não. Ou não".

Observando-o, Sig julgou compreender o que ele pensava. Decidiu encará-lo, e Guilherme sustentou seu olhar com seriedade.

— Ao menos tentaremos — falou Sig retomando o assunto. — Pior seria ficarmos de braços cruzados, aguardando que Johannes se torne o governante despreparado que sabemos que seria.

— Caríssimo, você ainda é ingênuo. Ou melhor, vocês são ingênuos. Conheço Ethel e a política belicosa que reina naquele palácio... Atrevo-me a dizer que sei como funciona a mente do senhor de Wintar. Ele é previsível — falou o reitor.

— Você não é o único a conhecer e privar da hospitalidade dos Wintar — lembrou Sig. — Eu e Ingo temos várias histórias.

— Exatamente, Sig — apoiou Ingo, para logo em seguida acrescentar: — Talvez dizer que temos aventuras com os Wintar seja mais honesto. O reitor, no entanto, priva da confiança deles. É um dos conselheiros de Ethel. Creio que não fará mal ouvi-lo.

— Ora, Ingo, não há muito a dizer. Não gostaria de tirar-lhe a esperança. Compreendo sua alma de educador e seu justo anseio de tentar colocar Johannes sob melhores e mais saudáveis influências. O jovem príncipe é uma criatura perturbada, incoerente e dúbia. Ele é inseguro, covarde, mesquinho e fanático. Sei que é algo triste a se dizer de alguém, mas tenho piedade daquele homem. Não vejo o dia em que ele tomará o lugar de Ethel. Isso me parece improvável — esclareceu Guilherme. — Johannes tem apenas a aparência de um príncipe herdeiro, mas, como diz nosso amigo Erasmo, se aparência fizesse homens, as estátuas seriam gente.

— Mas é ele o príncipe herdeiro, o primogênito. É dele o direito de sucessão e sobre a herança — argumentou Ingo.

— Isso não significa muito, Ingo — lembrou Sig. — Há um pré-requisito a ser cumprido: Johannes deverá estar vivo e Ethel, morto. É nisso que se baseia sua "visão do futuro", reitor?

Guilherme fitou a ponta dos próprios pés, olhando para eles sem ver os calçados. Depois de alguns instantes, respondeu:

— Sim, o pré-requisito parece-me improvável. Sabemos o quanto a vida é frágil, não é mesmo? E o jovem príncipe tem a saúde delicada desde a infância...

— Entendo — interveio Ingo, compenetrado. E falando baixo, o mestre voltou-se para o reitor e indagou diretamente: — Preferiria o duque Maurício, reitor?

Os olhos do reitor brilharam ao pensar no duque Maurício. Guilherme, então, respondeu diplomaticamente:

— Apesar dos pesares e um erro jamais justificar outro, sim, eu veria com bons olhos o governo do duque. Maurício é um líder nato. É o oposto do irmão...

— Nem parecem ser irmãos — provocou Sig, olhando maliciosamente para o reitor.

— Mas são — afirmou Guilherme, secamente.

— Sim, é claro — concordou Sig. — Acaso Ethel de Wintar poderia ter essa mesma preferência? Ele escolheria "calmamente" um sucessor entre os seus herdeiros diretos. Creio nisso. E você, Guilherme, o que pensa?

O reitor levantou-se, caminhou em círculo ao redor das poltronas onde se acomodavam, e respondeu:

— Seria uma atitude ao estilo dele, mas creio que Ethel não pretende ser sucedido pela geração de seus filhos. Ele somente entregará o poder e o comando, tanto das coisas públicas quanto das privadas, quando não puder mais segurar as próprias calças. Ethel de Wintar quer netos, netos homens, filhos de seu primogênito. Essa ânsia revela-me que a razão verdadeira não é a perpetuação do nome nem da família. É por um sucessor. Sendo assim, ele usa e usará pessoas para atingir seu fim.

— Eu percebi muita animosidade entre ele e Sophia — recordou Ingo. — E, considerando o que conheço de Johannes, julgo que não deve ser fácil para essa jovem ser a esposa dele. Tenho pena da princesa.

Sig ouvia a tudo calado e, em pensamento, vislumbrava um futuro conflituoso. Não era preciso ter dons premonitórios. Bastava usar a lógica e a razão.

Para Sophia, a viagem de retorno fora mais fácil do que a de ida. Germana fizera-lhe companhia até Erfurt e isso aumentara o trajeto em algumas horas, mas nada que a houvesse enfadado. A conversa fora prazerosa. Johannes dormiu durante todo percurso. Sophia colocou a cesta presenteada por Bernadete e Alvina ao seu lado e não desgrudava dela. Havia algo muito importante ali, que fora primorosamente escondido. A princesa examinou a cesta assim que deixaram Germana em casa e não viu absolutamente nada além de pães, um bolo e um vidro com biscoitos. A cesta era simples, comum, não deveria ter nenhum compartimento secreto. Restava a hipótese de que o real "presente" das criadas estivesse escondido nos alimentos.

Ansiosa, Sophia pôs a cabeça levemente para fora da janela da portinhola e gritou ao cocheiro:

— Vá o mais depressa que puder. Preciso chegar logo.

— Como desejar, Alteza. Estou indo devagar porque a estrada está ruim. Se acelerar, a carruagem irá sacolejar bastante.

— Não tem importância. Vá mais depressa.

— Sim, senhora.

O cocheiro obedeceu imediatamente à ordem de Sophia, incitando os cavalos. Johannes abriu os olhos ao ser lançado contra a lateral do veículo e, irritado, percebeu o desconforto da viagem.

— O que está acontecendo? Mal consigo ficar sentado — reclamou.

— A estrada está péssima, Johannes. Seu pai acredita que, punindo os camponeses com privações e dificultando-lhes a vida de todas as formas, conseguirá aplacar-lhes a revolta e fazê-los se submeter à autoridade dele. Estamos usufruindo um pouco da boa política de relacionamentos da família Wintar, apenas isso — escarneceu Sophia olhando displicentemente a paisagem.

— Meu pai é truculento, sempre foi. Ele não compreende que essa é uma profunda questão religiosa que divide o povo. Eles querem o sacramento do pão completo. Dizem que assim amam e obedecem aos ensinamentos de Jesus completamente, mas afrontam a Igreja, o poder de Roma. Eu concordo que o sacramento deva ser completo, porém não encontro fundamento nas leituras dos textos sagrados para que os sacerdotes comunguem pão e vinho e os demais recebam apenas o pão. É o corpo e o sangue de Cristo. Devemos partilhar o sacramento completo...

Sophia ouviu apenas o início do discurso do marido. Conhecia aquelas acaloradas discussões religiosas. Até concordava com Johannes e com os reformistas, mas não via nessas questões de forma o centro do debate. A questão toda era o estilo de vida que a crença religiosa alicerçava. Simpatizava com os reformistas porque eles não pregavam a pobreza como virtude, mas incentivavam o trabalho e viam no sucesso os escolhidos do Senhor.

Essas novas crenças coadunavam-se com a mudança econômica e social que se operava na sociedade. Elas libertavam os novos empreendedores dos grilhões da Igreja. Uma nova classe composta por plebeus ricos e nobres progressistas não via com bons olhos nem acreditava na exploração da fé praticada pela Igreja com as compras de indulgências, relíquias sagradas e outras invenções ditas sagradas, mas compradas a peso de ouro. O céu e a salvação não seriam mais obtidos a peso de ouro nem comprados na Igreja. Dependeriam da experiência da fé e das obras de cada um. Isso enaltecia mais a salvação pela fé do que pelas obras. Bastava ter fé para ser salvo. Isso era a libertação da Igreja. Não fora por outro motivo que Lutero mudara o próprio nome, coisa em voga naquela época. Luther, seu nome de família, não dizia muito, por isso passara a assinar Martinho Eleutherius, incorporando a palavra grega ao nome que significava "liberto". Com o passar do tempo, transformara-se em Martinho Lutero.

Mas Johannes não via isso. Seu pensamento repousava nas questões de superfície da acalorada discussão religiosa. Defensor de Jesus (como se houvesse necessidade disso), ele discursava inflamado pela reabilitação da integridade dos ensinos cristãos e citava versículos bíblicos, falando dos fatos narrados como se pertencessem à mesma cultura e ao mesmo local e tempo em que viviam. A legítima interpretação da letra morta.

Apregoando enfaticamente mudanças de forma, Johannes não problematizava as questões de fundo, que eram mais importantes e demandavam mudanças também no íntimo, na profundidade, do ser. Lidar com questões de fundo, e não de forma, exige real desejo de transformação. Muitos ainda estão presos à discussão da forma, de como se deve fazer isso ou aquilo, em todos os setores da experiência humana, e não ao porquê fazer ou deixar de fazer. Aliás, o melhor caminho para gerar discórdia é o das futilidades. Velha lição ensinada pela deusa da discórdia, ao fazer rolar a maçã na festa e propor que discutissem sobre qual das deusas presentes era a mais bela. As chamadas picuinhas e melindres humanos têm no fundo a vaidade e o orgulho feridos por uma futilidade insatisfeita, por uma discussão de formas.

Sophia tinha vontade de bufar de raiva ao ouvir as tolices do marido. Beirava à incredulidade ao constatar que Johannes não olhava nem pensava nas pessoas que o cercavam. Ele as usava, pura e simplesmente. O povo, a sociedade, se camponeses, se ricos ou pobres, as condições em que viviam, nada disso o mobilizava a pensar e entender o jogo das forças humanas envolvidas. Não cogitava pensar em como se sentia o pobre espoliado de tudo e sem oportunidades de melhorar suas condições de vida naquela estrutura social sem mobilidade. Ele não via que os reformistas se libertavam de mais coisas do que a forma como o sacerdote conduzia um sacramento. A religião mantinha aquela estrutura, por isso atacavam-na também. No entanto, a sustentação deles não vinha da religiosidade do povo; originava-se na necessidade de uma nova ordem social e econômica, que desse ao homem oportunidades de desenvolvimento pessoal. Eram as sementes do capitalismo, que traria fatores positivos e negativos obviamente.

O pensamento de Johannes era tão rígido quanto a estratificação social medieval que ainda predominava. "Ele deve usar uma viseira igual à dos cavalos e isso o impede de olhar para os lados. Não enxerga além do que é posto à sua frente", pensou Sophia. "Isso é típico dos covardes, egoístas e orgulhosos. Eles são o centro da vida e do universo, então para que olhar para o lado?". E por falar em olhar para o lado e para frente, enfim ela vislumbrou à distância os contornos da cidade, que agora tinha como sua casa. Logo estaria livre da presença maçante de Johannes.

E assim foi. Tão logo a carruagem estacionou, Johannes afoitamente desceu e somente não abandonou a esposa no veículo, absolutamente esquecido da cortesia, porque ela sutilmente o advertiu ao perceber seu ânimo. Segurando-lhe o braço sobre a portinhola, lembrou-lhe:

— Johannes, não vivemos em um mundo de cegos, mudos e surdos. A vida alheia é ainda uma das maiores curiosidades humanas. Então, por favor, poupe-nos de um vexame maior em relação ao que se passa em nossa vida íntima.

Ele empalideceu. A simples menção da possibilidade de ser obrigado a manter relações sexuais com a esposa, na presença de familiares de ambos, para comprovação da consumação do casamento dava-lhe náuseas e tremores. Suou frio.

— É claro. Perdoe-me, por favor — pediu Johannes, calmo. — Pode alcançar-me o cesto e o entregarei ao criado.

— Não, eu levo o cesto. Apenas me dê o braço. Vamos entrar juntos e subir para nossos aposentos.

Ele aquiesceu e, educadamente, a conduziu conforme combinado. Klara a esperava na porta principal com um largo e confiante sorriso e cumprimentou-os com alegria:

— Sejam bem-vindos de regresso ao lar.

— Obrigada, Klara. Você pode subir e encontrar-me em meus aposentos — falou Sophia baixinho e discretamente para que apenas Klara ouvisse. — Temos muitos assuntos urgentes a tratar.

— Sim, é claro.

Sophia acenou de leve com a cabeça concordando e entregou a capa que usava na viagem ao criado. Johannes entregou-lhe o casaco, as luvas e um chapéu exageradamente enfeitado com plumas verdes, para o qual a esposa olhava com desdém e reprovação.

A jovem princesa suspirou aliviada ao fechar a porta de seu quarto de dormir. "Enfim, sozinha e livre", pensou. Sophia caminhou até a grande cama com dossel, largou o cesto sobre uma mesinha ao lado, sentou-se e não resistiu a reclinar o tronco sobre o colchão. Estava exausta da tensão dos últimos dias e sentia um vazio interior desconhecido. Seu pensamento estava dominado pela curiosidade, mas com certa regularidade vinha-lhe à mente a imagem de Maurício. Seu pensamento, então, fugia, voltava ao palácio de Wintar e ao cunhado, ora fazendo-a recordar-se da semana anterior, ora preocupando-a com o restabelecimento do duque sem seu auxílio. Uma pitada de culpa, inconvenientemente, despontava em seu interior, mas calava-a reafirmando que fizera o que precisava ser feito.

Pensando assim, Sophia sentou-se e colocou a cesta sobre a cama. Após retirar tudo, examinou a cesta minuciosamente. Era apenas uma cesta. Jogou-a longe e olhou os alimentos à sua frente. Decidida, foi ao armário no qual Klara guardava as toalhas de banho. Pegou uma e voltou à cama. Recordando-se dos tempos de dificuldades ao lado da mãe, pensou no que Ana diria se a visse esmigalhar pães e bolos. "Não são mais tempos difíceis", considerou intimamente e logo reconsiderou: "Ou melhor, são tempos com outras dificuldades".

Klara entrou nos aposentos de Sophia, quando ela esmigalhava o bolo. Curiosa, comentou:

— O que é isso? Banquete para os pombos? É tarde, já se recolheram.

— Isso é um presente de Alvina e Bernadete, cozinheira e criada pessoal da princesa Martha, minha falecida sogra, com o lembrete de que no palácio dos Wintar nada é como ou o que parece ser.

— Entendo. Deixe-me ajudá-la — falou Klara. — Todos os espiões de Ethel saíram daqui há três dias. Não recebi nenhum comunicado. Simplesmente ficamos sem metade da criadagem, inclusive das cocheiras. Mas não se preocupe, semana que vem chegarão os enviados por sua mãe.

— Ótimo! Dispense a outra metade. Não quero nenhum trabalhador antigo por aqui, especialmente na cozinha e cuidando dos aposentos — ordenou Sophia. — Ethel não é um adversário a ser subestimado, Klara. Ele ficou furioso por ter que engolir minha liberdade, mas também não saí impune de lá. Ele nos pressiona por um herdeiro-neto. Ouvi informações e intrigas e não sei como distinguir umas das outras, mas vi muito medo e sei que reina a violência.

Klara pegou um pão de centeio e olhou-o desconfiada, pois parecia mal assado. Partiu-o ao meio e gritou:

— Achei!

Sophia parou de estraçalhar o bolo, e Klara retirou de dentro de pão um saco de couro lambuzado de massa semicrua, que estendeu à princesa, dizendo:

— Acho que este é o presente.

— Sim, deve ser. Vamos abrir.

Rapidamente, Sophia abriu o cordão e virou o conteúdo no outro lado da cama, longe da toalha com as migalhas. Espantadas, as duas mulheres viram rolar algumas joias, um camafeu, algumas flores secas e um livreto de orações.

— Santo Deus! Só me faltava um relicário — reclamou Sophia, contemplando, pensativa, os objetos. Então se lembrou da expressão de alívio e das palavras de Bernadete: "Senhora, não coma o pão na viagem. Abra-o em casa e lembre-se: não creia em nada que lhe digam aqui sobre qualquer coisa. Deus a proteja!".

— O presente não é o que parecia ser e agora reconheço que ela me disse onde devo procurar. É preciso examinar essas coisas, pois elas também não devem ser o que parecem.

— Sophia, quem não conhece flores secas? — questionou Klara. — Mas você está certa. É óbvio que há uma razão para que as criadas tenham dado isso a você.

— Sim, mas são coisas muito estranhas. À primeira vista, não fazem sentido. Veja, isso é o que eu penso ser?

Sophia segurava entre os dedos um anel clerical. Klara inclinou-se para vê-lo melhor e balançou a cabeça concordando.

— É.

Sophia largou o anel sobre a colcha e pegou o livreto, desamarrando uma fita de seda negra para folheá-lo. Percebeu que não havia orações em todas as páginas e que a maioria delas estava escrita com uma caligrafia feminina rebuscada. A tinta levemente desbotada denunciava que aquelas linhas tinham sido escritas há bastante tempo. A jovem princesa voltou ao início e percebeu que, entre as primeiras folhas, havia duas dobradas juntas. Decidiu separá-las e surpreendeu-se com o que leu:

"Para guardar os segredos de minha amada.
Eternamente seu,
G."

— Leia isso Klara — pediu Sophia mostrando o livreto.

— Hum, será um romance clandestino? Encontrou alguma pista sobre a quem pertenceu esse livreto?

Sophia apertou o livreto e respondeu:

— Desconfio, Klara. Folheei-o rapidamente.

Klara apanhou o camafeu. Tratava-se de uma joia cara: a corrente de ouro, o camafeu. Era um trabalho de ourivesaria delicada. Rubi e diamantes formavam uma pequena flor no centro. Não poderia ser feita por um ourives qualquer. Fora um artista que o fizera.

— Lindo! — comentou Klara. — Não são joias de criadas. Aliás, elas não as possuem nem teriam razões para presentear-me com essas peças. Não pertencem a elas. Mas, por que então não as venderam? Penso que pertençam à família de Wintar.

— Com certeza. Acredito que tudo neste saco pertence aos Wintar. Minhas perguntas: a quem pertence essas peças e como isso estava com Alvina e Bernadete?

— Acrescente: por que estavam com elas? — sugeriu Klara, enquanto forçava a abertura e deixava escapar um suspiro de desapontamento. O camafeu estava vazio. — Alguém removeu o retrato.

— Examine bem, pode ter algo escondido — recomendou Sophia. — Lembre-se...

— Eu sei: nada lá é como parece ser. Devo esmigalhar os outros?

— Sim, Klara, todos. Amanhã haverá festa para os pombos. Não posso correr o risco de entregar isso na cozinha e alguém encontrar algo.

No último alimento esmigalhado, encontraram outro saco de couro maior e ainda mais pesado. Afoita, Sophia esvaziou-o em outro canto do leito. Havia um diário sem nome e várias cartas amareladas com flores secas no meio.

As mulheres entreolharam-se espantadas e curiosas, cientes de que mexiam em velhos segredos. "Segredos que, por algum motivo, haviam sido confiados às criadas pessoais da princesa Martha", pensava Sophia. Seus olhos brilharam.

Klara deduziu os pensamentos da jovem e, incrédula, advertiu-a:

— É loucura, Sophia. Não faz sentido as cozinheiras guardarem isso, se for realmente de Martha. É muito pessoal.

— É, eu concordo. Mas quem disse que podemos ler com lógica os fragmentos dessa história? Lerei esse diário e talvez isso lance luzes sobre essas coisas — disse Sophia, mostrando com um gesto abrangente os objetos encontrados. — Lembro que minha mãe gostava de dizer que a loucura é insaciável, por isso é demonstração de sabedoria contentar-se com o que se tem sem lastimar a própria sorte. Esses presentes são provas de que ela estava certa. Saí do palácio dos Wintar sem ter tudo que havia ido buscar, no entanto creio que acabei recebendo aquilo a que renunciei. Essas coisas eram da falecida princesa Martha, tenho quase certeza. Nos dias que passei lá, descobri que a vida dela estava bem longe de ser o que parecia — brincou Sophia, ironizando a frase que se tornara o jargão da noite.

XXIII

O PESO DE UM SEGREDO

Quem na vida se deixa subjugar,
este não é capaz de vencer.
(Preceito de Atreu[6] citado por Cícero
in *A virtude e a felicidade*)

— Meu pai! — saudou Maurício ingressando no gabinete de Ethel. — Como tem passado?

— Melhor do que você. Sua sorte é ser jovem, recuperou-se bem — respondeu Ethel avaliando o filho da cabeça aos pés. — Não parece que esteve à beira da morte. Aquela feiticeira o salvou novamente. Creio que, além da juventude, eu preciso reconhecer que ter uma madrinha feiticeira pode ser a sua salvação.

— A minha madrinha é uma bênção, sem dúvida. Mas não pediu minha presença para falarmos de minha saúde ou de Germana. O que deseja, pai?

— O torneio filosófico de Erfurt — disse Ethel exibindo o convite em uma das mãos. — Gostaria que me representasse.

— Ah, não! Peça-me qualquer coisa e farei com prazer, mas discussões filosófico-religiosas estão além de minha capacidade de tolerância. Qual será a grande disputa? A transubstanciação, o sacramento completo, a Bíblia em alemão...

---

6. Atreu: legendário rei de Micenas.

— Acredito que sim. Não me interesso por esses assuntos, mas não é conveniente indispor-me com a Igreja. Eles são poderosos e é bom tê-los como aliados ou pelo menos cientes de que respeitamos mutuamente os limites de cada um. Por isso, Maurício, você irá representando a família.

— Johannes adora enfronhar-se com os padres... Por que ele não vai?

— Talvez vá. Foi convidado pessoalmente.

— Então...

— Johannes é passional. Ele vê religião onde há política, pensa no poder de Deus e não vê o poder dos homens de batina. Não posso confiar no relato dele. Verá apenas as discussões teológicas, e o momento é delicado. O império está dividido com essa questão religiosa, com esses levantes, protestos e essa exploração. O dinheiro sangra daqui para construir opulência e luxo em Roma e isso gera insatisfação. Insatisfação da qual compartilho. Ficarei feliz em ver esse cenário de exploração acabar, mas sei que ele terá um custo alto e não quero pagar, apenas usufruir. Entendeu?

— Nunca tínhamos tratado desse assunto abertamente. Pensava que se opunha às pretensões de mudança — comentou Maurício. — Mas agora confessou que tem interesse nelas.

— Pouco me importo sobre como os padres agem ou devam agir em suas funções, em dar sacramentos e essas coisas da Igreja. Façam como quiserem. Preocupo-me com o que eles dizem, o que semeiam na mente do povo e, mais do que isso, com as intrigas políticas. Eles são uma força poderosa, meu filho, não os subestime. Mantenha-os sob suas vistas. Essa é uma lição para quando precisar exercer poder de comando, Maurício. Não afaste seus olhos desses abutres. Cuidado! Você partirá no final da semana.

Maurício decidiu não discutir com o pai, seria tempo perdido. A tarefa desagradava-o, mas entendeu que precisava ser feita. O duque aproximou-se, então, da mesa onde o pai trabalhava e pegou o convite, lendo-o com calma.

— Deseja que eu fique alguns dias em Erfurt antes do torneio — concluiu Maurício, fazendo um cálculo mental do tempo de viagem e considerando a partida informada e o início dos debates.

— Sim, quero. É quando o que nos interessa acontece. Concentre-se no poder oculto do evento e deixe a seu irmão o prazer das assembleias enfadonhas de teólogos e filósofos.

— Considere feito. Será a forma de sobreviver ao fato.

— Você é forte, Maurício. Sobreviveu a um ataque mortal. Não serão padres discutindo que o tirarão deste mundo. E Erfurt é próximo da casa de sua feiticeira-madrinha.

— Eu sei...

Maurício foi reticente. Há anos aprendera que assuntos relacionados a Germana não deviam ser falados no palácio. Ethel tinha ódio e inveja daquela mulher, pois ela era a única pessoa que conseguira derrotá-lo. Não havia nada pessoal naquele ódio, mas saber que ela vivia o incomodava. No entanto, também sabia que não poderia matá-la impunemente. O preço da morte de Germana seria alto. Ela era como uma planta com raízes profundas, difícil de ser arrancada.

— Seria muito bom se você fizesse uma visita a seu irmão. Deveria aproveitar a viagem — sugeriu Ethel, em tom que sugeria uma ordem.

— Estarei com Johannes durante o torneio — lembrou Maurício, intrigado. "O que ele deseja no palácio de Sophia?", questionou-se intimamente.

— Lá, não terão oportunidade de conversar e conviver em família — retrucou Ethel.

— Eu e Johannes nunca tivemos muitas afinidades. O senhor sabe disso. Que tal me dizer o que deseja que eu espione?

Ethel riu. Gostava da forma direta como Maurício agia. Sem perda de tempo, objetivo.

— Quero saber como está o casamento deles e o que a Hessel anda fazendo nas propriedades. Aquela mulher é uma víbora. Trapaceou com Albrecht nos contratos. Esse paspalhão perdeu vinte e cinco por cento de nossas propriedades para ela.

— Como é? — indagou Maurício incrédulo, sentando-se em uma das poltronas. — Conte-me sobre isso, tenho direito de saber.

Ethel mexeu na escrivaninha e tirou de um compartimento escondido uma chave. Por fim, disse:

— Aguarde aqui. Buscarei o contrato para que você mesmo leia. É uma víbora! Uma ladra, mas não posso fazer nada. Tenho vontade de matá-la, mas isso não resolveria meus problemas — declarou Ethel, vermelho de raiva.

Maurício aguardou sentado e pensativo. Serviu-se de uma dose de conhaque e esperou o retorno do pai. "Por que a ousadia de Sophia não me surpreende?", indagava-se. E mesmo sem ler os documentos sabia que a apoiaria, afinal de contas ela não ludibriara Ethel. Ela apenas estipulara as cláusulas, e eles assinaram o contrato antes do casamento. Se havia um responsável pela "perda" da fortuna da família, era Albrecht. Ele fora incumbido das negociações. Se não leu os documentos, a responsabilidade era integralmente dele. Sophia era inocente das acusações e da ira de Ethel.

"Pensando bem, vinte e cinco por cento da fortuna dos Wintar é barato para casar-se com Johannes. Eu não aceitaria", concluiu Maurício, com um sorriso irônico bailando nos lábios.

— Aqui estão — anunciou Ethel regressando à sala com os documentos nas mãos. — Veja!

Maurício preguiçosamente apanhou os documentos e recostou-se na poltrona, relaxado, correndo os olhos pelo contrato antenupcial do irmão.

— Está feito — falou Maurício, lacônico, ao final da leitura.

— Sim, eu sei. Estou lhe mostrando para que conheça a víbora que ingressou na família.

— Foi comprada. Pelo que li, pode-se dizer que a peso de ouro e terras, meu pai. Pagamos por ela. E, se quer minha opinião: o único responsável por isso é Albrecht. Foi incompetente. Por outro lado, penso que, na verdade, isso é um contrato de risco. Será tudo exclusivamente dela em caso de morte de Johannes e se não houver herdeiros. Do contrário, tudo permanecerá na família. Precisará tolerar a liberdade dela, apenas isso. Sophia governa essas propriedades, são dela.

— Por isso, eu exijo herdeiros-netos. Quero que se assegure de que esse casamento é real e que há esforços para gerar uma criança, entendeu?

— Pai!!! — protestou Maurício empertigado na poltrona. — Como é possível investigar coisas tão íntimas? Devo pernoitar no quarto com eles?

— Isso é problema seu, faça o que for melhor. Darei até o final do ano para receber notícias de que aquela víbora carrega um filho no ventre. Do contrário, serei obrigado a pedir prova de consumação e fertilidade.

— Deus! Isso é algo bárbaro! Não se usa mais...

— Usa-se, sim. Pouco, mas ainda se houve falar — reafirmou Ethel, convicto.

— É humilhante, pai! E, por acaso, o senhor já pensou que, se há problemas nesse casamento, o causador pode ser nosso amado Johannes? O senhor sabe, tanto quanto eu, que Johannes é avesso a sexo. Confesso-lhe que pensei que ele gostasse de homens, mas nunca o vi com amantes, homens ou mulheres. Nas poucas vezes que o levamos aos prostíbulos, as cortesãs ...

— Foi horrível! Uma vergonha, eu sei. Ele fugiu do quarto, vomitando — atalhou Ethel. — Mas agora ele tem uma obrigação. Conversei com ele antes do casamento. Johannes sabe o que é esperado dele.

— Então, caso não deseje passar vergonha diante dos príncipes de Hessel e do duque Jorge, aconselho-o a ponderar muito a respeito dessa prova de consumação do casamento. Imagine a cena: Johannes fugindo da esposa às arcadas. Seria desonroso para nossa família, pai. E os Hessel não nos poupariam após uma exposição tão grosseira de Sophia. Seríamos alvo de chacota em todo império — alertou Maurício, sério. — Poderiam requerer a anulação do casamento e, nesse caso, os bens ficariam com ela. É o que está no contrato.

Ethel andava pelo amplo gabinete. As colocações de Maurício abafaram a ira, mas trouxeram aflição. Não queria pensar em mais esse desgosto com o primogênito. "Deus, como viver em paz sabendo que esse traste me sucederá?", questionava-se.

— Você tem razão, Maurício. Gostaria, mas não posso afirmar que uma tragédia como a que predisse não aconteceria. Eu não entendo Johannes. Seja como for, são mais motivos para desejar que os observe bem de perto — insistiu Ethel. — Já dei ordens para sua partida depois de amanhã.

Maurício largou os documentos sobre a mesa de trabalho paterna. As tarefas eram desagradáveis, mas não tinha escolha. Então, falou:

— Estarei pronto — e saiu da sala.

Maurício precisava refletir. Tomara consciência de que o caldeirão das relações familiares dos Wintar, aquecido com a presença e as atitudes de Sophia, estava fervendo e borbulhava como os caldeirões do inferno.

Apesar do protesto, Maurício compreendeu as intenções e necessidades expostas pelo pai. Não concordavam inteiramente, nem nos aspectos teóricos, muito menos nos práticos, sobre aquele momento social, político e religioso. Mas quem disse que precisamos concordar cem por cento com alguém ou algo para unir esforços na parcela comum?

Na data marcada, o jovem duque partiu consciente do que deveria fazer.

Sophia e Klara viram o raiar do dia, envoltas nas memórias narradas no misterioso diário. A autora não escrevera o próprio nome, apenas confiara às páginas os mais secretos pensamentos e fatos. Poucas pessoas eram nominadas. Referia-se a um marido tirano, a um amante proibido e a um filho adorado, fruto do relacionamento com esse homem. Falava de seus sentimentos, seus medos, das alegrias furtivas desse longo caso extraconjugal, da família e de seus enredados relacionamentos. Era uma mulher que escondia a paixão sob uma aparência fria e conformada e fazia o mesmo com sua sagaz inteligência, que facilmente se percebia em seus escritos. Ela manipulara muitos acontecimentos. Naquelas páginas, confessava a si mesma traições, filhos ilegítimos (tivera muitos, alguns com o marido, outros com o amante, todos tidos como frutos do casamento), intrigas políticas, habilidosamente urdidas entre damas de aparência tão fria e conformada quanto ela própria, e alguns assassinatos.

— Santo Deus! — exclamou Sophia olhando para Klara após ler um trecho com esse teor. — Não imaginava isso.

— Quem imaginaria?! Estou em dúvida se essa mulher tinha duas ou quatro caras. Penso que até a alma dela devia ser falsa. Deus me perdoe por dizer isso, mas é verdade — falou Klara.

— Ela conquistou muita coisa, mas, Deus do céu, a que preço! Não importa se verdadeira ou falsa, a alma dessa mulher está ardendo no fogo do inferno, Klara.

— Será?! É fato que ela fez coisas horríveis, mas será que teve a oportunidade de fazê-las de outro modo? Será que não era necessário, ou será que essa não foi a única maneira de sobreviver nessa família, ou melhor, nesse casamento? — questionou Klara. — Como terá sido essa mulher antes de escrever essas confissões? Fiquei com essa curiosidade. Dá a impressão de que um dia, quando não suportava mais o peso dos segredos, sem poder desabafar, afastada dessa amiga que ela chama de irmã do coração, essa mulher se sentou, tomou a pena e pôs-se a escrever...

— Sim, os fatos não têm ordem cronológica. São confissões de alguém muito angustiada. Várias vezes, ela diz que escrever lhe devolvia a sanidade e o uso da razão. Pudera! Que peso!

— Apesar de o texto ser anônimo, não tenho dúvidas quanto à autoria dele, Sophia. Você tem?

— Não, nenhuma. São confissões da princesa Martha. O marido é Ethel de Wintar. Ela retrata a personalidade dele com maestria. Qual será o filho amado: Johannes ou Maurício? E quem será o amante misterioso de toda sua vida? Qual serão os filhos legítimos e os ilegítimos?

— Acho que não importa. Todos são da família Wintar, e esse deve ser um dos segredos que ela levou à sepultura. Era uma mulher diabólica, traiçoeira. Eu fiquei ardendo de curiosidade para saber quem era o amante dela — declarou Klara. — Ela morreu assassinada por agricultores rebeldes e reformistas religiosos, em uma emboscada. Essa é a história oficial.

— Sim, uma emboscada atribuída a rebeldes. Mas, espere um pouco, Klara... Há poucos dias, o duque Maurício foi vítima de fato semelhante, no entanto, sabemos que foi algo encomendado. O assassino foi plantado no palácio e posto a serviço do duque. Não terá acontecido o mesmo à princesa Martha?

— Uma possibilidade lógica, Sophia. Será que o marido dela realmente não sabia de nada? Ele não serve para parvo.

— Não, claro que não. Ouvi conversas nas quais insinuavam que o duque era filho ilegítimo. Talvez ele soubesse. Mas ela devia ter muitos inimigos, pois participava de uma rede de intrigas das damas do local. Aliás, é bom saber que são tão perigosas. Ingenuamente, julguei-as sem importância e de pouca inteligência. Errei em meu julgamento. Doravante, tomarei cuidado com as nobres locais. Elas se parecem mais com as matronas italianas da antiguidade do que com as guerreiras germânicas.

Klara balançou a cabeça concordando e depois propôs:

— Sophia, já amanheceu. Estou cansada e ainda não chegamos ao fim dessas confissões. Temos muito a pensar até juntar os pedaços desse quebra-cabeça. Que tal pararmos um pouco, fazermos a refeição da manhã, tomarmos pé da situação dos criados e trabalhadores, e seguirmos com isso depois?

Pensativa, Sophia concordou com a amiga. Terminariam de ler o diário mais tarde, no dia seguinte. No entanto, já sabia que precisaria tirar Bernadete do palácio de Wintar e também iria a Erfurt visitar Germana. As duas mulheres tinham as chaves daquele mistério.

Antônio lia alguns textos para mestre Ingo, quando este, inesperadamente, interrompeu a leitura, solicitando:

— Por favor, pare. Basta por hoje. Estou cansado desses textos agressivos. Ficam trocando farpas e multiplicando, às milhares de cópias, pensamentos e mesquinharias, que, sinceramente, não me agrada conhecer. Não sei o que pretendem meus ilustres colegas com essas obras.

— Exaltar a si mesmos — falou Antônio, com entonação de quem declara o óbvio. — Reproduzem no papel e na tinta as brigas dos gladiadores. Não precisam de armas afiadas; têm mentes agressivas. São pessoas cheias de raiva e, quando se manifestam... esse é o resultado.

— Sim, sim, eu concordo com você, Antônio. Mas lamento todo esse tempo e esforço perdidos. Eles deveriam usá-los para o crescimento pessoal e das criaturas que estão sob sua guarda. Mentes agressivas poderiam se converter em mentes realmente interessadas no bem comum, em zelar pelo espírito humano e conduzi-lo a um caminho virtuoso, que os levaria ao paraíso. Não isso. Sei que sou sonhador, meu querido, tenho consciência disso. Mas simplesmente dizer a mim mesmo que o problema de minha inconformidade são meus sonhos, que são ilusões, e que por isso me desiludo... Este pormenor não me convence. Sigo aspirando a algo melhor. Não consigo ouvir essas baboseiras e pensar seriamente sobre elas...

— Nisso discordamos, mestre. Não penso que sejam baboseiras. São acusações agressivas, sim. Nosso amigo Martinho, o liberto, provoca a própria excomunhão, mas não creio que ficará nisso. Quisera fosse! Ele arrastará outros consigo. A questão não é somente religiosa. A religião é uma desculpa para os que o apoiam e incentivam nessa ardente crítica ao papa e aos sacramentos, sabemos disso. Acredito que seja uma prática humana antiga, que interessa a quem deseja perpetuar-se no poder, conceder pequenas coisas. E, em momentos de crise real, encobrir tudo com um véu de fumaça e, depois de dissipado, colocar-se no papel de vítima e defensor de ideais maiores. Agir assim soa melhor do que a verdade nua e crua.

— Antônio, está dizendo que Roma não dará importância a essas críticas pessoais? São ofensivas para qualquer ser humano. É impossível que sejam ignoradas. Elas encontrarão uma resposta — argumentou Ingo.

— É claro. São expressões violentas, é um texto violento. Acredito que o papa fará o esperado: não tolerará o agressor e o banirá. E como envolve uma região financeiramente importante para Roma, já que somos um dos maiores contribuintes dos cofres romanos, a discussão se prolongará em nossas terras. Aqui e onde essas ideias de reforma da aparência surtirem efeito correrá sangue, mestre Ingo. E esses rios de sangue sufocarão outras vozes e ideias que cresciam na atualidade. O papa elegerá seus adversários e os fará maiores do que são para que sua vitória tenha relevância. Enquanto isso, o progresso estaciona e as verdadeiras reformas no pensamento da religiosidade e da vida humana cessam. A ciência avança, a sociedade transforma-se, o mundo amplia-se com as descobertas e explorações dos navegadores, e a fé humana, a alma humana, o pensar a vida e o depois da morte com as implicações imediatas... nada disso será debatido. Ficaremos na superfície, talvez com um novo cisma. Mais um na história.

Ingo ficou pensativo. As ideias de Antônio eram coerentes e já ouvira argumentos semelhantes aos dele. Racionalmente, reconhecia que o pensar pessimista de seu auxiliar era lógico e tinha muitos precedentes na história da instituição de atitudes semelhantes. Parecia ser pré-requisito para investidura no cargo máximo a habilidade de transformar-se de algoz à vítima aos olhos do povo. Porém, emocionalmente, debatia-se mantendo uma louca esperança. E Antônio sabia disso. Quem, afinal, desejaria, em sã consciência, sem nada ter a ganhar, que mais sangue jorrasse na humanidade em nome de Deus? Quem não desejaria um ambiente onde fosse possível pensar em Deus e na vida com as mãos livres de sangue e violência? Onde fosse possível pensar livremente? Entretanto, as partes envolvidas naquela discussão acalorada tinham a ganhar e a perder e não estavam isentas de interesses pessoais e materiais diretos.

Antônio tocou o joelho de Ingo e o confortou:

— Não pense que não sinto o mesmo que você, mestre. Meu maior desejo era ver reformas profundas na religião e não na Igreja. No entanto, você sabe que sou apaixonado pelo pensamento clássico...

— É a moda do momento — lembrou Ingo. — Mas, ao menos, essa volta à antiguidade greco-romana nos impulsiona ao crescimento.

— Graças a Deus! Não poderíamos deixar uma herança tão grande enterrada para sempre em escombros de excessos fanáticos. Mas, como dizia, eu amo o pensamento grego antigo. Para eles, a esperança não era uma virtude.

— Cuidado, Antônio. Você está fazendo uma afirmação que beira à heresia: a esperança é uma das virtudes teológicas. Negá-la pode não ser bem-visto, compreende?

— Não pretendo debater o tema, mestre. Nem mesmo se for provocado. Estamos conversando livremente, e o senhor é meu amigo. Sei que é e confio no senhor. Não irá me entregar aos inquisidores ou aos defensores da pureza doutrinária da Igreja. Estamos conversando como homens.

— Dizem que não temos esse direito, Antônio — lembrou Ingo, sorrindo. — É claro que não irei denunciar suas ideias, mas preciso adverti-lo de que não as divulgue. Guarde-as para si e preserve sua vida.

Antônio sorriu e seus olhos brilharam como os de uma criança travessa. Depois, olhando para todos os lados rapidamente, prosseguiu:

— Enquanto alimentamos a esperança do impossível, pouco fazemos de concreto. E quando a lógica da vida se impõe, nos quedamos desiludidos, desesperançados, e frequentemente desesperados. Essa esperança virtuosa joga a vida para o amanhã e o momento em que a vida acontece é o eterno presente, mestre Ingo. É agora. Ele é infinito. Se esperarmos o amanhã, ficaremos para sempre esperando, sem nada fazer. Isso acaba como sinônimo de inação, de braços cruzados diante da experiência humana. Uma péssima atitude. Confiar em Deus, na vida e em si, usando o momento para construir, é uma atitude mais racional e produtiva, não lhe parece?

— É um pensamento digno de reflexão, Antônio. Silenciosa — enfatizou mestre Ingo encarando seriamente seu auxiliar — e pessoal.

— Entendido.

— Assim espero. Eu gosto de você, Antônio. E, apesar das dificuldades, podemos fazer muito pelas pessoas em nossa missão. Você é um pensador nato. Questiona, estuda, faz análises críticas, e isso é muito bom. Porém, é historicamente perigoso. E já não falo mais dos templos. Pensadores incomodam, desalojam pessoas de seus pedestais, construídos com orgulho, vaidade, medo ou preguiça na maioria dos casos, e essa derrubada tem um preço alto. Então, olhe com muita atenção para as pessoas que poderão auxiliar na saída desses pedestais. Não os confunda nunca com qualquer tipo de trono.

— Segredos de sobrevivência em uma sociedade dominada pela irreflexão, mestre?

— Sim, são. Do contrário, você terá companhias pós-morte muito ilustres e pagãs ou hereges. Nesses tempos de debates sobre reformas, é preciso prudência, meu querido.

Antônio riu da ironia de Ingo e declarou:

— Eu ficarei em silêncio nos debates, se é por isso que está me dando esses conselhos. Prometo-lhe que o antes e o depois desses debates em nada mudarão meu status por aqui.

— É um alívio ouvir isso — confessou Ingo. — Pois eu tenho um pedido especial a lhe fazer.

— Um pedido? O que seria? — indagou Antônio, curioso.

— Receberemos o príncipe Johannes de Wintar para os debates. Ele é um ex-aluno e uma alma complexa, torturada e perdida em si mesma. É bastante fanático...

Antônio riu alto ao ouvir a expressão e logo pôs a mão na boca, calando o riso.

— Desculpe-me, mestre. Mas um fanático já não é uma pessoa exagerada, extremada, radical?

— Sim, é. Já sei por que riu. Foi por eu ter dito "bastante fanática".

— Foi. Mas o engraçado é que o senhor falava mansamente, como se quisesse desculpar ou alertar-me para certo defeito do visitante minimizando-o. Então, acabou dizendo "bastante fanático", e isso é gravíssimo.

Mestre Ingo baixou a cabeça e admitiu:

— Com certeza. Eu de fato tentava adoçar esse chá amargo.

— Por experiência própria, mestre, aconselho-o: não misture ervas amargas com mel, é intragável. Diga logo.

— Nosso ex-aluno é exatamente o que disse: intragável. Mas sinto piedade dele e creio que ainda seja possível ajudá-lo. E não faço isso desinteressadamente: ele é o herdeiro e, portanto, o futuro governante dessa região. É nesse futuro que fixo meu olhar, e gostaria que você me ajudasse a resgatar essa alma intragável.

— Eu?! Justo eu, que há pouco o senhor orientou, enfaticamente, a ficar calado e jamais confundir pedestal com trono? O senhor deseja me incumbir da tarefa de destronar o ex-aluno "bastante fanático", um medroso autoritário em meu modo de pensar, que é uma cabeça coroada? Não lhe parece incoerente, mestre?

— Tudo depende do que você questiona, das críticas a quê ou a quem. Não sou incoerente, Antônio. Johannes é superficial, como todo fanático. Gostei do seu conceito. É exato e define nosso príncipe à perfeição. E não o deixarei sozinho nessa tarefa. Não disse que você a executaria; eu apenas pedi sua ajuda. Quero que esteja comigo. Quero promover alguns diálogos propositais. Foi para isso que o alertei e pedi sua ajuda. Não se exponha demais quando eu provocá-los, apenas me auxilie a mantê-los.

— Entendo. Deseja que eu seja uma espécie de eco filosófico.

— Mais ou menos. Você entenderá quando conhecer Johannes de Wintar...

— Nesse dia, lhe darei uma resposta, mestre.

Antônio tinha personalidade firme, e Ingo sabia disso, mas esperava obter sua ajuda. Johannes e Antônio tinham praticamente a mesma idade e isso os aproximaria naturalmente e tornaria a influência do amigo duradoura, bem mais do que somente a dele, velho e limitado pela cegueira, segundo pensava Ingo.

XXIV

DESEJOS VERDADEIROS

*Não obstante, ainda que temesse tão intensamente
a infidelidade dos amigos, ele nada desejou tanto
como tê-los verdadeiros.*
(Cícero, *A virtude e a felicidade*)

Nada é tão difícil quanto desfazer preconceitos. Acostuma-mo-nos a crer e a sentir sem pensar, e essa é a base do preconcei-to. Desfazê-lo exige impor a luz da razão ao mundo da emoção e desvendar um vazio em si mesmo, descobrir que brigou, sofreu e fez sofrer, muitas vezes, por pensamentos e razões que nem sabia de quem eram e apenas julgava serem suas. Implica em en-golir o que muito repetiu e calar-se quando compreender o quanto de bobagem falou. É preciso ser humilde, ter coragem e ser dócil ao aprendizado, virtudes que aqueles que se libertaram desse viver irrefletido possuem. O orgulho e a ignorância são os pais dos preconceitos.

O preconceituoso é o dono da verdade, que, insatisfeito em vivê-la em si, deseja impô-la à natureza e mudar, pela força de sua vontade, as condições pessoais dos outros. Um autoritarismo dos mais penosos de se suportar, porque fere alguém pura e simplesmente pela condição em que ela está naquele momen-to evolutivo. Os mitos gregos apresentam exemplos de punição dos deuses àqueles que afrontavam suas leis, que desejavam impor suas vontades. É um alerta à humanidade de que nossas vontades e nossos desejos ainda são falhos e que não temos sabedoria. E, para nos livrarmos dos preconceitos, precisamos confrontá-los. Conseguir nos libertar dos preconceitos é prova de reconhecimento da Sabedoria Divina.

Maurício sacolejava na carruagem com destino a Dresden. Olhava a paisagem, analisando-a. Mentalmente, anotava providências que precisaria cobrar de seu pai. Era intolerável o descaso com os camponeses, pois eles eram a fonte da riqueza daquela terra. Sabia que Ethel pensava que sua riqueza era a vastidão de terras que governava e as moedas de ouro em seus cofres. Mas Maurício pensava diferente: a maior riqueza era o capital humano. A terra, sem ser trabalhada e cultivada pela mão humana, voltaria ao estado selvagem, produzindo mata nativa que não se converteria em moedas de ouro. O mesmo aconteceria aos rebanhos. E no comércio, na indústria, nas artes, na educação, valia a mesma regra: investir no ser humano. É a inteligência e o trabalho do homem que extraem, transformam e multiplicam as riquezas naturais. O jovem duque era um homem afinado com seu tempo e com os melhores pensadores da época, que reviviam as luzes do passado, apagadas pelo fanatismo religioso. E, nessa linha de pensamento, ele caiu na razão de sua viagem. "Política, economia e religião são coisas muito ligadas", dizia Maurício a si mesmo. "Mas vá dizer isso a um religioso, seja ele um secular ou um com votos sacerdotais! Eles comeriam meu fígado antes que eu pudesse terminar a exposição de um argumento. Bem diz Germana: 'Fatos não valem nada. O valor deles está no aprendizado extraído'. Eu poderia citar mil fatos para exemplificar essa realidade, mas eles não aprenderiam e fatalmente se repetiriam. São vivências calcadas em preconceitos. Eles não questionam a matéria de fé, por mais contraditória que seja. Ah, será muito enfadonho aguentar esses debates! O corpo de qualquer homem do povo padece de fome e doenças, mas eles discutem a transubstanciação e outras coisas que me dão sono. Dai-me paciência, Senhor! E perdoai minha alma herege".

Entretido com seus pensamentos, Maurício não viu o tempo passar e surpreendeu-se quando o cocheiro parou em uma estalagem para trocar os cavalos, descansar e alimentarem-se. O duque, então, saltou da carruagem sem esperar que lhe abrissem a portinhola. Não era dado àqueles hábitos. Não viera cavalgando por causa da recuperação dos ferimentos. Germana fora enfática ao proibi-lo de fazer grandes esforços físicos, e, por experiência, ele sabia que deveria tomar cuidado.

Tranquilamente, Maurício avançou para o interior da estalagem e acomodou-se em uma mesa próxima à janela. Um jovem veio atendê-lo e, em pouco tempo, saboreava uma refeição substancial, com muita carne e cerveja. Quando terminou a refeição, o estalajadeiro, que o observara do balcão, aproximou-se:

— Fez boa refeição, Excelência?

— Saborosa — respondeu Maurício e, observando a postura do homem, percebeu que ele tinha algum interesse. — Você deseja alguma coisa, estalajadeiro?

— Se me permite, Excelência, gostaria de trocar algumas palavras com o senhor.

— Sente-se. Diga-me o que deseja.

— Excelência, é sobre a questão religiosa. Os camponeses, senhor, estão enfurecidos com a Igreja. Sentem-se roubados. Pagamos muitos impostos e pouco nos sobra para atender às nossas necessidades. Sinceramente, penso que o imperador não olha por nós e a Igreja menos ainda. O único interesse é explorar nosso trabalho. Essa situação é perigosa. O senhor sabe que tem havido muitos protestos e revoltas. Já houve muitas mortes e isso é como jogar gordura no fogo. Além das lutas justas, agora há o desejo de vingança. A raiva nas pessoas aumentou muito. O senhor é conhecido pelo seu interesse em pacificar essa questão com diálogo. Eu também creio nisso e gostaria de lhe pedir que converse com os nobres. Acredito que pequenas concessões de parte à parte serão melhores para todos do que a luta por um vencedor.

Surpreso e feliz com a confiança espontânea do estalajadeiro, Maurício perguntou:

— Como se chama?

— Gerald, senhor.

— Muito bem, Gerald. Estas terras estão sob administração de meu irmão. Estou a caminho de Dresden e comprometo-me a falar com ele. Tentarei negociar a situação. Quais são as reivindicações dos camponeses?

Gerald fez um sinal ao seu jovem empregado e ordenou:

— Traga-me uma caneca e mais cerveja para o duque, por conta da casa.

Maurício sorriu e agradeceu a gentileza. Enquanto bebiam, o duque ouviu as reclamações da população expressas por Gerald e entendeu que o estalajadeiro era um catalisador e um líder, embora tenha ficado claro que não tinha uma liderança inconteste. No entanto, confiou nas intenções dele e nas disposições pacíficas.

— Gerald, para o bom termo das conversas, precisamos tentar separar os assuntos. Vamos deixar que a Igreja resolva suas questões...

— Eu entendo duque Maurício, mas o povo e muitos nobres veem essas questões como um assunto único. Eles dizem que a Igreja explora a todos e que, unindo-se para libertarem-se dela, conseguirão criar uma nova forma de viver. Acreditam ainda que uma Igreja nacional, que instrua e trabalhe pelo povo, seria bem melhor. Já deve ter ouvido isso...

— Sim, claro. Mas não acho que esse seja o caminho.

— Mas são argumentos que precisamos enfrentar — ponderou Gerald.

— Serão enfrentados. Dou-lhe minha palavra.

Concentrados na conversa, Maurício e Gerald não notaram o cocheiro surgir repentinamente ao lado da mesa. Respeitoso, o servo informou:

— Estamos prontos para partir, duque.

— Ótimo. Seguiremos viagem agora mesmo — Maurício levantou-se e encarou o estalajadeiro: — Foi muito bom conversar com você, Gerald. Espero que possamos trabalhar juntos. Voltarei com boas notícias, eu espero.

Gerald aquiesceu, levantou-se e despediu-se respeitosamente do hóspede. Não simpatizava com nobres, no entanto a postura de Maurício conquistara-lhe não só a simpatia, mas a confiança.

— Esperarei e farei o possível para conter os ânimos. Se puder e não for pedir muito, gostaria que me enviasse uma mensagem, pois isso me daria um bom argumento. A próxima reunião acontecerá amanhã à noite.

— Entendo. Farei o possível, mas nada prometo.

O cocheiro uniu as sobrancelhas, curioso, mas manteve-se calado. Maurício apanhou seus pertences sobre a mesa e deixou a estalagem pensativo.

Anoitecia quando o duque chegou à residência de Johannes e Sophia. Vencera a distância em tempo recorde. Maurício desceu da carruagem e espantou-se com a visão de poucos criados em torno do palácio. Nenhum viera receber os visitantes.

— Estranho — comentou com o cocheiro. — Alguém deve vir abrir a porta.

Dito isso, subiu apressado os poucos degraus que davam acesso à porta principal e bateu na porta. Aguardou mais do que o usual e estava disposto a usar a aldraba outra vez, quando a porta se abriu. Instantaneamente, reconheceu Klara.

Educada, a criada escondeu a surpresa com a inesperada visita do duque, porém indagou preocupada:

— Excelência, será que, porventura, cometi a falha de esquecer uma visita sua?

— Não, Klara. Tranquilize-se. Vim até aqui sem avisar. A indelicadeza é minha, mas as circunstâncias exigiram. Meu irmão e minha cunhada estão aqui?

— Ah! É claro. Sim, eles estão. Por favor, entre.

Klara recolheu a capa e o chapéu de Maurício e o conduziu a uma sala, convidando-o a acomodar-se.

— Anunciarei sua chegada à princesa Sophia — falou Klara.

Maurício pensou em corrigi-la e ordenar que avisasse a Johannes, no entanto reconsiderou e calou-se, concordando com a criada.

Após a saída de Klara, o duque pôs-se a observar o lugar que conhecia desde a infância. Sua mãe passava longas temporadas naquela propriedade, a preferida de Martha. Por isso, logo notou as pequenas mudanças implantadas por Sophia.

Alguns quadros haviam desaparecido dando lugar a outros; havia arranjos de flores elegantemente dispostos e maior luminosidade. O palácio tinha todas as janelas abertas e pelas vidraças viam-se os extensos e bem-cuidados jardins, que cercavam a construção por todos os lados.

— A princesa pede desculpas, mas não poderá recebê-lo imediatamente. Pede que a aguarde — falou Klara ao regressar à sala. — Posso oferecer-lhe algo para beber?

— Obrigado, Klara. Estou perfeitamente bem e, caso não tenha sido modificada a localização das bebidas, sei onde estão e posso me servir sozinho.

— Estão no mesmo lugar, Excelência — informou Klara. — Algo mais que eu possa fazer, senhor duque?

— Não, Klara. Você foi muito gentil. Esperarei sua senhora aqui.

Klara pediu licença e retirou-se. Gostava do duque e reconhecia que, diferente do irmão mais velho, ele era um homem com uma aparência e uma personalidade atraentes. "Pobre, Sophia!", pensou Klara. "Bem que poderiam tê-la casado com esse Wintar".

Maurício acomodou-se em uma das poltronas e relaxou, recostando a cabeça. Como era seu hábito, mau hábito, apoiou os pés calçados sobre uma mesa baixa, ricamente esculpida em prata. Aquele móvel era uma das novidades na bela sala. "Bom gosto!", aprovou em pensamento analisando a peça.

De repente, o duque teve sua atenção voltada ao som das portas duplas se abrindo e ao farfalhar das saias de seda de Sophia. Mas tudo que pensava e analisava desapareceu de sua mente ao contemplá-la sorridente, estendendo-lhe as mãos com os olhos verdes brilhando. "Johannes não a merece", era seu único pensamento ao caminhar ao encontro de sua anfitriã.

— Perdoe-me, Maurício. O assunto que me reteve era grave. As revoltas camponesas estão começando por aqui, e não pretendo colocar lenha nessa fogueira. Ao contrário, desejo que se apague logo.

— Sábia decisão — apoiou Maurício. — Meu irmão participava da reunião?

— Não. Johannes está indisposto — respondeu Sophia prontamente.

— Ah, entendo. Ele é frágil como porcelana — zombou. — Muito delicado!

Sophia conteve o riso. Gostava do humor ácido, irônico e zombeteiro do cunhado. Ele era sagaz e inteligente.

— De fato — concordou Sophia e desconversou. Afinal, cuidado era uma palavra que agora nadava em sua saliva. Nenhuma outra escapulia sem passar por ela. — A que devemos a sua visita?

— Eu teria muitos motivos para vir vê-la, mas a verdade é que estou aqui por ordem de meu pai...

— O quê? — interrompeu Sophia, indignada. — Por que seu pai o obrigou?

— Calma, Sophia. Ele obrigou-me, primeiramente, a acompanhar o torneio filosófico e teológico de Erfurt; minha segunda missão é essa visita.

— Sim. E o que aquela cobra velha deseja que você relate? Por acaso, sobre como estou sobrevivendo com menos da metade dos criados necessários para fazer funcionar esse palácio e seus anexos? Esperava me encontrar esfregando o chão ou os fogões?

— Eu não sei do que está falando, Sophia. Surpreendi-me com a pouca quantidade de trabalhadores em torno da propriedade, é fato, mas ignoro todos os porquês dessa situação.

Sophia encarou-o séria, examinando cada linha do rosto de Maurício à procura de um desmentido, mas ele permaneceu impassível.

— Eram espiões trabalhando para seu pai. Demiti todos que aguardaram por mim. Confesso, que uns sessenta e cinco por cento deles fugiram antes. Amanhecemos neste estado.

— Sei, é prática antiga. Ele sabe?

— É claro. Não costumo agir traiçoeiramente, Maurício. Um dos motivos de minha visita ao palácio dos Wintar foi justamente esclarecer que não morarei em um local, cujas paredes tenham olhos, ouvidos e bocas, que relatam minha vida pessoal. Não sei quais são as razões de seu pai para mandar que me espionem, mas ele já foi avisado de que não aceito e não aceitarei isso.

— Quando precisar de alguns conselhos para agir nas sombras, lembre-se de mim. Estou à disposição. Louvável e muito nobre sua ação, mas, sinceramente, cara cunhada, evite-a no futuro. Meu pai não respeita essas virtudes e acredito que você descobriu por si mesma que o enfureceu. Aliás, meus parabéns por sua manobra no contrato antenupcial.

Sophia encarou-o, preocupada.

— Eu li o contrato, Sophia. Meu pai mostrou-me — prosseguiu Maurício e, apontando para a mesa onde apoiava os pés, disse: — Perdoe-me a indelicadeza, mas preciso me sentar e esticar a perna. Meus ferimentos ainda me incomodam um pouco.

Desconcertada, Sophia recordou-se dos dias em que cuidara de Maurício ainda inconsciente, lembrando-se do extenso ferimento na coxa e no abdômen, e ruborizou levemente.

— Fique à vontade, Maurício. Devo pedir-lhe desculpas. Nem lhe perguntei como estava sua saúde.

E, andando alguns passos, sentou-se na poltrona em frente ao duque.

— Não deseja algo para beber? Um chá...

— Não, Sophia. Estou bem e não desejo beber a essa hora, nem mesmo chá. Mas, voltando ao assunto: o que fará sem criados?

— É por poucos dias. Amanhã ou depois, deverão chegar vários criados enviados de Hessel. Pessoas de minha confiança ocuparão as funções internas. E, quanto aos trabalhadores externos, jardineiros e cavalariços, recrutarei alguns entre os moradores locais. Jovens sem experiência, que serão treinados conforme meu gosto. Até lá, eu e Klara nos arranjaremos com aqueles que sobraram e provaram sua lealdade. Foi uma lição importante.

— Não subestime Ethel de Wintar, Sophia — alertou Maurício. — Ele não desiste.

— Eu também não. Não tenho intenção de travar uma guerra com seu pai, Maurício. Apenas quero que os limites fiquem claros. Eu fui negociada para o casamento, mas não sou mais uma joia a ser vigiada no cofre.

— Não, minha querida, não é mesmo. Você é uma mulher indomável. Admiro-a muito. Mas, como você mesma disse, casamentos são negócios. E o seu tem uma finalidade específica: procriação. Meu pai, no seu caso, leva isso a sério o: crescei e multiplicai-vos — ironizou Maurício.

Sophia ficou vermelha e tentou fugir do olhar do duque. Ele sorriu, sentindo-se dividido entre a piedade e a íntima satisfação de ter a certeza de que aquele casamento era uma farsa.

— Toquei em um problema sério? — insistiu Maurício.

— Não, absolutamente. Apenas constrangedor. Eu não entendo essa ansiedade desvairada por um neto, essa pressão. Estamos casados há poucos meses. Por que cobrar uma gravidez com tanto empenho? Há casais que demoram anos para terem filhos — defendeu-se Sophia, fingindo interesse na paisagem além das janelas. — Não acho justo exigir o que não depende unicamente de minha vontade.

— É uma longa história. Talvez nem valha a pena contá-la, mas, como prova de minha lealdade a você, digo-lhe que minha segunda missão é esta visita e minha incumbência é observar se a vida conjugal de vocês é... satisfatória. Entende por que lhe disse para não subestimar Ethel de Wintar?

Incrédula, Sophia voltou à cabeça para encarar Maurício.

— Não?

— Sim. Tivemos uma conversa antes de minha partida e o dissuadi a pedir uma prova de que o casamento de vocês foi de fato consumado.

— O quê? Uma prova de consumação? Ele assistiu à cerimônia, tem os contratos...

Pensando que a cunhada desconhecia o significado do que havia sido proposto, Maurício respirou fundo e explicou:

— Sophia, trata-se de uma prática muito antiga e quase em desuso. Ao menos, não ouço falar dela senão como histórias do passado, mas sei que ainda é permitida. Seria o seguinte: meu pai poderia solicitar ao seu avô que ambos presenciassem uma relação carnal entre você e Johannes. Essa é a prova da consumação.

Indignada, Sophia saltou da poltrona, protestando:

— Isso é vexatório. Não sou uma prostituta. Johannes já me falou disso. Quem ele pensa que é para infringir-me tal humilhação? Eu não me submeterei a isso! É ridículo!

— Eu concordo com você, Sophia, mas acalme-se. Acredito que dissuadi meu pai dessa intenção. Prometo-lhe que farei tudo que estiver ao meu alcance para não permitir que isso aconteça. Eu sofreria muito por você.

Assustada e pálida, Sophia o olhava. Aquela ameaça a pegara desprevenida. Jamais imaginara algo tão abusivo. Sentia uma repulsa tão forte pela ideia que tremia. Percebendo seu abalo, Maurício compadeceu-se da cunhada e, erguendo-se, aproximou-se de Sophia. Sentando-se no braço da poltrona, o duque tomou as mãos da jovem princesa e beijou-as com carinho, segurando-as perto do rosto. Por fim, murmurou:

— Pobre anjo! A vida a arrastou numa tempestade, não é?

Sophia engoliu a saliva com dificuldade. Não estava habituada a demonstrações de carinho masculinas. Crescera entre mulheres e agricultores. Chorar não era opção neste caso. Reservava as lágrimas apenas para o que não tinha solução.

— Não, não me arrastou. Tento manter-me de pé e ser senhora de minha vida, mas nem tudo conseguimos ver ou prever. Essa é a verdade, Maurício. Algumas circunstâncias fogem ao meu controle, ao meu comando.

— Meu irmão, por exemplo? — sugeriu Maurício com uma pergunta em tom de afirmação.

— Seu irmão, seu pai, a situação das revoltas — enumerou Sophia, privando-se de acrescentar: "Você e eu mesma... Resumindo: não domino nada". — Seu irmão, agora entendo, teme ser submetido a isso. Ele falou algo assim, mas não dei importância a isso. No entanto, agora entendo o medo dele.

— Talvez não de todo.

— Como? Haverá algo mais vexatório do que isso? Ou você está sugerindo outros problemas?

— Outros problemas, Sophia. Suponho que você não tenha experiência em assuntos sexuais...

— Não tenho, mas não sou ignorante em relação aos fatos da vida, Maurício. Cresci em uma propriedade rural...

— Animais não são seres humanos, Sophia. E, para a felicidade deles e até onde eu sei, não têm problemas de ordem sexual. Já os seres humanos, minha querida, têm aí um vasto campo de prazer e sofrimento. Questões de toda ordem recaem na vida sexual humana: os padres, por exemplo, julgam ter poder sobre ela, porque é obra de Deus e tentação do demônio, coisa que eu particularmente não entendo. Mas quem disse que questões religiosas precisam fazer sentido? Depois vêm a lei, os direitos e os deveres. A moral, a medicina, a cultura de cada povo e época. Todos se envolvem e dão palpites. Afora isso, a natureza, por si só, é pródiga em fenômenos nessa área, em doenças, aberrações, excentricidades, perversões...

— Por favor, fale claramente, Maurício. Não gosto de meias-palavras e conclusões pessoais. Prefiro que me diga literalmente, objetivamente, o que está falando, sem deixar margens a dúvidas.

— Certo, Sophia. Johannes tem horror a mulheres e a sexo. No passado, bem... ele fugia das mulheres que deveriam ensiná-lo... Em algumas situações, ele passava mal, vomitava, tinha náuseas; em outras, tornava-se agressivo e espancava severamente a infeliz. Meu pai espera que a consciência da obrigação com a família e o fato de você ser a esposa dele, com consentimento religioso etc., o faça superar essa aversão ou que já tenha a superado.

Sophia empalideceu com a revelação. Sabia que o marido tinha problemas, mas conhecer a extensão deles a assustou. A jovem, então, fez a pergunta que rodava em sua mente:

— E com homens? Eu pensei que ele preferisse homens.

— Nunca tivemos provas, Sophia, mas ele foi severamente vigiado por meu pai. É só o que posso dizer-lhe. Pessoalmente, acredito que ele não se interessa por homens. Conheço muitos homens que preferem sexo com outros homens e posso dizer que reconheço esse interesse. E não vejo a conduta deles em Johannes. Meu irmão é pudico, nojento para usar uma palavra apenas, em relação a sexo. Não sei o que ele pensa, mas garanto-lhe que não é o comum, o que qualquer criatura humana saudável pensa.

— Santo Deus! Estou encrencada.

— Creio que sim, esperam que você faça um milagre...

— Conceber virgem? Uma nova versão da Virgem Maria? Com certeza, Ethel de Wintar venderá o leite dos netos como relíquia milagrosa.

Sophia ergueu-se e andou nervosamente pela sala. Sua mente rodava num turbilhão de pensamentos, que não a levavam a lugar algum. Por fim, cansou-se e, aflita, jogou-se novamente na poltrona, onde Maurício, ainda sentado no braço, a observava.

— O problema é que ainda não recebi a visita do arcanjo Miguel e não tenho contato com o Espírito Santo. E creio também que não seja virtuosa o bastante para promover esse milagre. Maurício, eu não sei o que fazer. Ajude-me. Não mereço viver essa humilhação. Por favor, minta para seu pai. Corrobore meu plano de manter as aparências de normalidade. Ajude-me a ganhar tempo. Preciso pensar no que fazer, mas agora não consigo.

Compadecido, Maurício acariciou-lhe os cabelos suavemente e declarou:

— Não precisava pedir-me o que vim disposto a fazer, Sophia. Vamos ganhar tempo e pensar em uma solução. Essa missão não me agradou. Como você disse, estão casados há poucos meses. Meu pai sabe que precisa esperar a ação da natureza. Afinal, ele é pai de muitos filhos e sabe melhor do que eu e você o que deve aguardar.

Sophia lembrou-se das revelações contidas no diário anônimo que recebera das criadas, o diário de sua sogra. Sim, Ethel era pai de muitos filhos, mas nem sua esposa sabia quais eram realmente dele. Talvez aquele fosse um caminho, mas a ideia de procurar um homem com essa intenção a enojou. Seria quase tão humilhante quanto ter que dar uma prova da consumação do casamento ao sogro. Não. Aquela não era uma opção a ser considerada de imediato. Talvez levada pelo desespero pudesse considerá-la no futuro, mas, por ora, era a última hipótese.

— Eu incentivei Johannes a retornar aos estudos em Erfurt — confessou Sophia. — Ele está inclinado a permanecer lá após os torneios filosóficos da próxima semana. Não sei como seu pai reagirá a essa notícia.

Maurício percebeu que Sophia não suportava mais o marido. Recordando o comportamento de Johannes, deu-lhe razão e, para confirmar a principal razão, perguntou à queima-roupa:

— Ele tem bebido muito?

— Você sabe?

— Todos sabem, Sophia. Apenas fingem que não veem.

— Eu deveria ter sido comunicada sobre isso — protestou Sophia. — Não é justo casarem uma pessoa com outra sem contar-lhe a verdade a respeito dela. Tudo que me disseram era que eu deveria me casar com Johannes de Wintar, um membro da realeza, herdeiro de poder e fortuna, ao qual fui prometida quando tinha três anos de idade. A isso, acrescentem-se os boatos a respeito da frágil saúde de seu irmão e de seu interesse por religião. Foi tudo o que eu soube, Maurício. Já seria bastante ruim casar-me com um desconhecido, mas essa é a vida. Porém, seu irmão é ...

— Insano e perigoso — interferiu Maurício. — Apoio sua indignação. É terrível sua situação, Sophia. Aliás, não me agrada essa ideia de que "a vida é assim". Não é. Isso não passa de um ato arbitrário e interesseiro dos pais, que negociam os filhos por mais dinheiro e poder. Não é a vida quem faz isso, são as pessoas.

Surpresa, Sophia o encarou ao indagar:

— Não pretende se casar, Maurício? Mas você deve ter uma prometida. Há um compromisso, não há? Mesmo não sendo o primogênito, você tem deveres.

— Sim, eu tenho, mas não tenho pressa em honrá-los. Meu pai não se aflige com isso. Meus filhos não serão seus herdeiros diretos.

— Compreendo. E a família da moça?

— Ela ainda é uma criança, não está madura para o casamento. E, peço a Deus que a conserve assim por mais tempo.

— Deus, que destino triste têm as mulheres!

— E os homens também! Mas acredito que depende de nós a mudança desses hábitos que nos tornam infelizes. Casamentos arranjados são um exemplo. Nisso deveria imperar o mais puro livre-arbítrio. Apenas as vontades dos interessados deveriam prevalecer — argumentou Maurício.

— Meu amigo, não pensei que você fosse um sonhador. Isso implicaria em uma mudança total da sociedade. Consegue imaginar um duque casando-se com uma criada? Uma nobre com um cavalariço ou um camponês?

— Casam-se com nobres e tomam criadas por amantes, e o mesmo fazem as nobres com camponeses e cavalariços. Bem, não vou falar dos clérigos e artesãos, porque em alguns lugares isso é louvável e garante posição social — retrucou Maurício. — Puro fingimento e interesse social. A verdade é que aceitamos essa "infelicidade imposta" porque, em algum grau, ela nos interessa. Você teve motivos para casar-se com meu irmão. Bons motivos, eu diria. Recuperou a fortuna de sua mãe e amealhou uma boa fatia da fortuna dos Wintar para você.

— Tem razão — concedeu Sophia, friamente. — Nunca acreditei em aumentar meus sofrimentos, pelo contrário. Como não amo sofrer, faço o possível para minimizar o martírio. Não luto contra o impossível ou o improvável, Maurício. Se preciso usar uma coleira, sou dócil para que ela não me aperte em demasia o pescoço, entende? Rebelar-se contra a lei, a tradição ou o simples costume social tem um preço alto. Admiro reformadores e inovadores em qualquer área, mas sei que não pertenço ao grupo deles. Não pago o preço do sofrimento. Vi minha mãe sofrer, eu e meus irmãos padecermos desnecessariamente, tudo em razão de normas e contratos. Seria muita falta de inteligência repetir o erro. Eu creio na capacidade humana de aprender com a experiência pessoal e alheia. Não vou negar que providenciei compensações para uma vida ao lado do príncipe-eleitor herdeiro. Hoje, ciente da extensão dos problemas que traz consigo, considero que o preço de minha venda foi muito baixo. Seu pai, em verdade, teve um grande lucro ao comprar-me para sua família. E ainda o libertei de uma carga pesada de trabalho. Há pouco, estava conversando com alguns líderes locais a respeito da questão religiosa e dos camponeses.

— Que bom que tocou nesse assunto. Preciso falar com você a respeito. Encontrei um líder camponês na vinda para cá, e tivemos uma boa e amigável conversa. Tenho fé na possibilidade de pacificação dessa região.

— Excelente! Conte-me a respeito.

Maurício relatou a Sophia o encontro que tivera com Gerald, as propostas e reclamações dos camponeses e o interesse em construir uma saída pacífica e boa para os interessados naqueles conflitos.

— Não me interessa impor regras religiosas, dizer que algo deva ser de um modo e não de outro, crer nesse ou naquele santo, nem mesmo precisamos crer no mesmo Deus. Basta que tenhamos valores, virtudes e propósitos genuinamente cristãos e tudo estará bem — falou Sophia, apertando as mãos e demonstrando determinação. Esquecera-se de Johannes. — Você falou que a reunião deles é amanhã. Sabe onde será?

— Na estalagem — respondeu Maurício objetivamente, aguardando para confirmar sua intuição a respeito de Sophia.

— Iremos à reunião — anunciou ela, fitando o horizonte. Percebia-se que planejava o futuro próximo.

— Iremos?! Você pretende apresentar-se na reunião?

— Eu irei à reunião. É diferente de apresentar-me na reunião. Pediram uma carta, uma prova de que você intermediaria a questão com os nobres, não foi? Pois bem, eu lhe darei a carta, mas irei com você à reunião. Vivi entre camponeses, Maurício. Verá que me pareço com eles.

O duque coçou a cabeça. Imaginara que ela tomaria as rédeas da situação, no entanto não a considerara tão ousada. Sophia queria infiltrar-se entre os revoltosos e ouvi-los falar livremente e no seu elemento, sem a barreira da divisão social.

— Inteligente e audaz! — elogiou Maurício. — Gosto de você, cunhada.

— Estamos combinados então?

— E eu teria alguma chance de não concordar com você?

Sophia riu com gosto e, desinibida, segurou o braço de Maurício ao dizer:

— Nenhuma!

— Eu suspeitei. Mas conte-me seu plano, senão posso estragá-lo.

Sophia acomodou-se na poltrona em frente ao duque e expôs como pretendia agir. Enquanto discutiam animadamente a respeito do plano, Klara regressou à sala para lhes oferecer uma bandeja com bebidas e iguarias.

— Fique, Klara — pediu Sophia, ao ver que a amiga pretendia retirar-se. — Estamos discutindo a respeito da questão dos camponeses revoltosos.

Klara imediatamente se acomodou em uma poltrona e os acompanhou na discussão. Para a surpresa de Maurício, ela recebeu com extrema naturalidade a ousadia de Sophia, dizendo apenas:

— Conheça o inimigo.

XXV
DISPUTAS

Com muitos cálculos pode-se vencer, com poucos
não o é possível, e sem nenhum, as probabilidades deixam
de existir! Com isto quero dizer que, examinando-se
a situação, os resultados surgirão com clareza.

(Sun Tzu, *A Arte da Guerra*)

Irritadiço, Johannes compareceu ao jantar naquele dia. Sua fisionomia mostrava o constante abuso do álcool nos últimos dias.

Mais cedo, quando Alfredo fora vê-lo, encontrou-o sujo, desgrenhado e afundado na cama. Alguns livros abertos, inclusive a Bíblia, caídos no chão e muitas garrafas de bebida vazias contavam quais tinham sido as ocupações do antigo amo. Alfredo pensou em respirar fundo, no entanto reteve a respiração, pois o cheiro dos aposentos estava insuportável. Acelerou o passo e abriu a janela respirando livremente, ouvindo protestos de Johannes contra a luz e a rajada de ar. "Deus, tudo igual! Eu não suporto mais isso", admitiu o criado em pensamento, comparando os dias com o duque Maurício e os passados ao lado do príncipe herdeiro. "Não voltarei a isso", decidiu. "Será apenas temporário. Afinal, meu antigo amo tem um novo criado. Louvo meu substituto e rendo-lhe graças e hosanas. É o santo de minha devoção".

— Príncipe Johannes! — chamou Alfredo com severidade, como antes não fizera. — É tempo de sair do leito. Providenciei seu banho e uma refeição.

— Estou jejuando — informou Johannes com o rosto enfiado nos travesseiros.

— Sim, estou vendo, Alteza. Substituiu a água por destilados e vinhos. Perdoe minha ignorância em matéria religiosa, mas falo como homem: tanto álcool em um estômago vazio causa sérios problemas, especialmente à lucidez.

Alfredo aproximou-se do leito, pegou o braço de Johannes e o fez erguer-se, amparando-o pela cintura. Depois, conduziu-o ao quarto de banho contíguo e o colocou na banheira ainda vestido, manobra que realizava com perícia de longos anos. Tirar a roupa dele já sentado era mais fácil e a água o despertava. O criado cuidava apenas de quebrar o gelo, pois, se lhe desse um banho quente, o príncipe dormiria e, no dia seguinte, a história se perpetuaria. Tinha de alimentá-lo e tirá-lo do quarto.

— O duque Maurício está visitando o palácio, Alteza informou Alfredo, ouvindo alguns rosnados de desagrado de Johannes, enquanto tropeçava nas palavras.

Sem intimidar-se, o criado prosseguiu:

— A princesa Sophia solicitou enfaticamente sua presença no jantar. Pediu-me que o lembrasse da importância de fazer-se presente, para que a família Wintar não tenha ideias erradas a respeito de uma questão que o senhor e ela conhecem. A princesa pediu-me ainda que lhe dissesse que recebeu novas ameaças, Alteza.

Enquanto Alfredo falava, derramava uma jarra de água fria na cabeça de Johannes, que gemia e estremecia, sacudindo os ombros. Já mais lúcido, indagou:

— O quê?

Alfredo, com paciência e voz inexpressiva, repetiu o que havia dito. Johannes havia entendido o recado, mas precisava assimilar a notícia e agir aparentando normalidade naquele estado de embotamento pelo abuso do álcool.

— Eu entendi — resmungou irritado. — Aliás, desde a minha infância, eu sei que só terei sossego após a morte de Ethel de Wintar. Raios! Por que o diabo não o leva? Já devia estar ardendo no inferno há anos.

Alfredo ouviu-o xingar e esbravejar contra a autoridade do pai e, por fim, como era de costume, ceder. Terminado o demorado banho, Johannes tornou-se apresentável. Apesar das evidências orgânicas não terem sido apagadas pelos cuidados de Alfredo, pelo menos foram atenuadas na aparência. O criado, então, amparou-o de volta ao dormitório e deu-lhe pão e chá.

Mais tarde, escondidos no corredor que ligava o salão das refeições à cozinha, Alfredo e Klara ouviam vozes masculinas alteradas, que chegavam pelo vão da porta entreaberta. Preocupado, ele ergueu as sobrancelhas, encarando a amiga.

— Eles nunca tiveram um relacionamento sequer educado — informou Alfredo. — O duque não tolera o irmão mais velho. Não o respeita.

— Não tem como — defendeu Klara. — Quem deseja respeito, primeiro deve respeitar e ser digno de receber respeito.

— Klara!

— É, Alfredo. Leis de primogenitura não outorgam dignidade pessoal. Ou se possui, ou será necessário muito esforço para construir. E, cá entre nós, o príncipe não conhece o significado da palavra "esforço" — expôs Klara, sem receio da expressão de advertência do amigo.

— Não devia falar assim, Klara. As propriedades de Ethel de Wintar são, todas elas, animadas por olhos e ouvidos.

— Esta não é mais uma propriedade da família Wintar, Alfredo. Pertence a Sophia. E, para seu conhecimento, olhos, ouvidos e pernas já foram desalojados daqui. As paredes agora são sólidas e feitas apenas de tijolos, cimento e pedras.

— É mesmo?!

Meneando a cabeça confirmando, Klara colou-se à parede outra vez e falou:

— Escute. Estão discutindo.

— Sim. É sobre a Reforma. O duque, como a maioria dos príncipes mais esclarecidos, apoia a separação de Roma. Ele diz que há mais interesse político e econômico nisso do que religioso.

— Só os bois e cavalos não sabem disso — menosprezou Sophia. — Os Hessel apoiaram esse movimento desde o início e não jogam para perder. E muito menos estão ocupados com Deus, santos, sacramentos e discussões da Igreja.

— O duque me falou — revelou Alfredo, orgulhoso. — A casa de Hessel é uma das principais apoiadoras da causa e da universidade de Wittenberg.

— Ouça! — ordenou Klara.

— Você não pode ser tão estúpido e alienado quanto aparenta — falou Maurício. — A vida, nem mesmo para o papa, é ficar enfurnado em livros e altares. Aliás, nem para Jesus Cristo. É claro que nos interessa e muito, por várias razões, a libertação de Roma, mas a principal razão é que isso, obviamente, aumentará o poder e a autonomia dos líderes locais. Vamos acabar com essa vinculação ridícula ao Sacro Império Romano. Foi o que fizeram países que estão mais avançados que nós.

— Suas viagens para Itália e França encheram sua cabeça de utopias e afastaram-no de Deus, meu irmão. Está trilhando um caminho falso, um caminho de idolatria e paganismo. E sua amizade com Erasmo e os amigos dele não o ajudará a salvar-se. E agora, para piorar, a situação faz defesa dos rebeldes de Wittenberg — reprovou Johannes, alterado.

— E você? Salvará o quê ou a quem? Se algo lhe couber para gerir, não deixará sobreviventes. Então é bom mesmo que possa salvar-lhes as almas, porque, com certeza, morrerão de fome, de falta de cuidado, de maus-tratos, enquanto você mesmo se afoga em um alambique — respondeu Maurício.

— Sim, eu governarei e você verá que as coisas serão muito diferentes. Mas, infelizmente, Deus parece não ter pressa de condenar nosso pai. E isso o incomoda, não é, Maurício? Você gostaria de assumir o comando de tudo.

— Johannes, você é um louco! Eu comando o que me interessa! Eu sei o que está acontecendo, eu trabalho pelo nosso povo e por nossa riqueza, sim. Não escolhi nascer nesta família, mas nasci. Então, se é mesmo verdade que Deus tem um plano para cada um de nós, me parece óbvio que deva cumprir com as obrigações que esse posto de filho de Ethel de Wintar me impõe.

Johannes riu com amargura e deboche antes de provocar:

— O queridinho da mamãe. O filhinho lindo. O bem-amado, mas o segundo. Que pena! Chegou atrasado, irmão. E as paredes contavam histórias sobre seu nascimento...

— Você está ofendendo a memória de nossa mãe — advertiu Maurício, irado, falando entre dentes.

— Sim, nossa santa e boa mãezinha — debochou Johannes e, bebendo outro copo de vinho, praticamente cuspiu as palavras: — Que está morta!

— Por responsabilidade de quem, Johannes?

Klara e Alfredo ouviram o som da pesada cadeira raspando no piso seguido dos passos firmes e determinados de Maurício. Sem conter-se, Klara esticou-se e espiou rapidamente pelo vão da porta. O duque agarrava o pescoço de Johannes e o erguia levemente. Sophia os olhava assustada e silenciosa.

— Eu seria um covarde se matasse um homem bêbado, mas saiba que eu não sou tão cego quanto nosso pai quando se trata de você, irmão. Você é imprestável e podre, tanto por dentro quanto por fora. Inútil para tudo, inclusive para ser chamado de homem. Seus rasgos de coragem têm a duração do efeito do álcool e é pena que se evapore rápido demais. Trate de ficar fora do meu caminho, não me atrapalhe, e, principalmente, não faça nenhuma besteira enquanto eu estiver acompanhando-o. Se eu precisar curar uma de suas doenças, meu medicamente será jogá-lo no rio. Lembre-se disso quando curar essa bebedeira. E lembre-se também de que protegerei esse fingimento, que é o seu casamento, por causa de Sophia, não por sua causa. Ela não merece uma humilhação.

Com o pescoço apertado, Johannes não conseguiu sequer balbuciar uma resposta. Apenas fixou os olhos vermelhos e raivosos em Sophia.

— Não ouse! — alertou Maurício observando-o. — Nem pense em tocar em um fio de cabelo dela. Se "algo" acontecer a Sophia, juro que você não comparecerá ao funeral.

— Apaixonado, irmão? — sussurrou Johannes provocativo. — Também quer a minha mulher?

Furioso, Maurício largou-o, deixando-o cair e tossir sobre a mesa. E saiu do salão.

Sophia acompanhou o cunhado com o olhar. Perplexa com a violenta discussão, cheia de ameaças e acusações de parte à parte, reconheceu que subestimava Johannes. Havia nele uma natureza violenta e malévola, que não tinha notado em plenitude. Maurício tinha razão: o álcool o tornava "corajoso" e liberava aspectos reprimidos da complexa personalidade de Johannes. Ela reconheceu que deveria ser mais cuidadosa no futuro. "Melhor deixá-lo apodrecer sozinho em um barril de destilado", decidiu.

Naquela ínfima fração de segundos, tantas coisas aconteceram em seu mundo mental e emocional que Sophia perdeu completamente o apetite. Sem dizer uma palavra, a jovem princesa levantou-se e, altiva, saiu do salão. Precisava respirar, pensar, tentar entender tudo que ouvira e descobrira nas últimas horas. Estava exausta. A noite insone, lendo as confissões da sogra e buscando unir as peças do quebra-cabeça do passado dos Wintar, cobrava seu preço. Sentia-se zonza, fraca, e por isso decidiu sentar-se em um dos bancos de um recanto do jardim.

Não sabia dizer quanto tempo permanecera ali. Escurecera e o céu estava estrelado, o que significava que o entardecer após o jantar já passara há algumas horas. Sophia ouviu passos se aproximando. Eram conhecidos. Identificava o andar de Klara, que tinha um som ritmado característico. Sua amiga era comedida em tudo, inclusive nos movimentos, não acelerava nem diminuía o ritmo do andar. Combinava com a personalidade dela: equilibrada, constante, segura.

— Klara! — saudou Sophia sem voltar-se.

— Sophia — respondeu a outra se sentando ao lado da amiga. — Vim ver como está. Eu e Alfredo ouvimos a discussão.

— Bom. Assim, poupo-me de relatá-la.

— Confesso que me assustei, Sophia.

— Com a reação de Johannes? Com a informação de que a família de Hessel apoia a Reforma? Com a atitude de Maurício? Eu ainda estou pensando sobre qual dessas questões me surpreendeu mais.

— A ideia dos príncipes de Hessel apoiarem a Reforma não me surpreendeu nem me assustou. Politicamente, era a óbvia. Sabemos que eles sempre almejam mais poder. Então, nada melhor do que as cidades por eles governadas usufruírem de maior autonomia em relação ao império. E, sob esse ponto de vista, eu também os apoio. Resultará em mais e maior poder para eles, mas essa tirania de um império distante e decadente não ajuda nosso povo. Vivemos do mesmo modo como se vivia há séculos, Sophia. Carlos V apenas se lembra de nós quando precisa de dinheiro. E convenhamos que essa estrutura de seis príncipes eleitores, divididos entre a Igreja e a nobreza, é desprovida de inteligência e sensatez. Talvez tenha sido boa em outra época, mas já não nos serve mais. É muita riqueza concentrada nas mãos de poucos e muita miséria dividida entre muitos, sem que haja chances de mobilidade. É preciso mudar. Se isso passa por um rompimento com a Igreja em Roma, para que haja um fortalecimento interno, que seja!

— Meu avô deixará de ser um príncipe eleitor — resmungou Sophia.

— E terá um reino, em todos os sentidos — lembrou Klara. — Somente o que não pagarão aos cofres da Igreja romana em poucos anos dobrará ou triplicará a fortuna. Espero que esse fato se repita também entre os camponeses e artesãos de nossas cidades. É justo crer que sobrará dinheiro em todas as estruturas sociais, se as garras da santa madre forem recolhidas. E não se esqueça das terras e propriedades da Igreja administradas pelos bispos, que jamais colocaram os pés no templo ou estiveram à cabeceira de um enfermo.

— É verdade. Eu e mamãe conversávamos muito sobre essa possibilidade. Agora é a hora de pô-la em prática. Em termos de pensamento religioso puro, eu me inclinaria a favor de pensadores como Erasmo, mas, raciocinando com praticidade, sou obrigada a concordar com meu avô pelo menos uma vez: apoiar o pensamento radical de Lutero e outros em relação ao rompimento com Roma, apesar de seu pensamento reformador religioso ser superficial e, na prática, pouco diferente do atual, é política e economicamente melhor. Seria ingenuidade pensar de outra forma. Logicamente, há riscos. Não podemos nos esquecer do poderio militar do império e do papa. Em uma guerra, seríamos a parte fraca. Os exércitos dos príncipes não se comparam aos deles.

— Sim, é verdade. Mas Carlos V pouca importância tem dado, até agora, à questão da Reforma e das insurreições dos camponeses e a outros problemas que vivemos. A única coisa que Roma faz é mandar o frei Telzt fazer arrecadações em suas vexatórias procissões. A exploração da ignorância do povo precisa ser contida, Sophia. Aqueles que têm conhecimento e instrução e veem os absurdos que estão fazendo têm o dever de detê-los.

— Klara, nosso povo é crédulo e inclinado ao exagero. Para eles, ou para a maioria deles, é questão de fé e nela não se põe a luz da razão. E exatamente aí está a força da mensagem de Lutero, que vai de encontro ao que querem ouvir, em todos os sentidos. O pensamento dele tem caminhado nessa direção. Ele prega a salvação pela fé, pura e simplesmente. Creia! E assim garantirá a vida após a morte. E, enquanto isso, enquanto viver neste mundo de carne, lembre-se de que é um ser corrompido, intrinsecamente mal e dissoluto, dominado pelas paixões. Essa natureza nega-lhe a liberdade de escolha: você é o que é, sem nenhuma responsabilidade para procurar ser melhor. Poupe-me, Klara! Tiraremos o povo das garras do frei Telzt e do bispo de Roma e de sua ganância e o lançaremos a essa visão do mundo e de si mesmos. Sabe qual é a real diferença?

— A fortuna. Eu sei. A riqueza produzida e como ela é gerenciada. É uma questão imediata, material, tanto quanto a insurreição de Lutero contra o celibato dos religiosos.

— Sim. Lemos, ainda há pouco, o quanto é falso.

— Sim, lemos. Por isso, apesar de reconhecer que é rasteiro esse pensar reformista, ainda o considero melhor, mais honesto. Quanto às questões que você levantou, lamento dizer-lhe, Sophia, mas poucas pessoas terão noção delas. E o futuro responderá ao que significará essa mudança de mentalidade.

— Eu apostaria em riqueza, egoísmo e nacionalismo.

— Riqueza gera progresso, Sophia, e impulsiona o desenvolvimento intelectual. Não acredito que continuaremos sendo uma sociedade agrária até o fim dos séculos. O mundo está mudando, outras frentes de trabalho estão se abrindo. Aliás, os povos estão se abrindo e países estão se lançando à exploração e colonização de novas terras. Entre as maravilhas da tecnologia atual, não se esqueça do poder da palavra escrita, impressa e disseminada a preço baixo. Isso forçará grandes mudanças. Eu sonho com uma época em que todas as mulheres leiam e que as crianças, independentemente de serem meninos ou meninas, ricas ou pobres, possam ir à escola. Não há outro caminho para o crescimento real, inclusive econômico, e para o desenvolvimento da inteligência de um povo, da pessoa humana.

Sophia riu baixinho e comentou com saudade:

— Parece que ouço a princesa Ana de Hessel.

Klara riu também e concordou.

— Mas isso são questões para o futuro, no qual não me cabe um papel de maior importância. Eu coadjuvarei esforços apenas. Eu sou, melhor, nós somos mulheres, Klara. Precisaremos agir como a autora dos diários anônimos? Talvez sim, talvez não. Veremos.

Klara observou o balançar nervoso dos pés de Sophia, as mãos pressionando com força o assento de pedra do banco, o corpo inclinado para frente e o olhar perdido. Imagem da preocupação levemente ansiosa. Recordando-se de que ela era o centro de outra disputa e alvo de pressão, Klara penalizou-se e, naquele instante, como em outros em companhia de Ana de Hessel, agradeceu a Deus por ter nascido livre dos compromissos da nobreza.

— Sophia, eu tentei saber mais a respeito dos problemas de Johannes.

— Com Alfredo?

— Sim.

— E o que conseguiu?

— Alfredo o considera perigoso.

Sophia começou a rir, incrédula. "Isso é como ter medo de barata", pensou.

— Eu também ri, mas depois me calei. Subestimar algo ou alguém nunca é uma atitude prudente ou sensata. Convém analisar, conhecer, saber o que podemos ou não, de fato, esperar. Convenhamos, Johannes é um mistério! O que você sabe dele? O que ele pensa? O que deseja? Qual é seu modo agir?

Sophia notou que Klara falava seriamente. "Ela deve ter suas razões... Klara não é impulsiva ou medrosa, ao contrário. Sempre foi muito objetiva e ponderada", analisou intimamente. Assim, aguardou as informações em um estado de ânimo mais receptivo. Chamada à reflexão, a princesa começava a descartar a ideia preconcebida.

— Confesso-lhe que minha única resposta a todas as suas perguntas é: eu não sei. Ele é absolutamente estranho, diferente de todas as pessoas que conheço. Johannes não fala a respeito do que pensa, aliás, fala pouquíssimo. Por isso, me surpreendo quando fala. Em geral, é esquivo. Não sei realmente pelo que ele se interessa. Tem rompantes de fanatismo, mas não tem uma conduta coerente. É vicioso e irado. Vive cercado de livros de teologia e filosofia, mas, sinceramente, não sei se os lê e se aquilo o agrada. Nunca fala a respeito. E, bem, quanto ao casamento ser da forma como é, Maurício revelou-me algumas particularidades que me deixaram perplexa.

— Refere-se à forma como foi feita sua iniciação em prostíbulos e com cortesãs?

— Alfredo também sabia disso?

— Ele trabalha há décadas no palácio de Wintar. Sim, contou-me que ele tem aversão a mulheres. O duque contou-lhe o que ele fez com *maddona* italiana do bispo Yale?

— Amapola? A cortesã?

Klara respondeu balançando a cabeça afirmativamente. A escandalosa vida amorosa do bispo em questão era de conhecimento público. Uma de suas aventuras mais comentadas havia sido trazer consigo uma das cortesãs que infestavam o Vaticano. Dizia-se, entre risos, que ele almejava tanto o papado e era tão subserviente, que comia na cama e na mesa do bispo de Roma. E Sophia prosseguiu:

— Ela morreu. Encontraram seu corpo no Danúbio, completamente nu e esfaqueado. Deixaram-na apenas com o *bollettino*[7]. Foi o escândalo da época. Quanto tempo faz isso? Cinco anos, não mais. Até nós ficamos sabendo, Klara. Foi essa que ele surrou? Maurício falou-me de uma surra.

Klara olhou-a de maneira sugestiva e disse:

— Não há provas, mas...

Sophia levou a mão à boca e, com os olhos arregalados e a expressão assustada, murmurou:

— Não?!

— Sim, Sophia. O bispo Yale não negaria um favor tão "especial" ao eleitor Ethel de Wintar. Uma ajuda desse teor, com certeza, foi regiamente recompensada, além de ser para para sempre lembrada. Há indícios de que se tornou um assunto nunca falado. O bispo perdeu seu precioso brinquedo trazido de longe. Se você pensar bem, a exposição do *bollettino* foi premeditada. O bispo não desejaria nenhuma revanche pela morte de uma cortesã satânica com a qual estava envolvido, por isso colaborou com os Wintar abafando a história. Afinal, era uma cortesã mesmo. Quantas pessoas poderiam desejar matá-la?

— Poucas, Klara. Era legitimamente uma santa de altar, que vivia entre os religiosos. Especialmente, entre os mais abastados e inclinados aos seus serviços. Que eu saiba não corria riscos de uma esposa ciumenta, que aqui, ao que se sabe, era a mulher do bispo.

— Justamente. Mas houve um pedido de empréstimo da beleza latina para seduzir Johannes. Pedido que não foi negado e que resultou no desaparecimento da mulher. Posteriormente, acharam seu corpo esfaqueado com o *bollettino* exposto.

— Uma dupla ofensa? — sugeriu Sophia, indagativa.

---

7. Fita vermelha que traz um cartão preso. Na frente do cartão, é colocada uma prece a um santo de devoção e, no verso, uma evocação satânica de forma disfarçada. Típico das prostitutas romanas da época, elaborado em rituais.

— Por certo. Entendeu as suspeitas?

— Claro. Mas é difícil de acreditar. Ele é tão... inexpressivo.

— Mas não o subestime, Sophia. Não se engane acreditando no que quer. Johannes pode não ser exatamente o que você vê.

Sophia lembrou-se da advertência de Bernadete: "Lembre-se: não creia em nada que lhe digam aqui. Deus a proteja!".

— Sophia, nesta família, nada é o que parece ser.

— E Maurício, Klara, será o que parece ser?

— Querida, só o tempo nos dirá — disse Klara, compadecida.

XXVI

INQUIETAÇÕES

A calma e a resignação, hauridas na maneira
de encarar a vida terrestre e na fé no futuro,
dão ao espírito uma serenidade que é o melhor
preservativo contra a loucura e o suicídio.
(Allan Kardec, *O Evangelho Segundo o Espiritismo,*
cap. V, item 14)

O coração pesado, a ansiedade, a mente cheia de indagações e a companhia do medo não fazem a vida parar. Os dias seguem seu curso, e o movimento das pessoas alteram os fatos. Não estamos sós neste mundo e nos afetamos mutuamente. Semeamos ao redor o que carregamos na alma. Se deseja ser feliz, escolha semear um jardim e não cardos. Sophia tinha consciência de que a vida não esperaria que ela resolvesse um de seus problemas, para que os outros se solucionassem. Então, no dia seguinte, conforme havia combinado com Maurício, encontrou-o nas estrebarias.

O duque chegou tranquilo e só. Assobiou, anunciando sua presença e chamando um dos cavalariços para ajudá-lo. Não era usual cavalgarem à noite, por isso, ficava apenas um jovem cuidando dos animais.

Sem aguardá-lo, Maurício foi até seu cavalo e acariciou seu focinho. Deu-lhe uma cenoura, que havia pegado no balaio perto da entrada, e convidou:

— Vamos dar um galope, parceiro?

Ouvindo sons atrás de si, virou-se e deparou-se com um jovem com a cabeça escondida pelo capuz surrado e encardido.

— Ajude-me com os arreios — ordenou voltando a atenção ao animal.

— Lamento. São muito pesados. É trabalho para um homem.

Surpreso, reconheceu a voz de Sophia e tornou a encará-la rapidamente. E rindo, aprovou o disfarce.

— Muito bom! Não a reconheci. Onde está o cavalariço?

— Dispensei-o para jantar mais cedo na cozinha. Saiu saltitante como um coelho na primavera.

— Onde conseguiu essas roupas? Como saiu do palácio desse jeito?

— Você faz perguntas demais, Maurício. Coloque os arreios logo, senão nos atrasaremos para a reunião.

Maurício prontamente a obedeceu e provocou:

— Eu não fico surdo enquanto coloco a cela no cavalo.

— Ah, que bom — ironizou Sophia. — Tudo muito simples. As roupas do cavalariço ficam em um caixote perto do catre onde ele dorme — e meneou a cabeça na direção dos pertences do cavalariço. — Assim que ele saiu, troquei minhas roupas. Estão escondidas sob o monte de feno, próximo da parede. Será fácil localizá-la no regresso.

— Poderemos demorar? É preciso silenciar o rapaz, Sophia. Respeito muito a boca dos servos e criados.

— Ele não estará aqui. Klara "providenciou" um entretenimento, que o manterá ocupado até a madrugada.

— Entretenimento?

— Sim, um encontro com uma moça da taberna.

Maurício riu com gosto e seus olhos brilharam de admiração ao fitar Sophia.

— Genial!

— Simples e eficiente, eu diria. Apenas manipulei elementos do cotidiano deles.

— Genial. Eu estava pensando que me acompanharia na condição de princesa, de esposa de meu irmão. Isso seria bem complicado para os aldeões entenderem. Poderia até enfraquecer a posição da família — comentou Maurício.

— E pensou que eu não sabia disso? Ora, eu seria muito ingênua, Maurício. Mas não é só por isso que estou usando esse disfarce. Eu não chegarei à reunião com você. Irei me misturar e ouvi-los.

— É perigoso — advertiu Maurício.

— O que não é perigoso aqui? — retrucou Sophia. — Ontem, entendi que ficar em meu quarto pode representar risco de morte para mim. Entendi mal?

Terminando de apertar a cela, Maurício encarou-a. Aproximando-se dela, tocou-lhe com delicadeza a ponta do queixo, fazendo-a olhar em seu olhos, e falou sério:

— Entendeu corretamente.

— Então, vamos — respondeu Sophia afastando-se dele.

Logo, saíam dois cavaleiros a galope na escuridão.

A taberna de Gerald, apesar de mal iluminada, parecia uma estrela da madrugada caída entre a mata e a estrada. Quando a avistaram, Sophia fez um sinal a Maurício e galopou à frente impondo uma pequena, mas respeitável distância entre eles. Depois, perto do prédio, embrenhou-se na mata contornando a taberna e chegando pelo lado oposto ao de Maurício. Viu que havia poucos cavalos ao redor e deduziu que os camponeses vinham a pé. Pelas vidraças empoeiradas e sujas, Sophia notou um número pequeno de homens reunidos. "Isso é ruim. Pretendia imiscuir-me em um salão de taberna lotado. Esconder-me na multidão seria mais fácil", avaliou Sophia trotando perto da janela. De repente, percebeu que os homens a viram e imediatamente pensou: "Preciso agir rápido".

Sophia apeou e amarrou o cavalo, no qual montara em pelo, como convinha a um camponês. Providenciou água para o animal e, decidida, apresentou-se no salão.

Gerald veio receber o jovem informando:

— Amigo, só poderei atendê-lo se for breve. Ofereço-lhe pão, carne e cerveja. Não disponho de acomodações nem nas estrebarias. Casa cheia esta noite.

Sophia, com as mãos escondidas nas mangas compridas do casaco, sacou de um bolso interno um dos panfletos de Lutero e, discretamente, fez Gerald vê-lo. Depois, perguntou seca e direta, em voz baixa e rouca:

— É aqui?

Desconfiado, Gerald indagou:

— De onde vem?

— Os Hessel me enviaram.

Gerald ergueu a sobrancelha e assobiou baixinho, surpreso, lisonjeado e satisfeito. Colocou a mão em seu ombro ao responder:

— A oferta de comida continua valendo, por conta da casa.

Sophia, disfarçada, acenou com a cabeça, murmurando aceitação, e acompanhou Gerald até uma das mesas, que ficava no canto mais escuro da taberna e próxima ao local onde estavam os outros homens. Sophia viu-o ordenar a um velho criado que trouxesse comida e bebida para o recém-chegado. E pediu-lhe:

— Não diga nada a ninguém, por enquanto.

— Sou um túmulo, meu jovem.

— Meu senhor recompensa a fidelidade.

— É claro! — exclamou Gerald, falando tão baixo quanto o jovem, mas sem saber por que. Apenas reagia à conduta que o novato lhe impunha sem pedir ou exigir.

Rapidamente, Gerald entendeu que o jovem não falaria muito. Sua missão era identificar e relatar o que visse ao seu senhor. E, entre os reformistas, a adesão pública dos príncipes de Hessel fora comentada em toda Alemanha. Por isso, Gerald, feliz e envaidecido com a importância dada ao seu recente movimento pelo poderoso príncipe de Hessel, deixou-o sozinho, saboreando a cerveja forte, a carne fria e o pão.

Maurício foi recebido com desconfiança e silêncio pelos camponeses. Estava clara a visão do "nós contra vocês". Gerald foi recebê-lo, estendendo-lhe a mão. O duque, então, imediatamente o acolheu, cumprimentando-o como um igual, e sorriu satisfeito com a diplomacia do estalajadeiro.

— Boa noite, duque Maurício. Já comentei com os amigos presentes a respeito de nossa boa conversa e de sua presença nesta reunião.

— Realmente, Gerald, uma ótima conversa. É mais sábio e prudente resolvermos nossos problemas por meio de diálogo do que de armas, morte e sofrimento.

— Nossas reuniões são muito rápidas... para não levantar suspeitas — esclareceu Gerald. — Eu também creio que devemos evitar ferimentos e mortes, pois, para os que sobrevivem, isso resulta em aumento da miséria e em uma vida ainda mais sofrida. Então, por favor, seja breve, senhor. Hoje, decidimos apenas ouvi-lo.

— Muito bem. Como quiserem.

Maurício acercou-se, por fim, dos camponeses reunidos. O grupo, em sua maioria, era composto por homens, mas o duque viu alguns rostos femininos, extremamente desgastados, com a dor estampada em cada ruga ou em cada marca de expressão de suas peles claras maltratadas pelo frio intenso, despontarem entre os camponeses.

De maneira clara, objetiva e simples, Maurício expôs as ideias que discutira com Sophia, apresentando-as como resultado de conversas com os príncipes de Wintar, que residiam na região. Relatou o ânimo de concórdia e liberdade em relação às questões de fé.

— A esposa do príncipe Johannes não é da casa de Hessel? Eles declararam apoio à causa da Reforma — perguntou um dos jovens camponeses.

Maurício o encarou e respondeu tranquilamente:

— Sim, minha cunhada é a princesa Sophia de Hessel. Ela influencia bastante a mentalidade de meu irmão. Como vocês sabem, as mulheres têm um poder oculto e influenciam muito seus maridos — brincou Maurício, descontraindo os homens à sua volta e captando a simpatia das poucas mulheres que o ouviam. — Ela é uma aliada, sem dúvida, e tem muito interesse em promover mudanças na região. É uma mulher simples e confiável. Vocês deveriam procurá-la. Acredito que seria muito bom.

— E desde quando os nobres recebem os pobres, duque? — questionou com amargura uma das mulheres. — Vi três de meus filhos morrerem pequenos à míngua e doentes, rastejei pedindo ajuda e sequer me olharam.

— Infelizmente, eu sei que você tem razão — reconheceu Maurício —, mas nem todas as pessoas são iguais ou pensam do mesmo modo. Nenhum de nós escolheu onde nascer, não é o que dizemos? Deem uma oportunidade aos nobres e ricos que também desejam mudanças. Pensem: vocês sozinhos contra os defensores da política do império e do papa serão esmagados. Eles têm exércitos treinados, dinheiro e armas, e ainda podem movimentar o apoio de outros reinos. Nossas chances de mudança somente serão concretas se formarmos, de fato, uma Alemanha unida, sem divisões e disputas internas. Então, assim, seremos fortes para fazer valer nossa vontade de que o dinheiro alemão pertença à Igreja alemã e, com isso, todas as mudanças que virão para cada um de nós. Juntos, poderemos construir uma nova realidade, sem batalhas entre nós, mas guerreando até morte contra os reais exploradores, se for necessário.

Na mesa, Sophia, disfarçada e calada, levantou-se e lentamente o aplaudiu. Instantes depois, do outro lado da sala, mais alguns se uniram a ela. Ao cabo de minutos, a maioria dos camponeses o aplaudia.

Gerald, satisfeito, questionou:

— Trouxe alguma proposta, duque?

— O pároco da aldeia está presente? — perguntou Maurício.

Um homem idoso, mas forte, de olhar penetrante e voz firme, abriu caminho entre os presentes:

— Sou eu — informou a Maurício. — Padre Klaus. Creio que já nos conhecemos, duque. Eu o socorri quando foi ferido recentemente. Estava visitando a paróquia onde aconteceu o fato.

— Devo-lhe agradecimentos, padre Klaus. Salvou minha vida de um atentado covarde, que ainda usaram como lenha nessas revoltas.

— Qual é a proposta?

— Não haverá qualquer interferência dos nobres locais em relação às mudanças em sua prática religiosa, assim como não haverá perseguições. Poderá livremente praticar os cultos em nossa língua, dar o pão e o vinho, assim como poderá implementar também as mudanças com relação ao dízimo. O senhor é um reformador, de nossa parte, um aliado. Torne prática o que é teoria. Trabalhemos juntos para mudar nossa sociedade, torná-la o que desejamos que seja. Reparta as terras da Igreja.

— A partir de quando não precisarei temer? — questionou padre Klaus.

— Desde já, e independentemente de sua aceitação. Quer creia em minhas palavras ou não, o tempo lhe mostrará que seremos apoiadores. A tolerância pode ser um apoio velado.

— Confiarei no senhor — respondeu padre Klaus, estendendo a mão a Maurício para selar o acordo de vontades.

— Esse é o primeiro passo. As outras mudanças e melhorias serão consequências da liberdade conquistada e construída por nós — declarou Maurício apertando-lhe a mão.

O padre sorriu, Gerald aprovou, e os camponeses os olharam mais esperançosos.

Voltando-se para Gerald, Maurício declarou:

— Era o que tinha a dizer, o que consegui cumprindo minha palavra. Aguardarei sua resposta quanto ao fim dos confrontos armados nessa região.

— Em dois dias, a qualquer hora, volte aqui e terá nossa resposta — respondeu Gerald.

— Feito! Boa noite a todos — despediu-se Maurício, retirando-se do alojamento.

Sophia permaneceu onde estava, silenciosa, ouvindo as colocações dos camponeses com a cabeça baixa e o rosto semiescondido pelo capuz. Porém, não tardou a despedir-se com um aceno à distância para Gerald.

A princesa reencontrou Maurício no ponto onde se separaram na ida. Ele a aguardava escondido entre as árvores da mata, que ladeava a estrada. Quando Sophia passou, o duque a seguiu a galope até emparelharem os cavalos, e então diminuíram o trote.

— Qual a sua avaliação, Maurício? — perguntou Sophia.

— Estou esperançoso. Se Johannes ficar algum tempo em Erfurt, creio que poderemos conduzir a situação de forma produtiva e pacífica.

— Também tive essa impressão. Os camponeses não são ignorantes. Conquistaram essa consciência e esse saber a preço do sofrimento. Milhares já morreram, esmagados como você disse, pelo poderio bélico dos defensores do imperador e do papa, nos últimos anos em revoltas infrutíferas. É ingenuidade crer na força da raiva cega. Ela desnorteia o indivíduo, tornando-o uma presa fácil. É forte, mas é cega. A ira tira-lhe a razão e embota o uso da inteligência. Esse final trágico e desesperado tirou muitas vidas, e nos faz pensar e ponderar mais sabiamente agora. O radicalismo não constrói nem nunca construiu outra coisa além de guerras, mortes, miséria e dor. Além disso, gostei de Gerald: um diplomata nato, negociador hábil. É um bom aliado e um líder sensato entre os camponeses — Sophia considerou.

— Eu havia notado as habilidades políticas de Gerald em nossa conversa, mas confesso-lhe que foi uma grata surpresa vê-lo conduzindo a reunião. Conforme o resultado prático dessa reunião, se ele se mostrar digno de confiança cumprindo o combinado, creio que será um elemento que poderá ajudar-me não apenas neste território, mas em outros também, onde a revolta já está estabelecida.

— Hum. Excelente ideia! Vamos observá-lo. E quanto a Johannes, por muitas razões, espero que ele fique alguns meses em Erfurt. Eu preciso desse descanso, ou melhor, eu mereço — desabafou Sophia.

Maurício apiedou-se da cunhada. Fazia alguns meses que Sophia estava casada e já revelava profundo cansaço e desprazer na companhia do marido. "Bem, por que isso me surpreende? Quem aturaria Johannes prazerosamente? Somente outro louco ou fanático como ele", pensou. E, vislumbrando que teria muito prazer em ficar em Dresden, acompanhando a pacificação e obviamente Sophia, o duque decidiu que faria o máximo possível para deixar o irmão confortável e mofando entre os livros, os debates religiosos, as salas e as capelas da universidade, da qual os Wintar eram beneméritos mantenedores. Maurício lembrou-se de que o reitor Guilherme gozava da confiança de seu pai e era um de seus conselheiros, apesar de Ethel apenas ouvir seus conselhos, mas sem segui-los. Não julgava difícil solicitar-lhe a colaboração de acolher Johannes, seja com a desculpa de estudos, seja de retiro espiritual. Qualquer uma era válida desde que ele ficasse em Erfurt.

Aquela foi a primeira de muitas excursões noturnas e secretas de Maurício e Sophia. A ideia da princesa, do planejamento à execução, mostrara-se perfeita. Regressaram ao palácio sem levantar suspeitas.

No entanto, a cumplicidade entre Sophia e Maurício não passou despercebida para Johannes. Ele os via passeando nos jardins, conversando na biblioteca, onde Sophia costumeiramente trabalhava e onde discutiam projetos e obras de infraestrutura. O príncipe acompanhava o intenso entra e sai de engenheiros, arquitetos e artistas no palácio e ruminava, zangado: "Não é tempo para frivolidades! Deveriam estudar questões relevantes, pois, afinal, o final dos tempos talvez esteja próximo, como pensam alguns reformadores. Eles podem ter razão em suas leituras dos sinais de Deus, na realização das profecias. Jesus e seus santos governarão a Terra, que pertencerá aos escolhidos, aos homens de fé e aos tementes a Deus. Será o fim dos Wintar. O fim de seu poder. Enquanto desperdiçam as horas, abrem caminho para arderem no inferno. Pecadores! Há luxúria nos olhos deles, eu vejo. A corrupção da carne, os vis desejos os dominam. Assemelham-se aos animais guiados pela necessidade de reprodução. Indignos! Como podem se entregar a essas animalidades nojentas?! Sujas! E pensam que são melhores do que eu! Eu os odeio! Eles tiram minha paz e desejam obrigar-me a ser como eles. Não! Isso não permitirei. O silêncio os abraçará antes, bem antes...".

Zangado, irado, tomado pela inveja e pelo ciúme que permeava sua relação com o irmão desde a infância, Johannes infernizou-o nos dias seguintes. Não perdeu uma oportunidade de alfinetar Maurício, lançando-lhe velhas acusações e suspeitas, desfazendo-o e rebaixando-o diante de Sophia. Ele sabia que o irmão estava apaixonado por sua esposa e julgava fazê-lo sofrer. Fosse outro, o julgaria um anjo enviado dos céus para engravidar sua esposa e dar-lhe paz, mas não Maurício. Se ele queria Sophia, faria o possível para que ele a perdesse. Qualquer um poderia ser amante dela, menos o irmão.

Johannes, no entanto, irritava-se ainda mais com a resposta fria e distante expressa na atitude de Maurício. Depois do primeiro confronto, o duque decidiu ignorar as provocações do irmão. Desejava livrar-se dele, deixá-lo em Erfurt, e por isso fixava a mente nesse propósito. Fazia ouvidos de mercador às provocações do príncipe e evitava-lhe a presença, convivendo apenas o mínimo necessário, entenda-se, obrigatório, com o irmão.

Alarmada e amedrontada, Sophia acompanhava a situação. Deparava-se com uma face do marido que, definitivamente, não apreciava. Johannes era insano. Buscando apaziguar os ânimos, a jovem renunciou à prazerosa companhia do cunhado, postergou projetos e atividades e, nos dias que antecederam a partida deles para Erfurt, manteve-se reclusa em seus aposentos, ansiando pelo dia em que Johannes deixaria o palácio. A presença dele repentinamente a sufocava. Sequer às refeições comparecia.

Olhando-se no espelho, Sophia assustou-se com a própria imagem, pálida, com olheiras marcadas e fundas e olhos sem brilho. Estava devastada pela paixão e por aquele excesso de medo, que gerava ansiedade e pensamentos sombrios. Havia inquietude em seu ser. A princesa pensou em Epicuro e em suas lições sobre a quietude da alma. Precisava delas. Jogou-se em uma cadeira e pôs-se a recordar as tardes frias em que conversava com a mãe e com Klara em Hessel enquanto assavam biscoitos. Repetia para si mesma, como se fossem orações proferidas em um rosário, alguns pensamentos do filósofo, de que precisava para se fortalecer intimamente: "De todas essas coisas, a prudência é o princípio e o supremo bem, razão pela qual ela é mais preciosa do que a própria filosofia. É dela que se originaram todas as demais virtudes e é ela que nos ensina que não existe vida feliz sem prudência, beleza e justiça e que não existe prudência, beleza e justiça sem felicidade".

"Nunca devemos nos esquecer de que o futuro não é nem totalmente nosso, nem totalmente não nosso, para sermos obrigados a esperá-lo como se ele estivesse por vir com toda certeza e nos desesperarmos como se não estivesse por vir jamais"[8], Sophia refletia.

Sua mãe dizia, repetindo Epicuro, que precisava cultivar bens imortais para viver com calma entre os mortais, essa prática garantia a quietude da alma.

---

8. Ver Epicuro. *Carta sobre a felicidade*. Editora UNESP, pp. 45 e 33 respectivamente.

XXVII
CHOQUES

Nesses recintos sacros, um sábio inoportuno diria: "O santo que invocas vai proteger-te, se a tua vida assemelhar-se à dele".

(Erasmo de Rotterdam, *Elogio da Loucura*)

Em Erfurt, reinava um clima festivo. Os convidados que haviam chegado antecipadamente eram partidários do mesmo pensamento, pois, em sua maioria, eram discípulos ou admiradores de Erasmo de Rotterdam. Inclinavam-se à filosofia humanista e ao Iluminismo, que chegava à Alemanha mais tarde do que se desenvolvera em outros países da Europa. Mas o progresso e o pensar a sociedade, a economia e a religião de forma mais libertária, priorizando o desenvolvimento humano e a liberdade de pensamento, floresciam em meio aos espinheiros de uma estrutura social ainda medieval e de um povo místico fortemente conservador com tendências ao exagero. Daí a grande divisão entre os reformistas: uns eram erasmianos, outros, luteranos. Rotterdam não desejava apenas uma Igreja com algumas diferenças do poder central romano; ele queria reformar o pensamento religioso. Além de defender uma mudança suave, tinha uma visão evolucionista, centrada na melhoria do homem e da sociedade a partir da educação.

Essa tradicional divergência da época, que colocava os dois pensadores em um círculo de fogo, alvos de Roma, dividia as pessoas e, por ora, não tinha guarida nos congregados. Sig andava sorridente pelos corredores acompanhado de Antônio, que aproveitava para matar a saudade do antigo mestre e amigo. Rodas de conversas e saraus formavam-se espontaneamente, antecipando e preparando os debates programados para breve. Obviamente, os comentários a respeito da situação social, das rebeliões, da postura do imperador, que ameaçava voltar-se contra os reformadores alemães, e especialmente as retaliações a Lutero, impostas pelo papa, que praticamente o banira da Igreja, eram mais do que lenha na fogueira da situação. Eram um combustível bruto, altamente inflamável. Ao lado, a pressão sobre Rotterdam para que respondesse ao reformador alemão, que negava o livre-arbítrio.

— Eu estive em Worms, Antônio — declarou Sig em um dos intervalos de leitura e preparação de discursos, que fazia na biblioteca na companhia de Antônio. — Foi impressionante!

— Assistiu à Dieta[9] para a retratação de Lutero, Sig?

— Sim, assisti. Não poderia perder. Ele tem uma fé inquebrantável e é um orador carismático. Não é difícil entender por que ele goza dessa grande popularidade e da liderança entre nosso povo.

— Desculpe-me, mestre, mas a Alemanha não tem lideranças — interveio Antônio. — Então é fácil arrastar o povo.

— Claro, eu concordo com você, Antônio. E é mais fácil ainda quando o líder que se levanta enverga uma batina, é um homem de Deus, e tem a coragem de retirar a própria auréola e declarar-se humano, falando de igual para igual com os camponeses e ferreiros, dizendo-lhes que o trabalho que realizam é tão sagrado quanto o dele, e autorizando-os a usufruir dos prazeres e apossar-se das riquezas, desde que estejam cientes de que não devem apegar-se a isso e que tudo pertence a Deus. Muitos de seus apoiadores falam que as riquezas são um sinal de que Deus mostra quem são seus escolhidos. Não me lembro disso no que li de Lutero, mas... ouvi esse pensamento entre seus

---

9. Reunião de cúpula oficial, governamental e religiosa, chefiada pelo imperador Carlos V, que ocorreu em Worms, Alemanha, em 1521.

apoiadores. Tive, como em outras vezes, que assistir Lutero e minha impressão é de que ele é mais um místico do que um reformador consciente.

— Mestre Ingo contou-me que ele estudava Direito aqui, mas desistiu do curso, trocando-a por teologia, e que decidiu pelos votos sacerdotais após uma noite de tempestade em que temeu morrer. Contou-me também que Lutero não conseguia rezar missas, por isso foi transferido daqui para Wittenberg para lecionar a Bíblia — lembrou Antônio.

— É, eu sei. Conheci-o naqueles tempos. A trajetória de Lutero é marcada pela dedicação. Ele é um estudioso das Escrituras, mas é também uma pessoa muito torturada, extremada, e, de uns tempos para cá, parece-me que descobriu o caminho para sua pacificação em uma experiência pessoal com a fé e a revelação. Criou uma doutrina própria que o conforta e o libertou desse calvário interior — ponderou Sig compartilhando sua opinião pessoal com total confiança e liberdade com Antônio.

— Uma doutrina totalmente centrada na fé e na confiança absoluta em Deus. E justo isso o faz despreocupar-se com realizações e desprezar construções mais equilibradas. Mas é um homem forte, sem dúvida.

— Ele diz crer que os tempos são chegados para o cumprimento das profecias e aguarda o reino de Jesus e dos santos, mestre Sig. Creio que isso também aumente sua audácia em afrontar o papa e os Concílios.

— Ele pôs em palavras, aliás, fez mais... Ele escreveu o que sente e não é diferente de muitos de nós. Admiro a coragem dele. Lutero denuncia, sem medo, os abusos da Igreja, a compra de indulgências e outros problemas que temos e sabemos que são graves. No campo dos fatos, ele é imbatível, Antônio, porque diz a verdade. No entanto, no campo das ideias...

— Eu não posso concordar com a distinção que ele faz entre um homem devoto e um cristão. Para ele, ainda que um homem realize grandes obras, inúmeras obras, e sua vida seja bela, virtuosa e honrada, isso não faz dele um cristão...

— Hum... sei. É a ideia de que não somos cristãos por sermos bons, justos e honrados. Ele considera cristão somente aquele que deixou seu coração ser penetrado por Deus — completou Sig. — Para ele, o ensino da moral é desnecessário e basta o homem ter fé que será salvo. A fé produz, segundo Lutero, por si só, todas as mudanças. A moral é fruto da fé, então é Deus quem age no homem e Ele não faz nada errado, logo, fará naturalmente belas ações. É ingênuo! Tanto é ingênuo, que Lutero não vê as forças que se movimentam em torno dele e que desencadearão guerras, mortes, divisão e sofrimento. E, Antônio, guarde o que digo: não será pelas ideias de Lutero, nem por seu exemplo. Isso será apenas usado. Como você disse: a Alemanha carece de um líder, de alguém a cujo nome se congregue forças sociais. E Lutero é esse homem, e nossos príncipes identificaram-no.

Sig fez uma pausa e seus olhos voltaram-se para o alto. Fitando o teto, recordou-se dos episódios de Worms e, alguns instantes depois, relatou:

— Foi impressionante a demonstração de força de Lutero em Worms, tanto pessoal quanto de sua repercussão junto ao povo. Ele congregou forças. Príncipes o apoiam, o povo o admira. Ele fala a língua deles. E sua ação panfletária, seu discurso irado, mordendo como um cão raivoso o papa e o imperador, satisfaz anseios da maioria da população, especialmente dos camponeses, dos comerciantes, das famílias ricas, que não são da nobreza, e da própria nobreza, que vê a possibilidade de libertar-se da opressão e do domínio romano. Eram mais de duas mil pessoas nas ruas acompanhando a chegada dele, marchando ao lado do veículo que o trazia. E, em torno da estalagem onde ficou hospedado, cantavam ladainhas alemãs, gritavam injúrias e houve até rebeliões na cidade e no campo contra o clero e a nobreza. Por toda parte, havia panfletos com o retrato dele. Um milagre de Guttemberg! Quem antes de Lutero conseguiu isso?

Antônio baixou a cabeça. Quando se mudou para a Alemanha, estudou um pouco de sua história e sociedade e sabia que a resposta era simplesmente "ninguém".

— Mas será que todos pensam como ele? — indagou Antônio.

— Não, claro que não. Já aprendi que, quando alguém fala para uma multidão, seja usando a oratória ou a escrita, expressa suas ideias, seus pensamentos e propósitos, e cada um que receber essas informações as interpretará conforme suas necessidades, vontades, capacidades, com sua realidade e, acima de tudo, de acordo com suas verdades pessoais. Então, não. É óbvio que, naquela multidão, muitos, eu arriscaria dizer a maioria, não conhecem a fundo o pensamento de Lutero, mas em algum ponto eles se comunicam e as interpretações fazem o resto. Há uma coisa mística em torno dele. Veem-no como um profeta, e seguramente ele age assim. Como Lutero denuncia verdades inconvenientes, é muito difícil para os juízes do clero encararem-no. Talvez somente o famoso duque Valentino da Itália fosse páreo para confrontá-lo sem baixar os olhos — ironizou Sig.

Antônio riu e comentou:

— Valentino não baixaria os olhos. Ele orgulhava-se do que fazia. É imoral, mas uma inteligência brilhante!

— Da qual muito se beneficiou o pai dele. O papado de Alexandre VI não teria tido vida tão longa sem o cardeal Bórgia, depois duque Valentino. Ele levou Savonarola à forca. Mas, como todos, acabou na sepultura.

— Penso que Florença deve esse benefício ao duque, mais do que ao papa. Fanatizar aquela cidade e espicaçar a beleza, que o talento de grandes artistas lá produziu, era um crime contra a humanidade — defendeu Antônio. — Valentino é uma personalidade fascinante. Foi o primeiro cardeal a renunciar.

— É, de certa forma, Valentino e Lutero têm algo em comum: olhos inquietantes. O olhar deles deixa as pessoas desconfortáveis. Lutero produz essa inquietação; tem olhos penetrantes, escuros, sempre em movimento.

— O oposto de Germana — falou Antônio, pensando alto.

— Conheceu Germana?

— Sim. Visito-a frequentemente com mestre Ingo e Blick. Os olhos dela são pacíficos, tranquilizadores, e lembram os campos verdes na primavera iluminados pelo sol. Eu não gostaria de ver nem Valentino nem Lutero. Não gosto de pessoas que me causam inquietação.

Sig considerou perfeita a descrição do olhar de Germana. Aliás, Antônio descrevera mais do que o olhar daquela mulher; ele desvendara sua personalidade. Tal como os campos na primavera, Germana era alimento, alegria, trabalho, paz, acolhida, perene, e sua força brotava do íntimo.

— Mas ela é tão firme quanto Lutero, apesar de possuir convicções opostas. Eu acredito que ele pensou que morreria em Worms. Lutero compareceu com o salvo conduto do imperador, é fato, mas acredito, sinceramente, que ele não esperava ter saído de lá. O fantasma da lembrança de John Huss[10] há de tê-lo assombrado.

— Ou inspirado — sugeriu Antônio. — Huss também se impôs ao poder de Roma e do sacro Império Romano. Queria reformas. Admiro o pensamento dele, sua coragem e convicção.

— Huss deu a vida por elas, e penso que Lutero também daria. Aliás, será que não queria esse sacrifício? Seja como for, a declaração de Lutero, dizendo que não se retratava por seus textos e que os mantinha, porque sua consciência era cativa das palavras de Deus, impressionou-me. Principalmente, quando declarou que não podia nem queria revogar nenhum, porque agiria contra a própria consciência e isso não era seguro nem honesto.

— E é verdade.

— Sim, é — concordou Sig, recordando-se que Germana lhe dissera a mesma coisa no passado, embora com outras palavras. E com humor negro concluiu: — Não teve a mesma sorte de Huss; Valentino não estava presente e por isso não teve também a mesma sorte de Savonarola. Enfim, escapou da morte. Já estava excomungado e foi apenas condenado como herético e proscrito. Brilhantemente, Frederico, nosso aprendiz de Valentino, sequestrou-o e o mantém no castelo de Wartburg.

Antônio riu. Apreciava a sagacidade de Sig. Balançando a cabeça, reforçou:

— Interessa aos príncipes. Claro!

---

10. John Huss (1369-1415): pensador e reformador religioso, seguidor de John Wycliffe. Foi excomungado em 1410. Condenado pelo Concílio de Constança, foi queimado vivo e morreu cantando um cântico.

— Frederico é um grande político e estrategista. Somente nisso, comparei-o a Valentino.

— Sim, eu entendi, mestre Sig. Creio que o restante da vida de Valentino seja incomparável à de qualquer outra família da Europa.

Sig sorriu, mas logo o brilho em seu olhar se apagou. Os Wintar não deixavam muito a desejar. Talvez tivessem acentuadas diferenças, mas também muitas semelhanças. Resolveu, então, calar-se e apenas brincou:

— Falta-lhe um papa, como pai, e uma Lucrécia, entre outras coisas.

— Que ele não o ouça, mestre Sig!

— Jamais! Eu prezo meu sangue.

Sig riu e depois, sério, falou:

— É hora de voltar à leitura. Com certeza, os debates girarão em torno da liberdade humana e do livre-arbítrio. É a grande questão já que os defensores de Lutero o negam, enquanto nós defendemos o poder da liberdade de ação humana. Nem consigo imaginar o homem sem liberdade, sem poder de escolha.

— Eles escolhem não pensar nela. Esse argumento da fé, das boas obras como fruto único da fé, não se sustenta. Eu posso ter fé e ser péssimo para meu semelhante. Sendo assim, como fica o ensinamento de Jesus quanto ao amor ao próximo? Eu posso ter fé e ter vontade de matar, beber, e cometer atrocidades? E cometê-las. E aí, como fica a questão? A fé resolve todos os dilemas humanos? Será que ela termina com os desejos carnais? Será que apaga o que somos? Pois agimos de acordo com o que pensamos e sentimos. Os atos, dessa forma, são consequência. Será que a fé é um sentimento capaz de realmente unificar a natureza humana? — questionou Antônio.

— Eu penso que não. O ser humano é mais complexo. Não creio que basta crer e ter fé para que tudo mude. Não creio que a fé nos isente de termos sentimentos menos nobres, como o ódio, por exemplo, e tampouco ações violentas. Aliás, os escritos de Lutero são bastante carregados de ódio e violência, o que prova que a fé, conforme ele prega, não acabou com tais sentimentos e ações. A vontade humana tem poder, Antônio. Um poder muito grande! Ela opera na cocriação do mundo. Se fosse tão simples transformá-la para o bem... Ou será que nenhum de nós tem fé? Não existiu fé antes dos tempos em que vivemos? Eu aceito que alguém, muito imbuído dessa ideia, limite sua conduta a determinadas questões e diante de tempos fáceis. Mas não acredito que ela opere a transformação do essencialmente mal e corrupto em algo perfeito.

— Daí, cairemos na resposta da intrínseca maldade da natureza humana. E isso é o mesmo que dizer que Deus é maldade e não tem fé em si mesmo. Ele é o Criador e nos criou à sua semelhança. Então, seguindo esse pensamento, se somos intrinsecamente maus, Ele, que se assemelha a nós, também deverá ser. Mas, mestre, eles não falam em transformação, na evolução do ser humano, apenas buscam a salvação após a morte. É isso que a fé garantirá. E eu vejo exatamente o contrário... Nossa natureza íntima, eterna, é essencialmente boa, nobre, divina, e assemelha-se ao Pai. Jesus ratificou isso dizendo que somos deuses. Mas apoio incondicionalmente Erasmo, quando ele diz que, se desejamos a proteção de um santo, nossa vida deve assemelhar-se à daquele a quem pedimos proteção. E isso implica mudança de comportamento. Essa proteção não chegará apenas porque pedi, porque creio. É preciso agir enobrecendo a si mesmo.

— Excelente! — aprovou Sig. — Você participará dos debates comigo.

— Não! Eu apenas assistirei aos debates, mestre.

— Por que, Antônio? Você é um bom orador e, principalmente, tem agilidade mental, conhecimento e inteligência. Isso pode abrir portas para sua carreira.

— Não, mestre. Eu também sei que tenho sangue latino. Cresci sob o sol quente da Espanha, não tenho a mesma frieza de vocês. Conheço minhas emoções. Posso auxiliar o senhor, mas não tomarei parte dos debates.

— Pense bem!

Alguns dias depois, contrariado, o reitor Guilherme foi avisado da chegada dos representantes da família Wintar.

— Por Deus! Ainda faltam cinco dias — exclamou em voz alta, pensando em Johannes e no quanto era difícil tolerá-lo em situações como a que se avizinhava. — Por que vieram tão cedo?

A reação surpreendeu o irmão, que apenas encolheu os ombros e abriu as mãos num gesto de desolação, lembrando o reitor de que não tinha o que fazer, senão recebê-los.

— Eu sei, irmão. Eu sei. Mas até a paciência de Deus tem limite. Johannes de Wintar não tem temperamento para frequentar esses torneios filosóficos. Eu já tive o desprazer de vê-lo em Wittenberg no passado. É desarrazoado. Autoritário. E, como não tem argumentos inteligentes, apela para argumentos ignorantes, beirando à forma bruta. Ele esvazia qualquer discussão. Mas... preciso recebê-lo. Você disse representantes? Quem está com o príncipe?

— O duque Maurício de Wintar, reitor. São irmãos, não é?

Os olhos do reitor arregalaram-se. Guilherme baixou a cabeça, juntou as mãos nas costas e, pensativo, deu alguns passos nervosos pelo gabinete, indo e voltando entre a janela e a porta. Por fim, interpelou o religioso outra vez:

— Irmão. Os representantes da família Wintar são apenas o príncipe Johannes e o duque Maurício? O príncipe-eleitor não os acompanha?

— Não, Excelência. Apenas os jovens. Se o príncipe-eleitor estivesse aqui, os guardas nos teriam avisado. Asseguro-lhe que apenas os irmãos chegaram de viagem.

— Estranha a presença do duque... — falou o reitor, pensando em voz alta. — Ele não gosta desses torneios, aliás, ele não é um exemplo de fiel. Os interesses de Maurício apontam para outra direção. Por que terá vindo?

— Reitor, eles estão esperando — lembrou o irmão, chamando o superior ao cumprimento da boa educação e dos protocolos de formalidade.

— Sim, sim. Eu sei. Traga-os aqui, mas antes avise mestre Ingo. Precisarei dele. Pelo bem do evento, mestre Ingo deverá incumbir-se de seu ex-aluno. Ele ainda tem esperança de transformar o príncipe, então que ele use esse tempo para manter Johannes ocupado.

O religioso retirou-se, deixando o gabinete por uma porta que dava para um corredor interno do convento, para não ser visto pelos visitantes. Pelo mesmo caminho, conduziria mestre Ingo e o cachorro ao gabinete.

Enquanto isso, o reitor analisava a situação. Conhecia Ethel por um tempo suficiente para deduzir que a presença de Maurício no evento fora ordem dele. Afinal, era um dos conselheiros do príncipe-eleitor e isso era o mesmo que dizer que conhecia seu modo de pensar e agir, pois seus conselhos raramente eram seguidos. "Do que ele estaria desconfiado?", questionava-se intimamente.

Quando os irmãos Wintar foram levados à presença do reitor, mestre Ingo já estava acomodado em uma poltrona com Blick sentado ao seu lado. A respiração arfante e a faceirice do animal denunciavam um exercício recente, mas Johannes não lhe deu atenção. Maurício o olhou com certa reserva. Estava habituado aos animais, e a atitude de Blick destoava da cena tranquila dos mestres tomando chá numa tarde fria. Daí observá-los com reticências e falar pouco. O duque, então, limitou-se a acompanhar a eufórica e enfadonha conversa de Johannes sobre os sucessos do movimento de Reforma e a importância de os leigos comungarem do corpo e do sangue de Cristo. Tentava conter a vontade de mandar ao inferno aquela discussão sem propósito, mas, se o fizesse, ganharia certamente a perseguição do clero. E, no jogo de forças políticas e sociais do momento, não era uma boa opção. Assim, com esforço, Maurício tentava dominar o sono, mas suas pálpebras pesavam como chumbo e insistiam em se fechar.

Foi com alívio que sentiu o reitor Guilherme aproximar-se, colocando-se ao seu lado e mudando o rumo da conversa.

— Duque Maurício, é uma grata surpresa sua visita à nossa universidade.

— Agradeço-lhe a hospitalidade, reitor Guilherme. De fato, é sabido que não sou dos mais afeitos a esses torneios filosóficos, embora os respeite e admire seus oradores. Sou um homem dado à ação, essa é a verdade.

— E seria muito importuno perguntar-lhe por que nos dá essa honra inesperada?

— Não. A verdade é cristalina, reitor. E o senhor, como um dos conselheiros de meu pai, deve conhecê-la suficientemente bem para entender as razões de minha presença — respondeu Maurício, sutilmente lançando olhares sugestivos ao irmão, que falava mais do que ouvia mestre Ingo.

— Ah! Sim, compreendo. O príncipe Ethel tem grande pre-ocupação com Johannes. Tranquilize-se. Ele é nosso ex-aluno. Aqui é uma extensão de sua casa, asseguro-lhe.

— Reitor, é uma satisfação ouvi-lo dizer isso. Creia que confiamos integralmente em sua orientação e na segurança dos ensinos desta casa. Inclusive, aproveitando a oportunidade, gostaria de solicitar-lhe uma conversa reservada para tratarmos — e seu olhar dirigiu-se novamente para Johannes, levando consigo o do reitor — desse assunto. Sou portador de um pedido especial.

— É claro, duque. Por favor, me acompanhe. Podemos conversar agora mesmo — e dizendo isso, afastou-se caminhando até mestre Ingo e Johannes.

— Senhores, é a primeira visita do duque após muitos anos. Ele não conhece as ampliações e melhorias feitas na universidade, graças a Deus e à bondade da família Wintar. Assim, peço-lhes desculpas, mas irei conduzir o duque Maurício em uma breve excursão. Logo, retornaremos.

— Não se apresse, reitor — respondeu Johannes e, encarando Maurício com ar desafiador, dubiamente completou: — Eu e mestre Ingo temos muito a conversar. E meu irmão... muito a observar. Com certeza, relatará fielmente tudo que observar... ao meu pai.

A ênfase nas últimas duas palavras irritou Maurício. Era uma velada referência aos velhos boatos palacianos sobre seu nascimento.

— Nosso pai apreciará saber as novidades. Mas, irmão, você o conhece tão bem, sabe que nosso pai age sozinho e por conta própria. Já deve ter visto as melhorias da universidade.

— É claro — referendou o reitor, descontraindo o ambiente e fingindo não entender a troca de farpas entre os irmãos. — O príncipe Ethel visitou-nos durante as obras e esteve aqui na inauguração.

E, tomando Maurício pelo braço, apressou-o a sair do gabinete. Enquanto andava, falava, sem trégua, evitando oportunidade de resposta a qualquer um dos dois:

— Vamos, duque. Nesta época do ano, a tarde cai rapidamente e, se não nos apressarmos, não verá a beleza de nossa fachada. Sei que aprecia a arte. Eu também gosto. Trouxemos um mestre construtor muito experiente, que fez um ótimo trabalho. Aliás, soube que ele está trabalhando para a princesa Sophia...

Quando fechou a porta atrás de si, o reitor calou-se, aliviado, e respirou fundo e lentamente. Os olhos de Maurício brilharam matreiros. Entendera a manobra do anfitrião a quem mentalmente classificou como "uma raposa velha". Acompanhou-o em silêncio, ouvindo a exposição sobre as reformas e ampliações, até que ingressaram na capela e o reitor tomou o caminho da sacristia, acomodando-se no confessionário.

— Venha. Aqui é o melhor local para conversarmos. Ninguém nos importunará.

— Eu não pretendo confessar-me, reitor.

— Nem eu pretendo ministrar-lhe qualquer sacramento, duque. Mas entendi que desejava ter comigo uma conversa privada. Por certo, o assunto é delicado e sigiloso, ou não teria feito um pedido de privacidade.

— Sim, tem razão. A escolha do local é que me surpreendeu.

— Ignore. Olhe-as pelo que de fato são: paredes. No entanto, alguns conceitos abstratos são benéficos, e é preciso saber usá-los, duque. O sagrado aqui equivale a salas secretas e dá-nos a mesma proteção e privacidade. Ousaria dizer até maiores: ninguém ousará perguntar-me o que conversei com o senhor nesta sala.

— Entendo.

"Raposa velha", Maurício reafirmou a opinião em pensamento, enquanto se sentava no soalho desconfortável do confessionário.

— Não pretendo ficar de joelhos, reitor. E o meu lado neste móvel é o mais desconfortável — falou Maurício justificando-se.

— Fique à vontade. Estou pronto para escutá-lo, duque.

— Serei breve: quero que meu irmão permaneça em Erfurt por alguns meses após a minha partida. Isso é sigiloso.

— Posso saber o motivo do pedido?

— É claro, ele precisa instruir-se mais, reitor. Queremos um governante melhor preparado. Compete-nos construir um futuro diferente, melhor, e para tanto precisaremos de um governante capaz de fazer isso.

— Sim. Entendo. E esse pedido precisava ser sigiloso, por quê?

— Porque desejamos que Johannes se torne mais seguro e confiante. Se ele pensar que o convite, a insistência, for por mérito dele, isso o ajudará bastante, não concorda? Um ato de caridade seu e um favor pessoal que lhe devemos.

— Bom. O que posso dizer? Já afirmei que Erfurt é uma extensão do palácio de Wintar, duque. O príncipe é bem-vindo. Mas algo em seu pedido me faz pensar que ele não deseja ficar. Seria em razão do casamento? Perfeitamente compreensível não desejar abandonar a esposa tão pouco tempo após as núpcias. O esperado seria o oposto. Não há pressão por um herdeiro?

"Raposa velha, algo me diz que ele sabe mais sobre Johannes do que eu imagino", pensou Maurício fitando a treliça do confessionário. O duque levantou-se e, contornando o móvel para afastar a cortina, parou diante do reitor, encarando-o sério. Guilherme sustentou-lhe o olhar e simplesmente declarou:

— Eu sei tudo sobre o príncipe Johannes, duque. Não precisa mentir para mim.

— O que quer dizer com isso, reitor?

— Eu sei dos conflitos, dos vícios e do temperamento irascível e violento de seu irmão, duque. Talvez devêssemos chamar isso de a segunda natureza de Johannes de Wintar. O bispo Yale é meu conhecido e eu sou um dos conselheiros de seu pai. Como sabe, eu frequento o palácio de Wintar.

— Sim, reitor. Frequenta. É verdade. Atualmente, bem menos do que há algum tempo — comentou Maurício vencendo a surpresa da declaração do reitor. — Não questionarei esse afastamento. Agora não me interessa. Se o senhor sabe, entende que...

— Que o senhor está protegendo a princesa Sophia? Sim, entendo. Assim como deduzo que Ethel de Wintar não deva saber desse "período de estudos" do primogênito.

— O senhor é muito sagaz, reitor. Confesso-lhe minha surpresa. Estou desarmado. É verdade... Ethel de Wintar não deve saber que Johannes está aqui.

O reitor levantou-se do confessionário, cruzou os braços sobre o peito e, sem afastar os olhos do duque, disse:

— Farei o que me pede, duque. Não desejo ver outra mulher morta. O senhor tem sorte. Mestre Ingo sonha seriamente em preparar Johannes para governar nossa região, então o persuadirá a ficar. Entre os muros deste convento, até hoje, ele sempre demonstrou a natureza pacífica, a luta exagerada pela virtude, a vida de um beato.

— Bom. Temos um acordo, reitor?

— Temos, duque.

— Obrigado. Isso é tudo que tínhamos a conversar.

— Não. Não é. Em momento algum, eu disse que não haveria um preço para isso, duque.

— Ah! Sim. Os homens de Deus não trabalham de graça — ironizou Maurício. — Diga quanto quer.

— Sua palavra de que defenderá Erfurt em qualquer batalha presente ou futura e que defenderá as posições que abraçarmos nesse tempo de revoltas e reformas.

— Proteção? É isso que me pede? Já não a possui?

— Não. Ethel de Wintar é um conservador, um autoritário, e, como tal, teme mudanças. Tanto é que o monge Ulrich é tão conselheiro dele quanto eu sou. No entanto, duque Maurício, eu vejo mudanças num cenário próximo e não creio na imparcialidade como possibilidade de escolha nessa luta. Por isso, não sei até quando terei a proteção do príncipe-eleitor.

— Seu preço é alto, reitor. Pede nada menos que eu me oponha a meu próprio pai em uma batalha ou que o traia para defendê-lo.

— Peço-lhe apenas o mesmo que me pede. Ao abrigar sigilosamente o príncipe-herdeiro, não estou dando cobertura a uma traição?

Maurício sorriu. Conhecia o reitor desde criança, entretanto, era a primeira vez que conversavam realmente. No passado, os contatos tinham sido sociais, superficiais e rápidos. Nas poucas vezes em que assistiu às reuniões do conselho de seu pai, o reitor de Erfurt não lhe chamara a atenção. Considerou-o um religioso instruído e um político habilidoso; opinião que ruíra na última hora, desde que vira o cão do mestre Ingo arfante e faceiro no gabinete de Guilherme. Sim, o reitor também tinha armado um circo. Ambos estavam no picadeiro, um representando para o outro. Apesar de tudo, o reitor conquistou sua admiração. Não era um político habilidoso; era um jogador genial. "Talvez seja isso que signifique ter olhos de ver e ouvidos de ouvir: prestar atenção para ser capaz de conhecer além da superfície. Agora eu vi e ouvi o reitor", pensou o duque.

— Tem minha palavra, reitor — disse Maurício, sério, estendo-lhe a mão.

— Feito — respondeu Guilherme, apertando-lhe a mão. — Quanto tempo ele deverá ficar aqui?

— De três a quatro meses. É o tempo que precisamos para pacificar essa região e apaziguar essa "segunda natureza", como o senhor definiu, de meu irmão. Será avisado na época certa. Creio que, depois desse período na universidade, ele retorne ao convívio com Sophia de forma mais amena. No momento, ela está em risco.

— A princesa Sophia viverá em risco, duque. Por isso, pensarei em comprometer o príncipe com a universidade, para que, de algum modo, ele tenha de passar algumas temporadas entre nós.

Maurício sorriu satisfeito. Era mais do que esperava.

Thomaz estava inquieto. A agitação da universidade o incomodava. Queria o retorno à rotina tranquila que dominava e na qual se sentia confortável. Aquele clima de questionamento, de exposição de ideias, de não aceitação de práticas, com as quais se acostumara desde a infância, o desestruturavam, tiravam-lhe o chão. Ele não sabia lidar com a ansiedade e acabava fazendo e falando coisas das quais se arrependia amargamente. Thomaz não conquistara a capacidade de silenciar a mente, por isso estava longe de ser um homem sóbrio e seguro. Por consequência, vivia a mercê das emoções, sem controle algum. Era um fantoche das próprias forças. Para não assumir a falta de virilidade no viver, atribuía o que sentia à percepção de forças demoníacas. É sempre mais fácil acusar o exterior do que rever o interior. Apontar o dedo para o outro e não tocar o próprio nariz, a própria consciência. Por isso, a evolução espiritual é lenta. Somos nós que determinamos a velocidade. E o jovem Thomaz rastejava. Piorando a situação, sentia-se isolado, pois havia apenas um pequeno punhado de alunos que se afinava com aquele pensar e sentir tumultuado. Isso o fazia ver a situação em cores ainda mais sombrias e o afligia, pois o rapaz se sentia perseguido, encurralado, enquanto o medo aumentava em seu íntimo. A mente de Thomaz bradava por um vingador, por alguém que fizesse justiça e recolocasse as coisas em ordem, no rumo certo, como ele dizia.

Esse clamor partia de Thomaz para ele mesmo. Era a essência imortal pedindo evolução. Enquanto isso, ele a interpretava como a necessidade de um salvador exterior, quando, na verdade, precisava conscientizar-se das forças pessoais e salvar a si mesmo do desgoverno, conhecendo-se e libertando-se da ignorância do viver. Mal que ainda aflige a muitos.

XXVIII

ANTÔNIO E JOHANNES, UMA RELAÇÃO IMPOSSÍVEL

> — *A antipatia entre duas pessoas nasce em primeiro lugar naquela cujo Espírito é pior ou o melhor?*
> — *Em uma e em outra, mas as causas e os efeitos são diferentes. Um Espírito mau tem antipatia contra por quem que o possa julgar e desmascarar; vendo uma pessoa pela primeira vez, percebe que ela vai desaprová-lo; seu afastamento se transforma então em ódio, inveja e lhe inspira o desejo de fazer o mal. O bom Espírito sente repulsa pelo mau porque sabe que não será compreendido por ele e que ambos não participam dos mesmos sentimentos; mas, seguro de sua superioridade, não sente contra o outro nem ódio, nem inveja: contenta-se em evitá-lo e lastimá-lo.*
>
> (Allan Kardec, *O Livro dos Espíritos*,
> Livro II, cap. VII, item 391)

Antônio sentiu a brisa da noite no rosto e deliciou-se. O salão da universidade estava abafado e excessivamente aquecido naquela noite, o que o deixara entorpecido e com uma leve dor de cabeça. Respirar o ar puro e fresco lhe devolveria o bem-estar. Sem falar que a solidão, companhia tão escassa naqueles dias, era muito bem-vinda. Precisava dela para pensar, analisar tudo o que ouvia. E o torneio ainda nem havia começado!

Mas, quando um assunto é demasiadamente comentado, quando monopoliza as conversas, torna-se pesado e com tendência ao extremismo e ao exagero. Mesmo sendo correligionários, há a possibilidade de dissensão pela simples presença, nesses casos, da euforia e do medo. Tanto conduzidos por uma quanto por outra vertente, os partidários serão temerários pela desqualificação da realidade. Uns enxergarão vitória antecipada, menosprezando qualquer resistência, acabando em bravatas; outros, conduzidos pelo medo, defenderão mudanças, mas se esconderão da luta e apontarão monstros em sombras de árvores e fantasmas na luz bruxuleante das velas. A sensatez é a análise da realidade sem esses arroubos e precisa da companhia da humildade para ponderar corretamente, conhecendo a si mesmo em força e fraqueza. Somente essa conduta dá ao indivíduo a capacidade de encontrar no problema a própria solução. De prever, por cálculo da observação lógica, o resultado a aguardar no futuro. Antônio construía essa visão. Levava uma vida simples, aprendendo lições pelas mãos da necessidade e fazendo escolhas racionalmente, ciente de que a conquista e a defesa de sua individualidade era obra pessoal e intransferível. Por isso, apesar da admiração que tinha por Sig e por Ingo, a opinião deles não o afetava. Mesmo porque Ingo lhe pedia cautela, prudência, e até lhe sugerira manter a boca fechada, desejando para ele um posto de eminência parda junto ao príncipe Johannes. Sig, no entanto, fazia o oposto. Queria sua participação ativa e apontava-lhe uma carreira intelectual pública e notoriedade.

Nenhuma das duas opiniões importava a Antônio. Não eram seu caminho. E essa confusão frequente era o próprio caminho. As escolhas induzidas pelos outros só causavam grande infelicidade, insatisfação e doenças psíquicas. São vítimas os que dela padecem? Não, não são. São responsáveis por si mesmos, pois ainda têm o livre-arbítrio, tão debatido na época em que viveram nossos personagens, e que não é uma teoria filosófica, mas uma realidade da vida. A liberdade nos faz responsáveis por sermos quem somos e por nossas circunstâncias. Então, cabe a nós analisar a visão distorcida da piedade, da obediência, da rebeldia, e, em especial, do suposto altruísmo de meter-se a orientar a vida alheia, a ajudar conduzindo, tomando decisões e escolhendo caminhos. Esse suposto altruísmo é, com frequência, um autoritarismo enrustido da pior espécie. Esconde-se no amor paternal ou maternal impondo caminhos aos filhos; na superproteção que mima, mas não aceita escolha diferente do reduto das próprias asas; de quem ensina, mas não dá autonomia, de quem condena o erro.

A piedade e a obediência, em geral, disfarçam comodismo, medo, insegurança, que prazerosamente transferem a responsabilidade pessoal. Depois, não se satisfazendo com os resultados (o que é quase sempre fatal), senta-se confortavelmente na desconfortável pedra da tristeza e do vitimismo, de onde aprecia a própria vida e irradia suas dolorosas emoções ainda insistindo em chamar um salvador.

Pobre daquele que não enxerga essa cena e se torna presa de um tirano insaciável e eternamente insatisfeito, mas caiu nessa rede por ter piedade do que não enxergou corretamente, do que viu com lentes, as orgulhosas lentes do salvador, da onipotência. Pobre daquele que se engana feio a respeito de si mesmo. Construirão doenças que lhes trarão dor e sofrimento, para que aprendam o valor de ser humano, valorizem a vida, a liberdade e não temam aprender a fazer escolhas.

Antônio respirava e meditava sobre o que havia visto naquele dia. Bom agostiniano, tinha a reflexão por hábito de vida. A filosofia, que não se aplica ao viver, é morta, e a melhor maneira de aplicá-la é refletir sobre as vivências e torná-las coerentes com o pensamento (o aprendizado) extraído da experiência. Lembrou-se de algumas passagens de *Confissões*, de Santo Agostinho. Rememorou algumas lições, mas a memória faltou-lhe miseravelmente. A brisa, que tão bem lhe fizera, tornara-se rapidamente uma friagem e, sob a batina de lã, Antônio sentiu a pele fria e arrepiada, então decidiu ir à biblioteca. A leitura é a companhia do calmo pensar, e uma boa leitura é a escolha da inteligência.

Antônio foi à busca das lições que a memória lhe negou. Apanhou o volume de *Confissões* na prateleira e sentou-se em uma das mesas. O local estava deserto, todos falavam no salão, alguns esquecidos de pensar. Prazerosamente, folheou as páginas do livro, como se seus dedos tocassem a própria alma do autor daqueles nobres ensinamentos, até deter-se em uma de suas passagens favoritas. Era um daqueles casos em que um texto nos apaixona, e dizemos que é por sua beleza, mas, na realidade, é porque nos fala direto ao espírito, respondendo nossas questões ou nos despertando para as necessidades ou tendências ainda inconscientes de nós mesmos. Era o caso.

Antônio lia:

"Quem ama o perigo...

Sem, de modo nenhum, abandonar a carreira mundana que seus pais lhe pintaram mágica, partira, antes de mim, para Roma a estudar direito. Aqui deixou-se arrebatar incrivelmente pela excessiva avidez dos espetáculos dos gladiadores.

Detestava ao princípio, por completo, tais divertimentos. Uma vez, alguns amigos e condiscípulos, ao voltarem de um jantar, encontraram-no por acaso no caminho e levaram-no com amigável violência a assistir aos jogos cruéis e funestos daquele dia. Ele recusava com veemência, e resistia, dizendo: "Por arrastardes a esse lugar e lá colocardes o meu corpo, julgais que podereis fazer com que o espírito e os olhos prestem atenção aos espetáculos? Assistirei como ausente, saindo assim triunfante de vós e mais dos espetáculos." Ouvindo essas palavras, levaram-no consigo ao anfiteatro, sem demora, com desejo, talvez, de observar se era capaz de cumprir a promessa.

Apenas lá chegaram, ocuparam os lugares que puderam. Tudo fervia nas paixões mais selvagens. Ele, fechando as portas dos olhos, proibiu o espírito que caísse em tais crueldades. Oxalá tivesse também tapado os ouvidos! Num incidente da luta, um grande clamor saído de toda multidão sobressaltou-o terrivelmente: vencido pela curiosidade e julgando-se preparado para desprezar e dominar a cena, fosse qual fosse, abriu os olhos. Imediatamente foi ferido na alma por um golpe mais profundo do que o que havia recebido no corpo o gladiador a quem desejou contemplar. Caiu mais miseravelmente do que aquele por cuja queda tinha se levantado o clamor. Entrou-lhe este pelos ouvidos e abriu-lhe os olhos, por onde foi ferida e abatida a alma, até então mais audaz que corajosa e tanto mais fraca quanto mais presumida de si mesma, em vez de confiar em Vós, como devia. Logo que viu o sangue, bebeu simultaneamente a crueldade. Não se retirou do espetáculo, antes se fixou nele. Sem o saber, sorvia o furor popular, deleitava-se no combate criminoso, e inebriava-se no prazer sangrento. Já não era o mesmo que tinha vindo, mas um da turba a que se ajuntara, um verdadeiro companheiro daqueles por quem se deixara arrastar. Que mais direi? Presenciou, gritou, apaixonou-se e trouxe de lá um ardor tão louco que o incitava a voltar não só com os que o haviam arrastado, mas a ir à sua frente e arrastando os outros.

Mas Vós o arrancastes deste caminho com a vossa mão tão forte e misericordiosa, ensinando-lhe que devia colocar toda a confiança em Vós e não em si. Mas isso foi só muito tempo depois."[11]

"Sim. Brilhante! Mas isso foi só muito tempo depois...", pensava Antônio reportando-se às discussões acaloradas das teses de Lutero, os poderes da fé e a negação da vontade humana. "Aqui está um dado importante da questão: foi só muito tempo depois. O que aconteceu nesse tempo com esse jovem dominado pelas paixões? Como se livrou delas? Quais foram as lições de vida que ensinaram a ele o caminho correto a seguir? Por onde passava esse caminho? Nenhuma mudança se opera de forma mágica. Temos, dentro de nossas almas, paixões desconhecidas. Ele se julgava forte e ao abrigo das paixões selvagens das arenas, mas a experiência prática mostrou-lhe que não; que era tão suscetível como qualquer outro daquela turba, tanto que rapidamente se tornou igual ao que antes condenava. Onde estavam aqueles sentimentos apaixonados por crueldade? Onde estava a sede de sangue, o prazer de matar naquela alma? Assimilou-os da multidão? Não creio. Penso que estavam nele, foram soltos e libertos de algum lugar no íntimo dele onde dormiam".

---

11. Ver Santo Agostinho, "Entre amigos, Livro VI, item 13", em *Confissões*. Coleção *Os Pensadores*, São Paulo : Editora Nova Cultural, 1996.

Repentinamente, o som da porta se abrindo tirou Antônio de suas reflexões. Ele olhou na direção da entrada e viu o duque Maurício. Insinuou levantar-se para cumprimentá-lo, mas o duque aproximou-se, gesticulando com as mãos para que ficasse como estava, e disse:

— Fique à vontade, professor. Perdoe-me, mas cansei de ouvi-los debater a mesma coisa há três horas ou mais e pensei em ir a um local sossegado...

— Eu também — interrompeu Antônio, sorrindo. — Não precisa justificar-se, duque. Eu o compreendo.

Maurício respirou fundo e descontraiu a expressão, retribuindo o sorriso. Por fim, sentou-se na cadeira do lado oposto da mesa onde Antônio lia.

— Obrigado! Sou grato, muito grato. Começava a julgar-me uma criatura diferente, talvez com algum problema, já que todos no salão ouviam compenetrados e apaixonados os discursos e as contendas. Mas, salvo melhor juízo, todos me parecem dizer a mesma coisa. É muito cansativo! Estava me dando sono e dor de cabeça. O local estava muito abafado.

Antônio riu e repetiu a resposta:

— Eu também senti isso. Fiquei no pátio alguns minutos, até sentir a aragem fria da noite gelando minha pele. Então, decidi ler um pouco, aproveitando que a dor de cabeça se dissipara com o ar fresco.

— Fiz o mesmo. Diga-me: qual é o prazer em ficar discutindo por horas a fio um assunto?

— Depende, duque. Responder à sua pergunta implica em um julgamento das pessoas envolvidas e isso sempre é sujeito a falhas. Sem pretender responder à questão plenamente, eu diria que há, em alguns, o prazer do exibicionismo. São indivíduos vaidosos, que adoram ser vistos e admirados; já outros querem fazer prevalecer sua posição, ainda que essa difira dos demais em apenas uma letra. Alguns também têm dificuldade em entender, mas, acredito, piamente, que todos têm um interesse sincero em esclarecer ao máximo o tema, tanto para si quanto para os outros, e deixar ideias claras e limpas para a posteridade.

— Eu não sirvo para essa vida — declarou Maurício. — Não consigo discutir algo e não chegar sequer próximo a um consenso ou a uma posição bem marcada. Mas eles conseguem — e apontou em direção ao grande salão, onde os religiosos estavam reunidos.

— Sim, conseguem porque estão apenas entre correligionários. Não há disputa de fundo entre eles, apenas de forma. É como afiar facas.

— Quer dizer que eles estão afiando as línguas? Santo Deus, tenha piedade de mim! Essa situação tende a piorar.

Antônio riu baixinho, percebendo que o duque era novato em torneios. Encarou-o e, devagar, meneou a cabeça afirmativamente. Seus olhos demonstravam o pesar que sentia por Maurício.

— Ainda faltam cinco dias, duque. Vocês chegaram cedo — lembrou Antônio e logo aduziu: — Por favor, entenda bem, não desejo ser indelicado. Os senhores são muito bem-vindos, eu apenas falei...

— Espontaneamente — interveio Maurício, sorrindo. — Gostei disso. Não se aflija, professor. Você apenas constatou um fato: eu serei torturado por vontade própria. Então, só posso dizer em minha defesa que sou novato nesses torneios.

Antônio simpatizou com a reação de Maurício e descontraiu, alertando o duque em tom jocoso:

— Prepare-se! Se as primeiras três horas o exauriram... não vejo um bom futuro para o senhor, Excelência.

— É, creio que um futuro negro me aguarda nos próximos dias — concordou Maurício de forma dramática. — Sua profecia tem cem por cento de chance de concretizar-se, professor... Desculpe-me, esqueci seu nome.

— Antônio.

— Antônio, não esquecerei mais. De onde vem, Antônio? Fala muito bem nosso idioma, mas percebo um leve sotaque.

— Sou espanhol, senhor, mas já vivo há muitos anos na Alemanha.

— Ah, um latino. O que leciona?

— Filosofia. No momento, sou auxiliar do mestre Ingo. Leciono também a Bíblia, especialmente o "Livro Gênesis".

— Ah! Interessante.

— Lê a respeito, Excelência?

— Não. E, pode me chamar pelo nome. Eu prefiro. Gosto de ler sobre outros assuntos. Acredito que o conhecimento seja o poder real. No futuro, será partilhado. Os homens entenderão que é melhor uma humanidade poderosa do que apenas alguns instruídos.

— Que os anjos digam *amém*! Concordo integralmente... Maurício.

— Não se precipite em concordar comigo. Eu também penso que a humanidade instruída será menos suscetível à Igreja, à religião.

Antônio balançou-se sobre os pés traseiros da cadeira, encarou Maurício alguns instantes, e respondeu:

— É por isso que decidi ser professor.

— Para fazer ruir as bases de onde está? — questionou Maurício incrédulo. — Tenha cuidado. Você é audacioso, Antônio. Mal me conhece, e já faz uma declaração temerária.

— Imagine! Você acabou de me dizer que é novato nesses torneios teológicos/filosóficos; que três horas terminaram com sua paciência; que não lê sobre religião, e deduzo que não se interessa muito pelo assunto; corrija-me se estou errado... Por que fiz uma declaração temerária? Eu apenas disse que, por crer que uma humanidade instruída será mais poderosa e menos suscetível à... dominação intelectual da Igreja, me tornei professor. É fato. É isso mesmo. Eu sou um secular, Maurício. Não fiz votos sacerdotais.

Maurício riu e ergueu as duas mãos em sinal de paz, apesar da maneira tranquila com que Antônio expôs suas ideias.

— Você é observador, muito observador, e pensa rápido. Parabéns! Acertou sua segunda profecia. Eu não represento nenhum perigo às suas ideias, Antônio.

— Eu sei. Sua fama o precede, Maurício.

— O povo fala muito, demais até. Não podemos crer em tudo que ouvimos.

— Sim, tem razão. Mas penso que é bom saber, informar-se. E foi assim que soube que você é um homem interessado nas melhores coisas que acontecem na atualidade. Sei que viaja bastante, apesar de sua invejável dedicação à pacificação do nosso povo.

— Invejável? Essa é uma palavra que eu jamais usaria para adjetivar o que faço.

Antônio refletiu alguns instantes, ainda com os olhos fixos em Maurício e replicou:

— Sim, eu acho invejável. A inveja pode ser algo dúbio, ou eu estou, realmente, sem a melhor palavra para definir minha opinião. O que quero dizer é que mais pessoas deveriam fazer o mesmo que você.

— Não seja ingênuo. Há forças envolvidas nisso, há interesses pessoais. Já ouviu a expressão "estamos construindo a paz"?

— É claro! Eu mesmo já a repeti várias vezes. E acredito estar, de fato, trabalhando para isso.

— E para que lado você constrói a paz, Antônio?

O professor enrugou a testa e foi sua vez de erguer as mãos.

— Certo. Certo. Eu construo a paz conforme penso que ela deva ser, falando francamente, de acordo com meus interesses.

— Exatamente! E assim todos agem, inclusive eu. Não sou candidato a santo. Trabalho pela pacificação dos camponeses, defendo melhorias, defendo uma Igreja livre de Roma, mas, acima de tudo, defendo minha posição nessa história toda. Eu defendo que a nobreza precisa mudar, porque senão morrerá, professor. E eu sou parte dela. Dessa forma, prefiro me transformar a morrer.

Eles ficaram alguns minutos em silêncio, pensativos. Então, Maurício ergueu-se.

— Deixarei você ler. Estou perturbando seu descanso. Apenas uma última pergunta: quando chegarão os que pensam de forma diferente?

— Diferente? Bem, a maioria do clero alemão inclina-se às reformas. Esse movimento envolve outros países, em especial a Inglaterra e a França. E cada local tem suas características próprias. Entre nós, há os pensadores reformistas mais moderados na ação, porém, penso eu, são defensores de reformas mais profundas, e há os seguidores de Lutero (hoje maioria), que são mais exaltados. Sinto certa confusão neles, Maurício. Eles querem mudar a Igreja, mas não sei se pensam em se desligar dela. Sei que estão sendo desligados e conduzidos por Roma a criar uma força opositiva, entende?

— Claro. Conheço vários cardeais, Antônio. São os políticos mais habilidosos que conheço.

Antônio meneou afirmativamente a cabeça, lembrando-se da conversa que tivera à tarde com Sig, em que se referiam ao falecido cardeal Bórgia.

— E, justamente, há a facção dos habilidosos cardeais defensores de Roma e das "tradições". No momento, eles são minoria, mas...

— Sei. Professor, eu não leio a Bíblia, mas já li *O príncipe*. Conhece?

Antônio gesticulou positivamente outra vez e retrucou:

— Sabe em quem Maquiavel se inspirou para escrever essa obra?

— Cardeal Bórgia ou duque Valentino. Uma cobra em forma de homem.

— Se cobras forem tão inteligentes e poderosas quanto os homens dizem que elas são, eu concordarei com você. Essas poucas cobras chegarão daqui a três dias e irão embora após o último debate. "Elas" não se expõem muito.

— Obrigado, Antônio. Continue sua leitura. Boa noite!

— Boa noite!

Antônio observou o duque sair caminhando ereto e firme.

Germana voltava do galinheiro com um cesto de ovos, quando viu a carruagem com o brasão dos Wintar parada em frente ao portão de seu jardim. Curiosa, colocou a mão sobre os olhos para proteger-se do brilho do sol e melhorar a visão. Mantendo o passo lento e calmo, dirigiu-se até o portão e, a meio caminho, viu o rosto delicado de Sophia espiando pela janela da portinhola. Por fim, ouviu-a chamando:

— Germana!

A mulher apressou o passo, sorridente, e gritou:

— Sophia! Que surpresa boa! Desça.

Em minutos, as duas se abraçavam e alegremente ingressavam na casa pela porta dos fundos, entrando na cozinha. Sophia olhou ao redor encantada com a arrumação e as flores da casa da amiga. O calor agradável do fogão e o cheiro do cozido e do pão fresco harmonizando-se davam um toque acolhedor ao lugar. Algo de que Sophia ainda sentia falta no palácio de Dresden.

— Adorei sua casa, Germana. É tão alegre e acolhedora! Cheia de luz. Eu detesto essas casas escuras, sombrias, geladas.

— Obrigada, querida! Meus pais a construíram, e eu a mantenho. As flores e os animais são acréscimos meus. Às vezes, acho que exagero, mas a verdade é que cada um deles me encanta de uma forma única e acabo não conseguindo me desfazer de nenhum.

— Eu também não conseguiria. Apenas olhei rapidamente todos e já os amei. Imagine se pudesse examiná-los, conhecer os detalhes. Eu também não conseguiria! Apego-me ao que gosto, por isso não consigo me desfazer facilmente das coisas.

— Sofremos do mesmo mal: apego. É um sentimento que nos causa dor e padecimento. Estou tentando libertar-me dele, mas é como libertar uma natureza pessoal.

— Sei como é: dói desapegar-se e dói sentir apego. É intenso.

— Outro dia, pensei sobre a natureza do apego: se seria um sentimento ou uma paixão. Não cheguei à conclusão alguma — confessou Germana sorrindo e colocando as xícaras na mesa para oferecer um chá a Sophia. — Inclino-me à ideia de que seja um sentimento, porque é autônomo, mas, ao mesmo tempo, uma característica de personalidade. Nem todos são apegados. Digo-lhe que conheci louváveis exemplos de desapego. Minha única conclusão é que não é um sentimento que me faça bem, mesmo admitindo que seja necessário no início da vida. Veja as crianças. Elas são apegadas a quem cuida delas. Creio que esse apego que sentimos ainda é um remanescente de nossa forma de pensar infantil. Como as crianças, temos dificuldade de compartilhar nossas coisas. Nós, os apegados, somos possessivos e até ciumentos. Tipicamente infantil, não acha?

Sophia ponderou as conclusões de Germana e, recordando-se de algumas coisas banais as quais era apegada, reconheceu-se nas descrições. Rindo, a jovem princesa respondeu:

— Sim, somos infantis em nossos apegos.

Germana encheu o bule com chá de maçã e depois serviu as xícaras, deixando o bule no centro da mesa. Sentando-se em frente a Sophia, mansamente indagou:

— Posso saber a razão de sua visita, Sophia?

— Preciso de sua ajuda. Recebi um presente de Bernadete e Alvina.

— As criadas do palácio de Ethel de Wintar? — questionou Germana, revelando surpresa e curiosidade na voz.

Sophia balançou a cabeça afirmativamente, enquanto sorvia um gole do chá.

— Os tempos estão mudados! Criadas presenteando princesas...

— Pois é... Mas apesar de eu denominar presente, talvez devesse dizer... devolução.

— Devolução? Do quê?

Sophia abriu a bolsa que levava consigo, retirou dois saquinhos de couro, e colocou o que continha as joias e flores secas sobre a mesa.

— Olhe — sugeriu Sophia a Germana. — Trouxe-os para mostrar-lhe, na esperança de solucionar alguns questionamentos que me perseguem.

Germana ficou perturbada com a visão do saquinho de couro, mas logo recobrou o domínio. Apenas os olhos marejados de lágrimas revelavam suas emoções e que conhecia o objeto. Ainda assim, não o tocou.

— Pertenceram a Martha.

— Eu desconfiei! Obrigada pela confirmação, Germana. Conhece o conteúdo deles?

Germana voltou, mentalmente, no tempo. Em sua memória, reviveu dias na companhia de Martha de Wintar. Muitas vezes, viu e ouviu a mulher mais rica e poderosa da região declarar que sua fortuna inteira cabia em dois pequenos saquinhos de couro. Ela os escondia em seu cofre pessoal. Somente Germana e Bernadete sabiam onde estava. Germana conhecia o conteúdo. Sorrira ao vê-los, pois revelavam a alma romântica da enigmática senhora de Wintar. Voltando ao presente, a mulher abanou a cabeça energicamente e encarou Sophia.

— Sim.

— Pode me esclarecer a respeito disso? — perguntou Sophia retirando e mostrando o diário e o livreto de orações.

— Esclarecê-la a respeito disso, para quê? Martha está morta, foi covardemente assassinada em sua própria casa. Não vejo razões para desenterrar segredos de uma vida extinta, Sophia. Deixe-os tapados pelo pó do tempo. Não lhe trarão nenhuma alegria.

— Assassinada em sua casa? No palácio de Wintar? Não é essa a versão oficial dos fatos. Por favor, conte-me, Germana — implorou Sophia. — Não quero saber quem foi o amante secreto de Martha, mas acredito que corro o mesmo perigo que ela. Será que estou errada?

Germana refletiu alguns instantes, serviu-se de outra xícara de chá, comeu um biscoito doce para ganhar tempo antes de responder, e falou:

— Você a substituiu em quase tudo, Sophia. Martha foi assassinada em Dresden, onde você mora atualmente. Era lá onde ela passava a maior parte do tempo. O casamento dela com Ethel, igual a tantos outros, era uma aliança política e econômica dentro da própria família. Eram primos-irmãos, ela e Ethel. O acordo de casamento atendia à vontade dos pais deles de não dividirem a fortuna dos Wintar, pois Martha era a única filha legítima e Ethel o primogênito do outro irmão. Foi uma relação tumultuada. Violenta. Infeliz em todos os aspectos que você possa imaginar. Ela sofreu muito.

— E os filhos? A maternidade não lhe trouxe felicidade? — indagou Sophia, atenta à história.

— Querida Sophia, felicidade você conquista intimamente — disse Germana levando a mão ao peito. — Ela é sua, decorre da maneira como você pensa e sente a experiência de viver, não depende de fatos nem de terceiros. É uma conquista pessoal ou não existe, não é nada. O material evapora-se. As pessoas mudam ou morrem e, seja como for, nada lhes pertence além de si mesmas. E é aí que você deve construir sua felicidade. Alguns dizem procurar, eu prefiro construir, pois procurar implica querer encontrar algo pronto, e o nosso modo de pensar e sentir não vem pronto, quando muito é iniciado por nossos pais. Mas a cada um compete criar e viver a própria existência e ser tão feliz quanto lhe seja possível. É como vejo a vida, é como eu vivo. De cada escolha, por menor que seja, uma consequência, e até das omissões nos tocam as consequências. E elas não são para o "depois da morte", são para já. Algumas terão consequências longas, isso é fato, se prolongarão além do túmulo, mas acredite: começarão imediatamente. É não pensar nisso, não assumir essa responsabilidade, não abraçar a incrível liberdade que recebemos da vida, de Deus, chame como quiser, é o que faz algumas pessoas tão infelizes e doentias. Portanto, não, a maternidade não trouxe felicidade a Martha. Jamais tenha filhos para resolver problemas, Sophia. Isso é algo que ninguém deveria fazer. Quem sabe no futuro, não é mesmo?

— Ah, Germana! Ouvindo você falar, parece tão fácil e lógico pensar e viver assim, mas as coisas não acontecem desse modo, ao menos não comigo. Eu concordo que sempre temos escolha, mas geralmente não queremos pagar o preço delas. No entanto, isso é uma ilusão, porque sempre há um preço a pagar. Confesso que escolho sempre sofrer menos, pois não acho prudente opor-me ao que não posso vencer. Mas, hoje, nesse momento de minha vida, quero dizer que me sinto em uma cilada, precisando tomar decisões rápidas diante de fatos que me arrastam. E é como se essa armadilha estivesse em uma sala escura na qual eu tateio. Entende?

— Você faz escolhas, Sophia. Pense antes de fazê-las, não se deixe levar pelos fatos. Pois isso, no final das contas, significa fazer o que os outros desejam. Os fatos não nascem sozinhos, alguém os produz. E, se você obedece a eles, obedece a quem os produziu. Escolha agir e não reagir. Foi por isso que trouxe esses... essas coisas para eu ver? — e Germana apontou os saquinhos de couro.

— Sim, foi. Eu ainda penso que há uma conexão entre o que estou vivendo e a princesa Martha. Penso que conhecê-la me ajudará.

— Você não leu o diário?

— Li. Surpreendi-me com as revelações da princesa. Sinceramente, não sei o que pensar ou o que dizer.

— Sua primeira inclinação foi condená-la — afirmou Germana, sorrindo condescendentemente.

— Foi, mas não demorei mais do que algumas horas a me ver pensando em tomar atitudes semelhantes.

— Você reagiu aos mesmos fatos, foi posta em uma situação de igualdade de condições. Por alguns momentos, vocês estiveram sob a mesma pele, compreende? Nessas condições, a maioria das pessoas age do mesmo modo. Somente se nossa maneira de pensar, agir e viver forem profundamente diferentes, conseguiremos agir de modo diverso, Sophia. Há uma igualdade no comportamento humano, uma espécie de padrão que molda condutas. Por isso, é sábio não condenar o outro ou suas atitudes, pois, nas mesmas condições, é bem provável que façamos o mesmo.

— Mas é possível romper esse padrão — retrucou Sophia. — É preciso mudar a cultura.

— Para mudar a cultura, é preciso mudar quem a produz, querida. Voltamos, então, à mesma questão. Cultura nada mais é do que a maneira como pensamos e produzimos ações diante de determinadas circunstâncias. Quando meu pai trouxe a caldeira e a colocou em nossa sala, causou-nos horror, porque todas as pessoas tinham lareiras. E ele abandonou a nossa por essa grande caixa de ferro. Os dias provaram que ela é mais útil do que a lareira e, agora, muitas outras pessoas escolheram instalarem-nas em suas casas. A circunstância era o frio. A cultura nos mandava construir uma lareira, era assim que todos faziam aqui. Isso seria uma reação condicionada. Sem pensar, eu faria uma lareira porque todos faziam. E isso tem a capacidade de cegar o pensamento, Sophia. Ouço muitas pessoas dizerem: não tenho escolha. Têm, sim. Sempre temos. Meu pai pensou e viu outras possibilidades além da lareira ou passar frio. Essa visão maniqueísta do mundo é terrível, pois produz condutas radicais e mantém a irreflexão. Nosso poder de escolha é maior do que duas opções: fazer igual ou não fazer. Há muitos caminhos, há a inovação. Falando de seu problema, que também foi o de Martha: gerar filhos. Não é isso?

— Foi problema para ela? Como? Não me diga que Johannes saiu ao pai.

Germana riu da surpresa de sua visitante e tocou a mão de Sophia.

— Querida criança, o que sua mãe lhe explicou sobre a vida sexual?

— Ensinou-me o necessário — protestou Sophia, defendendo a mãe. — Não ignoro como se produzem crianças. Vi animais no cio e fêmeas parindo.

— Ah, é claro. Mas entre saber e sentir, há uma distância tão grande, Sophia... É como daqui à lua. Existe um universo desconhecido para você, para qualquer pessoa, que é o mundo emocional. E só você pode investigá-lo, descobri-lo e conduzi-lo. É único. Você sabe como se produz crianças, mas o mesmo ato pode ser o paraíso ou o inferno, dependendo de suas emoções. Pode ser libertador, fonte de saúde e equilíbrio; ou pode ser aprisionador de diferentes formas e gerar diferentes doenças e desequilíbrios. Gerar crianças ainda é uma consequência para a maioria. Quero dizer-lhe, Sophia, que nem sempre há essa prevalência da ideia de procriação. E eu acredito que nem mesmo Deus deu ao sexo somente essa atribuição. Se assim fosse, muitas coisas na natureza não fariam sentido.

— Pensava em sexo como uma obrigação natural, Germana — revelou Sophia. — Casei-me consciente de que teria um marido pouco exigente, que seria ausente em minha vida em tudo. Imaginava que poucas mudanças ocorreriam entre minha forma de viver como solteira e depois como casada. Pensei que a maior mudança, e a pior delas, seria deixar Hessel e a solidão. Nesse contexto, aceitei ter filhos e pensar neles como algo bom para mim.

— Que engano, querida! — comentou Germana, apertando-lhe suavemente a mão.

— Hoje eu sei. Johannes tem horror a sexo. Contaram-me que suspeitam que tenha maltratado e matado mulheres que tentaram seduzi-lo. Prostitutas, cortesãs.

— Eu sei. Martha sabia dessa conduta do filho.

— Pois é, todos sabiam menos eu. E agora me cobram que gere herdeiros e esperam que eu faça um milagre. Mas como?! Minha vida está em perigo! Esse foi o problema de Martha também? Desde que descobri isso, só consigo pensar nesse problema insolúvel. Isso está me deixando doente.

— Nada é insolúvel. Lembre-se da história de meu pai — reforçou Germana. — Há muitas formas de resolver um problema.

— Filhos ilegítimos? É o que sugere?

— Por que a surpresa? Choquei seu decoro? Na história e na natureza esse é um exemplo frequente. Muitos pássaros chocam ovos alheios, invadem ninhos... Várias cabeças coroadas têm essa origem, Sophia.

— Eu sei, mas não consigo imaginar-me à cata de um homem para engravidar-me, como se eu fosse uma égua reprodutora.

— Ora, mas o que foi seu casamento? Que, aliás, é igual aos outros — questionou Germana. — Ou será que, para você, importa mais a bênção religiosa do que sua própria vida?

— Eu não sei, Germana. Eu não consigo pensar nisso. Quais garantias eu tenho de que Johannes aceitará de bom grado essa gravidez arranjada? E o que faço depois com o homem de que preciso? Mando matá-lo? Ele sempre saberá a verdade, inclusive que o casamento com Johannes nunca foi consumado.

— Há formas de ajudá-la a livrar-se dessa prova, mas isso não bastará. Você tem razão: o que faria com o homem depois? Como descartá-lo?

— Você disse que a princesa Martha teve problemas no casamento com Ethel. Por favor, Germana, conte-me que problemas foram esse. Não peço por curiosidade, mas como inspiração para, talvez, solucionar meus dilemas.

— Ethel é um homem grosseiro e violento, Sophia. Em tudo. Diziam os antigos gregos que o que fere a um, fere a todos. Eu diria que também fere tudo. Martha tinha doze anos quando se casou com Ethel. Ela dizia que foi violentada e abusada por ele durante anos. Martha o temia muito, Sophia. Johannes nasceu mais de três anos após o casamento. Ela viveu essa tortura quase diariamente. Pobrezinha! Quando as regras chegavam, ele batia nela e a acusava de ser doente. Desesperada, ela procurou minha mãe e foi assim que nos conhecemos. Por isso, Sophia, eu sei desses padecimentos tão íntimos. Ela estava muito machucada tanto externa quanto internamente, segundo minha mãe. Ela a tratou. Curou as feridas. Falou-lhe à alma. E, enfim, ela engravidou. Já estava desesperada e só tinha quinze anos. Era uma criança. Martha floresceu durante a gestação, pois Ethel afastou-se dela. Depois de anos, teve um período de paz, sem maus-tratos e abusos. Ela apenas implorava a Deus que lhe desse um filho homem, e, por fim, foi ouvida. Johannes nasceu e isso lhe deu paz. Não falava disso nos diários? Eu nunca os li. Não havia razão quando ela estava viva e menos ainda após sua morte. Foi durante o primeiro ano de vida de Johannes que Martha se apaixonou.

— Ela não escreveu uma palavra sobre o que você está contando. No diário, fala muito mal de Ethel. Dá para sentir que ela o odiava, mas eram sócios e a fortuna falava mais alto do que tudo. Esse homem por quem ela se apaixonou é o mesmo G, seu amante secreto?

— É, sim. Eles viveram juntos bem mais de vinte anos. Sim, com certeza, bem mais. Ela mudou muito. Tornou-se uma mulher firme, determinada. Sei que fez coisas que lhe custaram noites de sono e angústia, mas sei também que ela não agia por mesquinharia. Martha fazia o que era necessário. As únicas ações dela que não apoiei foram algumas conspirações que resultaram em assassinatos. Eu amo a vida e jamais aceitarei ações que contrariem isso...

— Volte, Germana — pediu Sophia. — Conte-me mais a respeito de Martha. Ela concebeu um filho do marido. Sua mãe a ajudou com seus conhecimentos. Maravilhoso! Mas, no meu caso, você conhece alguma coisa que eu possa tentar? Chás, unguentos, poções, magia, eu faço qualquer coisa.

— Você pensou que o nascimento de Johannes libertou Martha de seu calvário. Não. Foi apenas uma trégua. No íntimo, Ethel é um homem, inseguro, covarde e ciumento, por isso todo aquele autoritarismo e barbárie que demonstra. Uma fraude. Um disfarce. Ele desconfiou que ela tinha um amante, mas nunca soube quem ele era. Martha era genial nessa arte de guardar segredos, mas o marido voltou a importuná-la. Algumas vezes, ela me questionou se não seria por causa disso o horror de Johannes. Ethel não poupava o menino de presenciar as relações sexuais violentas e humilhantes que impingia a Martha. Ele não respeitava a criança, dizia que aquilo fazia parte de sua educação, assim sabe-ria desde cedo como tratar as mulheres.

— Que horror! Pobre Martha. Foi por isso que ela se mudou para Dresden?

— Sim, foi. Mas isso aconteceu somente quando ela já contava vinte e cinco anos. Ela suportou essa selvageria por treze anos. G era seu único conforto e consolo, ainda que fosse um amor clandestino. Um amor que não ouso condenar, conhecendo a realidade de vida de Martha.

— Maurício... Ouvi boatos de que o duque não é filho de Ethel. O próprio Johannes insinuou isso. É verdade?

— Maurício era a paixão de Martha. Ela não escondia sua preferência e isso também deve ter feito mal a Johannes. O nascimento do duque foi cercado de mistérios, melhor dizendo, de coincidências. Mas isso não vem ao caso, Sophia. Em que mudaria a sua situação ou a dele? Acaso o que sente por Maurício seria diferente por serem meios-irmãos?

— O que sinto por Maurício — repetiu Sophia, surpresa. — É tão evidente?

Germana fez um gesto afirmativo e recordou-a:

— Lembre-se de que a conheci tentando salvar a vida dele. Aqueles dias foram reveladores. Vocês estão atraídos um pelo outro. Poderia dizer apaixonados. Mas são cunhados e há Johannes e seus sérios conflitos. Você não precisaria procurar um amante longe, querida. No entanto, essa situação se complicaria ainda mais. Não sei se essa seria uma boa escolha, mas nem todas as escolhas são ditadas pela razão pura e simplesmente. Há as escolhas do coração e da paixão. Jamais subestime essas forças.

— Hum, concordo. Porém, Germana, se já é ruim pensar em procurar um homem apenas para engravidar, para esconder da sociedade os problemas de Johannes e salvar minha própria vida com essa mentira, mais difícil se torna tendo Maurício por perto.

— É o que eu disse: o coração e a paixão também influenciam ou determinam escolhas. Não feche os olhos da razão. Procure entender e harmonizar suas forças emocionais com ela — aconselhou Germana.

Sophia partiu sem saber todos os segredos de Martha. Germana conhecia-os, mas a amiga os levara para o túmulo e de lá eles não voltariam. No entanto, a ansiedade da princesa fora acalmada. Não tinha mais necessidade de conhecer detalhadamente a vida da falecida sogra. O que sabia era o suficiente para situá-la. Restava apenas a curiosidade fofoqueira de saber quem era G.

Em Erfurt, os dias que precederam o torneio foram de intensa atividade. Antônio observava o movimento dos convidados. Havia muitas conversas sussurradas pelos cantos das salas e corredores e havia também inflamados discursos religiosos. Naquele momento, apoiado ao balaústre do corredor do segundo piso, que dava vista ao pátio interno, pensava: "Deveriam existir leis não escritas em papel, pergaminho, pedra ou qualquer outro material perecível, mas invisíveis e fortes, que determinavam as relações humanas. A união de Johannes e Thomaz era um exemplo:

semelhantes atraem semelhantes e são felizes juntos, independente de moralidade, conhecimentos, posição social... Talvez isso fosse uma variante a ponderar em sua paixão pelas teorias do livre-arbítrio. Talvez existissem forças naturais que condicionavam algumas aproximações. Serão elas invencíveis? Não sei, mas parece-me que são infalíveis". Essa reflexão se devia à cena que se desenrolava no pátio. Johannes e Thomaz discursavam e eram assistidos por meia dúzia de participantes. Alguns balançavam a cabeça concordando e aplaudindo e outros riam. Facilmente, percebia-se que estavam se divertindo com as ideias extremadas defendidas pelos oradores. Como falavam com entusiasmo, suas vozes se elevavam cada vez mais, permitindo-lhe ouvi-los nitidamente e sem esforço.

Johannes defendia a letra morta das Escrituras Sagradas. Era radical, taxativo. Nenhuma vírgula poderia ser diferente do que ali estava escrito. Era o caminho para a salvação da alma pecadora do homem, e isso se depreendia das ações de todos os reis, juízes e profetas. Essa natureza humana torpe somente poderia ser modificada pela fé. A felicidade era reservada aos escolhidos após a morte e era a recompensa por uma vida de privações, agruras e austeridade. Thomaz o acompanhava extasiado. Era tudo o que desejava ouvir, pois aquilo satisfazia plenamente à sua necessidade de castigar e punir os outros, à crueldade que pulsava latente em seu íntimo. As falas repassadas de culpa quando se referiam a Jesus arrepiaram Antônio, que questionava o que, de fato, estava assistindo.

— Professor Antônio! — saudou Maurício aproximando-se e falando alegremente. — É um prazer reencontrá-lo. Não o vi depois do encontro na biblioteca. Não me diga que ficou lendo todo esse tempo.

Antônio sorriu e retrucou:

— É possível que fosse um melhor aproveitamento do meu tempo.

— Pensamos da mesma forma. Meu irmão reina — observou Maurício referindo-se à cena no pátio.

— Sim. Eu o analisava.

— Faça isso com os dois olhos bem abertos e com ambos os ouvidos atentos — recomendou Maurício. — As ilusões são erros de interpretação dos fatos. Muitas vezes, vemos e ouvimos o que queremos, não o que é feito ou dito pelo outro.

— Verdade. Para ser sincero, eu estava arrepiado com os discursos e me perguntava exatamente isso: o que estou presenciando?

— Um encontro de lunáticos — respondeu Maurício prontamente. — Eles não vivem na Terra e renunciaram ao uso da razão. Eu não sirvo de modelo para o pensamento religioso, professor. Mas não sou ateu, acredito em Deus. No entanto, não faço disso a razão de minha vida, nem abdico das questões terrenas. Sinceramente, não me preocupa a vida depois da morte; preocupo-me com o que vivo agora, com minhas obrigações e com as possibilidades que tenho de ser feliz. Estou condenado ao inferno?

— Eu não sou padre, duque. Não estou habilitado a receber confissões e dar o perdão das ofensas — lembrou Antônio. — Sou um professor, apenas isso. Como homem, procuro pensar sobre a vida, refletir. Assim, não posso responder à sua pergunta como clérigo. No entanto, em minha opinião, em minha modesta opinião, você está mais próximo de fazer a vontade de Deus do que eles.

— É mesmo?! Estou surpreso.

— Por quê? Segundo o Gênesis, Deus criou o homem e a mulher e disse-lhes: crescei e multiplicai-vos, deixando-os livres em um mundo com todas as condições para realizarem esses objetivos. Eu vejo beleza e cuidado em toda parte na natureza. E note a ordem das palavras: crescer é o primeiro objetivo; multiplicar-se é o segundo. O texto não faz referência a Deus nos ter criado bebês. Então, isso não é, obviamente, uma referência ao crescimento físico, mas, sim, ao desenvolvimento de todas as capacidades que a condição humana encerra. E são muitas, infinitas. Jesus, muito tempo depois, afirmou: "Vós sois deuses". Ele disse que tudo que fez qualquer um de nós poderia fazer, se tivesse vontade firme. Isso não o faz pensar, duque? Por isso, considero que todas as pessoas que buscam crescer, aprimorar-se, desenvolver suas capacidades, fazem a vontade de Deus. E o que estamos presenciando ali? — questionou Antônio olhando Johannes discursar inflamadamente.

— Perda de tempo? — arriscou Maurício.

— Sim, talvez. Mas perder tempo é algo muito sério. É desperdiçar o divino. Relegar seu primeiro dever que é o aprimoramento. Entretanto, eu temo que estejamos assistindo a algo pior. Eu temo o fanatismo, porque compartilhamos uma sociedade, duque. Não vivemos sozinhos em uma ilha. Nossas ações repercutem sobre todos. Fazemos o mundo onde vivemos e o que ele contém atinge a todos, seja em pensamento, sentimento, ações, saúde ou doença, enfim em tudo. Por séculos, as pessoas acharam que a melhor forma de viver era a que tinham e julgavam normais a opressão infligida aos camponeses e o desprezo à inteligência alheia, ensinando absurdos recheados de medo e superstição. Mas isso está acabando. Os fatos materiais poderão desaparecer e serem substituídos rapidamente, mas e as experiências intelectuais e emocionais vividas? Será que desaparecerão? Eu acho que não. Elas têm algo de duradouro, uma natureza diferente da material. Vejo pessoas ainda sofrendo consequências de fatos que aconteceram há décadas. Parece que são marcas na alma. Em outras situações, as mudanças não são mais que meras aparências, como trocar uma roupa. É o que temo em relação a esse fanatismo que presenciamos: que ele seja uma mera troca de roupa sem alterar a essência, mas movida por marcas tão profundas e forças oprimidas tão intensas, que vão simplesmente alterar posições.

— De oprimida à opressora — resumiu Maurício. — Muito interessante seu pensamento. Eu vejo um rio de sangue que tento estancar. Não creio que o desenvolvimento necessite ser regado com o sangue humano. Acredito no trabalho como força de progresso e vejo com bons olhos mudanças na divisão do capital.

— A violência humana é apaziguada pela palavra esclarecida, duque. Não creia em fazer a paz com a espada. Com ela, é possível fazer uma trégua pela inversão de posições, mas, ainda assim, é temporária. A paz se conquista pelo crescer e para isso temos a palavra como forma de manifestação de nosso pensamento.

— Em uma palavra: educação.

— Você é sucinto e objetivo. Sim, a educação é o caminho. Educação do pensamento humano, e não estou falando unicamente de academias e igrejas. Mas aqui estou, porque elas são os canais atualmente. É por meio delas que chegamos ao povo. Aqui, duelam mentes humanas. Lá fora, elas materializam seus pensamentos e sangram corpos. Se deseja realmente estancar um rio de sangue, este é o local para isso, duque.

Antônio calou-se e Maurício também. As vozes altas e alteradas de Johannes e Thomaz encheram-lhes os ouvidos. Ecoavam palavras repassadas de raiva e condenações de toda ordem. Especialmente Johannes denunciava as orgias e os desgovernos de Roma.

— Não pensava que seu irmão fosse um adepto tão fervoroso das ideias de Lutero. Seu pai sabe disso? — perguntou Antônio.

— Não, creio que não. Mas considere meu irmão como um espelho, Antônio.

— Apenas reproduz a imagem à sua frente. Nada do que aparece é sua essência.

Maurício balançou a cabeça afirmativamente, e ambos ficaram calados ouvindo os discursos vindos do pátio e refletindo sobre eles.

XXIX
FORÇA CEGA

*Atém-te a esta regra: aquele que não vê Deus
em cada parte não vê Deus em parte alguma.*

(Rabi Menahem Mendel de Kotzk,
Princípios de Vida – Tradição Judaica)

Ao final do primeiro dia de torneio, Maurício bufava. Por ficar tanto tempo sentado, doíam-lhe a cabeça, as pernas e as costas e náuseas o afligiam. Com muito esforço, o duque suportou a tarde, mas não cogitava acompanhar as atividades noturnas. Sabia que seria descortês e poderia ser mal interpretado, mas recusava-se a comparecer à missa do Ângelus. Discretamente, procurou o reitor e surpreendeu-o observando-o atentamente. "Pouco importa se reprovar minhas atitudes ou não, não me obrigarei a adoecer por causa dessas discussões. Está além de minha capacidade intelectual entender como podem passar a vida estudando um mesmo livro. Eu não os compreendo. Ainda prefiro a vida", pensou Maurício aproximando-se do reitor.

— Reitor, eu lamento, mas preciso recolher-me. Não me sinto fisicamente bem.

— Mandarei nosso médico visitá-lo, Excelência. Informarei na cozinha para que providenciem uma refeição especial.

Maurício não esperava a solicitude e a imediata preocupação que viu no olhar do reitor, que lhe indagou interessado:

— Posso saber o que está sentindo?

— Não se preocupe, reitor. Tenho dor de cabeça e náuseas. O restante é por conta do longo tempo sentado. Não estou habituado.

— Ah! Folgo em saber que sua indisposição é por falta de preparo para esses torneios, Excelência. Por um minuto, pensei que houvesse adoecido de fato. Descanse. Falarei com Otto. Ele conhece ervas medicinais e poderá preparar algo para aliviar seu mal-estar. O dia foi cansativo, a tarde foi especialmente maçante. Eu o entendo. Amanhã à tarde, teremos os melhores oradores. Poupe-se do sofrimento e descanse pela manhã — recomendou o reitor para espanto de Maurício.

— Agradeço a compreensão, reitor. Boa noite!

— Boa noite! — o reitor sorriu, tocou-lhe gentilmente o braço, e recomendou: — Descanse.

Maurício partiu. A poucos metros, Sig acompanhava a conversa dos dois, imaginando quais seriam as reações de Guilherme. Sabia que uma dor quieta, fria e desesperadora o consumia. Silêncio. Silêncio. Quantos gritos, ranger de dentes e suspiros de prazer e amor esse mesmo manto pesado é capaz de encobrir? Solidão, fiel companheira dos homens como eles. Que dupla! Silêncio e solidão... Um mundo emocional sofrido. "Foi isso que Germana preferiu evitar. Sim, a quem poderia o reitor contar suas dores? Para Deus, somente. Ele é um excelente ouvinte, mas não responde nem abraça. E há dias em que o conforto de um abraço e o sussurro de uma palavra amiga, a dizer 'Eu estou aqui, estou te ouvindo', são os melhores antídotos contra a loucura. Senhor me perdoe! Sou humano", confabulava Sig, analisando o amigo. "Quanto ele daria para abraçar Maurício ou uma das meninas? Talvez tudo. Não, não. Ele não daria nada, pois escolheu essa vida ciente do preço a pagar. Será que se arrependeu ou se arrepende disso? Será que mudaria algo se pudesse voltar atrás? Faria outras escolhas? Sei que, o que começou como uma relação cômoda, se transformou em algo profundo, quiçá inesperado. Às vezes, almejamos ser senhores de tantas posses, mas não conseguimos dominar nosso próprio coração. Tão inteligentes e ardilosos, enredamo-nos nas malhas da paixão. Guilherme, eu e tantos outros somos vítimas e algozes de nós mesmos e de nossos muitos desejos".

— Algum problema, Sig? — indagou o reitor encarando-o.

— Não, Guilherme. Por quê?

— Você está me olhando faz algum tempo, mas parece distante.

— Ah! Estava mesmo. Eu viajava em pensamento, meu amigo, e afastei-me daqui. Perdoe-me se fui desagradável e deselegante com você. Ausentei-me e isso em um torneio filosófico é ...

— Indicativo de que a discussão é das piores — murmurou o reitor.

Sem graça, porque, de fato, se pusera a pensar, fazendo suposições sobre a vida pessoal do amigo, Sig foi forçado a admitir que as discussões estavam em péssimo nível. Aborrecidas. Dominadas pelos membros mais extremistas, as discussões transformaram-se em uma grande bola de revolta e insatisfação, na qual chovia denúncias contra abusos da Igreja de Roma. Um pensamento nacionalista aguerrido mesclava-se aos discursos e a ira voava com a saliva da boca dos mais exaltados.

— Parecem cães raivosos, babam. Na verdade, cospem-se e cospem os colegas nesse descontrole emocional — comentou Sig. — Não é dessa forma que se constrói o conhecimento, muito menos a paz ou novos caminhos. Isso é apenas revirar esterco. Só fede.

— Eu concordo. O duque Maurício, há pouco, ausentou-se. Pobre rapaz! Sentiu-se mal, nauseado e com dor de cabeça. Para evitar o mesmo destino, o que me diz de tomarmos um bom vinho em meu gabinete, longe dessa balbúrdia? Agora, será impossível chamá-los à razão.

— Sim, inútil, completamente inútil, Guilherme. Estão irados, irritados, com humor azedo como leite coalhado. Nessa disposição de espírito, somente sabem reclamar, xingar e reproduzir o mal-estar. Essas criaturas, nesse estado, estão muito longe de ser boa matéria-prima ao progresso. Não servem. Vamos, você tem razão. Se podemos, devemos evitar o destino do sofrimento.

Silenciosa e sorrateiramente, eles deixaram o salão e foram ao gabinete. O reitor caminhou até a grande janela e abriu-a. A brisa refrescante da noite invadiu o recinto, e Guilherme pôde respirar livremente, deliciando-se com o ar puro. Sig, mais comedido, acomodou-se na poltrona e relaxou fechando os olhos. Em sua cabeça, ecoavam o burburinho de vozes exaltadas e dos debates do dia.

— Será difícil adormecer, hoje — comentou Sig. — Minha cabeça está uma balbúrdia.

— A minha também, e some a isso um grande cansaço físico. Para nós, de Erfurt, esse torneio teve desdobramentos antes, durante e terá depois.

— Eu observei que muitos de nossos colegas do clero não percebem a manobra política dos príncipes — falou Sig — e prendem-se ao debate das questões religiosas. Creio que são cegos. Guilherme, é preciso melhorar o ensino nas universidades. A discussão que ouvimos hoje é fruto dele. Como diria Antônio, essas pessoas encerraram Deus na Bíblia. Eles não veem qualquer outra possibilidade de aprendizado e religiosidade, somente a Bíblia. Com todo respeito, isso é um horror. A vida é uma criação divina. Estudá-la é conhecer Deus. Fazer ciência é fazer nossa aproximação com o Criador, é estudar os caminhos que ele usou. E, nós? Quer algo mais complexo do que o ser humano para estudar? E fazemos parte dessa criação divina. Então, estudar a nós mesmos, nosso corpo, nossos pensamentos e sentimentos, observar atitudes individuais e coletivas, é estudar o divino.

— É, eu concordo com você: olhar a Criação é contemplar algo de Deus. Que alguns dos convidados não me ouçam... Mas estudar somente um livro é, por si só, muito pouco. E eu ainda vejo que, para maior desgraça, esse estudo é literal e não contextualizado. Não buscam a essência da lição. Eles apenas competem para provar quem têm melhor memória para declamar versículos.

Guilherme fechou a janela, recordando-se de que aqueles assuntos não deviam ser falados com portas e janelas abertas. Requeriam sigilo e discrição.

— Dessas mentes não sairá inovação — completou o reitor.

— Somente uma cisão — referendou Sig e, procurando descontrair, lembrou o anfitrião: — E o vinho?

O segundo dia do torneio não foi mais satisfatório aos olhos de Antônio do que o primeiro. Ao lado de Sig, assistia ao arrazoado de um dos professores de Wittenberg, entusiasta ferrenho da ruptura com Roma e da defesa dos interesses e do pensamento religioso alemão.

— Doutor Stein, sinceramente, estou cansado dessa lenga-lenga. Arrisco-me a fazer uma das premonições de Germana: hoje, antes do meio-dia, estaremos no mesmo clima e nível de argumentos de ontem à noite.

— Sim, talvez antes. Mal começamos o dia e o caldeirão já está fervendo — comentou Sig.

— Isso é preocupante. Não sei dizer se é um reflexo da sociedade que temos aqui, ou se isso aqui se refletirá na sociedade. Seja como for, não vejo paz possível com pessoas tão iradas, irritadas e dispostas a defender suas perdas e lamentar e repudiar indefinidamente o passado.

— Antônio, não quero ser pessimista, mas você me conhece há vários anos... Eu penso que estamos assistindo à agonia de nossos ideais humanistas para a Igreja. Para variar, com as mãos escondidas na batina, Roma dá o soco final e mortal na mudança. Os cardeais negociaram a menor parcela, e eles não estão vendo. Estão cegos pelos próprios sentimentos, vícios e pelas próprias memórias, e o que mais possa compor a natureza humana.

— Paixões, doutor Stein. É o que vejo iluminando os olhos deles. É uma luz intensa e, como tal, ofusca, cega, e não clareia. Estão apaixonados, no pior sentido que esse termo possa ter. É lamentável. Mais uma vez na história, o progresso andará a passos lentos.

— Poucos enxergarão isso, Antônio.

— Eu sei. Acabei de dizer que estão cegos, apaixonados, e isso, com certeza, será aquilo que transmitirão aos outros. Teremos uma farta distribuição de vendas para olhos, doutor Stein.

— Empapadas de sangue, professor Antônio — lembrou Sig, tamborilando com os dedos na mesa. — A Bíblia é um livro que pinga sangue, Antônio. É repleta de histórias, que eu me atrevo a ler com olhos leigos e questionadores. Tive muitos mestres nas universidades por onde andei e a grande parte deles seguia o caminho da maioria. Eram iguais, comuns, repetiam interpretações aprendidas sem questionar e encerravam qualquer discussão citando um texto célebre. Muitas vezes, questionei-me se eles entendiam o que citavam, mas o fato é que não tinham convicção a respeito do que ensinavam, então, quando eram confrontados, escudavam-se na autoridade do pensamento alheio e eximiam-se de refletir. Tanto perguntei e recebi essas respostas, que acabei me calando, pensando sozinho ou na companhia dos livros. Até que comecei a falar, depois de, obviamente, aprender as manhas de contornar certas mentes no caminho e encontrar ressonância em outras pessoas. E é somente nesse meio restrito que se pode analisar o quão violento é o livro sagrado, que nós elegemos como o pilar fundador dessa civilização que construímos após a queda do Império Romano e da cultura dita pagã. Sou obrigado a reconhecer que não mudamos. Apenas justificamos, com nossas razões, as mesmas atitudes que antes condenávamos. É aquela velha história: se é como eu quero, está bom, é o correto, é o caminho da salvação, é assim que deve ser, e vivo maravilhosamente bem entre os que obedecem meu pensamento ou se afinam com ele e, claro, agem assim. Quanto autoritarismo, não é verdade?

— É, somos autoritários como bebês chorões, que berram até terem suas vontades satisfeitas.

— Exato! Podemos definir esse evento como um encontro de bebês chorões. Confesso-lhe que estou decepcionado.

— O caminho é sem volta — referendou Antônio, entendendo que Sig se referia à reforma do pensamento religioso.

— E há perigo à frente. Conheço como agem os cardeais: a mãos escondidas. Partirão o bolo, darão uma fatia pequena para a Alemanha, e farão disso uma bandeira, uma cruzada. E nas sombras, Antônio, cuidemos de manter nossas cabeças sobre o pescoço.

— Hum. É por isso, doutor Stein, que comecei a guardar a língua na boca fechada — sussurrou Antônio.

Quase imperceptivelmente, Sig fez um gesto de aprovação com a mão e disse:

— *Auribus frequentius quam lingua utere*[12].

— Tenho aprendido o quão eterna é essa lição, especialmente por onde andamos.

— Meu filho, em qualquer lugar onde poder e dinheiro são disputados, quem quiser viver deve colocar essa lição em prática.

O orador vociferava contra os desmandos e abusos praticados pela Igreja. Declarando-se insatisfeito com a religião, inseriu no debate uma discussão crucial: o celibato instituído três séculos antes como voto obrigatório ao sacerdócio.

— Pronto! — exclamou Antônio. — Não chegamos ao meio da manhã, doutor Stein. Ambos erramos nossas previsões.

Ouvindo o som que se elevou da assistência e correndo o olhar em torno, Sig constatou a total alteração de ânimo dos presentes.

— É, acabou. Não há lógica contra a paixão. Só a dor ensina a discipliná-la. Algo que lamento. Acabou, meu filho, não há lucidez filosófica contra dinheiro, poder e sexo. É por isso que acabam sendo a causa das guerras. O egoísmo e o autoritarismo de cada um farão o restante. Tempos difíceis à frente!

— Incoerência! Blasfêmia! — bradou Johannes, enfurecido, enquanto atacava o orador, que, até então, apoiava. — Os ensinamentos do apóstolo Paulo têm de ser observados. Ele disse: "Bom seria que o homem não tocasse em mulher. Mas, por causa da prostituição, cada um tenha a sua própria mulher e cada uma tenha o seu próprio marido."[13] Ora, isso é claro. A virgindade do clero é um dom, é o ideal, é o que nos aproximará de Deus.

---

12. "Ver, ouvir e calar."
13. Ver Paulo (I Carta aos Coríntios, 7:1-2). In: *Bíblia Sagrada*. Brasília: Sociedade Bíblica do Brasil, 1969.

O sexo é perdição, prostituição. O casamento é uma concessão à pouca moral, um pecado menor. É absurdo elegermos a porta larga como caminho nas mudanças que desejamos na Igreja. A perdição não é o que condenamos? Não é o que nos aflige? Como agora, nesse ponto, tergiversar? Não! Não! Não! É na castidade e na pureza que estão a paz e a felicidade. Como daremos isso ao povo, como ensinaremos o caminho que leva a Deus, se não o percorrermos? Que nova Igreja desejamos? Uma continuação de escândalos com a devassidão do clero, como temos visto ao longo da história? Religiosos, desde padres a papas, têm sido vistos com concubinas e amantes. Um verdadeiro exército de prostitutas serve em torno dos palácios da Igreja e até de míseras paróquias. Isso precisa acabar! Do contrário, o que estamos fazendo? Condenando a ambição e a exploração econômica feita pela Igreja, mas reproduzindo e até ampliando a devassidão sexual...

— Ai, ai, ai — gemeu Antônio ouvindo-o.

— Não estão recordados de São Gregório Nisseno[14]? Ele dizia: "A vida virginal é a imagem da felicidade que nos espera no mundo que virá". E Santo Agostinho? Quem mais do que ele digladiou com a luxúria? — prosseguia Johannes, indignado, agredindo os participantes do evento, apontando-lhes o dedo e indicando-os como perversos e pecadores.

— Jesus! — exclamou Antônio baixinho.

— É louco! — lamentou Sig olhando a face irada e transtornada de Johannes. — Bom Deus! É um príncipe herdeiro!

Mais atento, Antônio começou a observar Johannes com outros olhos. Dois motivos o guiavam: curiosidade de saber o que havia naquela natureza por trás do fanatismo e o fato de o rapaz ser um príncipe herdeiro. Esse fato ele há muito conhecia, porém a compreensão da angústia e do pedido de mestre Ingo aconteceu naquele instante, ao ouvir Sig lamentar essa condição.

---

14. Também conhecido como Gregório de Nissa (Cesareia/Capadócia, 330-395): Teólogo, místico e escritor cristão. Padre da Igreja e irmão de Basílio Magno, fez parte, com Gregório Naziazeno e Basílio Magino, dos padres capadócios.

Intimamente, desafiou-se a mudar o futuro. Seria capaz? A ideia insinuava-se nele, ganhava corpo, voz, e foi, com o passar dos dias, ganhando a sedução das sereias.

Vaidade poderia ser o nome da principal. Ela cantava sedutora, firmemente acomodada sobre as pedras do peito de Antônio. Sua música chegava-lhe aos ouvidos como um pedido de socorro, de salvação de alguém perdido e em sofrimento. Ele ouvia os chamados de uma vítima, desconhecendo as sereias que cantavam em sua alma. Teoricamente, ouvira falar dos perigos daquele mar por onde navegava, mas pensava que isso somente acontecia com outras pessoas, menos experientes, menos habilidosas, mas que isso jamais aconteceria com ele. Estava surdo pelo canto da sereia... E os rochedos estavam bem à sua frente. Fascinado, nada via nem ouvia.

XXX

REINO DE CEGOS

*Estamos habituados a julgar os outros por nós,
e se nós os absolvemos complacentemente dos
nossos defeitos, os condenamos severamente por
não terem as nossas qualidades.*

(Honoré de Balzac, *Máximas e pensamentos
de Honoré de Balzac*)

O torneio terminou. Maurício, feliz, despediu-se dos presentes e, aproximando-se de Johannes, indagou:

— Então, Johannes, o que decidiu?

— Eu ficarei. Decepcionaria muito o reitor, mestre Ingo, Antônio e Thomaz se partisse. Eles são meus amigos, insistiram em minha permanência. Escrevi uma carta a Sophia. Ela entenderá. Aliás, ela me apoia. Já havíamos conversado a respeito — respondeu Johannes estendendo o documento a Maurício. — Entregue-a.

— Será um prazer. Adeus, Johannes — disse Maurício encaminhando-se à saída da universidade.

Em frente ao portão, o duque encontrou Sig, que também aguardava a carruagem.

— Partiremos juntos, duque Maurício. A chuva de ontem deve ter dificultado a condição das estradas. Temos uma longa e desconfortável viagem à frente.

— É. O senhor encontrará com meu pai, doutor Stein?

— Agora? Não. Eu sigo para França, duque.

— Mais torneios por lá?

— Trabalho, duque. O movimento reformista está bem ativo por lá, mas... dominado também por paixões inflamadas e questões políticas e sociais. Por que perguntou se eu encontraria o príncipe Ethel, duque?

— Curiosidade de saber o que diria a ele — respondeu Maurício.

— Ah, entendo. Eu não diria nada diferente do que dirá o reitor de Erfurt. Recomendo cuidado político, pois estamos em um impasse e pode haver uma implosão interna. Acho que Roma, talvez, aposte nisso. Sabe que um inimigo dividido é um inimigo morto, não é verdade?

— Sim, a união dos príncipes definirá os rumos. E, pelo que assistimos aqui, já estão praticamente definidos. A revolta contra Roma é certa. Há muito dinheiro e poder nesse jogo, doutor Stein.

— Muito — reforçou Sig, pensativo. — Demais. A cisão religiosa passará à história como causa, mas, nós, que estamos aqui, agora, sabemos que não é só isso.

— Isso, doutor Stein, é o que menos importa. Os príncipes dirão amém ao qualquer coisa que os religiosos reformadores digam ou preguem, desde que o dinheiro alemão seja dos alemães, da Igreja alemã.

A carruagem de Maurício parou à frente deles, então o duque estendeu a mão a Sig, dizendo:

— Boa viagem, doutor Stein. Foi um prazer ter sua companhia. O senhor foi a salvação desse torneio. Realmente apreciei assisti-lo. O senhor é coerente, objetivo, culto, e um homem a par do nosso tempo. Infelizmente, parece que não tivemos o eco esperado às nossas ideias. Os seguidores de Lutero fizeram a maioria e creio que esse movimento não tem mesmo volta.

— Irá apoiá-los, duque?

— Se esse for o preço da paz, ou melhor, da harmonia no país, sim, apoiarei. Eu defendo mudanças, doutor Stein. Nossa sociedade precisa evoluir, e parece que o caminho para isso passa pela destruição de bases antigas, que estão assentadas na Igreja e na religião.

— Sim, eu sei. Você seguirá com a maioria dos príncipes.

— Exatamente. O senhor acabou de dizer: inimigo dividido é inimigo morto. O povo não se pacificará sem que ocorram mudanças. Se em termos filosóficos a mudança for pequena, em termos econômicos, políticos e sociais terá muita representação.

— É claro! Boa viagem, duque Maurício. Por favor, leve minha estima ao seu pai e familiares. Ficaremos alguns anos sem nos ver.

— Viagem longa! Sucesso em sua jornada, doutor Stein.

Maurício embarcou na carruagem e, sentando-se, puxou a cortina da portinhola. Queria dormir. Precisava descansar após o esforço hercúleo de suportar o torneio de Erfurt. Preferia jogos com mais emoção e movimento. Aqueles debates somente lhe deram dor de cabeça. Mas, agora, entendeu as razões pelas quais seu pai insistira em sua presença ali. Havia uma escolha importante a ser feita. Havia dinheiro e propriedades trocando de mãos. Era sábio segui-las. No entanto, as mudanças não aconteceriam tão rapidamente como sonhavam alguns. Apesar de sem graça e cansativo, o torneio fora de suma importância para Maurício. Retornava aliviado, pois Johannes ficara entre as paredes do mosteiro da universidade de Erfurt. Que lá ficasse um bom tempo! Era o que o duque desejava.

Com a movimentação dos príncipes em torno da Reforma, Ethel esqueceria, por ora, a urgência de um herdeiro e diminuiria a pressão sobre Sophia. E, pensando nela, em revê-la, e nos planos e projetos que deixara encaminhados para pacificar a região, Maurício relaxou e adormeceu com o rosto da jovem loira bailando em sua mente. Conhecendo o irmão, simplesmente não conseguia pensar em Sophia como sua cunhada. Recusava-se a isso.

Sophia trabalhava na melhoria das condições de vida em suas propriedades, despachando e deliberando construções de pontes e estradas com os mestres construtores. Mas somente ela sabia o quanto se esforçava para manter-se sob controle e concentrada no assunto. Klara a observava disfarçando a piedade. Para ela, era fácil perceber a luta interior de Sophia, pois a conhecia desde menina. A falta de brilho nos olhos verdes denunciava preocupação; as olheiras, as noites maldormidas ou insones e a falta de entusiasmo na voz revelavam o distanciamento mental e emocional em relação ao que discutiam, a indiferença. A jovem princesa estava mais magra, pois alimentava-se muito pouco. Esse estado não era normal em Sophia. Nitidamente, ela estava com dificuldade para entender a proposta do mestre construtor.

— Sophia — interrompeu Klara. — Você melhorou daquela indisposição? Posso trazer-lhe um chá. Vejo que essa reunião está difícil para você.

— Sim, está. Traga-me o chá, Klara — respondeu Sophia e, voltando-se ao construtor, falou: — Desculpe-me, mestre. Vamos prosseguir. Os trabalhadores aguardam uma decisão. Então, o senhor acha que...

Klara afastou-se, balançando a cabeça. Sophia era teimosa. Tentara dar-lhe uma justificativa para encerrar a reunião, criando uma oportunidade para que a princesa decidisse depois o que fazer com o problema trazido pelo construtor, mas ela fizera-se de tola, de desentendida.

Enquanto cruzava o salão principal, Klara ouviu o som da voz do duque Maurício no hall de entrada e apressou-se a ir até o duque para dar-lhe as boas-vindas. "Eis a cura de Sophia!", pensou.

— Bom dia, Klara. Onde está Sophia? — perguntou Maurício, sem rodeios e com intimidade, assim que a viu.

— Bom dia, duque. Sophia está em reunião com o construtor da nova ponte. Quer que a avise de sua chegada?

— Eu irei até lá. Estão no gabinete dela?

— Sim. Eu estava a caminho da cozinha para buscar chá. Gostaria de uma xícara ou prefere uma refeição completa?

— O chá estará perfeito, Klara. A refeição na estalagem a caminho daqui foi boa.

Maurício dirigiu-se rapidamente ao gabinete e entrou sem bater. Sophia examinava as plantas do construtor, mas, em uma fração de segundo, percebeu que não era Klara que voltara. Sentiu-se observada e um calor brando percorreu-lhe o corpo, trazendo um rosado às suas faces. Quando virou a cabeça e viu Maurício, sorriu e seus olhos brilharam. Impulsivamente, abandonou o que fazia e lançou-se nos braços do cunhado. Ele apertou-a muito além do que seria conveniente e mergulhou a cabeça em seus cabelos, murmurando seu nome.

O construtor arregalou os olhos, mas era veterano em palácios de nobres famílias. Por isso, deu as costas e foi à janela fingir grande interesse no movimento do pátio interno. Ele sabia que observar os pombos verdadeiros era mais seguro.

— Eu estava tão preocupada! — confessou Sophia. — Graças a Deus, você voltou!

Maurício afastou-se um pouco, apenas o suficiente para tocar a ponta do queixo de Sophia com o dedo e fazê-la encará-lo. Observando a palidez e as olheiras no rosto da jovem, sorriu ao ver a paixão brilhando em seus olhos verdes. E abraçou-a de novo.

— Está tudo bem... — e, ao ver as costas largas do construtor obstruindo a visão da janela, calou as palavras afetuosas antes que escapassem de sua boca. Obrigando-se a dominar e contrariar sua vontade, afastou gentilmente Sophia, lembrando-a:

— O que discutia com o mestre construtor?

Sophia piscou os olhos rapidamente e retirou os braços do pescoço de Maurício. Meio tonta, sem saber como agir, entendeu o excesso a que se permitiu por um impulso irrefreável.

— Ah, é claro! — pigarreou. E, alisando o vestido, juntou as mãos sobre a saia e voltou à mesa onde estavam as plantas. O construtor, fingindo não ter sido a inconveniente testemunha do abraço íntimo do casal, retornou e saudou o duque como se o visse naquele instante.

— Por favor, mestre. Explique ao duque nosso impasse sobre o projeto — pediu Sophia, tentando ganhar tempo para recompor-se emocionalmente.

Em poucos minutos, o problema foi resolvido. O mestre construtor enrolou suas plantas, recolheu seus instrumentos em uma surrada maleta de couro e despediu-se. Assim que a porta se fechou, Maurício respirou fundo e puxou Sophia de volta a seus braços. Um abraço silencioso e suspiros apenas.

— Não fale nada — pediu ele. — Eu também não direi nada. Não é preciso.

Sophia balançou a cabeça concordando. Depois, encarou-o e pressionou seu corpo contra o dele.

Maurício e Sophia não ouviram quando Klara abriu a porta, carregando a bandeja com o chá, e calou o grito de surpresa ao vê-los em um beijo apaixonado. A criada sacudiu a cabeça, censurando a si mesma, pois, afinal, ela e Ana já haviam percebido a intensa atração entre eles desde o dia do casamento da princesa. "Há coisas que estão além da vontade e da razão", reconheceu Klara, fechando a porta silenciosamente.

O tempo passou sobre tudo e todos.

Encantada, Germana observava o trabalho de Blick, conduzindo Ingo até a porta do jardim. O cão a tinha avistado à distância. Percebera a reação alegre do animal ao reconhecê-la. "Ah, meu Deus, às vezes, pergunto-me se fostes sábio em não dar um rabo aos homens! Ele seria de grande utilidade nas relações humanas. O rabo do cão não mente, revela tudo o que se passa em seu mundinho íntimo, em sua cabecinha animal, e conta tudo o que ele sente. Fico eu aqui imaginando como o ser humano seria mais verdadeiro se tivesse um rabo. Seria o fim dos relacionamentos fingidos e mantidos por interesses, nos quais o coração não toma parte alguma. Seria bem mais fácil também desenvolver nosso autoconhecimento, pois bastaria olharmos para nosso próprio rabo. Mas, se em algum momento da existência humana tivemos um rabo, Tu decidiste tirá-lo de nós. Há de ter uma sábia razão, e eu preciso me empenhar a entendê-la. Ao longe, o rabo de Blick me abana dizendo que está feliz em me ver. Talvez ele desejasse correr para chegar aqui depressa, mas o dever o impede: ele sabe que tem um trabalho a fazer e que Ingo precisa dele. Que lição fantástica! Tão simples! O cão demonstra o que sente, mas controla sua vontade profunda em favor do dever e do cuidado com o outro. Quantas pessoas conseguem fazer o mesmo? Quantas pessoas são dóceis o bastante para se permitirem aprender a cuidar de algo ou alguém? A serem úteis ao próximo e à vida sem outro interesse? Não, eu não estou sendo injusta com o ser humano. Reconheço que somos uma natureza intermediária e sei que, acima dessa condição comum na qual habito, há seres de luz. Eu sei disso. Sei que eles fazem coisas milhares de vezes superiores às realizadas por Blick e seus irmãos, por mim mesma e por meus semelhantes. Eu apenas questiono onde, como e por que perdemos algumas dessas coisas simples. Quando é que nos tornamos criaturas complexas? E por que Jesus disse que os simples herdarão a Terra? Será que fostes Tu que nos tiraste o rabo, se um dia o tivemos, ou nós mesmos o cortamos?", Germana refletiu.

Apoiando-se no cabo da enxada que usava para limpar os canteiros do jardim, Germana ficou observando os visitantes se aproximarem. Blick caminhava feliz, balançando o rabo, e movia-se como se ouvisse uma música própria. Com seu focinho aberto, que lembrava um largo e acolhedor sorriso, o animal tinha uma expressão radiante, mas mantinha a marcha para conduzir Ingo em segurança, embora o mestre andasse confiante, seguindo o instinto do cão. A expressão do rosto de Blick, no entanto, era fechada, preocupada, atenta. Antônio o acompanhava. Tinha a mesma expressão e falava muito. Não parecia estar consciente de onde andava, não dava mostra de ver a beleza pujante da natureza em pleno verão. Os dois homens sequer sentiam o calor brando do sol ou ouviam o canto dos pássaros. "São criaturas complexas", pensou, voltando às suas indagações mentais. "Por que fazemos isso?".

Acompanhando-a, como fazia há séculos, o espírito Augusto sorriu feliz com sua protegida. Uma existência refletida era o caminho do crescimento, de uma vida harmônica, consciente, feliz, bem conduzida, bem vivida. Por isso, apenas se aproximou de

Germana e soprou-lhe ao ouvido: "Somos livres. Temos o poder da escolha".

Aquelas frases imiscuíram-se no pensamento dela, surgiram repentinamente, brotando em sua mente. Germana, igual a qualquer um de nós, não questionou como isso acontecia. Como surgiam respostas, como as produzíamos e de onde vinham algumas conclusões prontas em nosso pensamento. Ideias que nem sempre são aquelas que procuramos ou desejamos ter, que não fazem parte de nosso meio social. Mas que surgem e, às vezes, estabelecem um diálogo mental conosco, como se uma voz estranha falasse em nosso pensamento. Mecanismos da vida de relação. Comunicação é uma palavra-chave na evolução. Ela conecta, influencia, dá, recebe e promove o progresso. É ilusão pensar que só nos comunicamos com nossos iguais em forma. Germana recebia comunicação de um ser animal e de um ser espiritual, e isso não era um privilégio dela. Todos nós temos a mesma possibilidade. A comunicação ultrapassa os limites da fala e da matéria. Somos capazes de compreender muito mais do que uma forma de linguagem.

Blick começou a latir alto, demonstrando seu contentamento com a aproximação da casa de Germana, o que fez Ingo e Antônio saírem da conversa densa que mantinham para erguerem a cabeça em direção à casa. Ingo ainda fazia isso por reflexo e por reconhecer o latido de Blick, que ganhava um som diferente. O mestre tornara-se muito atento aos sons com a perda da visão e percebia nuances que antes não lhe chamavam a atenção.

Antônio ergueu a mão antecipando uma alegre saudação à dona da casa e falou a mestre Ingo:

— Estamos chegando. Germana está no jardim, já nos viu.

— Eu sei, Blick me contou — brincou mestre Ingo. — Ele faz um som diferente quando vê Germana.

Antônio riu. Havia certo desdém em sua expressão, mas fazia uma concessão ao amigo, permitindo-lhe, sem questionar, algumas crenças excêntricas em razão de sua cegueira.

— Como é bom vê-los aqui! Já estava pensando que o reitor tinha proibido suas saídas, Ingo! — brincou Germana assim que os dois homens pisaram no limiar do portão do jardim.

— Sempre exagerada, Germana! — ralhou Ingo afetuosamente. — Estamos ficando velhos e você continua implicando com o reitor.

— O dia em que me provarem que é seguro abraçar uma cobra venenosa ou um tigre furioso, eu pararei de implicar com o reitor — declarou Germana rindo. — De mais a mais, ele faz o mesmo comigo. Sabemos os limites.

— Sim, é uma fronteira de guerra com uma pequena zona neutra de cada lado — lembrou Ingo.

— Vocês me deixam curioso — reclamou Antônio. — Sempre há segredos pairando nessas conversas.

— Quando é sadia, a curiosidade não mata, Antônio. Ao contrário. Ajuda o progresso, fazendo a criatura procurar, estudar, experimentar. Isso é muito bom! No entanto, você procura o prazer de bisbilhotar a vida alheia, de saber coisas que não lhe dizem respeito. Percebe a diferença? — repreendeu Germana, com um sorriso acolhedor. — Isso pode lhe trazer muito mal, Antônio. E eu gosto de você. Não quero vê-lo sofrer desnecessariamente.

Antônio ergueu as duas mãos em um pedido de paz e sorriu. Germana tinha o dom de falar verdades que poderiam magoar ou ofender suscetibilidades de uma forma que as pessoas aceitavam. Suscetibilidade é uma palavra bonita para mascarar uma feia realidade: vaidade pessoal. As pessoas acham mais gentil dizer "suscetibilidade ferida" ou, creem-se muito sensíveis, muito delicadas, quando se enchem de melindres com a forma de ser dos outros em relação a ela. Grande autoengano! Se perguntassem "Espelho, espelho meu, há pessoa mais vaidosa do que eu?", é certo que o objeto mágico revelaria a verdade: "Não há pessoa mais vaidosa que você". O outro é o que é. Você não irá mudá-lo, mas é isso o que quer: torná-lo como você crê que ele deveria ser: igual a você. Mas somente o outro tem esse poder.

— O sol deve estar fazendo mal à minha cabeça — falou Germana, pensando em voz alta. E voltando-se para os visitantes, continuou: — Disse bobagem. Desculpem-me: ninguém sofre desnecessariamente. Se algo nos faz sofrer, é para nos mostrar o que precisamos mudar. Vamos entrar! Está muito quente.

— Santo Deus, Germana! Você dormiu bem essa noite? — indagou Ingo, rindo.

— Na verdade, dormi muito pouco. Romilda, a mulher do ferreiro, deu à luz um bebê essa madrugada. Foi um parto demorado. Ela não é uma mulher jovem. No final, perdeu as forças e a paciência com a dor. Daí, o processo todo se tornou complicado. Mas, graças a Deus, conseguimos fazer com que a situação tivesse um desfecho feliz. No entanto, confesso que temi. Quando as pessoas não se ajudam, mantendo o controle das emoções e a lucidez, tudo, logicamente, fica pior. Elas mesmas sofrem e fazem sofrer muito além do necessário.

Antônio olhou Germana pensativo. Gostava muito dela. Era uma companhia segura e desafiadora ao mesmo tempo. Ele sabia que a nova amiga falaria, sem rodeios e sem machucar, se não gostasse de algo, e isso lhe dava segurança na relação com ela. Germana era inteligente, livre, e muito sagaz. Tinha a impressão de que ela podia examinar a alma de uma pessoa se quisesse. Acreditava que não eram os corpos somente que lhe revelavam seus padecimentos. As almas despiam-se aos seus olhos, mostrando-lhes suas marcas, suas zonas saudáveis e suas chagas abertas. Isso era um desafio, porque também lhe dava a impressão de que ela, nos comentários que fazia, falava de coisas relacionadas a Antônio, coisas que ele ainda não notava ou sentia. Em uma simples frase, Germana resumira seus últimos meses com Johannes. Também estava lidando com alguém que não se ajudava, que se descontrolava, e isso era muito difícil.

— É fato — concordou Antônio. — Mãe e filho estão bem?

— Sim, estão. Teve uma menina. Uma linda criança.

— Então, tudo ficará bem e isso logo será esquecido — disse Ingo, acomodando-se na cadeira.

Germana deixava a cadeira preferida de Ingo sempre no mesmo lugar desde que percebera a dificuldade do amigo de enxergar. Blick aprendera rápido para onde deveria conduzi-lo e andava pela casa de Germana com a mesma desenvoltura com que conduzia o mestre na universidade e por algumas ruas de Erfurt.

— Esse é o maior de todos os problemas — comentou Germana, enchendo uma jarra de água fresca retirada da tália de cerâmica, colocada no canto mais sombrio e fresco da cozinha.

— Poucos veem isso — lembrou Antônio. — A maioria deseja promover o esquecimento, deixar simplesmente para trás.

— Sim, e, logo adiante, tropeçam na mesma coisa e reclamam. Sinceramente, fiquei arrepiada quando vieram me buscar ontem, porque tinha chegado a hora do parto de Romilda. Ela já teve seis filhos, esse foi o sétimo parto, e é sempre o mesmo fiasco. Se anseiam por esquecer as coisas, sem entender nem aprender, a repetição é a coisa mais lógica a acontecer. Mas isso? Isso elas não enxergam.

— Posso falar, com máxima autoridade moral, que o pior cego é o que não quer ver — comentou Ingo fazendo troça de sua condição. — Mas isso é sério. Graças a você, Germana, eu escolhi ver através dos olhos de Blick. Você me mostrou esse caminho. Se não o fizesse, seria mais um a aprender pouco com as dores da existência e a viver enclausurado e solitário. Reclamar e berrar contra fatos da natureza não resolvem as coisas, só pioram.

— Vocês poderiam me fazer o favor de ensinar isso na igreja e na universidade? O povo precisa pensar, aprender a se conhecer, e a agir com coerência consigo mesmo. Pelo amor de Deus! Fazem coisas que são inacreditáveis e põem a culpa em Deus. É cansativo! — desabafou Germana.

— Essa madrugada deve ter sido horrível — comentou Antônio, sorvendo a água fresca oferecida por Germana. — Pensei que jamais a ouviria reclamar de ajudar alguém.

— Não pense que Germana é santa — advertiu Ingo, divertindo-se com o comentário de Antônio. — Ela é furiosa!

— Sou mesmo! Enfureço-me por precisar ajudar quem não se ajuda. Não fosse um parto, eu a teria deixado sozinha. Mas a criaturinha que chegava ao mundo não podia pagar pelos erros da mãe. Fosse qualquer outra doença, eu a teria deixado com seu fiasco até que se cansasse de sofrer. No entanto, ela, infelizmente, é uma mulher fisicamente saudável, o que pode significar que ainda terei de auxiliá-la em mais um ou dois partos até que esteja velha o bastante para não mais gerar filhos. Portanto, ainda terei madrugadas de irritação pela frente.

— Você abandonaria alguém em dificuldade, Germana? — questionou Antônio incrédulo e chocado.

— Sim, e não seria a primeira vez. Não estou falando de hipóteses e teorias. Eu faço isso. Ajudar a quem se ajuda é meu princípio de trabalho.

— Eu disse: ela é furiosa — brincou Ingo, que, sem ver a expressão de horror no rosto de Antônio, julgava a situação pela metade.

— Não vejo motivo para essa surpresa, Antônio. Você não é professor da Bíblia? Não conhece as lições de Jesus? Ele enfatizou muito isso: "Ajuda-te que o Céu te ajudará". É bem claro que o primeiro a se mexer e que mais precisa se envolver na solução é quem precisa de ajuda, não eu, que me proponho a ajudar. O problema é dele, sendo assim, é ele quem precisa aprender a maior lição. Eu apenas ajudo as pessoas, dou-lhes a mão, alivio dores, ensino o que sei. A solução e as decisões pertencem ao principal interessado. Quem ajuda é coadjuvante. Não era eu quem estava parindo e agindo como uma louca, desequilibrada, e com isso piorando a própria situação. Eu não tinha como dar a Romilda o que ela mesma nunca procurou para si: autocontrole e lucidez. Essa era a ajuda que ela podia dar a si mesma: não fazer seu corpo sofrer por descontrole emocional, não complicar a ação da natureza com uma mente desajustada em um momento tão importante. Não pense que eu seja fria, sem coração; eu tenho e, em primeiro lugar, cuido do meu. Se eu ficar mal por tentar fazer o que não me compete, de quem é a culpa? É minha. Fui boba o bastante para não ver os limites. Ajudar não é fazer o serviço do outro; isso é invasão e abandono.

Antônio a olhava surpreso. Confessou a si mesmo que os estudos da Bíblia enfatizavam muito o Velho Testamento, não a mensagem de Jesus, que era tratada quase como um estudo histórico, sem reflexão. Era para conhecer a história da vida do filho de Deus, do Deus feito homem. Germana tinha razão. Antônio era professor da Bíblia e não refletia sobre a mensagem de Jesus no cotidiano dos homens. O horror mudava de direção em seu íntimo e a palidez cobria-lhe a pele do rosto. Horrorizava-se consigo mesmo. Admirou-a muito pelo que disse e pela coragem de agir como falava. Não duvidava que a amiga houvesse largado alguém em descontrole até que a pessoa se acalmasse e a deixasse fazer o que era preciso. No entanto, sentiu-se incomodado, desconfortável. A cadeira de repente tinha pregos pontiagudos no assento. Pensou em Johannes: "O que estava fazendo nos últimos meses?", indagava-se. Invasão e abandono. As palavras de Germana ecoavam alto em seu íntimo. E o faziam pensar.

— Invasão da vida alheia, sim. Isso eu entendo, mas abandono... do quê?

— De sua própria vida. Do que mais seria? — retrucou Germana, ainda indignada. — Invadir a vida alheia sob o título de salvador, conselheiro, benfeitor, protetor e outras palavras bonitas sopradas pelo diabo, é fácil. E você ainda terá a sociedade apoiando-o e será considerado um benfeitor. Prepare-se: o preço dessa fantasia é alto. É a perda de sua vida. Você abdicará de si mesmo, para controlar a vida dos outros, e será infeliz, porque, em muitos momentos, eles não o obedecerão, afinal você não é a consciência de ninguém. Essas pessoas farão coisas que o incomodarão muito, porque não terão sido feitas como você determinou. A irritação e a raiva serão suas sombras. Claro, você jamais dirá: aquele indivíduo não fez como eu havia mandado, como eu queria. Dirá que aquele não era seu sonho. É mais bonito. Enquanto vive assim, os dias passam e você anda cada vez mais para longe de seu caminho, a vivendo, a cada passo, mais distante de si mesmo. Isso é abandonar-se. Que coisa triste! Mas encontro muitas pessoas desse tipo, que também costumam se preocupar com caridade e religião. Quem sente em si a caridade e ama a vida e a Deus não precisa discursar nem se preocupar com isso. A esse indivíduo basta viver e ser quem é, do jeito que é.

— Tudo isso se resume em autoritarismo e vaidade — falou Ingo, fitando o vazio com a cabeça inclinada na direção da voz de Germana.

"Santo Deus! Ainda me dói vê-lo desse jeito. Será que, algum dia, me acostumarei com essa cena?", cogitou Germana consigo mesma. Uma leve sombra em seu olhar foi tudo o que transpareceu das emoções e dos pensamentos de Germana naquele minuto, mas foi o bastante para afastá-la da irritação com a paciente que não se ajudara. Como é dinâmico o nosso mundo emocional! Uma visão, um som, um cheiro, um milésimo de segundo, e ele se modifica. Por isso, é aconselhável conhecermos a estrutura básica, seus mecanismos, para começar a exercer o efetivo domínio sobre ele. A verdade sempre liberta. Conhecer nossas verdades como seres dotados de espírito, períspirito ou de corpo semimaterial e, quando na matéria, de um corpo físico, é o caminho do autoconhecimento, da autolibertação, da construção da força interior, da disciplina emocional e da educação do pensar.

Decidindo que sim, que se acostumaria àquela situação, porque não havia volta, Germana ponderou a colocação de Ingo:

— Sim, se resume. Mas quem admite ser autoritário e vaidoso? Admitem conhecer muitas pessoas assim, mas e quanto a nós? Conosco é diferente, é outra situação, e aí reinam as justificativas.

Antônio continuava calado, mas mexeu-se involuntariamente, ajeitando-se na cadeira e revelando que, interiormente, estava desconfortável com aquela conversa. A frase de Germana caíra sobre seus pensamentos no instante em que ele se justificava, lembrando-se que trabalhava com Johannes na esperança de contribuir para que milhares de pessoas tivessem um futuro melhor. E para ele, mestre Ingo era seu orientador e inspirador naquela que se podia chamar de jornada de resgate da alma de Johannes de Wintar.

— Então, vocês acham que podemos concluir que o autoritarismo e a vaidade se opõem à liberdade? — perguntou Antônio resolvendo participar da conversa, agindo de forma automática.

— Sempre! — responderam em uníssono Germana e Ingo.

— Antônio, agimos frequentemente sem saber o porquê. Vamos reagindo à experiência de vivermos guiados por instintos, paixões e ideias que não são nossas e que nunca questionamos, por sentimentos e desejos que desconhecemos a existência. Na hora exata, eles afloram e, se formos honestos conosco, aprenderemos muito analisando essas aflorações. Se não pensarmos, não conhecermos, simplesmente elas se repetirão até que tenhamos consciência das razões desse retorno e entendamos o que significam e quais os pontos que precisamos melhorar em nós mesmos. Aos outros, isso não se aplica; cada um aprende com as próprias experiências. Quando ajudamos alguém, o que estamos aprendendo é a ajudar, a conhecer diferentes situações teoricamente e, na prática, só a ação de ajudar.

— Não me fale de reencarnação — pediu Antônio. — Isso é polêmico demais.

— Ora, ora, e, desde quando, Antônio, um polemista como você foge de uma boa polêmica? — questionou Ingo, sério, começando a notar algumas sutis mudanças na conduta de seu auxiliar.

— Apenas quero descansar meu pensamento, mestre Ingo. Às vezes, as polêmicas nos tiram a paz — argumentou Antônio, colocando o copo sobre a mesa.

— Não penso que um assunto tenha o poder de me dar ou de me tirar a paz — comentou Germana. — Mudar meu estado de espírito, sim. Tirar-me de uma posição cômoda é quase certo. Mas a paz, eu sinto ou não. Sei que usualmente se costuma falar de paz como sinônimo de tranquilidade, sossego, calmaria, até de inatividade, mas eu penso nela de modo diverso: é um sentimento profundo de aceitação da vida e de suas leis. É nisso que encontro a paz. Posso até viver momentos de agitação e inquietude, mas eles não modificam a paz que eu sinto. São apenas consequência de algo passageiro e, por piores que sejam, sei que passarão. Essa é uma lei da vida: tudo passa, o tempo não para.

— E a reencarnação também é lei da vida — declarou Ingo, sucinto e convicto.

— O senhor é reencarnacionista, mestre? Isso é surpreendente. O senhor fez votos com a Igreja — lembrou Antônio.

— Sim, fiz. Na época, acreditava piamente em cada um deles. Estou em paz com meu passado. Em cada época de minha vida, agi conforme minha consciência, minhas crenças, meus valores e vícios. Hoje, se os repetisse, seriam mentirosos — esclareceu Ingo.

— Não o entendo. Não reafirma seus votos na prática diária, na vida como religioso? — inquiriu Antônio.

— Alguns sim, outros não, Antônio. Sobre todos os assuntos que meu pensamento diverge das lições da Igreja, eu procuro mostrar as posições divergentes também e exercito minha capacidade de deixar que os outros pensem e ajam livremente. Exercito-me a não influenciá-los e a, pura e simplesmente, fazê-los pensar. E você sabe que esse tema foi discutido em diversos concílios e que os interesses de alguns determinaram a criação de uma teologia dogmática, extremamente mística, que, sinceramente, não consigo conciliar com a realidade da vida. É distante, mais distante do que as histórias dos deuses da Antiguidade. Eles, ao menos, de tão humanas que eram suas atitudes, tornavam-se verossímeis. E quanto a essa visão da vida da alma além da morte, aguardando a ressurreição de um corpo morto há séculos, para um dia de julgamento da humanidade inteira? Veja bem: é algo que afetará não somente a mim ou a você apenas, ou as pessoas que conhecemos, mas toda a humanidade, inclusive os não cristãos, embora já se saiba que esses estão perdidos mesmo... Isso não lhe parece demais? E injusto? Afinal, muitos desses não cristãos, talvez eu devesse dizer não católicos ou descendentes do catolicismo, não terão usado a vida muito melhor do que nós, não terão aprendido e sido pessoas melhores do que nós? Será mesmo que o local em que vivemos é o reduto sagrado da salvação? Por favor!

— Não, é lógico que não — concordou Antônio. — Se fosse, não haveria esses movimentos de Reforma. Há as denúncias de corrupção, imoralidade, exploração e abusos de toda ordem, que sabemos serem questões verdadeiras, mas poucas vezes corrigidas. A impunidade do clero é quase uma lei. É como se fosse um verme no interior do corpo.

— Sim, um elemento internalizado, mas que, no nosso caso, apenas parece um estranho ao corpo. É a natureza dos homens. Sabemos que são punidos alguns bodes expiatórios, que lavam o pecado de muitos, deixando-os gozarem do esquecimento de seus erros e da cômoda posição de usufruir dos benefícios e da liberdade de repeti-los. Eu não vejo lógica em almas serem criadas para cada corpo que nascer e em pregar que a natureza humana é corruptível e, para alguns mais exaltados, intrinsecamente má, e deixá-la viver ligada a um corpo até a morte, fazendo-a aguardar por milênios, indefinidamente na verdade e até o fim dos tempos, por um julgamento. Para mim, não há lógica nisso. Você agiria assim, Antônio, se fosse o Criador?

— Não! Isso seria um desperdício — respondeu Antônio sorrindo. — E há uma preponderância no papel do corpo. Eu já comparei essas ideias aos discursos de Sócrates, antes de beber cicuta cumprindo sua pena de morte.

— Excelente exercício — elogiou Germana que se abstivera de participar da conversa dos dois amigos. — E posso saber quais foram suas conclusões?

— Gostei mais da visão de Sócrates. Ele esperava continuar a existir tal como era, falava na felicidade de encontrar e conviver com pessoas que ele admirou, mas que não conhecera em sua vida, pois já tinham morrido, e em reencontrar outros, saber de seus destinos... A vida para ele não sofreria uma ruptura, mas apenas uma mudança. A alma deixaria esse mundo material, onde está ligada ao corpo, e prosseguiria no mundo das ideias, que para ele é a origem deste. Entendi que, para ele, a alma é a essência da criatura humana e o corpo apenas uma habitação temporária, enquanto o indivíduo vivesse no mundo material. Essa teologia da espera do Juízo Final me diz que a alma é imortal e que sobreviverá à morte do corpo, mas com a vida suspensa até o julgamento final, quando os corpos, por fim, ressuscitarão tal como morreram, para que as almas voltem a habitá-los e, então, serem julgadas. Isso é uma suspensão da vida. Até lá, que não se sabe exatamente quando será — Lutero espera para breve, mas muitos antes dele aguardaram o mesmo e morreram sem ter visto esse dia — estão "descansando". Soa irreal, ilógico, mas que absolutamente ninguém nos ouça. Seríamos esquartejados e queimados por todo o clero. Isso seria motivo de união entre conservadores e reformistas — falou Antônio.

— Com certeza, a fogueira seria nosso destino. Afinal, é preciso exterminar o corpo para que a alma não tenha um futuro, não é mesmo? Mas e se formos como a fênix, literalmente capazes de ressurgir das próprias cinzas? Quem disse a eles que a fogueira acaba com a alma? — provocou Germana.

— Há mil explicações, Germana. Todas tão convincentes quanto as que expusemos antes. Porque a questão é singela: a alma tem natureza imortal ou não? Se é imortal, nada a consome; se não é, será somente o fogo que a extermina? — respondeu Ingo.

— É como matar coisas mágicas — concordou Antônio. — É preciso uma propriedade especial para matar.

— Sim, é.

— Ai, ai — suspirou Germana, cansada, fitando o céu pela porta aberta. — Até quando, Senhor?

— No tempo de cada um — lembrou Ingo. — Eu e você tivemos nosso momento de despertar e compreender. Eu creio que a natureza opere assim: individualmente. Cada um de nós descobre uma velha verdade em determinado momento. As verdades e as leis divinas estão escritas na natureza e são tão antigas quanto o mundo e perenes como o próprio Deus. Elas já foram e continuaram sendo as mesmas independentes de nós e nosso entendimento. Elas são, simplesmente. A vida não me perguntará se eu creio nisso ou naquilo, se creio em reencarnação ou não; ela simplesmente me fará cumprir desígnios divinos. Sem discussão filosófica, religiosa ou científica. Sem perguntar se queremos ou não. Não escolhemos existir, existimos. Escolhemos como existir, viver. Isso sim está em nossas mãos.

Antônio ouvia calado, interiormente dividido, mas venceu o lado que pedia preguiça, acomodação e conforto. Por isso, falou:

— Essas questões somente receberão a sansão da verdade mediante nossas experiências. Até lá, são tão especulativas quanto as outras. E essa experiência será pessoal, individual. Reitero: cada um a experimentará no momento e com o jeito certo. A vida não erra. Não adianta discutirmos esse tema.

— Por que o assunto o incomoda, Antônio? — questionou Germana observando-o. — A esposa de Constantino odiava Orígenes e os padres do Oriente por defenderem a reencarnação.

O motivo era simples: ela não aceitava a ideia de que, após ser coroada rainha, pudesse tornar a ser uma adolescente rebelde, uma cortesã. Simplesmente não aceitava a ideia de abandonar o poder, a posição social que acreditava ter. Daí prosperar no Ocidente a palavra ressurreição e suprimir a reencarnação.

— Ilusões! — resmungou Ingo. — Como tantas outras que carregamos e que a vida nos mostra quem de fato manda em quem. Eu me orgulhava de ser independente, livre e pensar por mim mesmo. Veja o que a vida fez: tornei-me dependente de um cão! E dou graças a Deus pela existência dele e pela sabedoria de Germana. O que me restou intacto? Minha liberdade de pensar. Para ler, eu preciso de Antônio. Quantos casos semelhantes ao meu são conhecidos! A vida nos mostra que só o que é do espírito nos pertence. O resto é ilusão e se desfaz quando menos esperamos. É o apego às vivências que a matéria proporciona que faz muita gente sofrer e não aceitar a ideia da reencarnação. Mas isso muda algo? Eu penso que não. Sendo lei natural, reencarna quem crê e quem não crê. A vida não julga por crença. Não lembro de Jesus ter feito nenhuma menção a isso. Ele sempre enfatizou as ações, os pensamentos e os sentimentos das pessoas, não suas crenças. Ele acabou com a ideia de povo escolhido, de rebanho especial, isso ficou no passado da antiguidade de Israel. Nunca nos pertenceu, por isso não entendo como podemos nos apossar assim da história alheia.

— Mistura de culturas promovidas pelo Império Romano — lembrou Germana. — Herdamos, misturado ao nosso, o passado dos outros.

— E a Igreja escolheu o que enfatizar conforme sua ânsia de poder. Algo compreensível para quem se diz a principal herdeira do Império Romano — reforçou Antônio. — Mestre Ingo, Germana, eu preciso retornar à universidade. Marquei de estudar algumas lições com Thomaz e Johannes à tarde. Quer que eu volte para buscá-lo, mestre?

— Não, obrigado, Antônio. Blick e eu voltaremos antes do escurecer.

— Não se preocupe, Antônio. Se nos atrasarmos, eu levarei Ingo e Blick. Fique tranquilo. Como vai seu aluno especial?

— Oscilante, ainda — respondeu Antônio. — Ele é inteligente, sagaz, boa companhia, mas, de um momento para outro, tem arroubos de fanatismo e parece regredir em tudo o que estamos estudando. É um grande desafio trabalhá-lo, fazê-lo mudar, mas mestre Ingo e eu temos esperança.

Mestre Ingo sorriu e balançou a cabeça afirmativamente apoiando Antônio. Germana encarou-os séria, lamentou-os intimamente: "Estão cegos da inteligência. Não estão vendo a si mesmos. Como poderão avaliar o que é de fato possível ou não em relação a outrem?". Mas calou-se e acompanhou Antônio à saída, retomando, em seguida, a animada conversa com Ingo. Já havia discutido com o amigo a insensatez daquela aventura de "mudar" Johannes de Wintar. Sabia que havia naquele caso problemas maiores que o fanatismo religioso, e esse era apenas o manto que escondia o rei, o real problema.

Quando as pessoas não se questionam quanto aos motivos de suas ações ou omissões, se deixam conduzir cegamente por forças apaixonadas e inconscientes que habitam o íntimo. Disso, pode resultar um reino de cegos agindo enlouquecidamente. Alguns guiados pela ganância, outros pela luxúria, muitos pela vaidade etc. E aí a felicidade, de forma alguma, poderá ser deste mundo. Há milhões desses males ocultos que poucos conseguem enxergar.

XXXI

DESGRAÇAS

Receio muito as minhas venialidades ocultas,
que vossos olhos conhecem e os meus não veem.

(Santo Agostinho, *Confissões*, livro X,
O encontro de Deus)

Walter, o mensageiro de Ethel de Wintar, atravessou os portões de acesso ao palácio de Johannes e Sophia e suspirou aliviado. Temia as estradas, pois já se fora o tempo em que as insígnias e os emblemas garantiam salvo-conduto, fazendo-o sentir-se quase como uma autoridade diante de alguns camponeses e aldeões. Eles agora eram ousados, riam dele. O mensageiro já fora saqueado mais de uma vez por homens com o rosto encoberto, que, depois de pularem das árvores na garupa de seu cavalo, destruíram a correspondência que Walter levava e roubaram tudo o que ele tinha, obrigando-o a voltar a pé ao palácio de Wintar. O homem agradecia a Deus que, nessas ocasiões, não o machucavam, ao menos não fisicamente, pois o escárnio doía, lhe feria a alma. A esposa de Walter não o entendia; ela não sabia o que era ocupar uma posição respeitada e, de uma hora para outra, ser despido dela. Mas essa viagem fora tranquila. Surpreendera-se por encontrar os campos ceifados, o feno armazenado em grandes rolos e as lavouras, que seriam colhidas no outono, limpas. Aquilo era um milagre, pois as outras regiões viviam um clima diverso. Abandono, medo, ira e violência comandavam as relações, permeadas por um discurso religioso reformista exaltado, que potencializava os sentimentos da maioria. Algo inusitado acontecia ali.

Ao anunciar-se ao chefe da criadagem, Walter reforçou a ordem recebida de entregar em mão a carta de Ethel de Wintar para a princesa Sophia. O serviçal examinou o mensageiro de cima a baixo com o olhar concentrado, revistou-o e, convencido de que não representava perigo, mandou-o entrar no palácio, onde seria acompanhado por um criado até o gabinete de Sophia.

Walter caminhava espantado com o clima de serena e harmoniosa atividade reinante também no palácio. "Qual seria o milagre?", pensava o mensageiro seguindo o criado. "Talvez haja uma disciplina ainda mais rigorosa e militar do que a nossa. Não me lembro de revistarem mensageiros".

A cada passo, aguardavam-lhe surpresas. Conhecera aquele palácio nos tempos da princesa Martha e sempre o considerou mais belo do que o imponente palácio de Wintar, mas o que via de mudanças em andamento prometia uma grande transformação. Havia vários pintores trabalhando sob o comando de um mestre, decorando paredes e tetos. Não entendia de arte, apenas sabia dizer se os desenhos e cores o agradavam ou não. Sua leitura das artes era semelhante à das letras: muito rudimentar. Entendia o explícito e o óbvio, especialmente na igreja, onde a arte representava e materializava as principais cenas que o povo deveria conhecer de sua fé. Surpreendeu-se mais ao encontrar o duque Maurício, confortavelmente instalado, despachando ao lado da princesa Sophia. "Não tinha que ser o princípe Johannes?", sua mente gritou, mas ele calou a expressão de seu pensamento lembrando-se do que ele era: um mensageiro.

Walter saudou-os e aproximou-se, depositando a mensagem na bandeja de prata em frente a Sophia. Num gesto característico, a princesa enrugou a testa e perguntou:

— O que deseja, Walter?

—Trago-lhe a mensagem de meu amo, Alteza — respondeu Walter. — Ele pediu-me que aguardasse sua resposta, por isso insisti em vê-la.

— Fez bem. Você é um homem leal. Aguarde-nos! — e Sophia ergueu-se da cadeira e caminhou até o balcão de portas duplas, abrindo-a. Então, retirou o lacre da carta e leu seu conteúdo. Maurício seguiu-a calado. Parou a suas costas, acompanhando a leitura sobre os ombros de Sophia. Por fim, o duque curvou-se levemente e segredou-lhe ao ouvido:

— Responda afirmativamente.

Sophia virou-se e encarou-o séria e pensativa.

— O tempo muda muitas coisas, e nem tudo que pode virá a ser, Sophia. Você sabe disso.

— Sim, eu sei. Entendi. Você é um gênio na arte de enganar seu pai.

Maurício deu um pequeno sorriso, tocou-lhe a ponta do nariz com o dedo e murmurou:

— Há quem diga que faço isso desde o ventre materno.

Sophia sentiu vontade de abraçá-lo, mas conteve-se, pois sabia que o mensageiro reportaria também o que visse a Ethel de Wintar. E já era bastante o que teria a dizer.

— Não se preocupe com Walter. Ele não dirá nada — disse Maurício ao identificar a sombra de preocupação nos olhos verdes e no olhar dirigido ao mensageiro.

— Você é um bruxo, lê pensamentos — acusou-o Sophia.

— Sou... como poderei dizer... afilhado, abençoado ou protegido de Germana — lembrou-a.

— É uma situação atípica. Um nobre afilhado de uma mulher plebeia, acusada de bruxaria. Somente sua mãe teria tal ideia. Despacharei o mensageiro.

Maurício deu-lhe passagem e, enquanto Sophia redigia a resposta, aproximou-se do mensageiro falando-lhe em tom baixo:

— Acredito que você não me viu aqui, estou certo?

— Obviamente, Alteza. Todos sabem que está em campanha com os príncipes reformistas — respondeu Walter.

— Bom. Como está sua esposa, Walter?

— Muito bem, senhor.

Maurício, discretamente, colocou algumas moedas no bolso do casaco do mensageiro e recomendou-lhe:

— Não se esqueça de levar-lhe um presentinho. Mulheres adoram pequenos mimos.

— Ah, é claro! Ela é muito agradecida.

— Sim, eu sei. Aprecio a gratidão. É uma bela e louvável virtude.

— Walter — chamou Sophia, estendendo-lhe o documento lacrado e com uma fita lilás. — Por favor, leve ao príncipe Ethel a minha resposta. Entregue-a pessoalmente. Não desejo nem espero qualquer resposta. Pode ir.

— Sim, senhora. Com sua licença, Alteza. Bom dia!

Sophia e Maurício observaram-no partir. Retornando para perto da princesa, Maurício sorriu matreiro e perguntou:

— De quanto tempo, Alteza?

— Prováveis dois meses, Excelência. Para não levantar suspeitas — respondeu ela, rindo. — Se entendi bem sua ideia, um aborto natural aos três meses e meio ficará bem e perfeitamente crível.

— Sim, acredito que sim. Agora, voltemos ao trabalho. Não gostei do desenho do hospital.

— Maurício, é melhor termos mais prédios do que termos um prédio com uma fachada luxuosa. Com o mesmo dinheiro, faremos mais dispensando o supérfluo. Eu gostei. É possível algum embelezamento sem contratarmos arquitetos e construtores caros — argumentou Sophia com praticidade. — Interessa-me que haja um local adequado ao tratamento da saúde do povo. Isso é necessário.

— Certo! Mas vamos analisar as possibilidades. Tenho algumas ideias simples e de baixo custo.

— Sendo assim — concedeu Sophia, rodeando a mesa e parando em frente aos desenhos que examinavam pacientemente e de forma atenta.

Maurício expôs suas sugestões, e eles retomaram o trabalho, esquecidos da intervenção de Walter.

Antônio observava do corredor do segundo piso o alvoroço da recepção aos alunos iniciantes, em sua maioria adolescentes. Vira cenas semelhantes na Espanha e em outras universidades e sabia que se tratava de uma prática usual e teoricamente festiva e bem-intencionada, mas não se conformaria com aquilo em séculos.

— Se isso é festa, eu sou um troglodita — murmurou, arrepiando-se ao lembrar-se de quando fora um novato ingressando em um curso superior. A visão das batinas com a sigla B.E.A.N.U.S revoltava-o e fazia-o resmungar.

— O que houve, professor? — questionou Johannes parando ao lado de Antônio.

Antônio assustou-se com a intervenção de Johannes. Após o sobressalto, ainda com a mão contra o peito e ofegante, respondeu em tom de leve reprimenda:

— Bom dia, Alteza!

— Bom dia, professor Antônio. Eu o saudei à chegada, mas você estava tão absorto e inquieto, falando sozinho, que não me ouviu. Então, perguntei-lhe o que havia acontecido para inquietá-lo a esse ponto. Sabe que admiro sua ponderação.

— Agradecido, Johannes. E desculpe-me. De fato, não o ouvi. Fico indignado com essas recepções aos alunos iniciantes. São desumanas. Tenho horror a essa veste com a sigla B.E.A.N.U.S. Odiei usá-la, odiei cada segundo do dia de recepção quando era estudante.

— Eu não passei por isso. O que significam as letras nas vestes?

— B.E.A.N.U.S é o resumo de uma frase em latim: "Beanus est animal nesciens vitam studiorum"[15] — respondeu Antônio, sucinto.

— Se pode pensar que os veteranos estão infelizes devotando alguns anos da vida ao estudo — comentou Johannes.

---

15. "Animal feliz que ignora a vida dos estudos." Essa frase tomou forma vulgar, dizendo-se "bejaune" ou "bec jaune" ou "becco giallo" e originando-se daí a palavra "beca".

— Isso é estupidez! Eu concordo com você. Veja o que estão fazendo com esses pobres garotos. É horrível!

Johannes observou o que se passava no pátio e lembrou-se da primeira vez em que pisara em Erfurt. Sozinho, tranquilo, em busca de paz. Lá embaixo, a situação era diversa. Filas de jovens envergavam em suas vestes a sigla B.E.A.N.U.S, tinham os rostos ensaboados como se fossem barbear-se, e sobre suas cabeças e costas derramavam um líquido fétido amarelo escuro. À distância, o cheiro acre o incomodou.

— O que é isso que derramam nos rapazes? — indagou Johannes. — É muito fedido.

— É um preparado de urina e especiarias, se assim posso chamá-las — esclareceu Antônio.

— Urina?! — perplexo e enjoado, Johannes levou a mão ao nariz. — Isso é nojento!

— É. Os antigos deleitam-se por dias coletando e armazenando urina para a festa. Até dos cavalos eles recolhem. Divertem-se com essa coisa escatológica.

— Irc! Eles estão fazendo-os beber! Eu não acredito... — resmungou Johannes ameaçando arcadas de vômito.

— Calma, Johannes — pediu Antônio ao observar o estado do príncipe. — É bom fortalecer o estômago, pois essa barbárie se renova todo ano. Acostume-se. Ainda virão a pancadaria, a ingestão de vinagre e a salmoura ou qualquer outra mistura que der na veneta desvairada deles.

— Santo Deus! Que coisa horrível! Fazem-nos vomitar.

— Sim, as maiores humilhações são perpetradas. Rebaixam a dignidade humana ao máximo e maltratam o físico e o mental. Amanhã e nos próximos dias, teremos vários jovens doentes por causa dessas brincadeiras descabidas. Sem falar que, à noite, é comum essa "festa" acabar em orgia.

— O quê? Entre homens? — bradou Johannes revoltado, com uma mão no estômago e outra próxima à boca, ainda lutando infrutiferamente com as náuseas.

— Sim, Johannes. É comum! Mancebos novos. Lembra-se das lições de história da antiguidade, não é mesmo? Renovam a ideia de erótica, resumida a uma aula.

— Iniciação sexual entre homens — falou Johannes somando aos mal-estar alguns tremores, palidez e suor.

Antônio preocupou-se ao observar o estado de seu aluno especial. "Ele não está nada bem. É melhor tirá-lo daqui o quanto antes", ponderou consigo mesmo em pensamento.

— Johannes, vamos entrar. Você não está bem. Deixe-me ajudá-lo.

Mimado, adorando fugir ao enfrentamento de suas memórias e reações às vivências das quais não tinha lembrança, pois sequer pensava nisso como fonte de sua reação apaixonada a alguma coisas, Johannes entregou-se aos cuidados de Antônio, que o levou aos aposentos que ocupava.

"O que é isso, meu Deus?", questionou Antônio observando Johannes deitado no leito, em posição quase fetal, trêmulo, pálido e nauseado. Via seu lábio superior coberto por suor e marcado por uma fina linha branca. Aproximando-se com cuidado, puxou a cadeira e sentou-se à beira do leito, pegando as mãos de Johannes. Estavam frias, geladas na verdade, com uma aparência que lembrava as mãos de um defunto. "O sangue desapareceu", constatou Antônio. "Como pode algo tão rápido acontecer no organismo humano? Ele estava bem quando se aproximou de mim. Bastou mostrar-lhe o que faziam com os novos alunos para que se desencadeasse essa crise violenta".

— Antônio, por favor, eu não estou conseguindo respirar. Acho que vou morrer. Pelo amor de Deus, me ajude — implorava Johannes com voz entrecortada e a respiração alterada. — Tenho medo de perder os sentidos, de enlouquecer nessas crises. Por favor, me ajude!

— Calma, Johannes. Chamarei o médico. Eu não sabia que você... tinha problemas de saúde. É epilético?

— Os médicos dizem que não sou lunático. Eles não sabem o que eu tenho, mas isso acontece. Por favor, traga-me vinho, uísque, alguma bebida. Alivia-me. Tenho algumas garrafas no armário das roupas, no fundo. Não conte ao reitor nem a mestre Ingo. Sei que é contra o regulamento, mas é... um remédio.

— Claro! Espere.

Antônio correu ao armário, abriu as portas e logo viu várias garrafas empilhadas no fundo. Pegou a que estava pela metade, retirou a rolha e a entregou a Johannes. Surpreso, viu-o sentar-se na cama, segurar a garrafa e, tremendo, beber no gargalo todo o líquido de um gole só. "Senhor! Isso é desespero", considerou Antônio.

— Dê-me outra — pediu Johannes.

Antônio repetiu o gesto anterior e, perplexo, viu Johannes entornar outra garrafa. "Senhor, essa garganta não sente mais o álcool?", pensou.

Terminada a bebida, Johannes largou a garrafa na cama, ao lado da outra, e jogou-se sobre os travesseiros. Lentamente, parou de tremer, e a cor voltou às mãos e aos lábios. O suor tornou-se abundante. Respirava melhor, mais livremente. A tensão, gradativamente, cedia.

— Chamarei o médico para vê-lo — informou Antônio.

— Não! — bradou Johannes, determinado. — Não! Ninguém deve saber disso aqui. Prometa-me, Antônio, que não dirá uma palavra a respeito disso!

— Mas, Johannes, o médico deveria vê-lo. Padre Frederico é um excelente médico, muito estudioso. Você diz que nenhum outro lhe deu um diagnóstico. Talvez padre Frederico possa ajudá-lo.

— Não insista! Eu sou tratado pelos melhores e mais renomados médicos locais. Se eles não sabem, não será um médico de convento que saberá — respondeu Johannes, autoritário e arrogante. — Basta de discussão, Antônio! Eu não gosto que discutam minhas ordens. Obedeça-me! Se souber que você disse uma palavra sobre isso a alguém...

Diante da nova transformação de Johannes, Antônio, tomado pela perplexidade e cheio de dúvidas a respeito do que presenciara, entendeu que aquele homem, que agora se erguia do leito com o rosto vermelho, olhos arregalados e postura intimidadora, o ameaçava. Resolveu capitular.

— Como quiser, Alteza. Prometo-lhe meu eterno silêncio sobre esse episódio.

Johannes sorriu com escárnio e encarou Antônio com desprezo.

— Você é uma porcaria igual aos outros. Saia daqui! Deixe-me.

Antônio não acreditava no que estava vendo e ouvindo e sentia-se pregado no assoalho. Sua imobilidade irritou Johannes ainda mais.

— Saia daqui! Agora, seu... — e referiu-se a Antônio com as mais vulgares palavras que conhecia.

Antônio gaguejou alguma coisa sem sentido e forçou-se a sair do quarto, ouvindo ainda o estrondo da porta sendo fechada por um chute de Johannes.

Caminhando assustado e trêmulo pelos corredores, sem conseguir pensar, Antônio dirigiu-se inconscientemente à cozinha. Precisava de algo humano, confortador, seguro e íntimo. A cozinha era esse lugar.

— O que aconteceu, Antônio? — perguntou Otto assim que o viu desabar sobre uma cadeira, apoiar os cotovelos na mesa e esconder o rosto entre as mãos. — Parece que viu fantasmas...

— É possível — respondeu Antônio. — Por favor, me dê um chá com bastante mel. Estou apavorado. Acho que vi o demônio.

Otto fez o sinal da cruz imediatamente e murmurou uma oração decorada tão rápido que Antônio não conseguiu identificar qual tinha sido, mas logo se apressou a servir uma xícara com água quente e várias ervas calmantes, colocando-a em frente a Antônio. Depois, empurrou um pote de mel com uma colher mergulhada para o amigo.

— Espere um pouquinho e pode tomar — falou Otto, sentando-se à mesa em frente a Antônio. — Quer me contar o que viu? Quer que eu busque mestre Ingo?

— Não, Otto. Não é preciso. Obrigado.

— O que mais posso fazer para ajudá-lo, professor? Vejo que não está bem. Quer uma fatia de pão? Comer me acalma.

Antônio ergueu o rosto pálido. Percebia-se em seu olhar que enfrentara um desafio além de sua capacidade naquele momento, algo que o impressionara muito. Otto assustou-se. Não gostava quando via alguém com aquela expressão, pois era como ver nuvens escuras a prenunciar tempestades.

— Faça-me companhia, Otto. Preciso de algum tempo para me recuperar de um grande susto, digamos.

— Eu diria de um choque, mas você é o professor — falou Otto, tentando descontrair Antônio.

— É, foi um choque. Às vezes, um cozinheiro vê as situações com mais clareza do que um professor — retrucou Antônio, tomando o chá adoçado em pequenos goles.

Satisfeito, Otto viu a cor voltar ao rosto de Antônio. O cozinheiro levantou-se e foi ao armário, de onde retirou um grande pão redondo. Depois de colocá-lo sobre a mesa e cortar algumas fatias, pegou uma para si e ofereceu outra a Antônio, dizendo:

— Coma! Eu não sei por que, mas mastigar acalma a gente. Sentir-se alimentado é... reconfortante. Coma! Vai lhe fazer bem.

Antônio pegou a fatia e mordeu um pedaço grande do pão. Enquanto mastigava, constatou que Otto tinha razão: havia alívio no ato de comer. Mordeu mais um pedaço com vontade e, após três fatias e duas xícaras de chá bem adoçado, sentiu-se quase normal e apto a pensar no que havia presenciado. Agradeceu a Otto e recolheu-se à solidão de seus aposentos. O ruído das atividades com os novatos não lhe causava mais nenhum efeito.

Na manhã seguinte, nus, deitados sobre as batinas com a sigla B.E.A.N.U.S, cheirando muito mal, jaziam os corpos de três jovens degolados. As vítimas eram Thomaz e dois alunos iniciantes.

No mesmo local do corredor do segundo piso, Antônio viu a cena aterradora e os gritos dos primeiros alunos ao verem os cadáveres.

Sentiu a cabeça arder, falta de ar e um medo insano. Recusava-se a aceitar o que via.

XXXII

INVESTIGAÇÕES

Dizem que na guerra não cabe errar duas vezes.
(Erasmo de Rotterdam, *De Pueris*)

O reitor chegou ao pátio ainda usando roupas de dormir. Como se fosse uma perfuratriz, abriu caminho entre a multidão que lotava o pátio interno até chegar ao centro onde jaziam os corpos. Ao vê-los, levou a mão à boca contendo um grito de horror. Depois, passou as mãos no rosto, como se estivesse afastando um véu diante dos olhos. Queria crer que a cena não era real, mas nada se alterou e ele enxugou as mãos na roupa. Suava frio.

— Santo Deus! Que manhã horrível! Eu nunca pensei que veria isso em nossa universidade — falou, apavorado.

Vozes se erguiam em murmúrios, que se tornavam um lamento coletivo e ruidoso. O que mais se ouvia: "Como isso aconteceu?", "Quando foi?", "O que eles estavam fazendo?". E, obviamente: "Quem fez isso?". Quem é o assassino desses jovens?

Depois se seguiam os comentários sobre a aparência dos cadáveres: "Quanta violência!", "Degolados!", "Órgãos amputados!", "A lâmina devia ser muito afiada", "Quanto sangue!".

Se o crime tivesse ocorrido em qualquer esquina do mundo, a reação das pessoas não teria sido diferente. Alguns atônitos, outros apavorados, muitos com medo e um exército de curiosos pairando sobre a cena brutal como moscas varejeiras.

Vindos da cozinha, Otto e Ingo surgiram no pátio. Otto trazia uma pilha de toalhas brancas sobre o ombro direito e conduzia mestre Ingo pela mão. Blick os acompanhava e reagiu latindo furiosamente ao ver a multidão. O animal respondia à energia que emanava do grupo e farejava o medo e o cheiro de sangue e urina. Seus latidos espantaram os mais próximos deles, que abriram passagem.

— Jesus Cristo, tenha piedade de nós! — exclamou Otto ao ver os mortos deitados nus sobre as roupas empapadas de sangue. — Que horror!

— O que houve Otto? Conte-me o que vê, eu estou cego — pediu Ingo.

— Agradeça aos céus por essa bênção, mestre — respondeu Otto. — O que vejo é muito triste, é a barbárie humana. Fique aqui, mestre. Preciso cobrir os mortos. Eles merecem um pouco de respeito e dignidade.

Otto afastou-se e, sem perguntar ou pedir autorização a quem quer que fosse, aproximou-se de cada um dos jovens, fechou-lhes os olhos e cobriu-os com as toalhas de mesa. Concluída a tarefa, ajoelhou-se, fez o sinal da cruz e, em voz alta, recitou o pai-nosso.

A atitude de Otto chamou à razão os presentes, que, envergonhados, imitaram os gestos do cozinheiro. Inclusive o reitor, que se acercou de Otto durante a oração, pondo-se ao seu lado e orando realmente contrito pelos mortos e pelos vivos naquele amanhecer inusitado e banhado de sangue. Ao término da prece, Guilherme segurou, comovido, a mão de Otto e disse:

— Muitíssimo obrigado, irmão Otto. Sua humanidade com esses pobres jovens devolveu a todos nós a razão.

— Eu apenas fiz o que tinha que ser feito, reitor — respondeu Otto com sua costumeira simplicidade.

— Muitas vezes, fazer o que tem que ser feito não é tão óbvio nem tão simples. Estávamos paralisados pela surpresa e pelo horror do crime. Você nos lembrou de que estávamos na presença da morte de irmãos em Cristo, de nossos alunos.

— Eu vi apenas jovens mortos e expostos à curiosidade e tive compaixão deles, reitor. Somos irmãos em humanidade. Faria o mesmo por qualquer um — retrucou Otto. — Com licença, reitor. Preciso cuidar de mestre Ingo e da rotina da cozinha. A vida continua.

Admirado com a atitude de Otto, o reitor dispensou-o com um leve e rápido aceno. Aproveitando que todos estavam ajoelhados e silenciosos no pátio, Guilherme ergueu-se tomando a direção dos fatos e voltou-se para o público:

— Irmãos, o dia de hoje ficará marcado em nossa história e na história dessa instituição. O que aconteceu foi grave. Amanhecemos cobertos pelo luto, surpreendidos por mortes cujas causas investigaremos publicamente. Mas nosso irmão Otto chamou-nos à razão e à correta ordem dos fatos. Antes de investigar e punir, antes de entregarmos nossas mentes e corações à tentativa de entender esses fatos lamentáveis, temos deveres cristãos a cumprir. Portanto, voltem aos seus aposentos e cumpram suas rotinas matinais. Os mortos serão retirados e preparados condignamente para os funerais. Precisamos avisar os familiares desses jovens sobre o que aconteceu. Dar essa triste notícia a pais que comemoravam o ingresso de seus filhos em uma universidade não será tarefa fácil, mas tornou-se urgente. Oremos pelos mortos e mantenhamos a calma nesta hora de dor. Por favor, retornem aos seus aposentos.

Silenciosamente, dispersou-se a pequena multidão que se formara no pátio, restando apenas o reitor Guilherme e alguns assessores próximos. Sentinelas foram chamados e determinou-se que os corpos fossem levados à enfermaria do mosteiro. Padre Frederico prontamente os acompanhou, indicando a sala onde deveriam ficar.

Sozinho com seus pacientes inesperados, frios e calados, cujas aparências contavam os últimos minutos vividos cruelmente, padre Frederico encostou-se à porta fechada e orou, de pé, com as palavras ditadas pelas necessidades e pelos sentimentos do momento. Sua rogativa, ou deveria dizer, súplica, resumia-se a um pedido de ajuda aos céus para realizar aquele trabalho. Ele estava acostumado a lutar pela vida de seus pacientes, aceitava a morte, mas ali, o difícil era aceitar que o autor daquilo vivia.

A brutalidade do crime retratada nos cadáveres causava-lhe profundo mal-estar. "Quem teria feito isso?" — era a pergunta que não calava e não o deixava trabalhar. Mil suposições atordoavam seu pensamento a respeito do que teria motivado aquele crime, então um pensamento frio, isento das paixões do momento, perpassou por sua mente: "Se você lê a brutalidade do crime nos corpos, poderá ler outros indícios do que eles viveram nos momentos finais. Vença o medo e o nojo, examine-os. Você pode".

Frederico cedeu àquela influência e ao equilíbrio racional que ela trazia. Julgando que pensava e agia autonomamente, não associou a repentina mudança em seu pensamento à súplica desesperada por ajuda enviada aos céus. A seu lado, o mentor espiritual do padre apenas sorriu e acompanhou-o, enquanto ele arregaçava as mangas da batina, dobrando-as acima dos cotovelos, e abria os botões do colarinho. Sentindo-se confortável, o padre foi confiante até a bancada mais próxima, puxou a toalha que cobria o corpo de um dos jovens e iniciou um detalhado exame visual. "É preciso que anote suas observações, senão você poderá esquecê-las", sugeriu o espírito que o assistia. Envolvido na análise, Frederico demorou a registrar a sugestão mental, mas, minutos depois, murmurou para si mesmo a decisão.

— Melhor tomar notas dessas observações.

E assim Frederico passou o dia: sem comer e apenas bebendo água. À noite, os corpos estavam limpos e vestidos, com gargantas e órgãos decepados suturados, e foram acomodados em belos ataúdes de madeira escura. Estavam prontos para serem enviados às famílias enlutadas, após a missa de corpo presente a ser oficiada pelo reitor.

Frederico, exausto e sujo, organizava as muitas folhas de anotações, separando-as e classificando-as pelo nome da vítima. Foi assim que os professores e alunos, que foram buscar os ataúdes para conduzi-los à cerimônia religiosa na capela da universidade, o encontraram.

— Que dia ruim você teve, Frederico! — comentou um dos professores.

— É a vida — respondeu o padre resignado. — Pode parecer cruel o que direi, mas é verdade: aprendi muito hoje.

Dizendo isso, abriu a porta dupla da enfermaria dando passagem à retirada dos caixões.

— Podem levá-los. Preciso me lavar e trocar essa batina suja. Estarei na capela na hora da missa — informou Frederico, dando meia-volta e avançando pelo largo e longo corredor daquela ala do mosteiro, que era um misto de asilo e hospital. Ali, viviam os religiosos idosos, senis ou acamados, e doentes do corpo ou da mente considerados inválidos.

Frederico foi um dos últimos a ingressar na capela. O clima de horror e perplexidade da manhã atravessara o dia, por isso muitos murmúrios se elevavam no ambiente. O padre esgueirou-se pela lateral direita até alcançar a escada, que levava ao grande órgão e aos balcões que circundavam a nave. Ainda sob a influência do trabalho realizado, queria o melhor ângulo para acompanhar as reações dos participantes. Frederico postou-se no balcão que lhe permitia ver os ataúdes de cima e contemplar o altar e toda a assembleia. Perfeito!

Era perceptível o esforço do reitor para conter as emoções. Sua prédica foi breve e óbvia. Guilherme cumpriu o ritual, dando um tom de consolo aos presentes e reafirmando as promessas cristãs de vencer a morte e buscar a felicidade além da vida terrena. Frederico não se deu ao trabalho de participar do ato. Preferiu analisar a fisionomia, o comportamento e as reações de cada um, examinando visualmente cada participante e analisando fileira por fileira. Havia um comportamento padrão, o esperado em uma celebração religiosa fúnebre: a demonstração de medo, tristeza, impaciência, resignação; mas havia também os escorregões: os cochichos, os sorrisos tortos, a ansiedade, a inquietude.

Frederico pensava que o autor daqueles crimes, obviamente, vivia ali e, portanto, estava na assembleia rezando pelas almas que enviara brutalmente para outra vida. "Será que essa criatura é tão fria que não dará sequer uma demonstração diferenciada de emoções? Será que revelará prazer no olhar ao contemplar sua obra? Preciso ficar atento".

Mas a busca de Frederico aparentemente seria vã, pois não conseguira notar nada muito diferente no comportamento dos presentes. O que mais chamara a atenção do padre fora o esforço do reitor para conter a emoção e cumprir seus deveres de oficiante e a inquietação do professor Antônio. Ele parecia desconfortável, mas tinha uma justificativa: Blick ficava entre ele e mestre Ingo. O cão era grande e pesado e provavelmente estivesse deitado sobre seus pés. O jovem professor estava muito pálido e com fundas olheiras, o que denunciava a noite insone. Sem ter outro em quem concentrar sua atenção, Frederico deteve-se em Antônio. Estranhou que ele mal olhasse para as vítimas, quando, em fila, os presentes reverenciaram e despediram-se dos mortos. O jovem professor passara rapidamente, evitando olhá-los, e saíra chorando. Frederico enrugou a testa e continuou a observá-lo. Antônio auxiliou mestre Ingo, mas, assim que Blick assumiu sua função, viu-o resmungar algumas palavras ao mais velho e afastar-se apressado. Foi um dos primeiros a deixar a igreja. Frederico resolveu segui-lo.

Antônio foi para o jardim interno. Frederico encontrou-o sentado no banco de pedra, com os olhos fechados, concentrado, e lágrimas corriam por suas faces. Entendeu que ele estava mentalmente em prece. Respeitoso, encostou-se a uma das altas paredes que rodeavam o pequeno espaço verde e baixou a cabeça, mas a curiosidade o impelia, a todo momento, a observar o professor.

Sentindo-se desconfortavelmente analisado, Antônio abriu os olhos e logo viu Frederico há alguns metros. Acenou-lhe e apressou-se a enxugar o rosto com as mãos, esfregando-as depois na batina. O padre sentou-se ao seu lado e perguntou:

— Você está bem?

— Tanto quanto é possível neste dia — respondeu Antônio com a voz embargada.

— O veterano era seu aluno?

— Thomaz. Sim, era. Um bom rapaz, muito carente, inseguro, imaturo. Discutia por discutir qualquer tema. Tinha necessidade de afirmar-se, mas estava avançando, vencendo alguns desses conflitos pessoais. Uma lástima o que aconteceu nessa madrugada.

— Como sabe que foi durante a madrugada, Antônio? Você viu alguma coisa?

— Não. Não vi nada. Foi modo de falar, apenas. Era muito cedo, madrugada ainda, quando fomos despertados com aquela cena no pátio principal — esclareceu Antônio, fitando um arbusto florido no outro lado do jardim.

— É verdade, era cedo. Mas, de fato, deduzi que o crime aconteceu na madrugada. Poucas horas antes do despertar fatídico de todos nós — comentou Frederico, atento às reações de Antônio.

— É mesmo? Como sabe?

— Simples: os corpos não estavam hirtos, o sangue estava pegajoso, e não tinham o baixo abdômen esverdeado. Isso indica que eles haviam morrido há menos de oito horas. Eu diria bem menos. Acredito que tenha sido por volta da primeira ou segunda hora da madrugada. Você acha que eles foram assassinados no pátio?

Antônio o encarou pela primeira vez. Reconheceu a fria curiosidade investigativa que tomava conta da mente do padre Frederico e passou a cuidar das palavras. O clima do funeral, sua tristeza, temores e culpa não tinham mais lugar.

— Eu não saberia dizer.

— Antônio, mesmo os mortos falam e contam fatos. Na medicina, aprendemos muitas linguagens.

— Imagino.

— Eu estranhei que somente o veterano... Thomaz, não é? Pois bem, que somente Thomaz teve seus órgãos sexuais decepados. Não acha isso curioso?

— Não, padre Frederico. Eu acho tudo isso lamentável. Eu sequer havia percebido a castração.

— Não deve ter sido o único. Eu mesmo somente notei na enfermaria. Os outros tiveram as mãos e as orelhas cortadas. Acredito que exista uma correlação nesses fatos, mas não atino qual seja. Gostaria de entender o significado desses atos.

— O senhor é curioso, padre Frederico — falou Antônio, lacônico.

Esperava que Frederico entendesse que não estava com disposição para conversar, ainda mais, sobre aquele tétrico episódio. Precisava ficar só e pensar.

— Eu gosto de investigar as causas das ações das pessoas, professor. É um exercício que faço desde a juventude. Isso ajuda a descobrir coisas muito interessantes e facilita o aprendizado sobre o bicho homem — respondeu Frederico e disparou à queima-roupa: — Quem você acha que os matou?

Antônio sobressaltou-se com o tom de voz forte e incisivo do padre.

— Eu... nã... não... sei — gaguejou Antônio, assustado.

Irritado consigo mesmo por dar a Frederico a impressão de que era um fracote, Antônio respirou fundo. Seria melhor ir deitar-se. Ali, naquele banco, naquele recanto que apreciava tanto, não tinha lugar para ele e suas dores.

— Não suspeita de ninguém? O veterano era seu aluno, estava em uma orgia com os novatos. Ele era dado a isso? Poderia ser ciúme a causa do crime — sugeriu Frederico.

— Thomaz era muito puritano, padre. Como pode afirmar que estava em uma orgia com os novatos? Não será precipitado falar sobre isso? Afinal, estamos acusando as memórias de pessoas que não poderão se defender.

— Ora, professor! Se podemos reconhecer quando uma mulher é deflorada, também podemos reconhecer quando um jovem mancebo é...

— Entendo, padre. Seu trabalho com os cadáveres foi detalhado. É muito interessante ouvi-lo, mas, sinceramente, não consigo, neste momento, tratar desse assunto nesses termos. Ainda estou chocado. Preciso pensar, ficar sozinho. Somente eu e Deus. Outro dia, daqui a algum tempo, quem sabe podemos voltar a esse assunto? Boa noite, padre.

Um brilho fugaz iluminou os olhos de Frederico, que ergueu a cabeça para encarar Antônio que se pusera de pé. Examinou as feições do professor, afirmando seu primeiro julgamento: sinais de uma noite insone. "Preciso anotar tudo isso", pensou ele. Entretanto, sorriu e estendeu a mão, como era praxe, despedindo--se de Antônio.

— Claro, professor. Perdoe-me se o importunei.

Antônio murmurou algo ininteligível, mas que Frederico interpretou como sendo uma despedida e disse:

— Boa noite, professor. Durma e sonhe com os anjos.

Quisera Antônio poder dormir! Sonhar com os anjos seria milagre, querer demais. Não conseguia fechar os olhos sem que lhe viesse à mente a cena com Johannes no dia anterior e aquele amanhecer fatídico. Sua mente fervilhava. Sentia medo e culpa, porque desconfiava que o príncipe pudesse ser o autor daqueles crimes. Perambulou inquieto a noite toda. Já era alta madrugada, quando decidiu refugiar-se na capela e rezar, mas ali também lhe faltou a paz. Enquanto fitava o altar, tentando pensar em algo elevado e sereno, eis que os três jovens mortos surgiram ante seus olhos abertos, vagando por ali, perturbados, fora dos caixões, como se ainda estivessem vivos. Essa visão rápida, porém nítida, acompanhada de um grande desassossego e de uma sensação de dor e frio, o fez colocar-se de pé de um salto e sair da capela caminhando tão rápido, que se alguém o tivesse visto diria que fugia do demônio.

Nesse passo rápido, Antônio cruzou os portões da universidade. As sentinelas estranharam a saída do professor àquela hora, mas como ele não tinha parado sequer para cumprimentá-los — o que não era típico —, trocaram olhares espantados e calaram-se, pois, afinal, aquele não era um período comum.

Antônio ganhou a estrada. Não sabia dizer o que o conduzia: se a lógica, o sentimento ou a necessidade. Apenas sabia que era imperativo ver Germana, tanto que não cogitou prestar atenção à hora, ou sequer notou as estrelas no firmamento e a escuridão que o envolvia. Caminhava como Ingo guiado por Blick: com segurança nas trevas da noite.

Germana dormia profundamente e despertou assustada com as fortes pancadas na porta e alguém desesperado chamando seu nome. Vestiu um casaco longo sobre a camisola, abotoou apressada e correu a abrir a porta.

— Antônio?! — reconheceu surpresa. — O que houve? Ingo está bem?

Para espanto de Germana, Antônio, soluçando, abraçou-a apertado, desesperado, lembrando um menino apavorado agarrado às pernas da mãe. Ela entendeu que não importava o que havia acontecido. O mais urgente era acalmar Antônio. Guardando sua ansiedade e envolvendo-a em compreensão, ela abraçou Antônio, afagando-lhe os cabelos, sussurrando palavras de calma e um som de ninar. Assim, andou alguns passos para dentro de sua sala e fechou a porta. Acalentou o desespero de Antônio naquele silencioso abraço, deixando-o derramar todo seu universo emocional conturbado. Paciente, esperou que ele saísse daquela crise.

— Desculpe-me — pediu Antônio, após os últimos soluços.

— Está melhor? — Germana perguntou baixinho ao ouvido dele, ainda o envolvendo em um abraço apertado.

Antônio afastou-se um pouco até poder encará-la e, com o rosto marcado pela crise emocional, sorriu, fungando.

— Acho que um pouco melhor. Obrigado.

— Então, vamos até a cozinha. Eu preciso de um chá e você também.

Tomando Antônio pela mão, Germana o levou à cozinha, sentando-o no banco atrás da mesa. Depois, foi ao fogão à lenha onde crepitava um fogo brando e serviu duas canecas com chá de frutas, que deixava cozinhando à noite. Adoçou as bebidas e entregou uma a Antônio, dizendo:

— Agora, conte-me o que houve.

Ele respirou fundo, fitou o teto de madeira e voltou a encarar Germana.

— Algo horrível. Três rapazes foram assassinados na noite de recepção aos novatos.

— Barbárie atrai barbárie. É a lei da vida: os semelhantes se unem — comentou Germana, aliviada, confirmando sua percepção ao longo da crise de Antônio de que não havia urgência no problema.

Notando a aflição retornar à fisionomia de Antônio, Germana calou-se, estendeu a mão sobre a mesa para o jovem professor, e perguntou:

— Por que veio até mim?

Antônio demorou a encontrar as palavras para iniciar sua narrativa e expor suas dúvidas, mas, por fim, amparado pela paciência de Germana, conseguiu contar-lhe detalhadamente todos os fatos e, por fim, perguntar:

— Você sabia das "crises", ou sei lá como chamar o que acontece com Johannes? , Talvez fosse mais exato chamar de transformações... Você sabia, Germana?

— Sim, eu sei. Ele é assim desde menino. Mas, quando esses fatos ocorrem com crianças, as pessoas imaginam que é temperamento, mau gênio, birra, e que tapas e castigos resolverão. É um erro. O pior dos erros, entre tantos que cometemos com a infância, é nos recusarmos a conhecer a personalidade daquela criaturinha de corpo pequeno. Johannes sempre foi muito difícil. Martha preocupava-se com ele. E após os doze, treze anos, ele piorou muito. Logo começou a beber e, lógico, isso trouxe mais conflitos. Tornou-se arredio, voltado para religião, brigava muito com o pai, com a família toda, na verdade. Foi um dos motivos da mudança de Martha para Dresden. Ela não suportava mais a perseguição dele e fugiu. Acredito que não adiantou muita coisa, mas...

— Por que não me contou isso antes, Germana?

— Ora, você nunca me perguntou o que eu sabia sobre Johannes, Antônio. E você e Ingo estavam ou estão muito interessados e confiantes em "melhorar" Johannes de Wintar, em fazer dele um bom governante. É uma aspiração nobre, porém permito-me questionar as razões de vocês para fazerem isso.

— É fato, eu não perguntei. Acho que estava cego e me iludi em algum momento, que não consigo identificar qual foi... Iludi-me e acredito que estou em uma cilada agora. Mestre Ingo sabia disso?

— Só de alguns fatos. Ingo não é próximo dos Wintar. Ele não gosta de Ethel nem de Martha. Não entendia nossa amizade.

E conheceu Johannes quando o rapaz ingressou em Erfurt, há pouco tempo. O reitor Guilherme protegeu a identidade de Johannes na época. Ninguém, além do reitor, sabia que Johannes era da família de Wintar, muito menos que era o príncipe herdeiro. Eu sabia disso, mas não fico controlando a vida alheia. A língua é um músculo que requer muita inteligência para exercitar, Antônio. É preciso saber dirigi-la muito bem. Para falar sobre algo, é preciso responder internamente as questões: como, quando, para quê, para quem e quanto, não é verdade? E existe o exercício, mas também existe a força da inércia. É preciso saber calar e deixar a língua inerte diante de determinadas circunstâncias. Eu não tenho nada a ver com seu trabalho e com suas crenças, por que eu falaria sobre o que sei de Johannes? E se eu tivesse falado, naquela época, você acreditaria em mim? Calei-me. É sempre o melhor a fazer quando somos uma voz isolada.

Antônio analisou o argumento de Germana, reconhecendo o cunho da independência, liberdade e respeito. Por incrível que parecesse, ela respeitara-o integralmente. Não dissera uma única palavra sobre o que pensava daquele projeto no qual não se envolvia e não fora consultada. Isso era respeito com letra maiúscula. "Uma lição a aprender: o silêncio e o respeito", anotou Antônio mentalmente.

— E o que pensa sobre os fatos que lhe contei, Germana? O que acha que devo fazer? Confesso-lhe que estou perdido e com medo. Temo ser injusto se não falar, temo ser injusto se levantando uma suspeita que pode ser falsa, pois, afinal, eu não presenciei o crime, mas suspeito conhecer o assassino. Temo, Germana, temo muito o futuro. Há algo que me incomoda, mas não sei dizer o que é. Um mau presságio, um pressentimento, eu não sei. Mas há algo no futuro que me dá medo.

— Algo? — repetiu Germana em tom de incredulidade. — Algo? Eu sinto que o futuro o incomoda, Antônio. Sim, você está numa cilada, numa ratoeira com o predador à volta. Você se tornou o guardião de segredos malditos. Isso é lamentável, uma sina triste. Sair daqui, ir embora, para bem longe, talvez seja o melhor.

— E deixar tudo assim? Não dizer nada... será justo?

— E dizer o quê, Antônio? Que você sabe e testemunhou uma crise de conduta, de comportamento, do príncipe herdeiro dos Wintar? Que desconfia que ele tenha assassinado os jovens por ter aversão a qualquer coisa relacionada a sexo? Que ele é um bêbado contumaz? São acusações graves, mas você não tem prova de nenhuma delas. Apenas tem a sua palavra contra a dele. Johannes dirá que resolveu dormir e não participar da festa e, como todos sabem que ele é pudico e fanático, suas denúncias irão por terra.

— Mas... não é certo Germana. E se ele realmente matou os três rapazes? Outra pessoa pagará por esse crime.

— Antônio, há muitas situações na vida em que eu simplesmente não sei o que é o certo e o que é o errado. E não me venha com discursos prontos! Não me diga que o certo é certo, e o errado jamais o será, que preto é preto e branco é branco. Isso não me convence. Seria como dizer que não há nuance nas cores, o que é uma mentira. Basta você olhar a natureza e verá infinitos matizes de uma mesma cor. Qual delas é a verdadeira, qual delas é a falsa? Ou qual é o tom certo e o tom errado? É óbvio que matar é um crime. Eu não discuto isso, embora as motivações de um crime também tenham de ser medidas. Existem diferentes circunstâncias envolvendo um mesmo ato. Você matar por nada, por raiva, para defender-se, entende? Cada situação precisa ser analisada isoladamente. Não posso ter uma regra universal do certo e do errado. Estou tentando fazê-lo pensar em sua situação, em seu dilema. Será que deve ou não anunciar o que descobriu? Você tem uma suspeita, apenas. Ninguém sabe se outro pagará por esse crime, Antônio. Isso está no terreno do futuro, ainda não andamos por lá — advertiu Germana. — Sua decisão deve se basear no agora. O futuro lhe dará a resposta, dizendo se foi a mais adequada. Pelas consequências é que se pode valorar melhor as nossas decisões. Na hora, fazemos sempre o que julgamos melhor, e, de fato, é o melhor que podemos fazer naquele momento, sempre.

— Não me confunda com jogo de palavras, Germana — pediu Antônio.

— Então, pense: por que você quer contar o que viu? Por que você tem medo de contar o que viu?

— Colocado assim, a questão parece tão simples. E os crimes? E as consequências políticas? Teremos um louco no comando de um povo.

— Não tente enredar-me em ideias secundárias, Antônio. O cerne da questão é o que coloquei, não é? Você não quer discutir consigo mesmo as razões de sua conduta e se perde num labirinto de infinitas possibilidades, que não são reais. É lamentável o que aconteceu. Horrível mesmo. Mas, diga-me: é possível mudar esses fatos?

— Não. Mas talvez eu possa evitar que se repitam.

— Você é poderoso! — ironizou Germana. — Eu somente consigo exercer poder sobre algumas coisas minhas. Ainda não consigo o mesmo sobre a totalidade do meu eu. Mas se você consegue... então está resolvido. Por que veio me procurar a essa hora da madrugada?

Desconfortável com a reprimenda de Germana a respeito de sua vaidade e pretensão, Antônio baixou a cabeça. "Terá sido a vaidade a conduzir-me que me levou a essa situação? Mas eu só queria ajudar... ajudar um povo a ter um futuro melhor. Será que isso é errado?", questionou-se.

— Eu estava aflito. Desnorteado. Não sabia o que fazer com minha descoberta e suspeita.

— E agora, já sabe?

— Estou melhor. Obrigado. Clareou meu pensamento. Ontem foi um dia muito difícil — justificou Antônio.

Mantendo-se calada, Germana ouviu Antônio. "Ah, Senhor, nós, os humanos sem rabo, amamos complicar a vida! Como amamos castelos no ar! Dominam nosso pensar hipóteses de sofrimento doído ou sonhos cor de rosa pálido de um paraíso idílico. Dai-me força, Senhor, para enxergar esses enganos em mim mesma e corrigir os rumos do meu pensar.

Germana viu os primeiros raios de sol invadirem as frestas da janela da cozinha. Era hora de tratar das questões do novo dia que surgia. Levantou-se, apanhou meia dúzia de ovos na cesta, retirou de um recipiente grande um pedaço de linguiça conservado na banha, e deixou tudo sobre a mesa. Foi até o fogão avivar o fogo, colocando mais lenha, e comunicou a Antônio:

— Vamos preparar a comida. O dia já raiou, é hora de trabalhar. Vamos ordenhar as vacas. Depois, você volta a Erfurt, ao seu trabalho. Começa mais tarde, eu sei.

Antônio piscou surpreso com a mudança radical de assunto e olhou para a janela. Os raios alaranjados ou avermelhados, não soube definir exatamente a cor, invadiam a cozinha. Ergueu-se para acompanhar Germana às cocheiras. A tarefa não o agradava muito, mas a educação exigia que ele a ajudasse, depois de tê--la privado do sono e a despertado aos gritos durante a noite.

XXXIII

O JULGAMENTO

Tão feio e tão lindo, dia assim eu nunca tinha visto.

(William Shakespeare, *Macbeth*)

Antônio caminhava até o portão do jardim de Germana. Apoiada no batente da porta, ela pensava: "Não adiantou nada". O amigo espiritual que a acompanhava sussurrou-lhe: "Ainda não. Não é tempo. No futuro, suas palavras serão ouvidas e entendidas. Elas permanecerão como sementes no pensamento dele".

Germana assimilou perfeitamente o pensamento enviado e sorriu conformada. Sim, tudo tem seu tempo. Convencidos disso, sofremos menos e entendemos que todas as coisas estão certas. Pode não ser o ideal, mas é o melhor possível a cada um. Depende exclusivamente de nós ampliarmos "esse melhor" em nossas vidas e do empenho que empregamos em nossa própria evolução. É como um barco. Eu posso deixar a correnteza e os ventos me levarem ou posso remar usando essas forças a meu favor. A diferença será sempre o resultado do trabalho.

Passando a mão na roupa, Germana sentiu a lã grossa do casaco e lembrou-se de que ainda estava de camisola. Resolveu trocar-se e preparar-se para o dia. Antônio seguiria seu caminho, independentemente de Germana se preocupar ou não com as escolhas dele. Ela sabia disso e, por isso, afastou-o do pensamento para cuidar de sua vida.

Na caminhada até a universidade, Antônio pensou na conversa com Germana, nos fatos ocorridos e decidiu, por fim, o que faria. Ao chegar, atravessou os portões resoluto, sem perceber novamente a estranheza dos guardas em relação ao seu comportamento. Passou por eles sem dizer bom-dia e foi direto ao gabinete do reitor. Encontrou-o organizando as prioridades que resolveria durante o dia.

Guilherme surpreendeu-se ao ver Antônio tão cedo à sua procura:

— Bom dia, Antônio.

— Bom dia, reitor. Eu preciso muito falar com o senhor. Pode me atender agora?

— É claro. Entre, acomode-se aqui — convidou Guilherme apontando uma cadeira em frente à sua mesa de trabalho.

Acomodado, Antônio olhava o reitor, que aparentava estar confuso. Não sabia por onde começar a conversa e, de repente, já não estava tão seguro do que deveria dizer ou fazer. Era hora de por em palavras e oficializar seus pensamentos e suspeitas, que, àquela altura, já não pareciam tão importantes. Estava inseguro. Percebendo a indecisão do professor, o reitor o incitou:

— Diga-me o que o faz me procurar tão cedo. Vejo que você está emocionalmente aflito, perturbado. O que houve, Antônio? Tenha total confiança em mim. Pode falar.

— Obrigado, Guilherme. De fato, não sei como começar a falar o que tenho a lhe contar. É um assunto grave. Muito sério e importante. Eu pensei muito antes de vir procurá-lo e quero que saiba que não tratei desse assunto com outra pessoa aqui na universidade, nem mesmo com mestre Ingo.

— Sim, entendo. Não convém falar aos quatro ventos de assuntos realmente sérios. Isso pode causar confusão e mal-estar. Alguns assuntos precisam ser resolvidos, não debatidos.

— Sim. Tem razão. Admiro seu gênio prático na gerência de pessoas. É o que mantém o clima saudável entre nós — elogiou Antônio, rodeando e fugindo do assunto principal.

— Diga-me, Antônio, o que deseja? Se o assunto é difícil de expor, falar sem rodeios ajuda muito.

— Claro.

Antônio corou; estava nervoso. Como não havia mais volta, o jovem professor respirou fundo e disse:

— É sobre as mortes que aconteceram ontem. Eu descobri algumas coisas que me levam a suspeitar seriamente de uma pessoa como o autor do crime. Então, após pensar muito, eu resolvi procurá-lo e falar sobre o que sei. Sinto que é um imperativo de justiça. Não poderia viver em paz se não falasse, mesmo tendo prometido meu silêncio.

Guilherme jogou-se para trás na cadeira, apoiando as costas no encosto. Um movimento que revelava que gostaria de afastar-se daquele assunto. Os crimes o afligiam e, nas últimas horas, buscava em vão uma saída que evitasse a investigação e a apuração dos fatos. Queria um meio de encobrir o que acontecera na universidade, e Antônio agora vinha trazer-lhe uma denúncia. "Por Deus, era tudo o que eu não precisava", pensou Guilherme.

— Você tem certeza do que irá denunciar, Antônio? — questionou Guilherme, buscando demover o jovem professor daquele intento.

— Sim, tenho — respondeu categórico. — Tudo que direi é o que vi.

— Muito bem. Então, fale.

Antônio relatou tudo o que vira desde o momento em que observava a recepção dos calouros na companhia de Johannes, sua súbita transformação, e o despertar com os corpos dos mortos no pátio.

Guilherme fingiu desconhecer aquele lado da personalidade de Johannes e fingiu surpresa e preocupação. Talvez essa não fosse fingida; fosse autêntica, mas não pelos motivos que Antônio imaginava. "Preciso afastá-lo daqui", pensava o reitor observando Antônio sem ouvir o que ele dizia. Não importava. Guilherme sabia que o professor deveria partir o quanto antes. Era o melhor para todos.

Então, enquanto Antônio ainda falava sobre justiça, Guilherme pegou papel e o tinteiro e, às pressas, rabiscou uma carta para a universidade francesa, onde estava Sig. Assinou, dobrou e selou. Encarou Antônio, dizendo:

— Antônio, você é jovem... Permita-me lhe dizer uma coisa: noto que às vezes você age sem saber as razões de seus atos e há uma dose de pretensão neles. Estude-se mais. E, agora, com relação ao que descobriu, ouça-me: é muito sério o que me disse. É melhor não falar mais sobre esse assunto. Na verdade, você não tem provas do que afirma além de sua palavra. Eu não duvido que Johannes tenha esse lado sombrio que você percebeu, mas o que você tem é pouco para levantar uma suspeita de assassinato. Pode ser doentio, louco, ou algo assim, e também é sério acusar o príncipe herdeiro desses males. A família Wintar é impiedosa, Antônio. Eu os conheço há muito, muito tempo. Tome — e estendeu-lhe a carta. — São recomendações minhas para que você se apresente à universidade francesa, onde Sig está. Vá para lá o mais rápido possível. Apresse-se em partir.

— Mas por quê? Eu não fiz nada! Por que devo fugir? Não entendo.

— Para salvar sua vida, Antônio. É razão suficiente! Ou você deseja uma coroa de mártir?

Antônio abriu e fechou a boca, tentando articular uma resposta, mas o som não saía. Por fim, conseguiu indagar:

— Como? Não entendo...

— Entende sim. Você tem uma invejável capacidade intelectual, mas falta-lhe empregá-la em alguns setores, como por exemplo: as razões e os porquês de nos envolvermos com determinadas coisas ou pessoas. Falta-lhe uma percepção fundamental de si mesmo e, por consequência, dos outros, Antônio. Quem não consegue se enxergar e se compreender não tem como enxergar e compreender os outros. Daí a meter-se em confusão é um passo. Aceite meu conselho, Antônio: vá para a França e procure Sig. Aqui não é mais um bom lugar para você.

— Mas então o senhor concorda comigo que Johannes é o assassino.

— Não, eu não concordo com isso. Eu não sei quem matou os três rapazes ou o porquê dessas mortes. Você também não sabe, apenas desconfia. Você descobriu que Johannes guarda segredos e que é transtornado. É isso que coloca sua vida em risco,

Antônio. Eu conheço muitas histórias, muitas suspeitas envolvendo Johannes de Wintar, mas, assim como você, não tenho provas contra ele. Apenas desconfianças.

— Mas ele é perigoso, eu vi!

— Sim, entende agora que Johannes é perigoso para você?

Antônio calou-se, pensou, e, depois de alguns instantes, pegou a carta de recomendação e levantou-se.

— É injusto! Eu acabei tornando-me a quarta vítima, reitor — protestou Antônio.

— Antônio, há momentos em que simplesmente eu não sei o que é justiça e o que é ser justo ou injusto. Eu lamento isso tudo, mas agora estou pensando em como silenciar essa situação, evitando mais mortes. No momento, estou pensando em proteção, não em justiça. Se o que estou fazendo é certo ou errado, eu não sei. Penso que é o correto a fazer para o que estamos vivendo. Há um passado que eu não posso mudar, pois não tenho como trazer a vida os mortos. Então, preocupo-me com os outros e estou agindo para que não morram, no presente ou no futuro.

— Mas é injusto! O criminoso deve pagar por seu ato! Isso sim será a garantia de paz — indignou-se Antônio.

— Pode ser que você tenha os argumentos da razão, Antônio, mas os Wintar têm os argumentos do poder e da força. A história dessa família é escrita com o sangue de suas vítimas. Não quero acrescentar um capítulo a ela, mas, se quiser fazê-lo, faça-o longe dessa universidade. Será que estamos entendidos?

— Sim. Quanto tempo tenho para ir embora?

— Uma semana. É o prazo máximo. Empenhe-se em ir embora o mais rápido possível — ordenou Guilherme, sério. — Amanhã seria o ideal.

Indignado e insatisfeito com a posição do reitor, Antônio deixou o gabinete fechando a porta com força atrás de si.

Poucos metros adiante, no mesmo corredor, Frederico andava em direção oposta. Tinha agendado uma conversa com o reitor e carregava consigo os relatórios elaborados a respeito dos cadáveres.

A quilômetros da universidade de Erfurt, em um dos porões do palácio dos Wintar, Volker recebia um dos espiões da família.

Na penumbra, falas rápidas, curtas, diretas, algumas risadas, um saco de moedas mudando de mãos e passos apressados subindo a escadaria.

Volker balançou a cabeça e um sorriso desdenhoso surgiu em seu rosto. Com passos indolentes, foi até a cela onde Manfrid estava preguiçosamente deitado em um catre.

— Novidades em Erfurt — anunciou Volker.

— O que aqueles padres fizeram? São tão...

— Pachorrentos?

— É, algo assim.

— Também acho, mas parece que esse ano a festa dos novatos foi mais divertida! Deixou um saldo de três degolados e um defunto capado. Isso é o que chamo de raiva do instrumento. Não entendo o porquê de capar um morto. Se capasse e o deixasse vivo, eu entenderia a vingança. Viver sem o instrumento deve ser bem difícil. Não quero nem pensar nisso!

E, num gesto inconsciente, colocou uma das mãos protegendo a genitália.

— Com medo, Volker? — provocou Manfrid, rindo.

— Deus me livre! Dói só de pensar — confessou Volker.

— E o bosta do príncipe Johannes? Ele continua lá? — indagou Manfrid.

— Sim. E continua tudo igual. Nosso homem está fazendo um ótimo trabalho. Johannes bebe muito escondido. Nosso homem é quem fornece a bebida, então tem todo controle. Andou muito próximo de um professor, um tal de Antônio, e de um dos rapazes mortos.

— E...

— De resto, as mesmas coisas pachorrentas, livros, discussões intermináveis... Nosso pobre amigo diz que nunca teve tanto sono na vida.

— E as doenças?

— Apenas uma vez, no dia que houve essas mortes.

— Onde está o informante?

— Paguei-o e mandei-o aguardar no pátio das armas.

— Quem vai falar com o patrão?

Volker olhou Manfrid, que, esticado como um gato sobre o catre, só mexera os músculos do rosto na conversa.

— Eu vou, você está imprestável. A que horas voltou da visita à taberna da Wilma? — Volker questionou.

— Um homem precisa se divertir de vez em quando, Volker. É preciso usar o instrumento antes que ele envelheça e enferruje.

— Ou que um louco o cape — lembrou Volker rindo e acariciando a genitália.

Ethel de Wintar ouviu o relato sucinto de Volker. Um sorriso de escárnio iluminou seu rosto ao saber que Johannes permanecia na universidade há tantos meses. "Aquela vadiazinha de Hessel está tentando me enganar ou será que Johannes não sabe que será pai? Se é que aquele traste se prestou a me fazer um neto", pensava enquanto ouvia sem muita atenção as notícias de Erfurt. No entanto, ao ouvir sobre os crimes, imediatamente saltou da cadeira, apoiou as duas mãos na mesa e indagou:

— E o que o reitor está fazendo para apurar o crime?

— Nosso homem relatou que o reitor parece querer acobertar e acomodar a situação, mas que há um padre médico, Frederico é o nome dele, que anda investigando o caso por conta própria. E o clima entre os alunos agora é de medo e suspeita. E como entraram alunos novos, há desconhecidos, e ninguém sabe quem pode ter cometido os crimes. Mas esse Frederico anda perguntando muito aos alunos sobre a relação do príncipe e de um professor chamado Antônio com um dos mortos. Isso está levando muitos alunos a pensar que o crime se deu por ciúme, já que esse rapaz que morreu estava numa orgia com os novatos e quem o matou o capou depois de morto. Tem circulado um boato de que Johannes e esse professor foram vistos juntos na noite da festa e depois ninguém viu mais nada. Esse Frederico parece ter indícios que o levam a suspeitar do professor. Nada muito concreto pelo que entendi.

— Volker, diga ao nosso homem que quero um culpado para esse crime morto sumariamente. Nas universidades, a prática de humilhações é bem comum, que use-a então! Mate um culpado e encerre o assunto. Guilherme vai cozinhar essa história em fogo brando até que morra, mas isso não me interessa. Ela deve acabar já, o quanto antes. Mande nosso homem de volta com essas ordens.

— Sim, senhor. Será feito.

— Rápido. Ele deve aproveitar o clima de desassossego...

— Não se preocupe, senhor. Nosso homem em Erfurt é muito competente. Saberá como fazer.

— Assim espero. Receberá em dobro se for bem-feito.

Volker baixou a cabeça e saiu do gabinete. No pátio das armas, encontrou o infiltrado na universidade, transmitiu-lhe as ordens e perguntou:

— Precisará de ajuda?

— Não. Aquilo lá está pegando fogo. Tem fanáticos empilhados nas paredes. Será muito fácil. Nem vou colocar minhas mãos nisso. A ideia do chefe é perfeita e fácil. Pode separar meu pagamento. Em breve, virei buscá-lo. Talvez não precise de dois dias.

O rapaz montou o cavalo e partiu a galope aproveitando a escuridão da noite.

Dois dias depois, Guilherme caminhava nervoso por seu gabinete. Ingo, sentado na poltrona com Blick a seus pés, escutava os movimentos e a respiração agitada do amigo.

— Guilherme! — chamou Ingo. — Por favor, pare. Você me deixa nervoso andando agitado desse jeito. Eu não consigo vê-lo, mas ouço esse vaivém. Venha aqui! Sente-se à minha frente. Fale o que está pensando, vamos refletir juntos, procurar uma solução.

Guilherme bufou e olhou tentadoramente para o armário onde guardava um bom e envelhecido conhaque. "Não!", reagiu ele, mentalmente, reconhecendo que a bebida lhe daria uma ilusória sensação de calma e não o ajudaria a pensar claramente. "Preciso encontrar em mim a calma e a lucidez. Eu posso, todos nós podemos".

— Andar de um lado a outro, movimentar-se freneticamente quando estamos nervosos, é tão viciante quanto recorrer à bebida, Guilherme — falou Ingo, sereno. — Acredite. Lembra-se de que antes da cegueira eu fazia muito isso? Agora não posso mais. Dependo de Blick, e os animais não agem assim. Desde que passei a não enxergar, aprendi a me acalmar parado e a meditar. Você não precisa ficar cego para descobrir isso, Guilherme. Aproveite minha experiência e venha sentar-se aqui, ao meu lado. Relaxe e respire devagar. Seus pensamentos se organizarão depois disso, e você conseguirá pensar com clareza, com lucidez. Venha! Experimente!

Guilherme capitulou e afastou o olhar do armário. Estava mesmo ficando com dor de cabeça, e o álcool pioraria a situação. Penalizado pelas palavras de Ingo, como sempre ficava quando o amigo falava sobre a perda da visão, cedeu ao pedido do amigo e sentou-se ao seu lado. Instantes depois, não suportando o silêncio, colocou a mão sobre a de Ingo e disse:

— Sabe, a mente nos prega algumas peças engraçadas, Ingo. Não me pergunte por que, mas acabei de me lembrar do episódio da vida de Diógenes, quando ele é aprisionado pelos eginetas e leiloado como escravo em um mercado.

— Sugestiva sua lembrança — declarou Ingo.

— Lembra-se de como ele falou ao leiloeiro sobre como gostaria de ser apresentado aos compradores?

— "Anuncia se interessa a alguém adquirir um homem que entende do comando de pessoas livres". Somente uma pessoa se interessou e levou-o para casa para instruir seus filhos. Você está se sentindo preso, Guilherme?

— Sim, estou. Eu não vejo saída para essa situação na universidade. Os alunos protestam uns contra os outros, em um clima horrível. Não há confiança; ao contrário, todos desconfiam de todos. Como posso conduzir uma investigação, interrogatórios? Estão exaltados.

— Sim, muito. Eles destilam raiva por muito pouco. Lembram-me aqueles bêbados contumazes que apenas um gole consegue tirar-lhes a lucidez, transformar-lhes o caráter. Esses jovens e muitos colegas professores estão nesse estado. A raiva destilada contra a Igreja romana, contra a situação de opressão em que vivemos, com essas revoltas camponesas, enfim, o que quero dizer é que tudo isso está se somando, em nosso caso, ao crime. A raiva não liberta; ao contrário, ela aprisiona. Eu sei que ela é natural, e você sabe que eu não a reputo um pecado capital. Penso que a raiva é necessária. Muitas vezes, ela deu-me força para resolver algumas situações difíceis, para destruir o que me incomodava. Mas eu nunca a deixei solta em meu íntimo, nunca a deixei morar em mim. Eu a uso como chama. Ela incendeia e, racionalmente, eu queimo o que me incomoda. Depois, deixo que se apague e se vá de mim. Acumulá-la sem dar-lhe um destino que solucione definitivamente o incômodo é a pior prisão humana. E lá fora está cheio de destiladores de raiva. O fanático é raivoso. Ele não suporta a mais leve oposição ao seu pensar, sentir e querer. Basta ver que não admite que outrem faça escolhas diferentes da dele, e isso é razão de discórdia e briga.

— Sim, são. São autoritários também e querem uma sociedade totalitária. É o que produzem pela força. E não é o que eu desejei produzir como educador, Ingo. Eu desejei produzir homens livres e racionais, mas me vejo cercado do oposto. Acho que eu queria mesmo era ser o homem que adquiriu Diógenes no mercado.

Embora a situação fosse grave, Ingo riu.

— Não quero piorar a situação, mas Diógenes, nos dias atuais, teria poucos a conduzir — comentou Ingo.

— Sim, eles não são livres. Estão escravizados pela raiva, pelas paixões, e isso fez deles fanáticos. São cegos conduzidos por cegos — falou Guilherme citando uma lição de Jesus, mas, ao olhar para Ingo, imediatamente se sentiu culpado e pediu: — Desculpe-me, Ingo. Acho que você entendeu o que eu quis dizer.

— É claro. E concordo com você. São cegos da alma e de si mesmo. Eu não vejo a luz, mas vejo a mim mesmo. Sei o que me conduz, eles não. E o que considero mais difícil é que não consigo localizar um insuflador. Parece um incêndio que se alastrou, Guilherme — comentou Ingo. — Não há um foco único.

— Não. Há alguns líderes mais exaltados que outros clamando por justiça ou por vingança. Não tenho certeza se sabem a distinção entre um e outro.

— Sim. Frederico, Johannes, Gutz, Talarico, Alboíno... Acho que eles são os mais exaltados.

— Sim, eu concordo. E eles têm um alvo: Antônio.

— É, mas eu não acredito que Antônio tenha feito isso. Só não entendo por que ele anunciou essa partida súbita para França e agora insufla outro grupo, bem menor, a provar sua inocência.

— Eu o mandei embora, Ingo. Enquanto Johannes de Wintar estiver aqui, este não é um lugar seguro para Antônio.

— Por quê? Eles são... — Ingo titubeou recordando que Johannes estava entre os que buscavam culpados e apontavam dedos e sussurravam pelos cantos contra Antônio. — Ou eram amigos.

Guilherme iniciava a narrativa do episódio contado por Antônio, quando gritos enfurecidos, ensandecidos e altos chegaram ao gabinete.

— O que é isso? — perguntou Ingo apurando a audição. — Parece quem vem do pátio.

— Sim. Irei ver o que está acontecendo — falou Guilherme já saindo pela porta.

Atento, com as orelhas em ponta, Blick sentou-se choramingando.

— Eu também não gosto do que ouço, Blick — falou Ingo respondendo ao lamento do animal e levantando-se. — Vamos! Vamos ao pátio. Guilherme sempre se esquece de nós. Mas não precisamos dele, não é, amigo? Vamos.

Guilherme correu até o local, mas era distante de seu gabinete. Quando chegou ao pátio, ficou estarrecido. Havia um tumulto no fundo do pátio próximo dos muros. Muitos estudantes aglomeravam-se e ouvia-se alguns gritando "justiça!" como palavra de ordem. Outros vociferavam: "Morte ao pecador", "Morte ao pederasta". Em meio a isso, ouvia-se também referências a Jesus e a textos bíblicos. Outros gritavam o nome dos jovens mortos.

Guilherme não conseguia ver o que estava acontecendo. Então, armando-se de coragem e autoridade, avançou entre eles mandando que parassem e calassem. Suas ordens faladas não eram obedecidas, e, conforme ele avançava, foi entendendo que estavam fazendo justiça com as próprias mãos. O reitor arrepiou--se até a alma, se tal fosse possível. Sentia a cabeça ardendo e o peito oprimido, pois sabia que se depararia com mais vítimas e não lhe importava quem fossem iria defendê-las. Não toleraria institucionalizar a barbárie na universidade. Tomado por uma força descomunal, Guilherme começou a puxar e jogar ao chão os jovens, abrindo caminho até onde estava a vítima, acuada contra o muro de pedra. Bastou vê-la para saber que estava mortalmente ferida. Viu um corpo caído, a cabeça partida, que exibia o cérebro, e um lago de sangue à sua volta.

— Que horror! — gritou Guilherme, persignando-se. — Parem. Ele está morto!

As pedras caíram das mãos dos agressores ao chão, esvaziou-se a fúria e veio o medo. Muitos tentaram fugir, mas esbarraram nos guardas, que rodearam o local sem serem notados no auge do tumulto, logo após o reitor se imiscuir entre a turba. Ingo e Blick colocavam-se na linha de contenção.

O reitor suspirou aliviado ao vê-los e ordenou:

— Guardas! Levem todos às celas no porão. Estão presos. E serão formalmente acusados de assassinato. Eu os acuso! Eu testemunhei a presença de todos e o flagrante neste ato de barbárie. Guardas! A ferros! Serão tratados exatamente como se portaram: como feras irracionais. Identifiquem nominalmente os acusados! Quero o nome de todos em minha mesa logo.

Os guardas passaram uma grossa corda em torno do grupo, algemaram-nos e, aos empurrões, conduziram-nos às celas.

Ingo gritou por Frederico, que apareceu correndo, pálido, suando frio, no pátio. Desorientado ao ver a ação dos guardas, o chamado de Ingo foi sua salvação. Aproximou-se atropelando as palavras, falando rápido e esbaforido.

— Oh... houve o que... Deus! Isso...

— Apedrejamento — falou Ingo, com lágrimas correndo pelo rosto. — Há alguém morto. Ajude o reitor, eu não enxergo... Não... posso ajudá-lo.

Frederico olhou na direção do muro de pedra, viu o reitor erguendo um corpo inerte, ensanguentado, e desviou o olhar ao ver a cabeça perdendo partes do cérebro. Percebeu que Guilherme acolhia aquele horror aos prantos e procurava conduzir o corpo da vítima com a maior dignidade possível. Provavelmente cego pelas lágrimas, o reitor cambaleava. Frederico não conseguiu mover os pés ao reconhecer que a vítima daquele apedrejamento fora Antônio. Caiu de joelhos no pátio, chorando e implorando perdão a Deus.

— Foi minha culpa. Minha máxima culpa — repetia ele sem cessar.

Ingo não entendia o que se passava. Pela primeira vez, sentiu-se muito mal. Após tanto tempo de cegueira, sentiu o peso da deficiência, o preço da privação, a impotência. Sem saber o que fazer, sentindo-se sozinho na escuridão, abaixou-se abraçando Blick, que latia desesperado, enfurecido com o que via, mas sem ter linguagem para relatar ao seu dono o quanto de miséria moral pode carregar a alma humana.

— Mestre! Graças a Deus o encontrei — falou Otto, tocando os ombros de Ingo. — Venha! Vamos sair desse tumulto. Não há mais nada que possamos fazer a não ser rezar pela alma do nosso bom amigo. O professor Antônio não merecia esse fim.

Ao saber quem era a vítima daquele apedrejamento, Ingo urrou de dor e agarrou-se a Blick desesperadamente.

— Mestre, o senhor não sabia?

— Naãããooo!!!

Otto não sabia se era uma resposta ou um protesto, mas partiu-lhe o coração ver a dor do velho cego agarrado ao seu cão. Blick deixava-se abraçar e apertar, sem reagir, acolhendo a dor de seu dono com seu silêncio e lambendo-lhe o rosto banhado de lágrimas, para mostrar-lhe que estava ao seu lado. Otto entendeu que não era hora de falar. Abaixou-se e abraçou Ingo e Blick, sem pressa, sem se preocupar com o novo tumulto que ganhava o pátio, sem dar importância a Frederico, ajoelhado em penitência e estado de choque.

Instantes depois, um padre jovem que era aprendiz de Frederico veio procurá-lo e o levou à ala da enfermaria.

Otto percebeu que a dor de Ingo abrandara e, imitando Blick, que o olhava assustado enquanto dava uma ou outra lambida no dono, em silêncio ergueu o mestre para conduzi-lo aos seus aposentos.

XXXIV
O RETORNO

Nossos corpos são nossos jardins,
cujos jardineiros são nossas vontades.

(William Shakespeare, *Otelo*)

Dez dias após o sepultamento de Antônio, Johannes apresentou-se no gabinete do reitor, solicitando uma entrevista urgente. Surpreso com a informação de seu secretário, Guilherme suspendeu o trabalho que realizava para atendê-lo. Como sempre, quando precisava conversar com o príncipe, recorreu a um gole de conhaque, pois a simples presença de Johannes causava-lhe mal-estar e nervosismo. O estômago contraía-se, os músculos das costas ficavam tencionados, e ele precisava respirar fundo, concentrar-se. Conversar com o príncipe era uma obrigação; estava bem longe de ser uma situação prazerosa. Entretanto, escondeu o que sentia sob a máscara do cargo que exercia e, com uma expressão calma e polida, recepcionou-o. Feitas as saudações de praxe e cortesia, Guilherme pediu:

— Príncipe Johannes, peço-lhe que seja objetivo e direto. Como sabe, estamos vivendo um momento muito difícil aqui e tenho afazeres acumulados.

— É claro, reitor. Eu seria breve de qualquer maneira. Apenas desejo me despedir do senhor. Recebi um comunicado esta manhã de que minha esposa adoeceu. Espero que compreenda que deveres maiores com a família me obrigam a interromper novamente meus estudos nesta universidade.

Guilherme conteve um suspiro de alívio. "Graças a Deus! Enfim uma boa notícia!", pensou.

— Mas é claro! Perfeitamente compreensível. Sabe qual é o estado da princesa Sophia? Qual é o mal?

— Não. Não sei, reitor. Isso me aflige, por isso estou partindo assim... tão de repente. Gostaria de ajudá-lo nesse momento triste e conturbado, mas, infelizmente, problemas maiores aguardam-me no lar.

— Partirá à tarde ou amanhã? — intimamente Guilherme rezava para que fosse naquela tarde.

— Agora, reitor. Estou realmente aflito pela saúde de minha esposa. Não suportaria esperar e não há razão. Já providenciei o necessário para a viagem — e levantando-se estendeu a mão ao reitor, reafirmando: — Como disse, vim apenas para me despedir do senhor, que é alguém que admiro e respeito muito, para agradecer-lhe a hospitalidade e desejar que, em breve, a paz volte a reinar entre os muros de nossa querida universidade.

Guilherme levantou-se com um amplo sorriso, não conseguindo disfarçar a alegria de vê-lo partir.

— Voltará, príncipe! Fique tranquilo. Tudo ficará bem aqui. Faça uma boa viagem. Estimo as melhoras da princesa Sophia. Volte quando quiser. Nossas portas estão sempre abertas ao senhor, Alteza, e para toda a sua família.

Johannes agradeceu ao reitor com um leve gesto de cabeça e um sorriso enigmático. Pegou o chapéu enfeitado com penas verdes e vermelhas, colocou-o, e saiu. A carruagem já o esperava, com toda bagagem arrumada, pronta para partir.

Da janela, Guilherme observou a partida do príncipe. Suspirando, lembrou-se de Maurício. Voltou à mesa de trabalho e rabiscou em um papel alguns símbolos, um código conhecido por alguns cavaleiros da ordem da universidade. Maurício entenderia. Chamou o mensageiro de sua estrita confiança e determinou-lhe agilidade na entrega. Era imprescindível que a mensagem chegasse antes da carruagem do príncipe herdeiro.

O homem partiu seguindo uma estrada pelo alto das montanhas, que cortava as matas e era pouco usada pelos nobres, devido ao seu péssimo estado e à pouca segurança, mas que encurtava a viagem em cinquenta por cento. Assim, ainda naquele dia, Maurício e Sophia receberam a mensagem cifrada. Klara levou o bilhete aos aposentos da princesa, entregou-o e saiu.

Antes de saber o que significavam aqueles símbolos, chamou a atenção de Sophia o fato de ter visto mensagens semelhantes entre os diários da princesa Martha. "Será?", pensou consigo mesma. A vida escolhe momentos inesperados para nos dar as respostas que buscamos.

— O retorno de Johannes significa que meu pai sempre soube de tudo — concluiu Maurício.

— Como assim, tudo? Minha casa é livre dos espiões de Ethel — declarou Sophia.

— Pode ser, Sophia. Eu não apostaria cegamente nisso. Mas mesmo que seja, a casa dos outros não é. Nenhum de nós vive em uma ilha ou é um eremita do deserto. Como dizia minha mãe: línguas caminham. Não é à toa que as cobras carregam o veneno na boca. Trata-se de um lembrete da natureza.

— Entendi. Mas tenho dificuldade de aceitar que alguém faça uma coisa dessas.

— O quê? Ter espiões em todas as casas? Querida, nesses dias turbulentos, todos têm. É uma prática, um mal necessário. Fazem comigo, faço com os outros. É uma moral vergonhosa, rés do chão, mas é nossa realidade. Meu pai sempre governou desse modo. Ele tem muitos espiões. Volker e Manfrid fazem mais do que organizar um pequeno exército mercenário. Os homens deles espionam também. E somente esses dois sabem quantos são.

— Isso não torna quem os contrata reféns deles? — questionou Sophia.

— É o preço de se aliar a tipos como eles. Outro mal necessário.

— Mas não temos empregado esses recursos e estamos indo bem na administração. Ou estamos empregando isso e eu não fui informada, Maurício?

— Não, Sophia. Eu não fiz nada que você não tivesse conhecimento, mas confesso-lhe que, em alguns casos, uso a rede criada pelos outros. É uma estrutura que ruirá com as mudanças da sociedade, por isso a chamo de um mal necessário. Agora todos se engalfinham pelo poder. Os príncipes-eleitores dividem um poder não dividido, me entende? O poder deles é difuso. É o poder de eleger o imperador, de sentar entre seus conselheiros, mas na prática onde suas ações serão sentidas? Entendeu? Eles acabaram criando uma estrutura de cidade-estado e cada um manda na sua região. No entanto, isso não está sacramentado. E é isso que eles farão com adesão à Reforma: cortarão vínculos com o Sacro Império Romano. É um grito de independência política, muito mais do que religiosa. Então, creio que à medida que o poder de cada um for solidificado, essas intrigas e espionagens cessarão. Esse clima é bem típico da Igreja. Mas não percamos tempo com essa discussão: Johannes está voltando e diz a mensagem que é por motivo de problema de saúde da esposa. Meu pai deve ter recebido o comunicado do "abortamento espontâneo" ontem. Dois e dois são quatro. Ele sabia onde Johannes estava todo esse tempo, e, com certeza, também sabe que a visito frequentemente.

— Visitar? Você mudou-se para cá, Maurício! — corrigiu Sophia, abraçando-o em tom de lamento. Com a cabeça encostada em seu peito, continuou: — E precisará ir embora. Sentirei muito a sua falta.

— Eu também, querida. Mas sabíamos que esse dia chegaria.

— Eu fiz de conta que não, que ele não chegaria — revelou Sophia. — Eu quis me enganar e crer que Johannes não voltaria, que você era meu marido e...

— E eu sou. No meu coração e no seu coração, nós somos casados. O amor nos une e ele não precisa de explicações. Nenhuma forma de amor precisa de explicação, Sophia. Ele explica-se por si só, por seu querer. E nós nos afastaremos, é verdade, mas por pouco tempo. Eu arrumarei um jeito de encontrá-la e a avisarei. Confie em mim. E meus olhos continuarão aqui, protegendo-a. Eu saberei de tudo, você não estará sozinha.

— Um mal necessário — repetiu Sophia, conformada. — Entendi. Na vida, o que nos fere também nos cura.

— É isso mesmo — concordou Maurício apoiando o queixo no alto da cabeça de Sophia, apertando o abraço que revelava um temor do futuro.

— Acho melhor eu voltar para a cama, estou doente — lembrou Sophia. — Não sabemos a que hora ele chegará. Prefiro não me descuidar.

— É sempre uma grande ideia — murmurou Maurício malicioso.

— Não foi isso que sugeri, Maurício. E, apesar de concordar com você, sinto que essa não é a hora para descuidos e distrações, por isso volte para o castelo do príncipe Frederico. Lá é o palco da Reforma, é onde as coisas estão acontecendo e as decisões estão sendo tomadas. A vida não para porque temos problemas e insatisfações.

— Ela não para nem quando morremos, querida. Dói dizer, mas você tem razão: é melhor eu partir. Um beijo de despedida?

Ela sorriu e ergueu o rosto. Minutos depois, Maurício partia a galope apenas acompanhado do fiel Alfredo, que se recusava a tornar a servir o príncipe Johannes. Ao lado de Maurício, sentia-se homem de novo, honrava as calças e a profissão. O antigo amo seria bem servido por uma babá, segundo ele pensava.

Sophia suspirou resignada, aceitando que era melhor ter alguns momentos de felicidade, guardar boas lembranças e manter no coração a esperança e a alegria, do que azedar a vida completamente mergulhada na solidão e no desencanto daquele casamento. Dia a dia, compreendia mais o desabafo da sogra em seus diários e a considerava uma amiga íntima. Tão próximas eram suas vivências, dores e seus conflitos, que, com frequência, se pegava conversando em pensamento com a princesa Martha. As horas demorariam a passar encerrada no quarto, então recordou a mensagem cifrada do reitor e as mensagens guardadas nos diários. Levantou-se e tirou-os do compartimento secreto onde os guardava. Retirou um dos diários, devolveu o restante ao esconderijo, chaveou e voltou ao leito pronta para investigar suas suspeitas. "Seria o reitor de Erfurt o amor secreto da princesa Martha?", questionou-se.

Johannes chegou na manhã seguinte, já próximo do meio dia, e Klara o recebeu. Ele a olhou contrariado. De repente, a presença de uma "criada estranha" o desagradou.

— Onde está Alfredo? — perguntou seco.

— Bom dia, Alteza — cumprimentou Klara, notando o mau humor do príncipe. — Alfredo demitiu-se, senhor. Esse fato ocorreu antes de sua ida para Erfurt, está lembrado?

— Não. Se estivesse, não teria perguntado. Mande-o retornar.

— Senhor, é impossível...

— Nada é impossível. Quero Alfredo de volta.

— Eu não sei onde ele está, príncipe Johannes, mas farei o possível para que sua vontade chegue até ele.

— Quem está cuidando de minhas coisas? Quem irá cuidar de mim?

— Vadim, senhor. É o seu criado há alguns meses.

— Vadim — repetiu Johannes com desgosto. — Nome horrível! Quais são as qualificações dele? Quem o escolheu?

— Foi treinado por Alfredo, Alteza. É filho desta propriedade, nasceu e cresceu aqui. Ele ajudava Alfredo.

Klara preocupou-se com as reações de Johannes. Desde que o conhecera, considerou-o diferente dos outros. Havia algo em seu comportamento, em seu olhar e em sua fala que despertavam desconfiança e inquietação, mas ela não conseguia definir exatamente o que era. Agora, suspeitava de que ou ele era alguém muito fingido, que escondia sua real personalidade, ou era louco.

— E onde ele está?

— Cuidando de seus afazeres nos aposentos do senhor, Alteza. Seu retorno é uma surpresa. Não recebemos nenhum aviso.

— É claro! Como poderiam? Agi como vocês agiram comigo. Também não recebi sequer um aviso de que Sophia estava enferma. Foi preciso que meu pai me enviasse uma mensagem de pesar. Isto é um absurdo!

Klara arregalou os olhos. O espanto ganhou forma em seu rosto. "Será que estava ouvindo bem? Johannes deveria saber que o aborto era uma mentira?", questionava-se ela. E a si mesma respondia: "Não posso dizer nada... Ele pensa que eu não sei a verdade sobre esse casamento".

— Peço-lhe perdão, Alteza. Foi uma falha minha. A princesa Sophia ficou tão abalada que não teve condições sequer de pensar com clareza. Preocupei-me em atendê-la primeiro. Perdoe-me, Alteza.

— Incompetência é imperdoável — respondeu Johannes de maneira seca e grosseira. — Eu deveria ter sido avisado. Que isso não se repita! Não quero meu pai mandando em minha casa e me informando sobre o que acontece aqui.

Johannes deu as costas a uma Klara tomada pelo espanto, absolutamente imobilizada, e avançou pelas escadarias. Deduzindo que o príncipe iria para os aposentos dele, a criada correu aos aposentos de Sophia para preveni-la, mas chegou tarde. Ele já estava com a princesa, e Klara percebeu que eles discutiam. Lembrando-se das conversas com Maurício e das suspeitas dela e de Sophia, resolveu acompanhar o que acontecia, espionando-os pela porta do quarto de vestir contíguo ao quarto de dormir de Sophia. Ouviu a princesa justificando-se quanto à sua suposta gravidez e ao aborto, lembrando-o com severidade de que fizera aquilo para que Johannes pudesse ficar bem e tranquilo em Erfurt, estudando, que era algo que lhe dava tanto prazer. Para preservá-los das pressões e principalmente da ameaça de prova de consumação do casamento. Klara observou Sophia deixar o leito, onde estava vulnerável, colocando-se próxima a uma penteadeira, na qual ela guardava uma arma diferente à sua disposição em cada gaveta: facas, adagas, punhais e pequenas, mas eficientes, pistolas. Aquele verdadeiro paiol fora uma exigência de Maurício, que pessoalmente ensinara Sophia a como manejá-las para defender-se.

A jovem princesa colocou-se de costas para o móvel e agarrou, escondida, o puxador da primeira gaveta, pronta a sacar o que encontrasse. Porém, ante a lembrança da ameaça da prova de consumação, ele empalideceu, depois começou a rir e a gargalhar.

— Excelente, Sophia! Excelente! — repetia ele. — Isso foi magistral!

Com os olhos arregalados e tensa, Sophia o olhou sem compreender o que acontecia. Sentia-se desconfortável, insegura, com medo e com raiva ao mesmo tempo. A instabilidade de Johannes a afetava e fazia-a sentir-se muito mal. Em um minuto, ele a agredia e a ameaçava com palavras violentas; no outro, gargalhava. Ela só tinha certeza de que nada a afastaria daquele móvel sem carregar uma arma para defender-se. Recusava-se a ser uma vítima indefesa. Ninguém existe para sofrer a ação de viver, mas sim para construir a sua existência em algo maior que é a vida. Somos autores de nossas experiências. A cada segundo, fazemos uma escolha, mas há escolhas maiores que determinam essas tomadas rápidas de posição: é quando escolhemos como seremos. Se seremos criaturas ativas ou passivas, complicadas ou resolvidas, se buscaremos ampliar nossa consciência sobre nós e sobre a vida, ou se ficaremos sentados esperando o tempo passar, vendo os outros realizarem as coisas e ruminando um caldeirão de sentimentos e desejos nunca examinados, que dirigem nossas escolhas, simplesmente porque nunca resolvemos pensar a respeito e assumir que somos um espírito e devemos comandar uma mente, uma gama de sentimentos e emoções, um organismo semimaterial e, se na matéria, um organismo material. E comandar significa: conhecer, dominar, dirigir, saber de onde veio, onde e como está e onde deseja chegar. Essa é a grande escolha que marca o espírito e dela decorrem todas as outras: saúde física, emocional, psíquica, social e espiritual; a capacidade produtiva e a prosperidade; as relações afetivas e o tornar--se ou não atraente a outras pessoas, seja para ter amigos ou relacionamentos afetivo-sexuais. Somos nós que escolhemos quem somos e quem desejamos nos tornar.

Sophia escolhia sempre sofrer menos e agir conforme as condições do momento. Recusava-se a assumir uma postura de vítima do que quer que fosse, portanto não permitiria que alguém atentasse contra sua integridade física sem reagir. E, ao vê-lo naquele nível de descontrole, um pensamento cruzou como um raio sua mente: "Eu o mato, mas ele não me enlouquecerá. Não aceito e não permito isso".

— Você é muito inteligente! Enganou Ethel de Wintar! Parabéns!

Atenta às súbitas alterações de conduta do marido, Sophia mantinha sua posição, mas, na tentativa de livrar-se da presença do marido, respondeu no mesmo tom:

— Fiz o que combinamos, Johannes. Que bom que entendeu. Então me ajude. Vá para seu quarto e descanse da viagem. Para todos os efeitos, eu estou me recuperando de uma experiência difícil.

— Sim, é claro — ele saiu satisfeito

Espantada, Sophia olhava, incrédula, a porta fechada. Relaxou a tensão, soltando o puxador da gaveta, enquanto uma forte tremedeira tomava conta de seu corpo. Klara apressou-se a deixar seu esconderijo para acolhê-la e ajudá-la a sentar-se em uma poltrona.

— Pronto, Sophia. Acalme-se — e foi à penteadeira onde ficava uma jarra de água limpa, serviu-lhe um copo, e recomendou: — Beba pequenos goles.

Os dentes de Sophia batiam no vidro. "O som do medo", reconheceu ela intimamente.

— Deus do céu, que sentimento horrível! — confessou Sophia. — Quem é esse homem? Ou melhor, o que é? Não parece gente. Nunca conheci alguém assim! De uma hora pra outra ele muda, nunca sei o que esperar. Juro que pensei que ele fosse me agredir. Estava furioso, quase babando, e no outro minuto estava rindo e gargalhando, chamando-me de gênio. Ah, que coisa horrível! Será que ele bebeu? Nem consegui observar...

— Ele chegou aqui mal-humorado e foi grosseiro comigo e com os outros criados. Pegou-me tão de surpresa, que também não notei. Mas Vadim está bem orientado, ele nos dirá.

— Vamos manter os olhos nele. Avise os criados de confiança para terem atenção dobrada com Johannes. Ele não é...

normal. Ele é muito diferente. Não sei o que esperar desse homem, mas seja o que for, Klara, é sempre pior do que tudo que imaginei nesse casamento — confessou Sophia.

Klara sentou-se no braço da poltrona e abraçou Sophia. Há muitos momentos em que as palavras simplesmente perdem significado e somente os gestos têm eloquência.

Ao final do dia, Vadim, bufando, jogou-se sobre um banco da cozinha do palácio, implorando:

— Pelo amor de Deus, preciso de algo bem forte e capaz de me fazer pensar.

— Vou lhe fazer um chá. Dizem que é uma beleza para a cabeça — falou a cozinheira bonachona.

— É novo, Minna?

— É bom. Eu experimentei. A princesa Sophia mandou comprar. Espere um pouco. Vou buscar uma xícara para você.

Vadim olhou incrédulo e com nojo para xícara fumegante cheia com o líquido escuro de cheiro forte.

— É preto! Nunca bebi nada tão escuro. Tem certeza de que isso faz bem?

— Tenho, sim. Beba. Verá como ajuda a clarear as ideias. Dizem que é o oposto da cerveja e do vinho. Dá disposição para trabalhar e ajuda-nos a pensar direito — explicou Minna, com vontade de rir da cara de nojo de Vadim. — Beba logo, rapaz!

— Isso é quente, pode me queimar, beberei devagar — falou Vadim como se estivesse sozinho. — Se o efeito é o oposto da bebida, então preciso dar isso ao príncipe Johannes urgentemente. E, de preferência, que ele beba no bule, aos litros. Que homem insuportável! Como Alfredo conseguiu suportá-lo tantos anos?

— Ele deve ter piorado conforme foi crescendo. Tem muito casos parecidos por aí. É só prestar atenção, Vadim. Mas acho que a princesa comprou esse chá exatamente com essa ideia.

Vadim bebericou com cuidado. E respondeu:

— Deus seja louvado pela inteligência da princesa! É uma bênção! Espero que todos os anjos do céu digam amém a isso, pois ele é arredio e duro na mudança. E, pior de tudo, ele tem muita bebida armazenada naquele quarto. Um armário cheio! Está jogando na cama roncando feito um porco, completamente bêbado. Vi ele tomar três garrafas de uísque no gargalo, em dois goles cada.

Klara entrou na cozinha a tempo de ouvir as últimas falas entre eles e interveio:

— Que bom encontrá-lo aqui, Vadim! Ouvi o que disse sobre o estado do príncipe. Você notou se ele já havia bebido quando chegou?

— Acho que sim. Estava muito eufórico, alterado mesmo. Falarei com o cocheiro que o trouxe. Ele me contará como foi a viagem.

— Ótimo! Boa lembrança. Depois me conte. A princesa sugeriu misturarmos água na bebida dele. O que acha, Vadim?

— Eu? Acho que é perda de tempo, mas obedecerei. Se a princesa mandar, eu farei. E sabe o que vai acontecer? Ele beberá mais, e isso vai afrouxar a urina. Ele é horrível, nojento. Ele urinou na roupa hoje de tão bêbado. Eu faço, mas, sinceramente, acho que é perda de tempo e só aumentará meu trabalho. Deveriam dar algo para ele dormir, isso, sim. Eu colocaria na bebida dele com prazer. Seria o sossego de todos.

Reconhecendo que Vadim tinha razão, Klara ficou pensativa e considerou a ideia de drogar Johannes. No entanto, a criada temia as drogas, pois elas poderiam ter efeitos inesperados. Discutiria o assunto com Sophia. Talvez como recurso extremo... e eventual. Não poderiam mantê-lo sedado indefinidamente.

No entanto, ainda naquela noite, Klara mudaria de ideia.

Gritos apavorantes ecoaram pelo palácio no silêncio da madrugada.

— O que é isso? — questionou Sophia, sentando-se na cama, assustada.

O coração batia-lhe na garganta. Novos urros ecoaram, e ela saltou da cama reconhecendo a voz de Johannes.

A jovem princesa apanhou a chave que escondia sob o criado-mudo, abriu a porta de comunicação entre os aposentos e espiou: Johannes rolava na cama, inquieto, entre murmúrios e gritos. Ela viu Vadim aparecer ao lado do leito do príncipe e balançar a cabeça antes de tentar inutilmente despertar o amo.

Caminhando até o criado, a princesa postou-se ao seu lado e observou Johannes.

— Está suando! — constatou Sophia.

— E fedendo — completou Vadim, com desagrado. — Acho que urinou na cama. Mas não consigo acordá-lo. Bebeu demais.

— Quanto?

— Eu o vi tomar quatro garrafas do destilado. Não acorda de jeito nenhum. Só podemos esperar que o pesadelo tenha...

Mais gritos e palavras desconexas cortaram o ar, enquanto Johannes voltava a se debater.

— Acho que não — respondeu Sophia. — Precisamos ignorar esses gritos. Vá dormir! Não adianta ficar olhando para ele agora. Terá que curar a bebedeira para que ele acorde. E amanhã, cuide para que ele se alimente bem, Vadim. Você falou com Klara?

— Sim, duas vezes ontem.

Sophia moveu suavemente a cabeça e, olhando com desprezo para o leito de Johannes, decidiu voltar aos seus aposentos.

Já amanhecia, quando Johannes se acalmou e calou a gritaria. Em seu quarto, Klara fez uma prece à santa de sua devoção agradecendo o silêncio. Porém, logo os galos cantaram e o movimento rotineiro do palácio iniciou-se, obrigando-a a levantar-se cansada e com sono, em decorrência da noite maldormida.

Nos dias seguintes, para desespero de Sophia e Klara, aquele padrão de comportamento alterado, com intensa labilidade de humor, agressividade, isolamento e bebedeira, repetiu-se tão idêntico quanto uma ladainha religiosa.

O gabinete de trabalho tornou-se o santuário de Sophia. Ali, envolvia-se com outros assuntos, atendia a várias pessoas, esquecia-se do inferno em que se transformara sua plácida residência com o retorno de Johannes. As horas de descanso, ela ocupava maquinando uma forma de enviá-lo de volta a Erfurt ou a qualquer outro lugar, preferencialmente, mais distante.

Uma tarde, Sophia trabalhava com Klara no gabinete. Johannes estava calmo, segundo elas pensavam. Nos últimos dias, mantivera-se deitado, quieto, calado e alimentara-se mal. Naquele dia, recusara o alimento, mas, para surpresa de Vadim, também não bebera. No início da tarde, ele levantara-se anunciando que iria cavalgar sozinho, dispensando o criado.

— Ele não está bem. Acho até que piorou. O olhar dele me dá medo — murmurou Vadim quando Johannes saiu do quarto. E correu ao gabinete de Sophia.

Entretanto, inexperientes, as mulheres não lhe deram ouvidos, apesar de sua insistência.

— Tragam dona Germana — sugeriu Vadim. — Ela deve saber o que fazer. Deve ter alguma droga para darmos para ele.

Sophia gostou da sugestão. Germana seria uma boa e útil companhia. Aliviaria o padecimento daqueles dias.

— Sim, mande buscá-la — ordenou Sophia. — E diga que é um convite meu, mas que também preciso dos conhecimentos dela. Preciso que ela traga a maleta.

Vadim sorriu satisfeito. Pelo menos havia conseguido algo, embora considerasse melhor que a princesa tivesse dado atenção ao seu alerta. Não tivera coragem de recomendar que ela saísse do palácio, mas era o que pensava.

Caía a tarde, quando Johannes retornou e encontrou sobre o console da entrada uma bandeja de prata com duas mensagens de Ethel de Wintar. Só o fato de ver a letra paterna o irritou profundamente. O príncipe-herdeiro rasgou o lacre da correspondência e enfureceu-se ao ler o teor da mensagem. Ouviu-se depois, então, o barulho de cadeiras voando nas salas do palácio, de espelhos quebrados, madeira se partindo e objetos caindo ao chão numa velocidade alucinante, denunciando que as coisas estavam sendo destruídas por alguém e não derrubadas por uma súbita ventania. Horrorizadas e muito pálidas, Sophia e Klara trocaram olhares assustados.

— O que é isso? — indagou Klara.

— Johannes — sussurrou Sophia, abraçando a si mesma, revelando um sentimento de desamparo. "Maurício está tão longe", lembrou-se.

A princesa então respirou fundo e recordou da determinação do dia em que Johannes retornara ao palácio: recusava-se a ser uma vítima, quanto mais uma vítima inerte.

— Vamos, Klara! Preciso ver o que está acontecendo — dito isso, saiu caminhando rapidamente em direção à sala de onde o som vinha cada vez mais alto. Então, Sophia ouviu Johannes falando aos berros:

— Eu vou matar todos eles! Eu matei vocês. Por que voltaram? Por que vieram das sepulturas me infernizar? Voltem pra lá! É lá que devem ficar. É lá o lugar de vocês. Vão! Eu tenho facas de prata! Eu posso matar vocês! Demônios! Espíritos malignos!

Enfurecido, esbravejando, chutando móveis, Johannes não media as consequências de suas ações. Sophia ficou paralisada ao vê-lo, pois não havia o que fazer. A princesa olhou para Klara e ordenou:

— Klara, mande trancar todas as portas desse salão imediatamente. Corra!

Klara obedeceu a princesa e rapidamente isolou o salão onde Johannes estava. Quando voltou para junto de Sophia, encontrou-a espiando o marido pelo buraco da fechadura.

— Nunca vi um louco furioso, mas acredito que seja o caso — comentou Sophia.

— Sim. Isso, definitivamente, não é normal. Ele está tão fora de si que não percebeu que o trancamos. Parece que ele não vê o que acontece. É como se a realidade não existisse para ele — analisou Klara. — É atemorizante. Ele não sabe o que faz, nem mede consequências. Graças a Deus, acalmou-se senão destruiria a sala. Tão linda...

— Não lamente as pernas das cadeiras nem os espelhos e cristais quebrados, Klara. Agradeça que não são nossos ossos que foram quebrados — retrucou Sophia. — A cada dia, entendo mais o desabafo da princesa Martha, mas não sei o que fazer. Quem foi buscar Germana? Preciso muito conversar com ela.

— Rude. Ela saiu logo após o almoço e já deve estar chegando. Já está anoitecendo. Mas veja, Sophia, acho que as cartas causaram esse ataque. O rosto dele se transforma quando as olha.

— Essas cartas chegaram esta tarde? Por que não estavam no gabinete?

— Perguntarei ao mordomo, mas devem ter chegado há pouco. Como estávamos no gabinete, o criado só pode tê-las recebido há minutos. Aguarde-me.

— Klara, eu esperarei no gabinete. Por favor, peça um chá calmante para mim. Estou precisando.

Klara concordou e foi à procura de explicações. Pouco depois, apresentou-se no gabinete.

— Sophia, as cartas são de Ethel de Wintar. Foram entregues segundos antes da chegada do príncipe. O mordomo deixou-as na bandeja sobre o console exatamente para abrir a porta para Johannes e atendê-lo. Maldita coincidência!

— Hum, bem dizem que desgraça pouca é bobagem. Imagino qual seja o conteúdo das mensagens para Johannes ter ficado transtornado desse jeito.

— Pressão pelo herdeiro-neto — afirmou Klara. — Não preciso consultar um vidente para saber.

— Foi por isso que mandaram me buscar? — perguntou Germana, brincando e falando alegremente, enquanto entrava no gabinete.

Sinceramente agradecida, Sophia correu para abraçá-la e dar-lhe as boas-vindas. Mas a calorosa recepção foi interrompida por novos sons de móveis se quebrando contra as paredes, chutes e gritos.

— Problema sério — constatou Germana ainda abraçada a Sophia. — Onde ele está, querida?

— Eu não sei o que fazer, Germana. Encerrei-o onde estava. Ele está isolado e trancafiado na sala de estar — informou Sophia. — Há dias, Johannes tem andado muito estranho, muito calado, fechado no quarto, bebendo. Agora à tarde, ele foi cavalgar. Dei graças a Deus por isso, pensando que fosse um bom sinal. Mas, quando regressou, encontrou cartas de Ethel e ficou furioso. Acho que perdeu a razão. Ele está quebrando tudo. Já faz algum tempo que está assim. Ele para às vezes, mas logo recomeça. E acho também que Johannes está falando com pessoas que já morreram. E não sei se ele as está vendo realmente, entende?

— Claro! Nessa situação, é difícil afirmar uma coisa ou outra e ambos os fatos podem estar acontecendo. Fez bem em encerrá-lo, pois isso evita que ele machuque outras pessoas. Acredito que precisamos realmente sedá-lo, Sophia. Ele pode se machucar e se esvair em sangue.

Germana afastou Sophia, segurando firme nos ombros dela. Fitando-a, sorriu e falou:

— Preciso de um homem que vá até Johannes e faça-o beber a poção que farei. Prometo-lhe que ele dormirá rapidamente.

Klara não esperou a ordem e apressou-se a procurar o criado e os utensílios para Germana fazer a poção. Tinha pressa em silenciar Johannes.

XXXV

CULPA TORTURANTE

*Para o criminoso, a visão incessante das suas vítimas
e das circunstâncias do crime é um cruel suplício.*

(Allan Kardec, *O Céu e o Inferno*)

Vadim foi encarregado de levar a poção preparada por Germana.

— Senhora, como farei para o príncipe beber o remédio? — perguntou Vadim a Germana, enquanto a observava misturar alguns líquidos. — Ele não toma chá nem água. Só bebe vinho e destilados.

— Traga-me o destilado mais forte que tiver na adega — recomendou Germana.

Sophia e Klara entreolharam-se. A pergunta óbvia "Será que ela misturará bebida com as drogas?" estava estampava no rosto das duas mulheres. Germana as fitou, sorriu e prosseguiu seu trabalho. Quando Vadim chegou, ela olhou a garrafa empoeirada que ele trazia e aprovou a cor de âmbar do líquido.

— É este, senhora? — apresentou Vadim, estendendo a garrafa para Germana.

— Muito bom! Servirá perfeitamente. Vamos até a porta da sala onde está o príncipe Johannes.

Germana tomou a frente, sendo seguida pelos três. As mulheres oscilavam entre a esperança, a curiosidade e o medo de que, bebendo aquele líquido, ele piorasse. Conheciam o efeito causado pela bebida.

Em frente à porta, Germana destampou a garrafa do destilado, aprovando seu odor forte.

— Excelente! — elogiou.

Então, para espanto de Sophia e Klara, Germana escolheu uma taça de prata, a mais esculpida que viu, encheu-a pela metade, movimentou-a em círculos, para fazer o líquido espalhar-se por todo seu interior. Depois, despejou a bebida em outra taça e derramou de volta o líquido na taça de prata pelo lado de fora. O cheiro forte da bebida rescendeu no ambiente.

— Você escolheu muito bem, Vadim. Conhece destilados? — indagou Germana descontraída, ignorando os sons que vinham da sala onde estava Johannes.

— Um pouco, senhora. Aprendi com Alfredo.

Germana balançou a cabeça aquiescendo e lentamente despejou no centro da taça a poção, cuidando para que o líquido não encostasse às paredes do recipiente. Feito isso, voltou-se para Vadim, entregou-lhe a taça, molhou os dedos no destilado e passou-os na borda do recipiente, deixando algumas gotículas, e recomendou:

— Ande com cuidado. Não quero que esse líquido se mova, entendeu? Bêbados precisam apenas sentir o cheiro do álcool para querer beber. Dê-lhe isso e saia — explicou. — Vá! Confie que nada lhe acontecerá.

O rapaz olhou-a, aflito, mas, ao ouvir o novo surto de gritos e xingamentos de Johannes, se apressou a cumprir a ordem, andando com o máximo cuidado.

Sophia abriu a porta e decidiu acompanhar Vadim. Chamou-o, tentou conversar, nada. Ele parecia surdo e cego.

Vadim nem pensou em falar com o seu senhor e fez exatamente o que Germana recomendou. Agindo como se estivesse alimentando um cão feroz, atraiu-o e deixou que ele pegasse a taça. Ao sentir o cheiro da bebida, Johannes imediatamente levou o líquido aos lábios, sorvendo-o. O rapaz afastou-se assim que o amo pegou a taça e, notando que a Sophia observava petrificada a condição do marido, puxou a princesa com for-ça, arrastando-a para fora. Ao cruzarem o umbral da porta, Klara apressou-se em trancá-la novamente.

— Deu certo! — falou encostada à porta enquanto olhava os demais.

— Graças a Deus! — falou Germana — e a Vadim. Agora, vamos aguardar. Ele dormirá logo.

Klara virou-se, dando as costas a eles, e espiou pela fechadura.

— Ele está cambaleante — informou.

Germana balançou a cabeça afirmativamente, sinalizando que era o efeito esperado.

— Caiu. Está dormindo — narrou Klara, feliz e aliviada.

— Providencie ajuda para carregar o príncipe para outro lugar — ordenou Germana a Vadim.

Obediente e satisfeito consigo mesmo, sentindo-se corajoso e importante, Vadim não questionou quem deveria dar-lhe ordens. Simplesmente, retirou-se apressado, pensando em quais criados requisitaria para o serviço.

— Sophia — falou Germana. — Há um quarto isolado na ala sul do palácio. Levarei Johannes para lá.

— Não entendo. O que quer dizer com quarto isolado? Nunca andei por aquela ala. Maurício me disse que ela deveria ser demolida. Achei que não fosse segura — respondeu Sophia.

— É uma longa história. Preciso das chaves daquela ala — insistiu Germana, senhora da situação e do que fazia.

— Sim, é claro — respondeu Sophia e, voltando-se para Klara, pediu: — Traga-as.

Curiosa, Klara foi ao gabinete em busca das chaves que ficavam em um dos armários.

Vadim voltou acompanhado de três homens fortes e carregando uma padiola de campanha militar, que Germana aprovou com um gesto. Klara abriu a porta, e Germana avançou diretamente para Johannes. Depois de examiná-lo, constatou que estava bem. Permitiu que os homens carregassem o príncipe na padiola e tomou a frente, dizendo:

— Sigam-me.

Curiosa, Sophia percebeu que Germana conhecia intimamente aquele palácio, pois andava com segurança por corredores e escadarias e não titubeara ao escolher a chave que abria a ala sul. Conhecia-a, pois foi a primeira que pegou.

Os corredores eram fracamente iluminados por esparsos vitrais, que estavam sujos, empoeirados, com teias de aranha e fezes de ratos e morcegos no parapeito. Apesar disso, a beleza daqueles vitrais era inegável, tanto que a sujeira não a ofuscava. Eram grandes, muito originais. Representavam cenas dos campos da região. Camponesas caminhando sobre as pequenas hepáticas; montanhas cobertas de verde e salpicadas com as edelvais; plantações; lagos; enfim, a bela natureza local.

As paredes estavam cobertas por uma imitação de mármore branco com rajadas cinzentas e o piso de madeira estava absolutamente empoeirado, tanto que os pés deixavam marcas nele. Sophia ergueu levemente a saia do vestido, protegendo-a da sujeira. As portas fechadas apenas de um lado do corredor a deixaram extremamente curiosa, pois, apesar da beleza e do bom gosto daquela extensa galeria, havia nela um toque sinistro, macabro, que não era efeito das teias aranhas, que brilhavam frágeis e assustadoras quando iluminadas por raios de sol coloridos pelos vitrais, nem pelos morcegos pousados no teto alto. "Que lugar é esse?" era a única pergunta rodando na mente de Sophia.

Germana foi até a última porta da galeria. Para alegria dos homens que carregavam Johannes, ela disse:

— Chegamos! — e sacou uma chave do molho com a mesma segurança com que destrancara a porta de entrada da ala.

Sophia vinha atrás dos homens e entrou tossindo e espirrando na cela.

— Há muito pó aqui — comentou. — Precisamos mandar limpar essa ala. Está imunda.

— É, e de muitas maneiras — confirmou Germana andando em direção ao fundo da cela, de onde pendia uma fina corrente que acionava a abertura de uma entrada de ar e fraca iluminação, logo abaixo do teto. Era uma abertura estreita e comprida, de onde era possível ver grades de ferro.

A luz revelou uma cela em tudo semelhante ao que deveria ser um presídio, imaginou Sophia, observando-a em silêncio.

A surpresa dos homens que acompanhavam Vadim era visível e a curiosidade um vulto imaginário, que se tornaria tangível a qualquer instante, tal era o seu volume.

— Sem perguntas — ordenou Germana, olhando-os severa. — Para segurança de todos, isso deve ser mantido em segredo, entendido?

— Sim, senhora — responderam.

— Podem ir. Eu e a princesa ficaremos um pouco mais. Se alguém perguntar por nós, digam que estamos passeando nos jardins — recomendou Germana.

Sophia sentia-se incapaz de concatenar as ideias e falar. Apenas uma insistente pergunta a atormentava: "Que lugar é esse?".

Enquanto Sophia se perdia em divagações e hipóteses, construindo um mal-estar emocional, fruto da ansiedade, Germana olhava à sua volta, à procura de uma vassoura. Sabia que havia sido deixado uma vassoura e um pano novo naquele quarto quando fora fechado pela última vez, há vários anos. Encontrou-os encostados à parede próxima da porta e, sem demora, pôs-se a tirar as teias de aranha e varrer o piso. Sophia piscou perplexa com aquela atividade.

— De onde saiu essa vassoura, Germana?

— Martha fazia questão que deixassem uma vassoura nova e um pano a cada vez que esse quarto era desocupado e fechado. Eu sabia da existência dela. A ideia era essa mesma: tornar esse local mais habitável. Você se importa de passar o pano sobre os móveis e utensílios?

Sophia apanhou o pano e observou mais o ambiente. Sim, havia uma cama de ferro fundido, sem beleza, mas visivelmente resistente, e um criado-mudo, que seguia o mesmo padrão e tinha um tampo de mármore.

— É só esse móvel?

— Sim. Dentro dele você encontrará alguns utensílios. Limpe-os.

Sophia abriu o móvel e descobriu que se dividia em dois compartimentos. No superior, havia uma bacia, uma jarra, uma caneca, uma colher e um prato de prata, com o monograma de JW. No inferior: um urinol.

— Essas coisas são de Johannes! — exclamou Sophia. — Esse quarto é dele.

— Eu diria que foi feito para ele — corrigiu Germana e revelou: — Essa não é a primeira vez que ele tem essas crises, Sophia.

— Deus do céu! Martha sabia que ele era... louco. E... por isso fez isso — falou Sophia demonstrando entendimento da revelação de Germana.

— Exatamente. Nós o trancávamos aqui até que ele começasse a dar sinais de melhora. Ele fica fora de si vários dias, nesse estado que você está vendo, Sophia. Aqui, somente Martha e eu entravámos. Essa ala esconde todos os segredos.

Germana estendeu o molho de chaves, encarando-a com firmeza, e Sophia compreendeu o gesto. As chaves abririam portas que responderiam suas perguntas.

— Vá! — incentivou Germana. — Eu estou segura, não se preocupe. Ele está sedado e, mesmo que acorde, não terá força para agredir-me. Assim que terminar essa breve limpeza, me sentarei na galeria. Por precaução, sei que é melhor deixá-lo sozinho.

Sophia respirou fundo, lançou um olhar a Johannes adormecido e voltou a encarar Germana. Esboçando um leve sorriso nervoso, disse:

— Eu sabia que você era a guardiã dos segredos dos Wintar.

— E você será minha substituta, Sophia. Está preparada?

Sophia não respondeu e saiu em direção ao início da galeria.

XXXVI
RESPOSTAS

Ninguém poderá jamais aperfeiçoar-se, se não tiver o mundo como mestre. A experiência se adquire na prática.

(Willian Shakespeare,
Os dois cavalheiros de Verona)

Na casa dos cavalheiros, no castelo de Wartburg, no alto das montanhas e cercado de densas florestas, Maurício contemplava o pátio interno que dava vista ao palácio. Apoiado no parapeito da janela, ele olhava sem ver o movimento à sua volta. Sob a mão esquerda, a longa mensagem enviada por Ethel de Wintar.

Estavam sendo torturantes aqueles meses em que se manteve afastado de Sophia. Nem mesmo a intensa atividade do castelo de Wartburg estava ajudando-o a curar a dor de sua solidão. Dor que jamais havia sentido. Sorrira chamando de românticos alguns dos homens que tinham lhe falado sobre essa dor. Agora, que dela era presa, não ria mais. Sentia-se como um pássaro aprisionado olhando para aquela verde e extensa floresta. A liberdade estava a um passo, mas grossas barreiras impediam-no de voar, de fugir. "Maldição! Por que entre tantas mulheres tive de apaixonar-me por Sophia?!", pensava ele. Mas logo se recordava da figura miúda, bonita e altiva da princesa e seus pensamentos e sentimentos mudavam completamente.

"Minha cunhada... que não é cunhada, mas, na verdade, uma prisioneira de Johannes, e, mais justo, uma prisioneira da família Wintar... Uma joia adquirida para esconder as escabrosidades de meu irmão. Ela é livre de alma e coração e me ama, corresponde ao meu amor com a mesma paixão e intensidade. Daria a vida por ela, mas... há essas malditas barreiras. Se ao menos eu tivesse mandado dar fim a Johannes antes... Ah! Por que não fiz isso? Desgraça de pudor! Tivesse feito isso antes...", lamentou Maurício, para depois se corrigir: "Nem assim teria havido tempo suficiente. Eu a conheci quando ela estava se casando com meu irmão. Que ironia da vida! Ainda que ela ficasse viúva naquele dia, teria o período de luto até poder casar-se novamente. E obviamente teria sido escandaloso... As pessoas falam muito, porém têm a memória curta e logo esqueceriam daquela história. Mas nada aconteceu. Agora, recebo essa... informação infernal: meu casamento com Margareth dentro de um mês. Ah! Pobre moça! Meu Deus, o que devo fazer? Há um compromisso a honrar e outro a ser honrado. A sociedade e os interesses se interpõem entre as reais vontades da alma e do coração. Eu sei que não há saída. Sempre soube, mas sonhei com um milagre. Nem mesmo o leite da Virgem do frei Teltz, se algum poder tivesse, teria feito esse milagre. É, foi um sonho pensar que as coisas poderiam ter uma solução e conciliar amor e deveres. Do jeito que fazemos as coisas hoje, não há conciliação possível. Quem sabe, no futuro, existirá também liberdade para amar...".

Sem olhar, Maurício dobrou a carta e guardou-a. Prestou atenção ao pátio vazio àquela hora do dia. Era muito cedo. Olhou na direção da Casa Vogtei, a casa da gestão comunitária, e apenas na janela do estúdio ocupado por Lutero havia sinal de alguém acordado. Ele trabalhava cercado de livros, em sua mesa ao lado da janela. Uma vela queimando já próxima ao castiçal dizia a Maurício que aquele homem trabalhara a noite toda.

— Entre virtudes e vícios, méritos e deméritos, que ele tenha — afinal, qual de nós não os tem? —, eu admiro a coragem e ousadia de Lutero. Ele enfrenta os dogmas da Igreja romana e os detentores do poder, afronta-os, zombando de seu poder, desfilando diante deles sua plena liberdade de pensar e agir. Invejo-o! Queria poder fazer o mesmo, mas não posso. Ele nada tem a perder, apenas a si mesmo, e não me parece que ele tema a morte. Mas, já aprendi que, em matéria de sentimentos, cada um sabe dos seus. Nem tudo está escrito na cara. Como será recebido esse trabalho ao qual dedica tantas horas? Não deve ser fácil ou simples traduzir a Bíblia do latim para o alemão — falou Maurício para si mesmo.

Após a leitura da carta e as avaliações pessoais da situação, precisava ouvir a própria voz para reconectar-se com o ambiente e o presente. Estava ciente de que precisaria partir ainda aquele dia, pois, antes de chegar ao palácio de Wintar, precisava passar por Dresden. Não permitiria que essa notícia chegasse a Sophia por outra pessoa.

Satisfeita com a rápida faxina da cela, Germana sentou-se aos pés da cama de Johannes. Contemplando o príncipe, pôs-se a pensar no que teria desencadeado a nova crise daquele homem e quais teriam sido suas consequências. Desde que ele chegara à adolescência, aquelas crises de comportamento tinham assumido um caráter extremamente violento e assassino. Parecia-lhe que a raiva que o incendiava contra Deus e o mundo, contra tudo e todos, somente era apagada com sangue.

Germana precisava saber o que se passara com ele antes de retornar a Dresden. Ao levantar-se, examinou-o outra vez e, constatando que dormia, derramou uma porção do pó que carregava no bolso do avental ao lado da cama e ateou-lhe fogo. Quando uma fumaça tênue se elevou no ambiente, Germana deixou a cela contendo a respiração, trancou cuidadosamente todas as fechaduras, para a segurança do paciente e dos demais, e avançou até a saída da ala.

Sophia ainda examinava os primeiros aposentos, as lindas salas luxuosamente decoradas por Martha. Sua expressão era de absoluta incredulidade em relação ao que via. Germana a observou da porta e informou:

— Sophia, ele dorme e está trancado. As chaves ficarão comigo. Preciso ir a Erfurt agora.

— Por quê?

— Porque Johannes é extremamente perigoso nesse estado. Temo o que ele possa ter feito. Preciso saber se meus amigos estão bem. Eles não sabiam com o que estavam lidando. E também quero saber o que aconteceu para desencadear essa crise.

— Está preocupada com mestre Ingo? — insistiu Sophia. — Posso mandar buscá-lo.

— Não, Sophia. Eu preciso ir a Erfurt. Não se preocupe, voltarei à noite. Não sei a que horas, provavelmente de madrugada. Eu voltarei, fique tranquila.

Dizendo isso, Germana tomou-a pela mão e fê-la sentar-se em uma poltrona próxima de uma lareira apagada, mas excelentemente iluminada por mais um daqueles lindos vitrais. Retirou do bolso do avental alguns vidros pequenos contendo pós.

— Preste atenção, Sophia. Este é o calmante que dou a Johannes. É ópio. Você misturará... — e deu-lhe as instruções pormenorizadas de como ministrar a droga ao marido. — Não se esqueça: entre na cela enquanto ele ainda estiver dormindo e faça-o engolir isso. Depois, deixe uma porção desse vidro queimando no chão. Isso o manterá desacordado até eu retornar.

Com os olhos arregalados, Sophia apanhou os remédios, indagando-se como Germana tinha acesso àquelas substâncias. Pensara que ela lidasse apenas com ervas e plantas medicinais.

— Papoulas também são plantas, querida — respondeu Germana entendendo a interrogação na expressão de Sophia. — Histórias longas e antigas, querida. Esses vidros estão comigo desde a última vez em que conversei com Martha nesta sala.

— Nesta sala? Eu pensei que você não falava com a princesa Martha há muitos anos antes do falecimento dela.

— Martha foi assassinada aqui, nesta sala, Sophia. Há dois anos. Eu estive com ela um dia antes de sua morte. Jamais nos afastamos, mas nossa amizade acabou fazendo parte dos segredos dela.

— Então... — e Sophia perdeu a voz apertando os frascos em suas mãos. — Não podem ter sido os camponeses...

— Sim, é provável que sejam inocentes. Cuide-se. Voltarei logo — afirmou Germana, levantando-se e largando as chaves em uma mesa de apoio ao lado da poltrona onde Sophia estava sentada, tirando conclusões sobre o que acabara de saber.

Germana procurou o cocheiro que a havia trazido, acomodou-se na carruagem e ordenou-lhe que a levasse rapidamente à universidade de Erfurt, seguindo o caminho das montanhas, e que a aguardasse.

— Perdoe-me, senhora. Eu não conheço esse caminho. Sou de Essen e estou aqui há pouco tempo — informou, constrangido, o cocheiro, apoiado à portinhola, estranhando os modos de Germana. Mas, ciente de que ela gozava de prerrogativas com a princesa Sophia, não a questionou.

— Eu lhe ensino o caminho — e, para a surpresa do cocheiro, o caminho tinha uma ligação que começava nos prados da propriedade.

Ao cair da tarde, Germana desceu em frente à universidade. Saudou os guardas e atravessou os portões, altiva. Um dos guardas a interpelou, avisando-a de que não podia entrar, mas ela não se abalou. Germana simplesmente sacou da bolsa de couro, que carregava atravessada sobre o vestido, um documento timbrado e assinado pelo reitor Guilherme.

— Perdão, senhora — disse o guardo surpreendido.

— Está perdoado — respondeu Germana, seguindo seu caminho em direção ao gabinete do reitor.

— Essa vida é mesmo cheia de surpresas — comentou o guarda com o colega. — Ela tem uma permissão escrita e assinada pelo reitor para entrar aqui à hora e no dia que desejar. E é antiga! Tem muitos anos aquele documento. Uns vinte, pelo menos.

— É mesmo?! Sempre achei que o reitor não gostasse dessa mulher. O povo a adora. Eu falei poucas vezes com dona Germana. Ela cuidou de minha mãe até morrer. É uma boa pessoa, muito delicada, mas forte. Ela sabe o que faz.

— É... Eu também achava que ele não a tolerava, que ela fora proibida de entrar aqui. Mas, sabe, ele nunca me disse isso. E ela sempre ficava no portão. Germana é amiga ou sei lá o quê de mestre Ingo — falou o guarda maliciosamente.

— Hum, homem e mulher sendo amigos? É, gato e cachorro também são — replicou o colega rindo debochadamente.

— Ah, esses padres...

— Os da Reforma pelo menos estão se casando com as freiras e as mulheres muito fiéis — lembrou o guarda. — Acho isso mais honesto. Não entendo em quê o celibato dignifica um homem mais do que ser casado, ter família. Não vejo diferença. Só conheço muita sem-vergonhice e histórias que não acabam mais.

Germana chegou ao gabinete do reitor, bateu e entrou. Guilherme lia e claramente interrompera sua atividade com a batida na porta, mas não se surpreendeu ao ver Germana. Por alguns instantes, eles simplesmente se encararam. Não havia animosidade, apenas um entendimento, um pesar compartilhado, uma aflição mútua. O reitor quebrou o silêncio, pedindo entristecido:

— Não me diga que Sophia também...

— Não — interrompeu Germana erguendo a mão em direção ao alto. — Graças a Deus, ela está bem. Mas precisamos conversar. Já faz alguns anos que não falamos sobre esse assunto, Guilherme.

— Eu gostaria de nunca mais falar desse assunto, Germana. Mas você tem razão. Por favor, entre e acomode-se. Posso lhe ofereceu algo para comer ou beber?

— Um chá, se tiver. Se precisar incomodar o irmão Otto, prefiro água fresca.

Guilherme aproximou-se da lareira, na qual ardiam brasas e uma chaleira de ferro suspensa em um tripé com água fervente. Guilherme colocou algumas ervas em um bule e preparou a bebida. Retornando com as xícaras e o bule, depositou-os sobre sua mesa de trabalho. Serviu uma xícara para Germana e uma para si mesmo.

— Por onde começamos? — perguntou Guilherme. — A lógica da reconstrução dos fatos me dá primazia para iniciar o relato. Ele saiu daqui para Dresden e deduzo que você tenha vindo de lá. Estou certo?

— Certíssimo. Sou toda ouvidos, pode começar — concordou Germana.

Guilherme relatou os fatos com objetividade e precisão, culminando na fria e educada saída de Johannes da universidade.

— Jesus! — exclamou Germana. — É muita loucura dessa família. Você tem certeza de que Ethel tinha um espião aqui?

— Tanta quanto estou respirando neste momento. Eu sabia da presença desse espião. Desconfiei dele assim que o vi. Ele não parecia, não agia de forma coerente com o que dizia ser. Gutz matriculou-se como filho de fazendeiros da Turíngia, mas não tinha sotaque. Alegou que fora criado nas redondezas, mas a população é conhecida e não recordo de tê-lo visto. De resto, ele era muito atento e, nos últimos meses, seguia Johannes com os olhos. De fato, também o vi seguindo o príncipe e fornecendo-lhe bebida. Foi quando tive a certeza de que era um espião e passei a vigiá-lo. E você precisa de confirmação maior do que Ethel mandar avisar o filho da enfermidade da esposa? Esse ato foi deliberado e era para dizer que ele sempre soube de tudo que se passava.

— Sim, é verdade. Esse homem é horrível. Guilherme, ele é mais doente do que Johannes. E o pobre Antônio e os rapazes foram as vítimas da vez. Ele não pode ficar solto, é perigoso.

— Confesso-lhe, Germana, que perdi a ação ao ver os cadáveres dos meus alunos no pátio. Nunca tive um pesadelo tão horrendo. Quando os vi, identifiquei o padrão de ação do assassino: degolados, membros decepados, órgãos sexuais mutilados ou também decepados. Já vimos isso nos casos das prostitutas, na querida Martha... Que Deus a tenha e a conforte em seu reino... Os três rapazes tiveram o mesmo destino, mas gelou-me a alma ver que foram três de uma vez, em um mesmo ato, se assim posso chamar um crime dessa barbárie.

— O mesmo padrão e a mesma motivação: sexo. Mas ele age com muita astúcia, Guilherme. Não deixou nenhum vestígio que o ligasse às mortes, à arma dos crimes... — comentou Germana.

— Nunca foi encontrada — confirmou Guilherme. — Suspeito que ele não os tenha assassinado no pátio. Talvez eles nem estivessem mais juntos, mas Johannes deve tê-los visto na orgia e pode tê-los matado separadamente, para depois reuni-los no pátio. No entanto, creio que a morte de Antônio foi tramada de outra forma. Ele não estava entre os agressores. Eu prendi e puni todos eles. Foram presos no ato. No entanto, havia insufladores. Gerou-se um clima de raiva e desconfiança de grandes proporções rapidamente, no qual clamavam por um culpado, por uma punição. Não acreditaram que a universidade faria justiça, que eu faria justiça.

— E faria, Guilherme?

— Não. Assim que vi os cadáveres, eu soube quem havia feito aquilo. A lembrança aterradora do corpo de Martha mutilado no leito paralisou-me. Às vezes, penso que faz tanto tempo que tudo aconteceu, mas, em outros momentos, a dor de tê-la perdido daquela forma brutal reacende em mim. Eu também a encontrei morta, lembra-se?

— É claro. Quem poderia se esquecer daquele horror? Eu havia conversado com ela na noite anterior, pouco antes de você chegar. Jantamos juntas, conversamos, rimos e, na manhã seguinte, a encontramos nua, degolada e mutilada sobre a própria cama. Foi atacada com uma ferocidade indescritível. Ter recomposto o corpo dela foi o único trabalho que agradeço aos céus por ter sido feito pelo frei Ulrich. Teria sido extremamente difícil para mim.

— Não gosto de me lembrar disso — declarou Guilherme, com a voz embargada e os olhos úmidos.

— Eu também não.

Ficaram em silêncio alguns minutos, e, após se recobrar, Guilherme retomou a palavra.

— Mas eu tenho dúvida sobre quem realmente teria provocado a morte de Antônio. O homem de Ethel deixou a universidade por um dia. Ele pediu licença para visitar a família, dizendo-se muito abalado com o crime e desejoso de tranquilizar os pais. Houveram outros pedidos iguais àquele, e eu não podia negá-lo.

No entanto, mandei segui-lo. Ele foi ao palácio de Wintar, o que confirmou minhas suspeitas. Por isso, disse-lhe que tinha certeza. E foi na manhã seguinte, quando Gutz retornou à universidade, que ocorreu aquela lapidação bárbara, aquele arroubo de fanatismo e violência. Ele não teria tido tempo, entende? Aquela fogueira foi armada e o fogo ateado antes, em conversas pelos cantos e entre sussurros; no cultivo de ideias religiosas puritanas e fanáticas. Foi um crime de barbárie intelectual, premeditado, friamente calculado, e foram escolhidos a dedo os executores. Entende, Germana? Ele manipulou pessoas para que cometessem o crime. Agiu de forma diferente e com outra motivação: Antônio sabia das crises, do vício de Johannes. Ele viu o príncipe transformado de ratinho acuado em predador violento. Antônio desconfiou de Johannes. Veio procurar-me para denunciar o que viu e suas suspeitas.

— Ele procurou-me também na madrugada após o funeral.

— Então, deve ter vindo ao meu gabinete em seguida, pois foi na primeira hora da manhã. Eu recém havia chegado aqui.

— Eu tentei demovê-lo desse intento — confessou Germana. — Assim que me ele contou dos crimes, arrepiei-me toda. Mesmo à distância, sabendo que ele estava aqui, não tive como não suspeitar. Aliás, nem era uma suspeita. Eu sabia. Mas Antônio, apesar de um bom homem, inteligente e íntegro, era movido pela vaidade. E do pior tipo. Pela vaidade que engana seu portador, fazendo-o crer que age por outras razões, deixando-o inconsciente do que de fato sente.

— É, eu também vi isso. Tentei alertá-lo, conversar, mas foi em vão. Lamento muito a morte dele. Foi outro dia de pesadelo de minha vida que eu gostaria de esquecer. E o pior disso tudo: a memória de Antônio ficou manchada. O clamor por vingança pela morte dos rapazes cessou completamente. Nem as famílias voltaram a se manifestar. Estão satisfeitos com esse derramamento de sangue como se fossem abutres esfalfando-se em carniça. Nessa justiça torta, Antônio foi o assassino, o crime foi punido pelos fanáticos — que são quase heróis —, e nós somos a lei bandida que pune os justos.

— É assim em tudo, Guilherme. São os diferentes níveis de compreensão das pessoas. Não somos iguais nem moral nem intelectualmente. Fisicamente, é visível a diferença. Ainda confundem justiça com vingança, com punição. Não fosse assim, a Igreja seria a primeira instituição a falir, meu caro. Ela prega um Deus punitivo, um Deus justiceiro, a divisão, alimentando a ideia de que seu rebanho é melhor do que o outro. Ensina muito mais a ira do que o amor.

— Você não teme mesmo as fogueiras, não é, Germana?

— Não. Elas não queimarão meu pensamento. Eu seguirei pensando e falando fora do corpo, Guilherme. Sabe que creio profundamente na existência da alma, ou do espírito, e sei que continuaremos depois dessa vida sendo o que somos. A morte não tem o poder de fazer santos ou demônios. Aliás, você sabe que também não acredito nem em um, nem em outro. Todos somos humanos em diferentes etapas da vida e da compreensão dela. Assim é na Terra como no Céu, não é o que ensinam? Pois é. É o que eu vejo. E quanto à memória de Antônio ter sido maculada injustamente, a causa dos camponeses também o foi, e dezenas de pessoas morreram, em última análise, culpadas pela morte de Martha.

— Eu tentei, Germana. Juro-lhe que tentei evitar que isso acontecesse outra vez, mas não consegui. Eu dei a Antônio uma carta de recomendação para a mesma universidade onde Sig se refugiou. Você sabe que ele fugiu da Alemanha?

— Sim, eu sei. As pessoas... — falou Germana e logo se corrigiu: — Nós temos comportamentos repetitivos, Guilherme. É isso que dificulta as mudanças. Isso não me surpreende. Sig nunca foi o que se pode qualificar de um homem corajoso.

— Ele a ama — lembrou Guilherme. — Sempre a amou, desde que éramos jovens. Várias vezes, confessou-me seus sentimentos.

— Eu sei do que ele falava, mas não sei sobre o que ele sentia. Há uma diferença, Guilherme, uma significativa diferença, entre falar e sentir. Eu sempre achei, e não me arrependo disso, que ele era mais apaixonado pela história de um amor impossível e por uma mulher que lhe disse não, do que por mim. Entende? Mas, seja como for, ele é mais feliz assim, por que eu nunca o amei. Eu sempre o achei um ser curioso, alguém que me despertava interesse de conhecer, estudar, mas não amor. Nunca o amei, por isso jamais sofri com minhas escolhas. Meus pais preocuparam-se inutilmente com a possibilidade de eu me tornar a próxima "mulher do padre". Esse não era o meu destino. E não com Sig, não por ele.

— Por outro, talvez? — indagou Guilherme.

A mudança de assunto dava-lhe tempo para respirar e recompor-se. O drama dos crimes brutais de Johannes, por vezes, soava-lhe como algo inacreditável. Era um assunto difícil. Ele, Germana e Martha muito debateram e analisaram a personalidade de Johannes desde a meninice, quando os primeiros traços desse caráter violento surgiram sob a forma de agressões às babás. As chamadas coisas bobas de crianças, brincadeiras de cortar-lhes as cabeças com espadas e facas de madeira, armas falsas usadas pelos mercenários para treinamento, que ele roubava ou ganhava dos mercenários. Depois, a violência gratuita contra os animais e, por fim, os primeiros crimes na adolescência. Somente então, eles começaram a unir os fatos da história de Johannes e perceber que havia conexões entre elas. Fatos tratados como isolados.

E foi na adolescência de Johannes que Martha revelou que o menino, um bebê na verdade, pois ele tinha entre nove meses a dois anos, presenciara algumas das agressões de Ethel contra ela, que acabavam em violência sexual, pois o marido se excitava apenas com violência, pancadas e com o gosto do sangue da mulher na boca. Ela era muito jovem e não pôde evitar aquelas cenas. Mas, como Johannes havia presenciado apenas três episódios, julgou que o bebê, após ser acalmado, não guardaria lembrança daquilo, pois as lembranças da infância só eram registradas após os três ou quatro anos de idade.

Ela não sabia que as emoções vividas marcam o espírito sempre, em qualquer época ou condição de sua jornada, seja dentro ou fora da matéria. E também não sabia que aqueles fatos ficariam registrados no inconsciente da criança, somando-se a outros de eras passadas, gerando pensamentos, crenças e atitudes. Também não sabia, ou melhor, não se lembrava conscientemente de quem era o bebê que acalentava no seio. Ele era um espírito velho, experiente, com muitas vivências, como todos nós. Senhor de suas escolhas. A angelical forma infantil era apenas mais uma ilusão da vida material, uma ilusão benéfica como acreditar em fadas, que fazia crer em uma força natural benigna. A infância apaga fisicamente o passado e representa a nova oportunidade concedida pela vida para construirmos o progresso e o amor. Mas tal como deixamos de acreditar nas lendas, também o sonho da inocência infantil é espantado, e a realidade do ser imortal, de suas vivências, experiências e de sua personalidade vai, dia a dia, mostrando-se como se vislumbra uma cidade encoberta pelas brumas que o vento da manhã dissipa.

— Como ele está? — perguntou Germana, encarando Guilherme. — Ele tinha um bonito sonho. Tentei fazê-lo ver que era um sonho e uma esperança vã, mas também tentei em vão.

— Ele está muito triste e ocupado.

— É bom estar ocupado. A tristeza é necessária nessas horas, não há como fugir dela. Mas, em demasia, promove doença, puxa demais para o passado. Trabalhar ajuda a ligar-se e caminhar no presente. Equilibra a tristeza, a meu ver. Alguém o está ajudando? — perguntou Germana preocupada.

— Otto e Blick, como sempre. As aulas de Ingo passaram a ser à tarde, assim Otto o ajuda com as leituras.

Germana sorriu ante aquela situação inesperada. "Eles são amigos. Otto era uma pessoa simples, mas confiável e companheiro. Blick e Otto têm as mesmas virtudes afetivas", pensou Germana, recordando-se de que gostava de provocar o cozinheiro. Sabia que ele nunca tinha entendido seu relacionamento com Ingo e tinha certo ciúme.

O assistente de Guilherme bateu à porta e, quando entrou, surpreendeu-se ao ver Germana e Guilherme conversando confortavelmente, em evidente clima de íntima confiança. Mas a agitação do local de onde vinha o acompanhava e, esbaforido, o homem falou sem preocupar-se com a presença de Germana:

— Reitor, de novo, os alunos falam em ver os mortos no pátio. Em ouvir os gritos do falecido professor. Eu não sei o que fazer nem o que dizer.

— Como não sabe? Você fez votos sacerdotais — lembrou Guilherme com severidade. — Use seus conhecimentos.

— Senhor, eu vi — confessou o assistente baixinho. — É verdade! Os fantasmas...

— Não diga bob...

— Não diga bobagens você, Guilherme — advertiu Germana, intrometendo-se na conversa. — Vá e lembre-os do que Jesus disse: "Deixai os mortos aos cuidados dos mortos". Ensine-os a orar, Guilherme, a pedir que os mortos venham acudi-los. Eu diria: chame as almas dos homens bons, que viveram aqui antes de morrer, e peça-lhes que socorram esses espíritos tão violentamente arrancados da vida material e guie-os no mundo fora da matéria. São os seus alunos e um de seus professores, ajude-os. Fale com Ingo, ele saberá orientá-lo. A cegueira deu-lhe uma visão diferente, sabia?

Germana levantou-se, foi até a porta, sorriu para o assustado assistente do reitor e disse:

— Acalme-se, meu amigo, tudo isso é natural. É o futuro de todos nós. Não tema. É lindo saber que a vida é imortal e que prosseguimos. Nada termina na matéria, apenas muda de forma. Igual às folhas que estão, de novo, anunciando o outono. Elas se decompõem e a matéria delas fertiliza o solo, não se perde. É a mesma lei conosco, meu caro. O corpo transforma-se em adubo, em alimento para os vermes, mas a alma, que é sua essência, prossegue.

Acenou uma despedida para Guilherme e saiu. Tinha pressa em voltar para Dresden.

XXXVII

TORTURA

A inconsciência, primeiro, e depois, os hábitos adquiridos na inconsciência afastam o ser do caminho reto que conduz às supremas alturas espirituais.

(Angel Aguarod, *Grandes e Pequenos Problemas*)

Amanhecia, quando Germana retornou à ala sul do palácio de Sophia, em Dresden. O cansaço era visível em seu rosto, mas seus olhos brilhavam cheios de energia, e ela caminhava ágil e ereta. Arrastar-se na vida era uma atitude inadmissível para ela e seus modos revelavam suas crenças. Sábia Germana!

Arrastar-se, reclamar, provocar dores maiores do que aquelas colocadas em nossa experiência é uma atitude infantil. Pensar antes de agir, tornar-se consciente de si, de suas motivações, crenças e de seus anseios, isso é crescer e evitar sofrer. Ou, quando a dor for inevitável, optar por não sofrer. O espírito não é criado para sofrer. O sofrimento é permitido às pessoas como meio de aprendizado, para que se tornem invulneráveis ao sofrer. Isso é um dos maus hábitos adquiridos na inconsciência, e é preciso reverter esse processo. Nós desenvolvemos absolutamente tudo em nossas mentes. Tornar-se senhor do seu pensar é o caminho para o equilíbrio, a saúde, a paz e a felicidade. Resumindo, é o caminho para a evolução espiritual. Não dominar a si mesmo, não ter consciência do viver e viciar-se em descontrolemental, com pensamentos pessimistas e alarmistas, em emoções destrutivas, no hábito de arrastar-se, chorando e gemendo no dia a dia, é prostração espiritual em níveis de baixa evolução. E não adianta alegar: não faço mal a ninguém, não mato, não roubo, não isso ou aquilo. Quem não tem consciência de si, quem não pensa e assume o comando da existência, não sabe do que é capaz.

Em geral, buscam o domínio de si em substâncias que os alienam de si mesmos. São os ditos pacientes incuráveis dos males da mente e das emoções. Em geral, necessitam de inúmeras reencarnações para vencerem essa postura inerte diante de si e da vida. Pensar a vida racionalmente e conhecer-se é a cura. Demanda ação pessoal. Há guias, ajudantes, no mundo espiritual e no mundo material, mas o processo de autocura tem de vir de dentro para fora.

Diz-se que todo problema traz em si a solução, e, neste caso, isso é legítimo. O problema da inconsciência no viver traz em si mesmo, no seu inverso, a solução. É preciso libertar-se da preguiça e dos vícios adquiridos na inconsciência, que são forças da inércia.

Na ausência desse empenho, quando a situação beira o insuportável, só resta aos que estão ao redor de alguém assim dar-lhe a contensão externa. Era o que Germana fazia ao lado de Johannes. Acompanhara sua vida, passo a passo, como uma sombra. Ethel jamais permitiu que ela exercesse uma influência direta sobre o príncipe herdeiro, assim, ele tornara-se objeto de estudo e não o que gostaria que ele houvesse sido: seu aluno. Orientara Martha, mas a amiga não fora um exemplo materno. Durante a primeira infância do garoto, os problemas com o marido violento tiravam-lhe o prazer de viver. Martha era imatura. Depois, apaixonara-se por Guilherme, o jovem e atraente novo reitor de Erfurt e conselheiro de Ethel. Jogou-se, de corpo e alma, naquele romance buscando salvar, talvez, a própria sanidade e negligenciou o filho, deixando-o entregue aos cuidados de terceiros. No auge de sua felicidade clandestina, engravidou do amante e isso a forçou a reaproximar-se de Ethel. Nasceu, então, Maurício, seu filho adorado e dele Martha foi mãe extremosa. Em meio a tudo isso, Johannes cresceu. Somente quando os preceptores ingressaram na vida dele, os problemas começaram a ser notados. E a solução para esses problemas? Métodos frios, severos e violentos.

Germana ouvira e aconselhara Martha, pedindo-lhe a tutela do menino, mas isso coincidiu com as acusações de bruxaria, o processo, a prisão e a ira do próprio Ethel contra ela. Ele jamais confiaria a educação do herdeiro a uma mulher, ainda mais de reputação tão duvidosa. Restara-lhe acompanhar o desenvolvimento daquele ser perturbado, vê-lo, dia após dia, afundar na inconsciência, no sofrimento, e desenvolver uma personalidade enigmática e doentia. Após a conversa com Guilherme, retornava a Dresden convencida de que só lhe restava drogá-lo. Não acreditava na possibilidade de desenvolver sequer um tênue equilíbrio em Johannes, como ele manifestara algumas vezes. O sofrimento gerou um monstro cruel.

Espiritualmente, ele precisaria ir ao fundo do poço do sofri-mento, exaurir-se nos próprios vícios de comportamento da inconsciência, para entender que esse não é o destino de nenhuma criatura, mas uma opção pessoal. E esse aprendizado lhe traria a libertação, a retomada da evolução espiritual e a saúde mental. Aquele também não era um trabalho que Germana poderia executar, por isso convenceu-se, ainda mais, de que na vida uma oportunidade de auxílio a outro é, em primeiro lugar, uma oportunidade de aprendizado pessoal.

Germana encontrou Sophia em um dos aposentos do apartamento secreto de Martha naquela ala. Ela dormia recostada no leito. Uma fina camada de pó dos últimos anos cobria os belos móveis e objetos pessoais da falecida princesa. Tudo ali era segredo. Apenas ela, Bernadina e Alvina conheciam aquele lugar. Sophia tornava-se a nova guardiã daqueles segredos.

Em pensamento, Germana pedia perdão a Martha por revelá-los. As três mulheres haviam quebrado a promessa, mas por um motivo nobre. Desejavam salvar a vida de Sophia e orientá-la, pois a jovem era o legítimo cordeiro imolado para redimir os pecados alheios. Ethel não aceitava a verdade em relação a Johannes. Odiava-o, desprezava-o, julgava-o um fraco, um covarde, um fanático, mas era seu herdeiro e só havia uma forma de resolver a linha de sucessão com segurança: um neto, filho de Johannes. Convencido de que o casamento seria a solução e a cura para o filho, exigiu o cumprimento da obrigação dos príncipes de Hessel. Ela testemunhara todos esses fatos e agora, de volta ao convívio próximo com os Wintar, perguntava-se sobre o que ainda veria, pois aquela situação não apontava para um bom fim. Mas Sophia merecia ser ajudada e esclarecida. Germana observou que, ao lado da jovem princesa, estava a caixa de documentos particulares de Martha, na qual ela guardava, entre outras coisas, as cartas de Guilherme.

A tentação e a necessidade de um cochilo fez Germana considerar a ideia de repousar em um divã ao lado da janela, mas, quando se sentava, ouviu os gritos de Johannes.

— Senhor Deus, acalme-o — implorou Germana em um sussurro, atenta ao paciente. — Boas almas que velam por ele, anjo guardião, deem-lhe paz.

Sophia acordou sobressaltada com os gritos, piscando. Ao ver Germana, disse:

— Você voltou, graças a Deus! Eu não sei o que fazer com ele. É horrível!

Germana sorriu, balançou a cabeça concordando, e perguntou:

— O que aconteceu?

— Ora ele fala coisas sem nexo, sem sentido, ora faz inflamados discursos religiosos. Parece não escutar, não importa o que se diga. Tentei falar com ele, mas desisti. Em meio a esses discursos, Johannes se enfurece e muda completamente. Assustei-me! Até a aparência dele muda.

— É a força das emoções e dos pensamentos em desequilíbrio, Sophia. Tanto ele deixou as rédeas do pensamento e das emoções soltas, que agora sufoca em si mesmo.

— Falou em mortes necessárias, que era preciso limpar o ambiente, que maculavam a casa do Senhor, e, em seguida,

começou a esfregar a boca e a língua, como se quisesse lavá-
-las. Arrisquei-me a colocar mais água na cela e falar com ele.
Quanto à conversa, foi o mesmo que nada, mas a água... Ele lavava e esfregava a boca e a língua de tal maneira que pensei
que iria se machucar. Aos berros, pediu bebida. Relutei por uns
instantes, mas acabei fazendo o que você fez ontem e dei-lhe
mais daquela droga. Entretanto, penso que errei a dose. Acho
que dei uma dose menor, pois ele demorou a dormir e dormiu
pouco. Desde então, vem alternando horas de gritaria e agitação com uma prostração absoluta — relatou Sophia. — Isso
sempre foi assim?

— Não. Na verdade, não há um padrão nas crises. Há fatores que desencadeiam e esses sim têm um padrão: sexo, como
já lhe disse. Mas ele é agressivo e violento desde menino, de
diferentes formas. Há um padrão em suas agressões, na forma
como mata. Ou pelo menos tinha até esse episódio em Erfurt.
Eu falei com Guilherme.

— Com o reitor?! Pensei que vocês não se falassem! Ele
não gosta de você — comentou Sophia surpresa e logo levou
a mão à boca, olhando as cartas na caixa ao seu lado. —
Esqueça. Já compreendi tudo. Essa animosidade entre vocês
também não era o que parecia ser. Guilherme era o amante da
princesa Martha.

— Guilherme era o homem que ela amava e que ainda a
ama — corrigiu Germana. — Se alguma crítica cabe a eles, nessa sociedade de valores invertidos, é de não terem sido honestos
consigo mesmos. Cederam à pressão cultural, mas quem sou eu
para julgá-los e condená-los? Martha teria enlouquecido sem ele,
e isso, eu penso, teria sido pior do que ser uma esposa infiel em
um casamento arranjado. Ethel também nunca foi fiel, coisa que
ela agradecia aos céus. Nesse arranjo em que viviam, ela tornou-se útil ao povo e até o relacionamento com Ethel, estabe-
lecendo-se em termos de uma sociedade comercial e política
ganhou um rumo melhor. Educou e casou suas filhas. Se vivem
bem ou mal, eu não sei. Mas, enfim, como diz o povo, ela fez o
que podia e o que esperavam dela. Errou por não fazer o que

queria. Mas, querida Sophia, o preço da inovação é alto. Nem todos têm fibra moral para pagar o que a sociedade e o olhar do outro cobram. Então, escondem-se e optam por terem momentos de felicidade, não por serem felizes.

Sophia conformou-se com a explicação. Havia chegado às mesmas conclusões durante a tarde, pois, afinal, ela fazia o mesmo. Se um religioso, com votos de castidade e celibatário, tornava-se um homem proibido aos olhos da sociedade, mais ainda seria um cunhado. No entanto, essa superfície tão protegida pelos valores culturais ditos corretos era uma mentira, era desonesta em sua essência, em sua profundidade. Mas "ai" daquele que promovesse o escândalo necessário a demonstrar essa verdade! Esses pagariam e pagaram o alto preço da renovação, para que as gerações futuras pudessem viver de forma honesta consigo mesmas e com seus sentimentos e vontades.

Johannes calou-se. Germana agradeceu a Deus, relaxou e reclinou-se. Sophia a imitou, mas antes indagou:

— Não há nada a fazer por ele? Apesar de tudo, sinto piedade desse infeliz.

— Não há, Sophia. Cada um de nós arca com as consequências de ser o que é e do que se tornou. A família tem responsabilidade, os pais também, os educadores igualmente, mas a cada um cabe o domínio de si. Cada um deve encontrar as próprias fontes de força e equilíbrio e a cada um compete, principalmente, o dever de trabalhar para se melhorar. Nada nos isenta do esforço pessoal na conquista e manutenção do equilíbrio e da paz interiores.

Sophia recordou-se dos tempos anteriores ao seu casamento, quando passava as horas dos invernos gelados lendo e conversando com a mãe. "Ana gostaria muito de Germana. Preciso retornar às minhas leituras de bons pensadores. É como minha mãe ensinou-me a manter o pensamento sadio", pensou.

— Isso me faz lembrar Platão — falou Sophia. — Devemos ser educados e instruídos por terceiros durante alguns anos e depois nos autoeducar, trabalhando e aprimorando estudos. Então, devemos assumir um papel atuante na sociedade e, por fim, nos tornar educadores de outros, aprendendo essa experiência em que fomos iniciados.

— Em outras palavras, um processo de aprimoramento moral e intelectual contínuo. Sim, é o que procuro viver. Sou uma criatura adulta, capaz de me autoeducar e isso fará toda a diferença em minha vida. Se fôssemos, Sophia, apenas receptáculos inertes das experiências alheias, Deus seria profundamente injusto. E Ele não é. Eu sou, qualquer um de nós é, mais do que a infância e a juventude que viveu. Não posso alegar que a culpa de ser o que sou é exclusivamente dos outros. Eles podem ter errado, podem ter impresso em mim marcas dolorosas...

— Difíceis — acrescentou Sophia.

— Poderei dizer que são difíceis somente se eu tentar mudá-las e tentar com vontade firme. Do contrário, é justificativa para a preguiça. É fácil dizer que algo é difícil para justificar a inércia — refutou Germana. — Mas, como eu dizia, não devemos ficar presos ao que foi, mas tentar nos tornar o que desejamos ser.

— Johannes ainda tem chance de melhorar, Germana?

— Nesta vida? Não, nesta vida não mais. No futuro, com certeza.

— Você diz... em outras vidas? Você crê nisso?

— Sim, Sophia. Sem a reencarnação, a vida é inexplicável. E a minha razão me diz que a vida, num sentido maior, é profundamente inteligente e lógica. A natureza nos mostra isso. Alguém a criou, alguém muito inteligente criou as coisas como são, profundamente interligadas, partes de um plano muito bem elaborado, muito, muito inteligente. Isso deve ter um propósito, você não acha? Então, se os répteis e animais peçonhentos refletem essa inteligência e organização, não serão os fatos de nossas vidas humanas que estarão ao léu, ao sabor dos ventos. Creio que existem leis universais que também regulam essa fração invisível da existência, que é a nossa consciência. Mais do que filhos dos nossos pais, nós somos filhos de nós mesmos. Somos os reais criadores de quem somos e de quem resolvemos nos tornar, por que acredito que somos livres e responsáveis. As questões são: temos consciência dessa liberdade, aceitamos usá-la, sabemos usá-la, queremos usá-la, ou, simplesmente é cômodo deixar as coisas acontecerem, relegar responsabilidades e decisões aos outros, esperando que alguém resolva e faça as coisas por mim. Eu posso escolher o que fazer com as marcas que outros me deixaram em um período de fragilidade. Posso alimentá-las e me infantilizar pelo resto da existência, ou posso pensar sobre elas, tornar-me consciente de como e quanto elas me influenciam e dar-lhes adeus, recusando-me, conscientemente, a aceitar quando elas pretenderem tomar meu pensamento. Eu digo: *não*. Eu digo: *adeus*. Eu me renovo, pois sou a única senhora de mim. Foi assim, poderosamente livre, que Deus me criou. Entendeu?

Sophia calou-se. Julgava-se uma mulher forte e decidida, e o era, mas sua filosofia de vida era bem menor do que a de Germana. Ela limitara-se, até então, a aceitar o sofrimento, o inevitável e padecer o mínimo possível. A imagem de um cão dócil à coleira era a que representava seu pensamento em relação à submissão e resignação. Germana era um cão dócil sem coleira, pois não abdicava de sua liberdade. Nela, liberdade, submissão e resignação andavam juntas. A grande senhora era a liberdade. Ela dizia quando se submeter, quando se resignar. Eram as diferenças entre pensar a vida humana como uma simples ocorrência de algumas décadas ou como algo imortal, fadado ao crescimento, ao preço do próprio esforço.

Exaustas, as duas mulheres adormeceram por algumas horas, durante os momentos catatônicos de Johannes, quando ele silenciava e caía prostrado, sentando em um canto escuro no chão da cela ou no leito. Alimentava-se muito mal e também estava visivelmente desidratado. Seus olhos permaneciam desmesuradamente abertos. Olhar vazio, imobilidade. Acalmou-se, dizem até hoje. E é nesse estado onde mora o perigo, pois quem despertará dele é uma incógnita. Antigas influências e marcas ancestrais podem emergir trazendo consigo altas cargas de emoção destrutiva ou de culpa, ou ambas.

Imersas nessa rotina, Maurício as encontrou alguns dias depois.

XXXVIII

EXÍLIO

Pois o sábio tem isto de próprio: ele não faz nada contra a sua vontade, razão por que jamais pode sentir remorsos; atua em tudo com dignidade, com firmeza, com seriedade, com honra; não esperando nada, não é surpreendido por nenhum acontecimento; não recebe a lei de ninguém, e não depende senão de si mesmo.

(Cícero, *A virtude e a felicidade*)

— Há algo novo em seu olhar — comentou Maurício abraçado a Sophia, deitado no leito, enquanto observava o amanhecer através da janela dos aposentos da princesa.

— Medo, talvez — revelou Sophia. — Ou tristeza. Sentimentos com os quais não tinha muita intimidade e agora são minha sombra.

— Não diga isso, meu amor. Eu vejo vulnerabilidade, não medo nem tristeza. Você é muito forte, é a minha soberana — lembrou Maurício, afagando-lhe os cabelos.

— E vulnerabilidade não é o mesmo que fragilidade? — questionou Sophia, sorrindo. — Belo jogo de palavras, senhor duque, mas não me convencem. Os dias têm sido torturantes, mas, apesar de tudo, úteis, extremamente úteis, para meu autoconhecimento. Germana é uma pessoa adorável. Espero que ela aceite, por fim, meu convite para viver aqui. Propus-lhe que vá a

Erfurt cuidar de seus amigos e pacientes duas ou três vezes na semana e more definitivamente em Dresden, aqui no palácio.

— Não é. Ser frágil é um estado, uma característica; vulnerável é quem está em uma situação complicada, está predisposto, mas não quer dizer que seja frágil sempre. Entendeu? Medida inteligente convidar Germana para voltar a viver aqui. Ela é uma extensão de minha mãe. É assim que penso nela. As pessoas acham estranho que Germana seja minha madrinha por ser plebeia, mas eu não aceitaria outra. Ela é humana e nobre, como poucas pessoas que conheço. Ela já lhe deu a resposta?

— Ainda não. Apenas me garantiu que, enquanto Johannes estiver em crise, ela ficará o máximo de tempo aqui.

— Fico aliviado. Seria dupla a minha agonia se tivesse que viver os preparativos desse casamento, sabendo que você está sozinha com Johannes completamente transtornado como está. Aliás, eu acho que dessa crise ele não recobra mais a pouca lucidez que tinha.

— Isso é terrível, Maurício. Eu serei a carcereira dele. Preferiria viver entre camponeses, plantando trigo e cevada, dirigindo bois para arar a terra, enrolar feno nos campos, do que ser uma princesa-herdeira que, de fato, é carcereira do marido.

— Agora é tarde para pensar em que escolha você teria feito se soubesse o histórico de Johannes e o que acontece hoje. Escolhemos caminhos sem conhecer o futuro, por isso é tão importante conhecer as pessoas e usar a razão.

Sophia calou-se. Desde que lera os diários e, recentemente, as cartas de Guilherme, tinha curiosidade de saber o quanto Maurício conhecia os segredos de Martha. Mas será que tinha o direito de remexer em velhas histórias, apenas em nome da curiosidade? O que mudaria se ele soubesse? Talvez a certeza de não ser filho de Ethel de Wintar lhe trouxesse dramas de consciência; talvez isso o libertasse dos compromissos com a família; talvez... O mundo das hipóteses é tão incerto quanto o futuro; tudo comporta e nada é certo. É um bom caminho para quem aprecia tortura íntima, desgoverno do pensamento. Auto-conhecimento ajuda a decidir no aqui e no agora, em qualquer situação. Reinos da imaginação e brincadeiras de hipótese do tipo se fizer isso, faço aquilo, se for aquele outro, então... Não dá segurança nem equilíbrio. Gera ansiedade, tortura. A vida não é ensaio, é realização.

Sophia não aceitava rebelar-se contra o sofrimento ou os impositivos. Acreditava em minimizá-los, por isso o mundo das hipóteses era algo que ela silenciava rapidamente, assim que percebia o rumo do próprio pensamento. A jovem princesa calou--se mentalmente. Conhecera Maurício após a morte de Martha, conhecera-o como filho de Ethel de Wintar, como o segundo na linha de sucessão paterna, e, desde o início, soubera do compromisso que o levava de volta ao palácio dos Wintar. Ponto final. Não tinha importância o que tinha descoberto. Servia apenas para alertá-la sobre Johannes, para proteger-se.

— Arrependimento sempre é tardio, não é mesmo? — concordou Sophia. — A única utilidade dele é fazer com que nos debrucemos sobre os fatos dos quais nos arrependemos, para que possamos apreender a lição do que não fazer e para encontrar um caminho de reparação da falta cometida, nada mais. Não sou católica o bastante para ajoelhar-me e ficar batendo no peito, gritando e chorando minhas culpas e meus arrependimentos. A vida segue em frente, você tem razão. Basta de passado!

Sophia olhou as luzes do amanhecer. Eram o presente e o futuro constantes. O futuro só poderia ser construído no presente. Decidida a viver cada dia de uma vez, sem arrastar as dores do ontem nem agoniar-se pelo amanhã, Sophia virou-se nos braços de Maurício, ficando face a face com ele. Com os olhos brilhantes, disse sorridente:

— Amanhece. O que importa é o presente. Eu não sei o que acontecerá no futuro, mas agora... agora estou feliz por estar com você. Eu o amo muito. Acho que tanto quanto Germana ama mestre Ingo. Eles se amaram durante toda a vida e viveram separados, mas nem por isso foram infelizes. O amor tem a capacidade de tornar feliz aquele que ama. Eu sou e serei feliz por amar você. Sei que, por questões sociais e familiares, seguiremos caminhos separados e isso é fato aceito desde o início. Algo mudará para você no futuro?

— Não. Eu a amo. Não pretendo me afastar de você. Margareth saberá que será minha esposa, não a minha amada.

— E quanto aos filhos, Maurício?

— Serei o pai de todos os filhos de minha esposa. Foi isso que aprendi, Sophia. Todos serão descendentes dos Wintar. É o que diz a lei, a religião, a sociedade, e isso encobre tanta coisa! Por que comigo seria diferente? São muito raros os casamentos em que o amor e o dever andam lado a lado.

— Espero que sejamos felizes, querido.

— Tanto quanto pudermos ser — afirmou Maurício categórico. — Tanto quanto nossas mentes nos permitirem ser.

— É o protegido de Germana falando — brincou Sophia. — A vida é o que cada um faz dela.

Maurício meneou a cabeça afirmativamente.

Os dias correram. Maurício partiu convicto de que Johannes não tornaria à lucidez. Precisava falar com Ethel. A pressão sobre Sophia para gerar um herdeiro tinha que acabar. Porém, no primeiro encontro, na primeira manhã após sua chegada, mal entabulou o assunto e Ethel já o atropelou, colérico:

— Que me importa se ele é ou não louco? Johannes sempre foi esquisito. Essa não é a primeira vez que me relatam estado semelhante. Por acaso, você pensa que, sendo ele o primeiro na linha sucessória, eu não sabia disso? Eu não sabia dessa... não sei como chamar. Todos os médicos que ouvimos nos disseram que, aparentemente, ele tinha boa saúde. Joahnnes era um pouco frágil fisicamente, sempre foi mais frágil que você. Na infância, muitas vezes, ele precisava ser forçado a comer, e depois começaram as malditas diarreias. Ele é um fiasco de homem. Pensou que eu não soubesse disso, Maurício? Eu sei! Mas, ele é capaz de procriar. E é isso que eu quero: um neto, filho do meu legítimo primogênito.

Maurício desistiu. Aquela declaração era a confissão velada das intenções de Ethel quanto à sucessão. Nenhuma novidade.

"Nada de novo sob o sol", imaginava. Ethel não pretendia entregar o poder aos seus descendentes diretos. Johannes não passaria da condição de príncipe-herdeiro.

— Eu concordo com seu pensamento quanto à incapacidade de Johannes para governar, pai. O senhor está certo. Mas como Sophia poderá engravidar de um homem que não se interessa por sexo? Que, neste momento, não se sabe em que mundo vive? Agora, não é justo pressioná-la.

— Você defende muito aquela mulherzinha — comentou Ethel desconfiado, encarando Maurício.

— Tenho piedade dela — respondeu Maurício, firme por dizer uma ínfima parte da verdade.

— Piedade?! Nem sabia que você era dado a essa virtude cristã! Aliás, você se esquiva da Igreja. Já lhe disse que não é uma boa política.

Rapidamente, Maurício aproveitou o gancho na conversa e mudou o rumo do assunto, falando das questões políticas em torno da Reforma, dos acordos entre os príncipes, de algumas dissensões. Tornaria a ele em outro momento, ou conversaria com Sophia quanto a uma forma de encerrar aquela discussão definitivamente. Era um plano ousado e até cruel, que se desenhara naquele instante em seu pensamento. Necessitava refletir, medir prós e contras, mas se necessário fosse...

— A menina Margareth chegará amanhã — anunciou Ethel, também mudando o rumo da conversa, voltando aos acordos de casamento dos filhos.

— Eu sei. Por que acha que estou aqui? — respondeu Maurício.

— É um acordo muito vantajoso, que traz um grande dote! Além disso, é uma família aliada e influente.

— Também sei disso. Aonde quer chegar, pai?

— Apenas lembrá-lo de seus deveres com a casa de Wintar, nada mais.

— Ah, está bem. Eu honrarei nossos compromissos, pai. Todos. Se ter netos é o seu sonho, os terá. Aliás, minhas irmãs casadas logo terão filhos. Soube que Eliza e Olga estão grávidas.

— Os filhos delas carregarão os nomes dos pais, não o nosso.

— De novo a questão do sucessor — resmungou Maurício.

— Sim, isso é importante para alguém como eu. Sobre você não pesa o comando de milhares de pessoas e bens, Maurício. Você não se importa com a tradição e perpetuação do nome Wintar, mas eu — e bateu no próprio peito — me preocupo.

— Certo. Eu entendo. E lembre-se de que eu sei, sim, o que significa exercer comando. Meus filhos estarão distantes da linha de sucessão, mas, se lhe serve de consolo, a perpetuação do nome Wintar eu posso garantir. A vida é irônica, às vezes, não é verdade? — provocou Maurício.

— Qualquer homem sabe que os filhos de sua esposa serão seus filhos, Maurício. Eu ensinei-lhe isso, mas seu irmão jamais se interessou... Não podemos fazer mais do que escolher uma mulher jovem, saudável e de uma honrada família. Cuidar para que seja fiel pode ser um exercício exaustivo e desinteressante. Aguardarei sua opinião daqui a três ou quatro anos. Nesse assunto, somente reconheço autoridade para falar se tiver experiência pessoal. Conjecturas não servem para nada na vida real.

Maurício calou-se. Ethel era terrível. Apesar de terem um bom relacionamento, discordavam em vários pontos de vista, mas, quanto ao que ele acabara de declarar, não tinha argumento válido. E precisava reconhecer que, mesmo com toda a sombra que pairava sobre seu nascimento, Ethel jamais titubeara em tratá-lo como filho, em defendê-lo e educá-lo. Reconhecendo isso, embora também não soubesse mais do que boatos a respeito de um romance secreto de sua mãe, não podendo afirmar, portanto, se era ou não filho de Ethel, Maurício disse:

— Obrigado, meu pai, por tudo que me ensinou. Acredite, essa é uma lição que eu saberei honrar.

Ethel encarou Maurício e mais uma vez questionou aos céus por que ele não fora o primeiro filho a nascer de Martha. Pouco lhe importava a certeza de ser ou não seu pai biológico. Gostava de Maurício, educara-o, e ele respondera bem aos seus ensinamentos, aí estava sua obra. Se ele era realmente filho de outro, não fora esse homem misterioso e distante que acompanhara o desenvolvimento do menino, não fora ele que o viu tornar-se homem. Fora ele, Ethel. Por isso, Maurício era seu filho.

— Jamais se arrependerá disso, meu filho — respondeu Ethel com um raro pequeno sorriso no rosto e um brilho de afeto no olhar. — Você é um Wintar! Pensa e age como um Wintar. É meu filho. Tenho orgulho de você.

Ethel deixou a sala, e Maurício, por alguns instantes, sentiu vergonha de ter cogitado enganar o pai para proteger Sophia. E propôs-se, quanto a esse assunto, deixar que o tempo e a natureza decidissem os rumos. Não forçaria a situação, gerando um herdeiro em nome de Johannes. Não teria condições de dar um filho a Sophia e abandonar a criança naquela situação medonha. E também aquele não era um plano isento de riscos, afinal, quem poderia saber do que o irmão era capaz?

Nesse estado de alma, o duque Maurício de Wintar casou-se com a nobre Margareth de Friedenburg. Evento pomposo e concorrido, porém não tanto quanto o casamento de Johannes e Sophia.

Margareth era uma jovem meiga e inocente, quase uma criança. Seu corpo estava longe de lembrar as curvas de um corpo de mulher, pois ela tinha apenas treze anos. Sua pureza e fragilidade comoveram Maurício. Tinha piedade daquela vida tão jovem que lhe era entregue. Aquela criança não sabia nada da vida e talvez demorasse muito a compreender o quão complexa era a família da qual se tornava membro.

Durante a recepção, Maurício aproximou-se do pai e comentou:

— Ela é muito jovem! Tem certeza de que não é ainda uma criança?

— Os pais deram-me a palavra, são honrados — rebateu Ethel. — Sua mãe era igual a ela quando nos casamos. Dará certo. É melhor assim, Maurício. Quanto mais jovem, mais e melhor se amoldará às suas vontades. Já nos basta uma insurgente revoltosa na família. Eu mesmo li o contrato de casamento dessa vez.

— Isso é parte das limitações impostas a Albrecht — lembrou Maurício bebericando o vinho em sua taça. — Ele não está conformado com a limitação de suas atribuições à administração do palácio.

— Eu não perguntei se ele estava satisfeito ou não — retrucou Ethel. — Ele é o que é: administrador do palácio, nada mais.

— Pouco mais que o mordomo — completou Maurício rindo. — A empáfia dele está em agonia.

— Não me importo. E, agora, vamos aproveitar que a nobreza cristã está reunida e medir como andam os ânimos para o próximo confronto com o novo imperador.

E ambos circularam juntos pelo bonito e luxuoso salão de recepção do palácio de Wintar. No fundo da mente de Maurício, porém, jazia a informação de que Martha, quando se casara com Ethel de Wintar, se assemelhava à sua noiva. A história se repetia e se repetiria com muitas jovens ainda, mas não necessitava repetir todos os erros do casamento dos pais. Pretendia, ao menos, tentar.

Três meses depois, o mensageiro de Sophia batia às portas do palácio de Wintar no meio da noite.

— O que deseja? — perguntou o mordomo sonolento após a identificação do mensageiro.

— Mensagem urgente ao príncipe-eleitor Ethel de Wintar da parte da princesa-herdeira Sophia Hessel de Wintar.

— Não pode aguardar até amanhã?

— Eu disse: urgente. É notícia fúnebre — adiantou o mensageiro.

— Ah, meu Deus! — exclamou o mordomo. — Entre. Eu mesmo avisarei ao príncipe-eleitor. Aguarde aqui.

O mordomo correu escada acima até os aposentos de Ethel, despertou o criado pessoal do duque e deu-lhe a notícia. Pouco tempo depois, Ethel descia as escadas em trajes inferiores enrolado em uma manta de lã de ovelhas.

— Entregue-me — ordenou ao mensageiro.

A carta de Sophia era breve e direta.

"Comunico-lhe que meu marido Johannes de Wintar foi encontrado morto em seus aposentos. As cerimônias funerais serão realizadas em Dresden, porém aguardo-o pessoalmente, o mais breve possível, para decidir o local do sepultamento. Receba meus votos de pesar."

— Isso aconteceu ontem? — perguntou Ethel ao mensageiro.

— Sim, senhor. Logo cedo. Eu nem tinha feito a primeira refeição, quando a princesa me entregou essa carta e a missão de trazê-la.

— Sabe alguma coisa a respeito da morte de meu filho?

— Não muito, Alteza. O príncipe Johannes estava muito doente. Já fazia alguns meses que pouco era visto. Diziam que a doença era grave, mas é tudo que sei.

Ethel voltou-se para o mordomo e para o criado pessoal, que o seguira e acompanhava o diálogo a poucos metros.

— Nossos pêsames, Alteza — disseram eles baixando a cabeça reverentes e contritos.

— Preciso partir imediatamente — comunicou ao criado pessoal e ordenou ao mordomo: — Mande um mensageiro à residência do duque Maurício com a notícia. Quero que ele me acompanhe nessa viagem.

— Perdão, Excelência. O duque já foi avisado. Entreguei-lhe pessoalmente a mensagem da princesa Sophia pouco antes de chegar aqui. Ficava no caminho — informou o mensageiro.

Ethel ficou rubro, mas calou-se. Mais uma prova da íntima relação de Sophia com Maurício, e aquilo o desagradava.

— Mesmo assim, mandem avisá-lo de que partiremos juntos.

O mensageiro calou-se, o mordomo obedeceu às ordens de Ethel e o criado já havia desaparecido para arrumar a bagagem do exigente amo.

Horas e algumas discussões depois, Ethel e Maurício chegaram a Dresden. Conforme convinha, o palácio, a criadagem e a própria Sophia trajavam-se de luto fechado. Véus negros disputavam espaço com os brasões e estandartes. Maurício baixou os olhos ao deparar-se com Sophia trajada de veludo negro. Estava linda, mais altiva e madura. Não havia comparação com a criança que tinha por esposa e estava grávida. Diziam-lhe que a natureza era sábia e que o corpo da mulher fora criado para parir, mas ainda, sim, as formas muito juvenis e o rosto infantil de Margareth, não combinavam, aos seus olhos, com a barriga de grávida. E ele sentia-se miseravelmente culpado por aquilo. Em Sophia, ficaria deslumbrante.

— Como aconteceu? — indagou Ethel encarando-a com olhar sinistro e suspeito. — Quero investigar tudo o que aconteceu. Essa morte, nessas condições, lhe traz muitas vantagens, senhora.

— Todas as "vantagens" não são suficientes para comprar uma guardiã de Hades, Alteza. Eu não sabia que seria equiparada a seres mitológicos e... — Sophia calou-se, mas sua intenção era jogar no rosto de Ethel a situação real omitida nos preparativos do casamento. — Nada mais disso importa. Nossos vínculos, hoje, estão desfeitos. Após os funerais e as cerimônias póstumas, eu pretendo afastar-me daqui e não nos veremos novamente. Quanto à sua investigação, fique à vontade. Inclusive, dadas as circunstâncias em que o fato aconteceu, eu providenciei para que os senhores tivessem acesso à cena e ao local da morte, mantendo-os exatamente como estavam. Permiti apenas que fechassem os olhos do falecido. Por favor, me acompanhem.

Maurício meneou a cabeça e apertou as mãos. Aquilo não era um bom prelúdio, estava fora dos padrões, mas a vida de Johannes foi muito distanciada dos padrões e sua morte não seria diferente. Apesar de tudo, sentia certo alívio mal disfarçado em todos e no ambiente pelo luto fechado. Após o casamento, suas visitas a Sophia tinham sido breves, mas sabia que um dos endereços do inferno na Terra era o palácio da princesa, em Dresden. Ela adquirira uma extensa propriedade em um povoado mais afastado, quase na fronteira oeste da Saxônia, e Maurício suspeitava que Sophia se mudaria para lá.

Ethel espantou-se quando ela sacou as chaves e abriu a porta de acesso à ala sul. Uma construção encravada no interior do palácio, que não era visível do exterior.

— Não conheço essa parte do palácio. Isto foi restaurado. Era uma ruína, uma área interditada e inutilizada pelo meu pai, quando ainda era menino — revelou Ethel.

— Ah, eu desconhecia essa parte da história. Perguntava-me como ela havia sido construída sem que ninguém soubesse. Agora, entendo que foi uma restauração. Mais fácil de ser escondida e mantida em segredo — respondeu Sophia. — Pois bem, Alteza, informo-lhe que a restauração foi feita por sua esposa, a falecida princesa Martha. Ela mandou fazer um quarto especial para Johannes aqui e era para onde o trazia, desde a adolescência, quando aconteciam essas crises de comportamento. Germana mostrou-me esse lugar, contou-me como a falecida princesa lidava com o problema e eu segui os passos dela. A princesa Martha tinha aqui um apartamento pessoal, que dividia com Germana, e essas são as primeiras portas. As duas primeiras eram os aposentos da princesa Martha e as seguintes os de Germana. Ao final do corredor, o senhor poderá ver o aposento especial de Johannes.

Ethel tinha os olhos arregalados e irados. "Os segredos de Martha o perseguiriam até quando?", questionou-se.

— Inclusive foi aqui que ela foi encontrada morta, esfaqueada e mutilada. Tenho provas do que digo. Portanto, Alteza, peço-lhe que cesse sua "violenta vingança" contra os campo neses. A causa social e religiosa, que sacode nosso povo, não teve nada a ver com a morte da falecida princesa. Ela foi assassinada por Johannes, assim como as outras mulheres, casos que o senhor conhece. Seu filho era um homem profundamente doente e tinha a mente insana. Era um homem muito perigoso. A única forma de controlá-lo era mantê-lo aqui — disse Sophia parando em frente à porta da cela. — Ainda assim, servia para proteger os outros.

Sophia abriu a porta e o cheiro de putrefação engolfou-os numa lufada. Maurício tossiu, Ethel resmungou pelo mau cheiro, e ela apenas lhe cedeu espaço, demonstrando com um gesto que deveriam precedê-la.

— Santo Deus! — murmurou Maurício, persignando-se à visão do interior da cela.

Ethel primeiro virou o rosto, recusando-se a contemplar a cena.

— Isso não era necessário — falou a Sophia, revoltado.

— Sim, era necessário. O senhor mesmo disse que desejava investigar todos os fatos. Como imaginei que essa seria a sua reação, fiz questão de preservar tudo intacto, exatamente como eu, Germana e o criado pessoal de Johannes encontramos na madrugada de ontem. A única coisa que não sei lhe responder foi como e quando ele apanhou a faca na cozinha e a escondeu aqui. O utensílio era usado para desmembrar os porcos e as ovelhas nas matanças. Acredito que na semana passada ele deve tê-la roubado da cozinha.

— Então, ele tinha acesso às outras dependências do palácio? — questionou Ethel.

— Eu fiz exatamente o que sua falecida esposa fazia: mantive as aparências. Quando Johannes estava relativamente sob controle, ele vivia no palácio. Nós o vigiávamos e mantínhamos distância dele, mas era necessário que o povo o visse — esclareceu Sophia, friamente parada sob o batente da porta. — Vou deixá-los à vontade para examinar o que desejarem. Aguardarei-os nos antigos aposentos da princesa Martha.

Sophia virou-se e caminhou a passos largos para o refúgio que se tornara seu nos últimos meses. Entendeu por que eles existiam na mesma ala. Somente ali, não precisava ver ou atender a quem quer fosse, nem responder perguntas sobre o marido. As portas do inferno eram, inacreditavelmente, um lugar de paz para sua carcereira e guardiã. "Deveria ter adotado o preto em meus vestidos bem antes, pois sinto-me de fato um anjo negro", pensou Sophia ao desabar sobre uma poltrona na antessala.

— Quer um chá? — ofereceu Germana, acomodada na outra poltrona ao lado da janela. — Eu mesma fiz.

Sophia, sem abrir os olhos, balançou a cabeça afirmativamente e sussurrou:

— Não vejo a hora de esse pesadelo terminar.

Na cela, Maurício cobria o nariz com a lapela do casaco e Ethel com a mão, enquanto se obrigavam a examinar o local com os olhos, pois não se atreviam a perambular naquele espaço exíguo.

No chão, sobre a poça de seu sangue seco, estava o corpo nu e esquálido de Johannes, caído de bruços, com as pernas encolhidas, um braço sob o tronco e o outro aberto com a faca ensanguentada firmemente presa na mão, como se ele a houvesse segurado com muita força nos estertores de sua dolorosa morte. O corte da garganta fora profundo e preciso. A cabeça estava virada para parede e os olhos fechados. Porém, os rictos de horror estavam impressos em sua face. Maurício agradeceu mentalmente a piedosa atitude de quem havia fechado aqueles olhos, preservando os outros da visão dos sentimentos desequilibrados de seu irmão. No outro lado da cela, a uma altura de um metro e pouco do piso, havia uma grande mancha de sangue na parede e viam-se alguns pedaços de carne humana nela. O olhar dos homens foi atraído para a mancha e seguiu o risco de sangue até solo.

— Não! — falou Ethel assustado.

Maurício, mais no domínio de si mesmo, pegou a tocha que iluminava a cela e estava ao lado da porta e direcionou a luz ao lugar que vislumbrara minutos antes e depois ao piso. Por fim, reconheceu pele e órgãos sexuais masculinos no amontoado de sangue.

— Ele fez consigo o que fez com os outros — admitiu Ethel.

— Basta, meu filho. Vamos deixar que limpem tudo isso. Ulrich declarará a morte de Johannes por causas naturais. O cadáver será exposto o mínimo necessário e o sepultamento será rápido. Aqui mesmo, em Dresden. Mande chamar o bispo. Eu acertarei o local de sepultamento de Johannes na cripta da catedral.

Após os funerais e as cerimônias oficiais aos quais devia comparecer como viúva, Sophia mudou-se. Queria viver um exílio voluntário de paz e distância de toda aquela história. Somente Maurício conhecia sua nova residência. Germana retornou para sua casa em Erfurt e retomou a rotina de sua vida, e Otto tornou-se assíduo frequentador de sua casa na companhia de Ingo e Blick.

XXXIX

RAINHA SEM COROA

*Não se pode senão concordar com palavras exemplares,
mas o importante é retificar a si mesmo. Não se pode
senão ficar satisfeito com palavras elogiosas, mas o
importante é reformar a si próprio. Nada posso fazer
com o homem que concorda com esses preceitos,
mas que não se retifica a si próprio, ou com o homem
que fica lisonjeado mas que não reforma a si próprio.*

(Confúcio, *Os analectos*)

Um longo e frio inverno sucedeu a partida de Sophia para as montanhas. Da janela de sua residência, via os picos cobertos de neve e a vegetação sem folhas. Nos dias iluminados pelo sol, aquela paisagem transmitia disposição, vigor, e sair de casa era dizer sim ao desafio. Gerava uma sensação de bem-estar, disposição e poder, que somente os dias frios e luminosos podem dar. Mas, quando o céu ficava cinzento, aquela mesma paisagem tornava-se lúgubre, pesada, ameaçadora e impunha o confinamento em abrigos, despertando a piedade aos seres que eram obrigados a expor-se às intempéries. O que pode a visão humana! Que imenso poder! Nossas escolhas são influenciadas a partir do que vemos e de como vemos algo. Se decidimos não pensar, a rápida percepção dirige as emoções, e a vida pode tornar-se uma roda de moinho, movendo forças naturais de um lado a outro, sem ir a lugar algum.

Essa foi a existência de Ethel de Wintar, que chegou ao fim em extrema agonia naquele longo e triste inverno, poucos meses após o suicídio de seu primogênito. O senhor de Wintar foi sepultado em um dia cinzento. Se fosse um homem comum, seu cadáver teria baixado à terra apenas pela obrigação do coveiro de cumprir seu trabalho. Mas ele era o príncipe-eleitor e tinha um vasto território de ação tanto material quanto nas esferas psíquicas — ou seja, outros lhe outorgavam grande poder, lhe rendiam submissão e lhe cobravam benefícios. Como é típico de quem se submete, o preço é o suborno. Então, vencendo as barreiras do confinamento de um dia frio e cinzento no inverno germânico, Ethel de Wintar desceu à sepultura cercado de pompa e de gente, mas sem nenhum amigo que lhe derramasse uma lágrima sincera, demonstrando que sentiria sua ausência, exatamente como viveu. Assim na Terra como no Céu, é a lei.

Maurício tornou-se o sucessor de Ethel, e o povo respirou aliviado. Sentado no jardim da universidade, Ingo meditava com Blick colado a suas pernas, aquecendo-o com seu calor e sua amizade canina. "Quanta inutilidade fazemos tentando controlar a vida! Quanto desperdício de tempo e energia! Quantas preocupações em vão! Controlar a vida é uma grande ilusão de alguns homens, e eu me incluo nisso. Quanto mepreocupei com o futuro de nosso povo sob o comando de alguém despreparado... Que Deus tenha piedade de sua alma! Sob o comando de um doente incurável à nossa ciência atual... E eu não vi o quão doente ele era. Só consegui perceber depois que ele fez o que fez consigo mesmo. Minha visão física se foi. Não vejo a luz nem as cores, apenas escuridão em todas as horas do dia. Estranhamente, isso tem me despertado a enxergar com os olhos da alma, com os olhos do pensamento. Eu tenho percebido coisas que antes passavam por meus olhos, cobertas de véus de ilusões. A vida provê o melhor em todas as circunstâncias, porque Deus está no leme dessa nau e eu sou seu passageiro. Meu papel é aproveitar a viagem. Ele conduz. Ele me ampara. Eu caminho. Simples! Mas quanto anos de minha existência se foram e quanto tempo desperdicei sem ter a clareza desse raciocínio? Quantas vezes li e recitei os versos de Davi, sem entendê-los em sua essência e sem senti-los?! Quantas vezes repeti: "O Senhor é meu pastor e nada me faltará"? Mas quão poucas vezes agi interna e externamente conforme esse saber! Quanta angústia, ansiedade, preocupação... Quantas palavras e ações em vão dirigidas por essas emoções! Sem compreender que não está em minhas mãos dirigir a vida, quanto sofri? E agora ainda vejo que muitos homens sofrem bem mais e fazem os outros sofrerem por terem a pretensão de guiar a vida. Ela é muito maior e mais bela do que qualquer um de nós. E, importante, mais sábia. Eu não sei, nem jamais saberei, se Davi encontrou a paz ao formular seus versos, mas eu, hoje, penso neles como se fossem a equação linguística da paz. É impossível ter paz interior sem reconhecer e sentir que a vida está nas mãos de Deus e sábios são todos os seus caminhos; que precisamos aprender a caminhar e dar sentido às nossas experiências nessa viagem de descobertas tão lindas e profundas, que é o viver. É impossível ter paz interior sem banhar mente e corpo nessas águas calmas e tranquilas desse pensar libertador da confiança em Deus e caminhar conscientes, senhores apenas de nós mesmos. E, dito assim, parece tão pouco, mas não é. Nada na vida é pouco ou pequeno. Somente um arrogante ou um néscio pensam assim. Há tanto em tudo! Nada é inútil. Cada coisa é uma semente. Cada coisa que morre se transforma. Nada se perde, nada desaparece ou perde função, apenas se modifica. É assim até com as fezes de Blick, com as minhas, com o esterco das vacas e galinhas. Isso é sabedoria, inteligência acima da condição humana. É ação da inteligência divina. E eu, com minha arrogância, desejo controlar o que nem sequer compreendo em sua totalidade, menos ainda em sua essência: a vida. Se assim é com as coisas naturais, como as fezes de Blick, como não serão ainda mais sábias as leis naturais que regem as ações humanas? Nelas também não há desperdício, não há o que seja tão pequeno que não mereça atenção. Logo, nada passa despercebido. E somos livres para investigar e aprender tudo que existe neste universo infinito e é nisso que devemos nos ocupar. Não em controlar a vida ou os outros. Mas em aprender a viver, em desvendar a vida. É esse o sentido de estar aqui, de existir.

Otto aproximou-se interrompendo a meditação de mestre Ingo e ofereceu:

— Quer que leia a última obra de Erasmo que chegou à universidade essa semana, mestre?

— Como se chama, Otto?

— *De libero arbitrio*, mestre. É sobre o livre-arbítrio humano — informou Otto.

— Óbvio. É o que diz o título. Não imaginei outra coisa. Neste nosso mundo tomado pelo medo, defender a liberdade humana de agir e escolher pode igualar-se ao canto do cisne. O medo é algo tão dominante e opressor que o medroso revolta-se contra a liberdade. O cárcere lhe é confortável. Cego, não vê que morrerá à míngua de luz por vontade própria, em um mundo iluminado por um astro-rei.

— Mestre! Que bonito isso que o senhor disse! Eu posso escrever o que tem me ensinado?

— Escrever? Para quê, Otto?

— Para aprender mais, para consultar quando for preciso.

— É, parece útil, mas não pode se tornar um livro de receitas, Otto. A vida é descoberta. Prender-se a fórmulas prontas nunca excederá meus passos ou os passos de quem mais resolver seguir as anotações. Pense acima de tudo, faça seu próprio caminho. Use as minhas descobertas como bússola, se concordar que elas apontam um norte seguro para você. Mas vá além. Prometa-me isso e o deixarei tomar anotações.

Emocionado com a confiança do mestre em suas capacidades e com lágrimas nos olhos, Otto respondeu solene:

— Eu prometo.

Nos primeiros dias da primavera, Maurício subiu as montanhas ao encontro de Sophia, levando consigo fardos preciosos.

Ao recebê-lo, após meses de ausência, ela correu para abraçá-lo forte. Feliz em revê-lo, foi aninhada em seus braços que viu Alfredo carregando um cesto infantil. Sophia ergueu a cabeça, encarando Maurício com um olhar interrogativo.

— Se você aceitar, eles serão nossos filhos — respondeu Maurício, sério.

— Nossos filhos? Não entendo — respondeu Sophia.

— Margareth morreu no parto há quatro dias. Germana conseguiu salvar as crianças. A menina é mais frágil e inspira cuidados. Os médicos não queriam que eu viajasse com eles, mas nossa amiga aceitou me acompanhar. Você é a mãe dos meus filhos, Sophia. É em você que eu confio para educá-los, não os entregaria a outra pessoa. Você nos aceita? Agora, somos livres.

Os olhos de Sophia brilharam e ela afastou-se de Maurício para ir ao encontro de Alfredo. Sorrindo ao cumprimentá-lo, disse:

— Deixe-me ver os nossos pequenos.

Alfredo afastou o tule que cobria a visão do cesto.

— Ah, como são pequenos! — exclamou Sophia dividida entre o encantamento e o receio despertado pela fragilidade dos bebês. Com a ponta dos dedos, acariciou as faces miúdas. Sorriu ao ver o menino bocejar, mas afligiu-se com a inércia da pequena. Sentindo o coração apertado, imediatamente deu ordens para acomodá-los e, esquecida de todo o restante que tinha a conversar com Maurício, perguntou:

— Você disse que Germana o acompanhou... Onde ela está? Precisamos cuidar dessa menina, aquecê-la. Ela está muito fria, mas respira. Eles nasceram no tempo normal?

E, ao pronunciar em voz alta a referência ao nascimento, lembrou-se de que a mãe deles havia morrido. Não conhecera Margareth, mas, em pensamento, prometeu-lhe que seus filhos honrariam sua memória e conheceriam as lembranças da mãe que os gerara. Haveria no coração das crianças espaço para duas mães. Sendo assim, desejava que ela ficasse em paz e livre onde estivesse.

— Quais são os nomes deles? — perguntou Sophia, antes que Maurício respondesse a outra questão.

Ele sorriu. Era aquela agilidade mental que tanto amava em Sophia. Ela era uma conselheira valorosa. Pensava com ele.

— Germana foi direto à cozinha para renovar as bolsas de água quente com que estava mantendo a pequena aquecida.

E eu não lhes dei nomes ainda, Sophia, pois gostaria que você fizesse isso.

— Margareth não disse nada a respeito?

— Não, era uma criança. A pobrezinha ficou muito assustada com a gravidez. Sinto-me culpado por tudo isso, embora eu tente me convencer de que tudo isso é natural e está certo. Ainda penso que não poderia nem deveria ter casado com uma menina tão jovem, muito menos tê-la engravidado, mas...

Sophia voltou-se para Maurício e olhou-o séria. Tomando-lhe uma das mãos e apertando-a suavemente entre as suas à guisa de conforto, disse-lhe:

— Você fez o que esperavam que fizesse, Maurício. Eu também fiz isso. Sentimos que não era bom, que era contrário à nossa vontade, mas tivemos a liberdade de aceitar ou não. Por fim, pensamos e decidimos fazer o que todos faziam. Se haverá um preço para isso, se somos culpados por ceder às imposições sociais, o futuro dirá. Atormentar-se não resolverá nada. Já está feito. Podemos mudar, agir de outro modo, daqui para frente.

EPÍLOGO

CONSCIÊNCIA EM ANÁLISE

— *De que maneira se instruem os Espíritos errantes,
pois certamente não o fazem do mesmo modo que nós?*
— *Estudam o seu passado e procuram os meios de se
elevarem. Veem, observam o que se passa nos lugares
que percorrem; escutam os discursos dos homens mais
esclarecidos e os conselhos dos Espíritos mais elevados
que eles, e isso lhes proporciona ideias que não possuíam.*

(Allan Kardec, *O Livro dos Espíritos*,
cap. VI, item 227)

Ponto final. Atitude ora tão simples, ora tão complexa de ser
tomada. Em meu estúdio, ouvindo os acordes de Chopin, olhei as
páginas escritas por aquela insaciável paixão assassina, que moveu Johannes de Wintar em sua última existência. Em meu coração, a obra estava acabada, mas não somos apenas emoção.
Parte de mim ainda estava presa àquela narrativa, que me deixava
desconfortável, com a sensação de algo inacabado. Faltava dizer-lhe por que escolhi essa história e a escrevi dessa maneira.

Eu passeava pelos jardins da instituição, observando o movimento e as criaturas, e o meu olhar foi atraído por um recanto um
pouco distante de onde me encontrava. Havia um rapaz cercado
de livros, sentado em um banco à sombra de uma árvore florida,
e, a seu lado, meu amigo Ricardo ouvia-o atentamente.

A fisionomia do rapaz era-me desconhecida e isso indicava que se tratava de um recém-chegado à nossa instituição. Estar sob a tutela de Ricardo dava-me outra pista: caso complexo envolvendo religião e sexo, questão a que ele vinha se dedicando após sua reabilitação, trabalhando como um socorrista. Ricardo traz para atendimento na instituição espíritos que se vincularam em suas experiências materiais, de alguma sorte, a questões nas quais ele também tropeçou. É a autoridade moral de ter caído, aprendido, levantado e seguido outro rumo, evitando o que o fez sofrer e buscando a felicidade e a evolução no trabalho. Observei-os. O rapaz parecia calmo, afetuoso, falava ponderadamente e carregava livros de autores que aprecio. Quem seria? Parecia tão bem! Por que Ricardo o monitorava?

Senti a mão grande e quente de Georges tocar-me o ombro. Quebraram-se minhas ideias e análises e foi-se a concentração, mas sorri. Não há como deixar de sorrir para Georges, pois ele transmite alegria à distância.

— Bom dia, amigo! — saudei-o.

— Bom dia! Qual a razão desse milagre de encontrá-lo passeando?

— Concluí o trabalho que estava realizando. Estou em férias. É a época de retornar mais intensamente ao convívio social — respondi debochadamente solene.

— Hum. Está aberta a temporada de caça — respondeu-me Georges.

— É meu esporte favorito — comentei.

Georges acompanhou meu olhar na direção de Ricardo e do rapaz desconhecido.

— Hum, certo. Entendi. Já sabe alguma coisa ou foi puro faro, José?

— Puro faro — comentei imitando um cão farejador.

— Será atendido hoje à noite, no grupo mediúnico. Ricardo esmerou-se para trazê-lo até nós. Ele esteve desde a época da Reforma vivendo no pátio da universidade de Erfurt, na Alemanha. Foi Sig quem intercedeu por ele e trouxe o caso para nossa instituição. Ainda não tive contato com ele, mas Ricardo fez uma minuciosa pesquisa sobre esse rapaz. Já li o material. Se quiser, posso passá-lo para você. Uma mente complexa, adianto-lhe. Muito perturbado.

— Estranho, parece tão calmo.

— Aparências enganam. Prefiro o contato e a observação pessoal e direta...

— Prolongada e paciente — interrompi e completei.

Georges riu.

— A vida tem bilhões de anos e sempre operou lentamente, com cada coisa em seu tempo e lugar. Eu procuro aprender com o que admiro. Realmente, não tenho pressa para formar opiniões, emitir ideias, e, de mais a mais, o ser humano é imprevisível. É livre. Então, sem moldes, receitas, formas, teorias para encaixar, enquadrar, classificar. Não é assim que trabalhamos aqui. Prefiro aguardar a revelação do íntimo de meus pacientes. Ajudo-os, observando e questionando o que vejo, como se eu fosse um espelho falante, como aquele da bruxa malvada da Branca de Neve.

— Os crimes da vaidade? — indaguei olhando o rapaz.

— Talvez. Preciso observá-lo. Falo pelas análises de Ricardo e Sig.

Com a curiosidade roendo-me o íntimo, motivado pelo tema, pedi:

— Posso acompanhá-lo?

Georges riu, passou o braço por meus ombros, e falou brincando:

— Você é incorrigível! Venha! — e andamos em direção à árvore sob a qual estavam sentados Ricardo e seu socorrido.

Próximos dali, Georges advertiu-me:

— Em silêncio!

— Eu sou veterano em acompanhá-lo, Georges — retruquei, fingindo-me ofendido.

Alegre, Ricardo saudou-nos e apresentou o rapaz, fitando Georges em um entendimento tácito:

— Este é... o professor Johannes. Foi filósofo e teólogo na universidade de Erfurt, na Alemanha, e viveu o período da Reforma. Ele tem histórias muito interessantes a relatar. Estávamos conversando a respeito.

— É um prazer conhecê-lo, professor — cumprimentou Georges. — Espero que fique uma longa temporada conosco.

Imitei tudo que Georges fez e fiquei analisando Johannes. Nada conferia. Havia uma marca bastante feia em seu pescoço, revelando um desencarne violento. Ele tinha modos contidos, excessivamente contidos, fitava o horizonte ao falar, evitando contato mais direto conosco, e isso me revelava uma grande fragilidade emocional. Havia alguém escondido ali. Vez ou outra, ele parecia desconcertar-se e isso, somado ao excesso de contenção, desmentia a aparente tranquilidade e segurança. Seduzido pelo enigma à minha frente, passei a acompanhar seu atendimento na instituição.

À noite, chegamos para nos reunir ao grupo encarnado, com alguns minutos de antecedência. Georges conversava com os demais trabalhadores e alguns assistidos, que acompanhavam as reuniões, estudando e trabalhando. Sabia que Ricardo traria o rapaz somente alguns minutos antes do seu atendimento. Ele não apresentava condições de ouvir e testemunhar as narrativas de outros espíritos atendidos, sem desequilibrar-se profundamente, comprometendo seu tratamento. Johannes sequer sabia onde estava e em que tomava parte. Pensava tratar-se de uma reunião social, na qual conheceria algumas pessoas novas que habitavam a instituição. Ele não distinguia encarnados de desencarnados, menos ainda percebia a conexão mediúnica e o que se passou. Simplesmente foi atraído e se sentiu confortável nas energias da médium, tornando-se mais falante e sereno.

Georges acomodou-se próximo da dirigente da reunião e inspirou-lhe algumas perguntas, sem que ela também tivesse plena consciência de sua interferência. Apenas se sentia confiante e amparada por uma energia boa, que a envol-via dando-lhe mais calma e lucidez.

Assim, após alguns poucos minutos, o rapaz desabou em um pranto doloroso, sofrido, encolheu-se em uma posição que revelava culpa e começou a contar:

— Eu me chamo Johannes de Wintar. Eu era professor de uma universidade na Alemanha, na época da Reforma. Eu era um secular. Filho de uma família pobre, meu pai era padre e por isso meu caminho na Igreja foi facilitado. Fiz uma carreira rápida e, por influência de um amigo, tornei-me professor nessa universidade. Mas lá me aguardava a desgraça. Apaixonei-me por um aluno, filho de uma família nobre, muito influente. Vivemos uma relação feliz, embora secreta, até que fomos denunciados ao superior, que considerou pecaminosos meus sentimentos. Fui sumariamente processado, e Antônio, meu aluno, que eu amava mais do que os outros, compareceu e testemunhou contra mim. Doeu muito, pois ele revelou meus segredos íntimos a todos. Fui condenado à lapidação. Vivíamos um período muito violento, de paixões acirradas, e, tão logo foi proferida a condenação, fui levado ao pátio. Eu não disse nada. Estava surpreso demais com a reação de meus colegas. Pessoas, que eu julgava serem meus irmãos, com quem eu tinha um bom relacionamento, lançavam-me, de repente, pedras com toda a força. Caí sob o golpe delas. Atiraram as dezenas contra mim. Doeu muito, mas o que mais doeu e ainda dói foi ver o preconceito deles. Seus olhares acusavam-me, viam-me como um ser monstruoso, abjeto, nojento. E eu não era nada daquilo. Eu apenas queria amar, queria que alguém me amasse como eu era. Eu não a tinha pretensão de poder e dinheiro. A família dele não me importava. Eu só queria amar, poder amar alguém em todos os sentidos, sem me sentir mal, sem me sentir culpado, sujo, imundo, nojento. Por que era normal para todos e a mim era negado? Eu não era o único na universidade a amar um aluno. Eu sei que não. Nosso reitor... Eu sabia a história dele. Ele condenou-me e, no entanto, não era melhor do que eu. Mas, ainda assim, os olhares feriram-me mais do que pedras e foram grandes as pedras que jogaram contra mim. Feriram-me a alma, muito mais do que o corpo. Esse, eu sei que morreu...

Nesse ponto do desabafo do rapaz, olhei para Georges e indaguei num rápido sussurro:

— Como? Isso não confere com o que vejo.

— Sim. Eu já havia lhe dito: nem tudo é o que parece ser. Ele tenta mostrar-se e acredita ser a personalidade de uma de suas vítimas. A única vítima que lhe despertou o sentimento de culpa foi o professor Antônio, de quem ele foi aluno.

Calei-me. Não era o momento de inquirir Georges. Lembrei--me do material entregue por Ricardo em meu estúdio após o encontro da tarde no jardim. Precisava lê-lo. E foi o que fiz, assim que a reunião foi encerrada e Johannes foi encaminhado às alas da instituição sob a direção de Georges.

Passaram-se oito anos desde aquele dia. Johannes está conosco desde então, imerso em um processo lento de recuperação do próprio equilíbrio e da lucidez. Ele tem consciência de quem foi e do que fez, mas ainda trabalha a si mesmo, em profunda e rica análise de seu próprio passado.

Nossas histórias humanas não têm ponto final. A vida e a evolução espiritual ainda têm muito a nos oferecer. Não considero finda a história dessa paixão assassina, nem me atrevo a semear palavras para justificar um passado. Restrinjo-me ao que sei: tudo que Johannes viveu construiu seu atual presente e determinou a necessidade de reajuste da própria consciência, para que ele possa ficar em paz consigo mesmo e com a vida. Antônio perdoou-o, compreendendo a própria parcela de responsabilidade em sua morte, por deixar-se governar pela vaidade, sem questionar-se sobre qual era sua razão pessoal para agir, tendo sido isso o que o atraiu para uma armadilha. Por fim, Antônio libertou-se, e Johannes prossegue trabalhando a si mesmo para conhecer, compreender-se, perdoar-se e mudar.

FIM

GRANDES SUCESSOS DE
ZIBIA GASPARETTO

Com 17 milhões de títulos vendidos, a autora tem contribuído para o fortalecimento da literatura espiritualista no mercado editorial e para a popularização da espiritualidade. Conheça os sucessos da escritora.

ROMANCES
pelo espírito Lucius

A verdade de cada um
(nova edição)

A vida sabe o que faz

Ela confiou na vida

Entre o amor e a guerra

Esmeralda (nova edição)

Espinhos do tempo

Laços eternos (nova edição)

Nada é por acaso

Ninguém é de ninguém

O advogado de Deus

O amanhã a Deus pertence

O amor venceu

O encontro inesperado

O fio do destino (nova edição)

O poder da escolha

O matuto

O morro das ilusões

Onde está Teresa?

Pelas portas do coração
(nova edição)

Quando a vida escolhe
(nova edição)

Quando chega a hora

Quando é preciso voltar
(nova edição)

Se abrindo pra vida

Sem medo de viver

Só o amor consegue

Somos todos inocentes

Tudo tem seu preço

Tudo valeu a pena

Um amor de verdade

Vencendo o passado

CONHEÇA OS SUCESSOS DA
EDITORA VIDA & CONSCIÊNCIA

MARCELO CEZAR
pelo espírito Marco Aurélio

Acorde pra vida! (crônicas)

A última chance

A vida sempre vence

Coragem para viver

Ela só queria casar...

Medo de amar

Nada é como parece

Nunca estamos sós

O amor é para os fortes

O preço da paz

O próximo passo

O que importa é o amor

Para sempre comigo

Só Deus sabe

Treze almas

Um sopro de ternura

Você faz o amanhã (nova edição)

AMADEU RIBEIRO

A visita da verdade

Juntos na eternidade

O amor não tem limites

O amor nunca diz adeus

Reencontros

Segredos que a vida oculta Vol. 1

A beleza e seus mistérios Vol. 2

MÔNICA DE CASTRO
pelo espírito Leonel

A força do destino

A atriz

Apesar de tudo...

Até que a vida os separe

Com o amor não se brinca

De frente com a verdade

De todo o meu ser

Desejo – Até onde ele pode te levar? (pelos espíritos Daniela e Leonel)

Gêmeas

Giselle – A amante do inquisidor (nova edição)

Greta (nova edição)

Impulsos do coração

Jurema das matas

Lembranças que o vento traz

O preço de ser diferente

Segredos da alma

Sentindo na própria pele

Só por amor

Uma história de ontem

Virando o jogo

ANA CRISTINA VARGAS
pelos espíritos Layla e José Antônio

Além das palavras (crônicas)

A morte é uma farsa

Em busca de uma nova vida

Em tempos de liberdade

Encontrando a paz

Intensa como o mar

O bispo (nova edição)

O quarto crescente (nova edição)

Sinfonia da alma

EDUARDO FRANÇA

A escolha
A força do perdão
Enfim, a felicidade
Vestindo a verdade

FLORIANO SERRA

A outra face
A grande mudança
Nunca é tarde
O mistério do reencontro

LUCIMARA GALLICIA

pelo espírito Moacyr

O que faço de mim?
Sem medo do amanhã

LÚCIO MORIGI

O cientista de hoje

FLAVIO LOPES

pelo espírito Emanuel

A vida em duas cores
Uma outra história de amor

GILVANIZE BALBINO

O símbolo da vida
pelos espíritos Ferdinando e Bernard

A verdade está em você!

LEONARDO RÁSICA

Luzes do passado
Celeste – no caminho da verdade

MÁRCIO FIORILLO

pelo espírito Madalena

Em nome da lei

ROSE ELIZABETH MELLO

Desafiando o destino
Verdadeiros Laços
Os amores de uma vida

EVALDO RIBEIRO

Eu creio em mim
O amor abre todas as portas

CARLOS HENRIQUE DE OLIVEIRA

Ninguém foge da vida

ANDRÉ ARIEL FILHO

Surpresas da vida
Em um mar de emoções

MAURA DE ALBANESI

O guardião do sétimo portal
pelo espírito Joseph
Coleção Tô a fim

SÉRGIO CHIMATTI

pelo espírito Anele

Apesar de parecer... Ele não está só
Ecos do passado
Lado a lado
Os protegidos

Conheça mais sobre espiritualidade com outros sucessos.

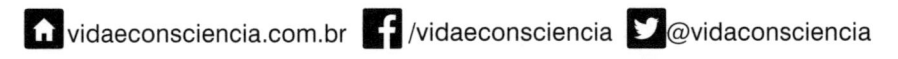

🏠 vidaeconsciencia.com.br 📘 /vidaeconsciencia 🐦 @vidaconsciencia

VIDA & CONSCIÊNCIA EDITORA

Rua Agostinho Gomes, 2.312 — SP
55 11 3577-3200

contato@vidaeconsciencia.com.br
www.vidaeconsciencia.com.br